经以济世
建得尚美
贺教育部
科技人文项目
必至圆满

李苗林
研究方向

教育部哲学社會科学研究重大課题攻闰項目

"十四五"时期国家重点出版物出版专项规划项目

建构立体形式
反腐败体系研究

A RESEARCH ON CONSTRUCTING
THE THREE-DIMENSIONAL
ANTI-CORRUPTION SYSTEM

徐玉生
等著

中国财经出版传媒集团
经济科学出版社
Economic Science Press

图书在版编目（CIP）数据

建构立体形式反腐败体系研究/徐玉生等著. -- 北京：经济科学出版社，2022.5

教育部哲学社会科学研究重大课题攻关项目 "十四五" 时期国家重点出版物出版专项规划项目

ISBN 978 - 7 - 5218 - 3677 - 6

Ⅰ.①建… Ⅱ.①徐… Ⅲ.①反腐倡廉 - 研究 - 中国 Ⅳ.①D630.9

中国版本图书馆 CIP 数据核字（2022）第 080993 号

责任编辑：何　宁
责任校对：李　建
责任印制：范　艳

建构立体形式反腐败体系研究
徐玉生　等著
经济科学出版社出版、发行　新华书店经销
社址：北京市海淀区阜成路甲 28 号　邮编：100142
总编部电话：010 - 88191217　发行部电话：010 - 88191522
网址：www.esp.com.cn
电子邮箱：esp@esp.com.cn
天猫网店：经济科学出版社旗舰店
网址：http://jjkxcbs.tmall.com
北京季蜂印刷有限公司印装
787 × 1092　16 开　26.5 印张　510000 字
2023 年 1 月第 1 版　2023 年 1 月第 1 次印刷
ISBN 978 - 7 - 5218 - 3677 - 6　定价：108.00 元
（图书出现印装问题，本社负责调换。电话：010 - 88191545）
（版权所有　侵权必究　打击盗版　举报热线：010 - 88191661
QQ：2242791300　营销中心电话：010 - 88191537
电子邮箱：dbts@esp.com.cn）

课题组主要成员

首 席 专 家 徐玉生
主 要 成 员 戴月波　张　梅　刘焕明
　　　　　　　刘海涛　赵　晖

总　序

哲学社会科学是人们认识世界、改造世界的重要工具，是推动历史发展和社会进步的重要力量，其发展水平反映了一个民族的思维能力、精神品格、文明素质，体现了一个国家的综合国力和国际竞争力。一个国家的发展水平，既取决于自然科学发展水平，也取决于哲学社会科学发展水平。

党和国家高度重视哲学社会科学。党的十八大提出要建设哲学社会科学创新体系，推进马克思主义中国化、时代化、大众化，坚持不懈用中国特色社会主义理论体系武装全党、教育人民。2016 年 5 月 17 日，习近平总书记亲自主持召开哲学社会科学工作座谈会并发表重要讲话。讲话从坚持和发展中国特色社会主义事业全局的高度，深刻阐释了哲学社会科学的战略地位，全面分析了哲学社会科学面临的新形势，明确了加快构建中国特色哲学社会科学的新目标，对哲学社会科学工作者提出了新期待，体现了我们党对哲学社会科学发展规律的认识达到了一个新高度，是一篇新形势下繁荣发展我国哲学社会科学事业的纲领性文献，为哲学社会科学事业提供了强大精神动力，指明了前进方向。

高校是我国哲学社会科学事业的主力军。贯彻落实习近平总书记哲学社会科学座谈会重要讲话精神，加快构建中国特色哲学社会科学，高校应发挥重要作用：要坚持和巩固马克思主义的指导地位，用中国化的马克思主义指导哲学社会科学；要实施以育人育才为中心的哲学社会科学整体发展战略，构筑学生、学术、学科一体的综合发展体系；要以人为本，从人抓起，积极实施人才工程，构建种类齐全、梯队衔接的高校哲学社会科学人才体系；要深化科研管理体制改革，发挥高校人才、智力和学科优势，提升学术原创能力，激发创新创造活力，建设中国特色新型高校智库；要加强组织领导、做好统筹规划、营造良好学术生态，形成统筹推进高校哲学社会科学发展新格局。

哲学社会科学研究重大课题攻关项目计划是教育部贯彻落实党中央决策部署的一项重大举措，是实施"高校哲学社会科学繁荣计划"的重要内容。重大攻关项目采取招投标的组织方式，按照"公平竞争，择优立项，严格管理，铸造精品"的要求进行，每年评审立项约40个项目。项目研究实行首席专家负责制，鼓励跨学科、跨学校、跨地区的联合研究，协同创新。重大攻关项目以解决国家现代化建设过程中重大理论和实际问题为主攻方向，以提升为党和政府咨询决策服务能力和推动哲学社会科学发展为战略目标，集合优秀研究团队和顶尖人才联合攻关。自2003年以来，项目开展取得了丰硕成果，形成了特色品牌。一大批标志性成果纷纷涌现，一大批科研名家脱颖而出，高校哲学社会科学整体实力和社会影响力快速提升。国务院副总理刘延东同志做出重要批示，指出重大攻关项目有效调动各方面的积极性，产生了一批重要成果，影响广泛，成效显著；要总结经验，再接再厉，紧密服务国家需求，更好地优化资源，突出重点，多出精品，多出人才，为经济社会发展做出新的贡献。

作为教育部社科研究项目中的拳头产品，我们始终秉持以管理创新服务学术创新的理念，坚持科学管理、民主管理、依法管理，切实增强服务意识，不断创新管理模式，健全管理制度，加强对重大攻关项目的选题遴选、评审立项、组织开题、中期检查到最终成果鉴定的全过程管理，逐渐探索并形成一套成熟有效、符合学术研究规律的管理办法，努力将重大攻关项目打造成学术精品工程。我们将项目最终成果汇编成"教育部哲学社会科学研究重大课题攻关项目成果文库"统一组织出版。经济科学出版社倾全社之力，精心组织编辑力量，努力铸造出版精品。国学大师季羡林先生为本文库题词："经时济世　继往开来——贺教育部重大攻关项目成果出版"；欧阳中石先生题写了"教育部哲学社会科学研究重大课题攻关项目"的书名，充分体现了他们对繁荣发展高校哲学社会科学的深切勉励和由衷期望。

　　伟大的时代呼唤伟大的理论，伟大的理论推动伟大的实践。高校哲学社会科学将不忘初心，继续前进。深入贯彻落实习近平总书记系列重要讲话精神，坚持道路自信、理论自信、制度自信、文化自信，立足中国、借鉴国外，挖掘历史、把握当代，关怀人类、面向未来，立时代之潮头、发思想之先声，为加快构建中国特色哲学社会科学，实现中华民族伟大复兴的中国梦做出新的更大贡献！

教育部社会科学司

序

本专著是徐玉生教授及其团队承担教育部重大课题攻关项目（2013JZD013）的最终研究成果，在课题研究过程中，我曾几次参与他们的课题讨论活动，觉得他们团队朝气蓬勃、闯劲十足，有着强烈的创新精神，为我国的廉政建设大业孜孜以求，形成了许多富有前沿性和创新性的成果，同时为完成这个项目，他们也付出了大量的汗水和心血。因此，当我被委托要为这本专著写序时，深感责任重大，于是又认真研读了本书稿。即便如此，恐怕也难以全面概括该著作精髓，权作是我个人的一些研读体会，与未来阅读到此专著的各位廉政专家、实务工作者的一个交流和共勉。本书有以下三个突出特点：

第一，聚焦于反腐败研究。自现代社会科学介入廉政研究以来，成果可谓汗牛充栋，而且随着时间的推移，成果产出速度还越来越快。但从迄今为止的总体成果及其类型分布来看，聚焦于腐败研究的成果依然占据主体地位，占比最多；相对而言，聚焦于反腐败研究的成果依然偏少。在本人看来，研究资源恰恰应该更多地投入反腐败研究之中，产出更多的反腐败研究成果。换句话说，应当以反腐败研究为重点。这主要是出于两个方面的考虑或原因，首先，毫无疑问，在廉政领域，全人类的重点、紧迫、首要任务是如何解决腐败问题而不是腐败问题本身。从文献来看，有些研究将腐败与疾病做比较，尽管从本质上看这两种现象风马牛不相及，但其表象却惊人地相似，例如，都具有复杂性、隐蔽性、顽固性、危害性等特征。此外，腐败还具有传染性，因而更像是具有传染性的流行病或传染病。事实上，从古到今，人们治理腐败的思路与策略也与治病惊人地相似，也是标本兼治、惩防并举等。由此来看，将腐败与疾病、反腐与治病做比较是很有一定道理的。继续以疾病做比较，结论是显而易见的，人类最重要的任务是治好病。其次，之所以认为首要任务是反腐败，还在于今天的人们对于腐败问题已经有了较为充分的认知。如果退回到 2 000 年前、500 年甚或 300 年前，那时的人们对腐败"病"还知之甚少。以中国战国时期为例，很多纵横家看似谋略过人，其实他们的常用手段就是贿赂。客观地说，是贿赂手段发挥了更大的作用。显然，各国国王，不论是楚王还是赵王，对敌方贿赂或收买本国有影响力人士的危害都知之甚少，因而几乎是视而不见，将大肆贿赂活动置于放任状态。由于人类在漫长的文明史上对腐败病知之甚少，这也是造成腐败病长期处于支配地位从而导致"历史周期率"的根本原因。可是，经过几百年的现代科学研究，包括政治学、经济学、法学、犯罪学、管理学等的多学科研究，今天，人们对于腐败病已经有了较为全面、透彻的认知，尽管还存在很多争议或歧义。有鉴于此，研究重点、宝贵的学术资源就应更多地投入反腐败研究，以期找到治理腐败的更多、更好的策略、对策、方法、工具、体系等，产出高质量的对策性成果；而不是继续于腐败研究，产出大量的解释性成果。因此，本专著聚焦于反腐败研究，一个优秀的团队毕数年之功于反腐败体系建构，致力于腐败治理，对实现河清海晏政治生态的研究具有引领意义。

第二，所建构的反腐败体系有不少独特之处。基于人类反腐败实践，尤其是现代社会科学的加持，人们所形成的一个反腐败共识就是一定要运用综合措施而不是单一措施，也就是说，反腐败绝对不存在什么灵丹妙药。不同的理论专家、实践群体，提炼出不同的综合措施、手段或要素体系，例如"三管齐下"反腐败战略、国家廉政体系、惩防体系、"三不一体"等。本专著所建构的反腐败对策体系被称为立体反腐败体系，核心要素是三个，即文化、制度和组织。很显然，与已有的各个体系相比，该体系有不少自己的独特考虑和见解。为建构这个新体系，该研究团队开展了大量的文献和实践回顾，进行了很多理论及逻辑层面的分析与探讨。应当说，其研究工作是扎实的，的确下了很多的功夫。在三要素基础上，该团队不仅对三要素进行了单向度的研究——相关成果分别见第五、第六、第七章，还进行了两两组合或协同，以形成不同的反腐败措施组合，以充分挖掘其效力。两要素组合或协同，是一个很重要的具有创新性的思路和做法。相关成果见专著第八、第九、第十章。此外，该研究团队还以开放的姿态，将所建构的新体系与已有的体系进行对接。这也是值得肯定的一个点。对于这样一项创新性成果，肯定会欢迎各位方家的批评，更需要接受反腐败实践的最终检验。但我想说的是，要以包容的姿态和"改造世界"的旨归给予本著作充分的褒扬。因为对于全人类来说，反腐败依然是一项充满挑战性的艰巨任务，同时，反腐败研究依然是一项相当困难的任务。正是"解释世界"固然不易，"改造世界"其实更难。研究治病方略的难度要远大于研究疾病本身，同样，研究反腐败的难度要远大于研究腐败。

第三，文化反腐相关研究成果相当独特与重要。在该研究团队所建构的新体系中，文化是三要素之一，文化反腐是他们的一个重要政策建议。相比而言，我更想说，这是他们的一个鲜明主张！无论是与本体系中其他两个要素及相关反腐政策相比，还是与已有的其他反腐体系及对策相比，文化反腐都是一个最具新意的成果。在我看来，也是最为重大的一项见解与主张，值得其他理论工作者和实务工作者重视。众所周知，在当今世界，大部分国家和地区都处于腐败严重的状态。而一旦腐败比较严重且持续了一定的时间，就必定会形成程度不同的腐败文化。而腐败一旦形成文化，成为整体文化中的一个部分，反腐败就会变得更加艰难。腐败形成文化有一些明显的例证，例如腐败"潜规则"的存在，办事之前先找关系，下级用"红包"给上级拜年成为风气等。

本人和团队成员曾对中国共产党十八大以来各级干部"不收敛、不收手"的数据进行过一些统计，例如，统计了一两百位被查处的"中管干部"，其中，"不收敛、不收手"者超过60%。这一数据，是相当令人震惊的。很显然，与党的十八大以来的全面从严治党和高压反腐行动应有的效果并不相符。本人曾试图对如此高的"不收敛、不收手"现象予以解释。其中一个微观解释就有腐败文化的影子。试想，假定一个地方或单位形成了一定程度的腐败文化，对于这个地方或单位的任何一个干部，可供选择无非是：收手或不收手。不收手，继续给领导送"红包"，未来就有被查处的风险且风险更大，但好处是继续得到领导的"信任"，不仅保住了现有职位，还可能继续得到重用和提拔；收手，拒绝继续给领导送"红包"，未来的查处风险是小了，可当下的风险陡增，失去了领导的"信任"，意味着不仅未来升迁无望甚至还会很快失去现有职位。这个选择并不复杂，也不困难，只要是理性人，当然是选择"不收手"。如何打破这个怪圈呢？关键对策无疑就是实施文化反腐，致力于清除腐败行为背后的腐败文化。本人曾于2018年发表了一篇"文化反腐"的文章，正是在反思党的十八大以来的反腐败政策重点以及对于腐败文化的一些观察基础之上提出来的，其核心主张就是：仅仅反对行为上的腐败，即查处一个个已经腐败了的官员或人员，是不够的；还必须要直面腐败行为背后的腐败文化，必须重视并下大力气铲除腐败文化，腐败文化一日不除，行为反腐的效果就难以彰显，甚至会陷入查不胜查的泥沼。

毋庸讳言，作为一项难度很大的研究，一项具有新颖性的研究，本专著成果中肯定还存在一些需要进一步完善的理论问题和实证研究，包括实践操作的可行性及其路径的研究，欢迎各位方家提出批评意见或建议，也期待徐玉生教授及其团队继续深耕细作，不断完善其反腐败新体系的建构，为党和国家的反腐败实践作出更多的贡献。

中国管理现代化研究会廉政分会理事长　任建明
北京航空航天大学公共管理学院教授
2021 年 11 月 18 日

前　言

本书是教育部哲学社会科学研究重大课题攻关项目《建构立体形式反腐败体系研究》的最终成果。课题立项后，课题组严格按照《投标评审书》和《研究计划合同书》明确的具体任务，扎实推进研究，举办了多次学术会议探讨交流研究成果，展开了多次实地调研，课题首席专家多次受邀参加中纪委、省市纪委等各层次的专家咨询和智库论坛，并将理论研究与实践运用相结合，圆满完成了拟定的研究任务。本课题研究的目标是基于对现有反腐败和廉政建设理论与实践的研究总结，从廉政文化和反腐倡廉教育（culture）、反腐败制度体系（system）、反腐败组织机构（organization）三个维度构建立体形式反腐败的 CSO 体系。

一般而言，反腐败理论实际上是从政治学、经济学、法学、社会学、心理及行为科学、伦理学等角度对腐败和反腐败进行理论探索形成的研究方法和知识体系。具有代表性的有分权制衡理论、公共治理理论、寻租理论、委托代理理论、公共选择理论等，这些理论从不同的视角对腐败的内涵、类型、发生机理、原因、后果以及反腐败的方法、技术和路径等进行了分析。中国共产党关于腐败与反腐败理论的研究是以马克思主义为指导，积极借鉴西方反腐败理论的合理成分，并结合中国特色社会主义革命与建设实践的不断发展与创新，形成了符合不同历史阶段国情、具有中国特色的反腐倡廉思想。毛泽东、邓小平、江泽民、胡锦涛、习近平等领导人的反腐倡廉思想构成了中国特色反腐败理论的内核，国内一大批专家对反腐败与廉政建设的研究，形成了一批具有理论创新和实践指导意义的论著，他们一方面对腐败现象的内涵、特征、类型、根源和反腐倡廉建设形势等做出一般分析，其中不乏运用制度经济学、公共管理学和法学等理论分析腐败的内在机理；另一方面结合中国转型时期腐败现象和反腐倡廉建设的特殊性，形成具有中国特色的反腐败理论研究成果。国内外有关腐败与反腐败的理论研究总体上主要集中于两个层面：一是分析或解释腐败现象，即理论性研究；二是提出反腐败或治理腐败的战略及举措，即对策性研究。

本书基于理论与对策的结合，探讨了传统权力制约模式下的"控权失灵"现象及其治理。导致"控权失灵"的原因纷繁复杂，治理路径是创新权力制约和监督的理论，提出从以权力为中心走向"人""权"并重，也就是"正人治权"的权力制约和监督新模式。一方面通过"正人"形塑人格、加强廉政自觉，挤出腐败收益；另一方面通过"治权"把权力涂上防腐剂，挤压腐败空间，让权力在阳光下运行，无利可图的腐败行为终将无疾而终。

中国特色反腐败，就是要坚持具有中国特色的政治制度不动摇，坚持党的领导、依法治国和人民当家作主的有机统一；坚持在马克思主义指导下与时俱进推进政治体制改革，探索适合中国国情的制约和监督权力运行的体制、制度和机制，构筑让人民监督权力的制度通道和平台来提高反腐败效能。中国特色反腐败的独特优势在于以党性制约权力，抓住"关键少数"，以上率下，以优良的党内政治生态带动全社会形成风清气正的清明政治。

本书的完成实际上是团队成员共同研究的结晶。江南大学刘焕明教授、唐忠宝教授、侯勇教授、陈志宏教授、刘俊杰教授、彭奇志教授、崔会敏教授（原河南大学）、潘加军副教授、章兴鸣副教授、包佳道副教授、周赟副教授、梅锦副教授、张祖辽副教授、范允奇副教授、郑宇副教授、孙晨光副教授、朱明明博士、冒茜茜博士、张若雨博士，以及江南大学党委副书记戴月波研究员、原纪委书记周小浦同志、审计处魏静同志等，华北水利水电大学张梅教授，南京师范大学赵晖教授，湖南大学田湘波教授，福建农林大学陈建平副教授，南通大学黄红平教授等兄弟院校的专家学者，原中央纪委理论研究中心谢光辉同志、孙志勇同志，江苏省纪委刘海涛、杨芬、宋福波、周欣、孙京京等同志，连云港市纪委赵广东同志，东海县魏岳、尚峰、薛玉超等同志，无锡市纪委孙英、刘葱葱等同志，都对本课题的研究给予通力合作和大力支持，或参与写作，或给予指导，在此一并表示感谢！当然，在本课题的研究和本成果的写作过程中，尽管已经尽可能对引用成果加以标注，但难免还有所疏漏，敬请相关专家学者和领导海涵，并致以诚挚敬意！

本前言成稿于辛丑年冬，转眼已是癸卯年春。一年半的时间里，全球风云变幻，更被新冠病毒搅得不得安宁。2022年中国共产党胜利召开第二十次全国代表大会，做出了一系列重要决策，在反腐败领域提出"腐败是危害党的生命力和战斗力的最大毒瘤，反腐败是最彻底的自我革命""党的自我革命永远在路上，决不能有松劲歇脚、疲劳厌战的情绪""坚决打赢反腐败斗争攻坚战持久战"等新论断新要求，今年初又召开了第二十届中纪委第二次全会，习近平总书记在会上做了重要讲话，他强调：反腐败斗争形势依然严峻复杂，遏制增量、清除存量的任务依然艰巨；必须深化标本兼治、系统治理，一体推进不敢腐、不能腐、不想腐；要把不敢腐、不能腐、不想腐有效贯通起来，三者同时发力、同向发力、综合发力，把不敢腐的震慑力、不能腐的约束力、不想腐的感召力结合起来；进一步健全完善惩治行贿的法律法规，完善对行贿人的联合惩戒机制，等等。

欣慰的是，认真学习了党的二十大等重要会议精神，本书的研究成果对新时代反腐败的理论研究和实践探索，仍然具有借鉴和参考价值，例如，本书提出的CSO反腐败体系本身就蕴涵着"三不"机制的有机融合、一体发力；权力货币化模型对治理行贿、阻断贿赂的货币流等的理论研究和实践运用提供基础性架构。当然，毫无疑问本成果还存在诸多的不足和瑕疵，欢迎并期待学界同仁和实务工作者批评指正。

徐玉生

癸卯年春于江南大学小蠡湖畔

摘 要

如何治理"腐败"这个全球"政治之癌",首先要正视以权力为直接指向的各种反腐败理论存在的理论盲区,即因"内部人陷阱"导致的控权失灵,也就是对腐败的有效治理需要跳出"权力"阈值。基于对腐败与反腐败基本问题的探讨、各种反腐败因子的研究和反腐败理论的借鉴,以及中国共产党在反腐败实践中逐渐形成"管权管事管人"三管齐下的治理模式,提出"正人治权"的权力制约和监督理论范式,既要对权力运行加以制约和监督,也要对权力主体的行为加以规范和控制,通过"治权"挤压腐败空间,通过"正人"挤出腐败收益,从"好处"这个源头防治腐败。

"正人治权"的实现机制是以有限性和有效性原则建构 CSO 立体反腐败体系。这一体系是以文化(C)、制度(S)、组织机构(O)三个维度合围而成,在这三个因子充分发挥各自反腐功能的同时,两两协同形成不敢腐的惩戒机制、不能腐的防范机制、不想腐的保障机制,从而一体推进"三不"机制。这个体系中,制度是反腐败的根本之策,筑就整个体系的核心;文化是用人性"善"的精神与理性的价值判断作为制度的"补丁",形塑整个体系的环境;反腐败组织利用其职能监督各项制度得到有效执行,纠正掌权者可能出现或已经出现的行权偏差,是推动整个体系运转的执行者。这个体系在运行中,"正人"的实现路径,一是通过廉政文化建设,把廉洁价值观深深扎根于社会公众灵魂之中,造就以道德内窥的廉洁自省和警钟长鸣的廉政自律为主要管道的"免疫系统",建立拒腐防变的道德"防火墙";二是综合运用党纪国法协同反腐败,以党性制约和监督权力,将党的自身建设和社会治理创新相融合，形成惩治和预防腐败发生的长效机制，从源头上控制腐败。"治权"的实现路径也有两条，一是通过最广泛地调动全社会的反腐败力量，特别是"让人民起来监督政府"，阻断权力货币化的循环，使权力合理合规地在阳光下运行；二是利用现代信息技术、通信技术和网络技术把电子监察、风险预警等科技手段融入廉政风险防控、规范权力运行的制度设计和管理流程之中，把权力运行置于电子预警、技术监控、行政监察、节点留痕等监督之下。

随着全球化的发展，为了防止腐败的溢出效应和破窗效应，还应该加强世界各国反腐败合作。可以相信，当下中国的反腐败和廉政建设坚持"管权管事管人"，坚守"驰而不息抓作风，持之以恒反腐败"不动摇，已经取得反腐败斗争的重大成效，以"正人治权"为理论基础的 CSO 立体反腐败体系，定能在实践中得到进一步应用，并验证其有效性。

Abstract

About how to deal with the global "cancer of politics" that is "corruption", we must firstly address the theoretical blind spot in the various anti – corruption theories that directly address power, namely, the failure of control due to the "insider trap". In other words, the effective governance of corruption needs to go beyond the threshold of "power". Based on the discussion of the basic issues of corruption and anti – corruption, the study of various anti – corruption factors and the reference of anti – corruption theories, and the CPC's gradual formation of a three – pronged governance model of "managing power, managing affairs and managing people" in anti – corruption practice, the theoretical paradigm of power constraint and supervision of "righting people and governing power" are proposed, which not only need to restrict and supervise the operation of power, but also need to regulate and control the behavior of power subjects, which means squeezing out the space for corruption through "governing power" and squeezing out the benefits of corruption through "righting people", preventing and controlling corruption from the source of "benefits".

The realization mechanism of "righting people and governing power" is to construct a three – dimensional anti – corruption system of CSO based on the principles of finiteness and effectiveness. This system is based on the three dimensions of culture (C), system (S) and organization (O), while these three factors give full play to their respective functions of anti – corruption, they work together to form a disciplinary mechanism ensuring officials do not dare to corrupt, a preventive mechanism ensuring that officals are not able to corrupt, and a safeguard mechanism that ensuring officials have no desire to corrupt, thus promoting the mechanism as a whole. In this system, the S is the fundamental anti – corruption policy and the core of the whole system; the C is the "patch" of the system with the spirit of "good" of human nature and rational value judgment, and shapes the environment of the whole system. The O use its functions to monitor the effective implementation of the system and correct any deviations that may or have occurred in the exercise of power by those in power, which is the executor that promotes the operation of the entire system. In the operation of this system, the path to realize "righting people" is to build a culture of integrity, deeply rooting the values of integrity in the souls of the public, creating an "immune system" with honest self – examination of moral introspection and self – discipline with alarm bells ringing for a long time as the main channel, and establishing a moral "firewall" to resist corruption and prevent degeneration. The second is to make comprehensive use of the discipline and law to coordinate anti – corruption, to restrain and supervise power by the Party's spirit, to integrate the Party's own construction and social governance innovation, to form a long – term mechanism to punish and prevent corruption, and to control corruption from the source. There are also two ways to realize "governing power". "The first is to mobilize the broadest possible anti – corruption forces in society, especially to "let the people supervise the government", so as to break the cycle of monetization of power and make it run under the sun in a reasonable and compliant manner. The second is to use modern information technology, communication technology and network technology to integrate electronic monitoring, risk warning and other technological means into the system design and management process of integrity risk prevention and control, and regulate the operation of power, so that the operation of power is placed under the supervision of electronic warning, technical monitoring, administrative supervision and vestige reservation.

With the development of globalization, it is also necessary to strengthen anti – corruption cooperation among countries in order to prevent the spillover effect and broken window effect of corruption. It is believed that China's current anti – corruption and clean government construction has achieved significant achievements in the anti – corruption struggle by adhering to the principle of "managing power, managing affairs and managing people", adhering to the principle of "constantly grasping the style of work and persevering in anti – corruption", and the CSO three – dimensional anti – corruption system based on the theory of "righting people and governing power" will surely get further application in practice and verify its effectiveness.

目　录

Contents

Contents

1

3

第一章

导　论

腐败既是一个历史性问题也是世界性问题，被称为"政治之癌"，侵蚀人类社会的健康发展。自私有制出现以来，特别是公权力成为社会治理不可或缺的产物和工具，腐败与反腐败的博弈就产生了，反腐败也成为全球国家治理面临的重大任务。长期以来围绕权力的制约和监督形成了林林总总的反腐败理论和操作体系，又在每一个时代推陈出新并烙上时代的印记。当下中国反腐败斗争如火如荼，特别是习近平总书记以"个人生死置之度外"的大无畏精神向腐败宣战，不怕得罪腐败分子，不负人民重托和期待，不懈营造"海晏河清、风清气正"的廉洁社会。①

第一节　选题意义及研究背景

没有理论指导的实践是盲目的实践，反腐败斗争实践需要强有力的理论支撑，特别是不断涌现的新情况新问题，更是需要在理论上给予回应。

---

① 引自习近平系列重要讲话数据库，http://jhsjk.people.cn/article/29651352。

一、选题意义

"建构立体形式反腐败体系"被列为 2013 年教育部哲学社会科学研究重大课题攻关项目，适逢中国共产党第十八次全国代表大会的开局之年，具有重要意义和必要性。

（一）是时代背景的应然要求

当下的中国还处于经济社会转型的关键时期，特别是进入中国特色社会主义新时代，世情、国情、党情的深刻变化，对广大人民群众实现对美好社会的追求带来新的挑战，其中一个严重的障碍就是腐败对党和政府公信力造成的伤害。反腐败斗争攻坚战持久战成效如何，关系到社会的公平与和谐稳定、关系到党和国家的生死存亡。

从世情来看可谓"复杂诡异"。2007～2008 年以美国为中心的金融海啸、以希腊为典型的主权债务危机、以冰岛为代表的主权国家濒临破产等历历在目，在标榜自由的国度里贸易保护主义重新抬头、以"黄背心"为代表的罢工示威、美国推行单边主义以及在诸多"普世价值"实行双标、滥用国家权力大搞政治化、在地区冲突中拱火等搅动世界风云；世界文化的交流与碰撞、国家主权的捍卫与冲突、各种势力对历史的捍卫或歪曲否定等意识形态摩擦交锋和斗争此起彼伏。

从国情来看适逢"世所罕见"。随着我国改革开放日益深入和扩大，社会变迁日益剧烈，各种思想相互激荡，各种文化观念相互碰撞，人们思想的多样性、差异性、选择性愈益突出，广大人民群众对美好生活的向往与生产力发展的不平衡不充分之间的矛盾日益凸显。这些林林总总复杂因素的叠加，使得中国共产党在建设社会主义现代化强新的历史征程中，所肩负任务的艰巨性和繁重性世所罕见；在推进改革发展稳定中所面临矛盾和问题的规模和复杂性世所罕见；在前进中所面对的困难和风险也世所罕见；等等。

从党情来看面临"严峻考验"。有些党员党性衰竭化：入党动机功利化，理想信念虚无化，模范作用无为化；有些党的干部官僚化：脱离群众、脱离实际，不讲原则、不负责任，言行不一、弄虚作假，铺张浪费、奢靡享乐，个人主义突出，形式主义严重；有些党的组织机能退化：基层党组织战斗堡垒作用不强、软弱涣散，对中央决策部署执行不认真甚至"上有政策、下有对策""政策不出中南海"；一些地方和部门选人用人公信度不高，跑官要官、买官卖官等问题屡禁不止；等等。这些问题严重削弱了党的创造力、凝聚力、战斗力，严重损害了党同人民群众的血肉联系，严重影响了党的执政地位巩固和执政使命实现。

世情、国情、党情的这些深刻变化使党面临的"四大考验"更加严峻,"四大危险"更加凸显,"四大腐蚀"[1] 更加肆虐,唯有不断提升自我净化、自我完善、自我革新、自我提高的"四自能力",不断增强党的意识、政治意识、危机意识、责任意识,深入推进党风廉政建设和反腐败斗争,才能赢得人民的信赖和拥护,才能避免重蹈苏联东欧共产党的覆辙,不断巩固执政基础,实现党和国家兴旺发达、长治久安。由此,党和国家总揽全局、审时度势,党的十八大对新时期反腐倡廉工作做出了一系列重要决策和部署,提出当前和今后一段时期反腐工作新要求新目标新举措,表明了党中央对党风廉政建设和反腐败斗争的清醒认识和坚决态度。

本课题正是为了应对时代发展的要求,立足于中国特色社会主义建设伟大实践,深刻总结中国特色社会主义反腐倡廉建设的经验,系统研究和分析反腐倡廉工作的重点、难点问题以及未来的发展趋势,提出具有可操作性的反腐败政策建议和措施,为提升党和国家腐败治理的能力和水平做出积极贡献。

(二) 是深刻认识中国特色反腐败规律的实然要求

把权力涂上防腐剂、关进制度的笼子,创新反腐败制度机制体制,既是党和政府关注的重大现实问题,也是理论研究的前沿问题,是认识中国特色反腐败规律、坚持中国特色反腐倡廉道路的要求。

中国共产党自成立以来始终关注和防治腐败。以毛泽东同志为主要代表的中国共产党人为中国特色反腐倡廉理论的形成和发展奠定了坚实的思想基础。在毛泽东看来,官僚主义、骄傲自满、贪污腐化和旧社会反动统治阶级所遗留下来的消极作风残余是腐败产生的思想和社会根源,从而提出思想教育、民主监督和严厉惩治等措施并重的综合反腐模式。以邓小平同志为主要代表的中国共产党人将党的反腐倡廉思想发展到了一个新的历史阶段,提出反腐斗争是长期性和复杂性的工作,并且认为社会主义制度在反腐方面具有无比的优越性,提出了依靠制度反腐的战略思想,要围绕经济建设常抓不懈地开展反腐倡廉工作;反腐工作要从党内抓起,从严治党;要以领导干部为重点对象等。以江泽民同志为主要代表的中国共产党人认真总结我国反腐倡廉的历史经验,不断推进理论创新,提出加强反腐倡廉建设是党执政兴国的一项重大政治任务:"反腐斗争是关系党心民心、关系党和国家前途命运的严重政治斗争"[2] "坚决反对和防止腐败,是全

---

[1] 四大腐蚀:权力的腐蚀、金钱的腐蚀、资本主义的腐蚀和中西方腐朽思想文化的腐蚀。参见:《中国共产党第十九届中央纪律检查委员会第三次全体会议公报》,中央纪委国家监委网站,2019 年 1 月 13 日。

[2] 中共中央文献研究室编:《十四大以来重要文献选编》(下),人民出版社 1999 年版,第 2270 页。

党一项重大的政治任务"① 等；深刻阐述我国各种腐败现象滋生的根源："党长期执政，党内一些人产生了脱离群众、故步自封等倾向。……经受不住权力、金钱、美色的考验"。② 以胡锦涛同志为主要代表的中国共产党人进一步深化对反腐倡廉规律的认识，从加强党的执政能力、巩固党的执政地位的战略高度，阐述了反腐倡廉的极端重要性；指出反腐倡廉工作要把握和体现改革创新、惩防并举、统筹规划、重在建设的基本要求；提出要推进惩治和预防腐败体系建设、形成完善的反腐倡廉制度体系建设等。党的十八大以来，以习近平同志为核心的党中央更是以前所未有的历史责任感和使命感，以"零容忍、全覆盖、无禁区"的态度和决心与腐败做坚决斗争。

经过多年的党风廉政建设和反腐败实践，我们已经形成了中国特色社会主义反腐倡廉理论体系，初步构建了预防和惩治腐败体系的基本框架，反腐败工作也取得了显著成果。但是，不可否认的是，反腐败斗争形势依然严峻，诸如一些党员干部甚至党的高级干部不廉洁行为和不正之风依然存在、损害群众利益行为依然突出等。这些说明当前我国反腐败工作仍然任重而道远，从多个维度建构立体形式反腐败体系是坚持中国特色反腐败道路的必然要求。

（三）是深入开展反腐败斗争的当然要求

绝对的权力导致绝对的腐败，扎好扎牢关住权力的"笼子"是权力治理最为关键的任务。既然是"笼子"，就必须是立体的、多维的，而不能是平面、一维或二维的，建构立体形式反腐败体系的任务也就凸显在我们面前。

面对反腐败斗争的严峻形势，习近平总书记在十八届中纪委二次全会上发表了重要讲话指出：反腐倡廉必须常抓不懈，经常抓、长期抓，必须反对特权思想、特权现象，必须全党动手；决不允许"上有政策、下有对策"，决不允许有令不行、有禁不止，决不允许在贯彻执行中央决策部署上打折扣、做选择、搞变通；以踏石留印、抓铁有痕的劲头抓下去，善始善终、善做善成，防止虎头蛇尾，让全党全体人民来监督；把权力关进制度的笼子里，形成不敢腐的惩戒机制、不能腐的防范机制、不想腐的保障机制。③ 时任中纪委书记王岐山同志从坚决维护党章的权威性和严肃性、不折不扣落实中央关于改进工作作风、密切联系群众的八项规定、坚持惩治和预防腐败两手抓两手都要硬四大方面对推进新时期

---

① 本书编写组编：《"三个代表"重要思想学习问答》，人民出版社 2003 年版，第 2270 页。

② 张启华、张树军主编：《中国共产党思想理论发展史》下卷，人民出版社 2011 年版，第 1639 页。

③ 中共中央文献研究室编：《十四大以来重要文献选编》（下），人民出版社 1999 年版，第 2270 页。

反腐倡廉建设做了部署。① 构建立体式反腐败体系将涉及体制机制建设的多个层面和组织、制度、文化、教育、技术等多个要素,需要解决大量的理论和实践问题,必须要有全面系统的路径设计,必须厘清反腐败体系构建中各要素之间的关系并解决反腐败体系的主体构架和协作效应问题,真正实现各种反腐败措施的聚合效应、互动互补、协同反腐。

时隔 10 年,习近平总书记在二十届中央纪委二次全会上发表重要讲话,强调:反腐败斗争形势依然严峻复杂,遏制增量、清除存量的任务依然艰巨。必须深化标本兼治、系统治理,一体推进不敢腐、不能腐、不想腐。要把不敢腐、不能腐、不想腐有效贯通起来,三者同时发力、同向发力、综合发力,把不敢腐的震慑力、不能腐的约束力、不想腐的感召力结合起来。健全党统一领导、全面覆盖、权威高效的监督体系,是实现国家治理体系和治理能力现代化的重要标志。②

从中国进入新时代十年的反腐败斗争实践来看,党中央把全面从严治党纳入"四个全面"战略布局,刀刃向内、刮骨疗毒,猛药祛疴、重典治乱,使党在革命性锻造中变得更加坚强有力。在党的二十大提出"反腐败是最彻底的自我革命"重要论断,新时代我们必须发扬彻底的自我革命精神,把严的基调、严的措施、严的氛围长期坚持下去,建构立体形式反腐败体系乃当务之急。

二、研究背景

中国共产党始终与腐败做坚决斗争,自党的十八大以来,更是以零容忍的态度和决心将反腐败斗争进行到底。实践的需要推动反腐败的理论研究如火如荼,成果十分丰富,本书从高频词和研究主题进行概述。

(一) 高频关键词分析

关键词或主题词一般是一篇论文核心内容的浓缩和提炼,可以在很大程度上代表论文的研究主题。若某一关键词或主题词在其所在领域的论文中多次出现,则可判断这些高频关键词或主题词所表征的研究主题是该领域的研究热点③。

由于"反腐""腐败""反腐败"作为超高频词,在高频词集合中无法反映该主题的内部关系,在分析时不予采用;去除过于笼统、不具备统计意义的词之

---

① 参见:《王岐山在中央纪委四次全会上发表讲话》(全文),人民网,http://politics.people.com.cn/n/2014/1025/c70731 – 25907421.html,2014 年 10 月 21 日。

② 《习近平在二十届中央纪委二次全会上发表重要讲话》,中央纪委国家监察委网站,2023 年 1 月 9 日。

③ 储节旺、郭春侠:《共词分析法的基本原理及 EXCEL 实现》,载于《情报科学》2011 年第 6 期,第 931～934 页。

外，最终得到高频关键词 60 个（见表 1-1）。采用 CiteSpace 提取论文集关键词，形成的高频关键词可视化知识图谱如图 1-1 所示。采用 Bicomb 和 CiteSpace 对高频关键词的分析结果基本一致。

表 1-1　　　　　　　　　高频关键词

反腐倡廉	制度建设	《联合国反腐败公约》	公职人员	党风廉政建设责任制	毛泽东
反腐败斗争	预防腐败	财政金融	治理腐败	制度	政治生态
反腐倡廉建设	官员	全面从严治党	创新	廉政文化	权力制约
网络反腐	治理	廉政建设	法治化	制度执行力	零容忍
党风廉政建设	习近平	腐败犯罪	法治	反腐倡廉制度	防治腐败
腐败治理	微博反腐	纪检监察机关	群众	惩治腐败	检察机关
制度反腐	反腐倡廉工作	反腐倡廉教育	反腐败法	制度创新	腐败行为
反腐败工作	政治	十八大	廉政文化建设	纪检监察干部	网络监督
中国共产党	高校	法治反腐	胡锦涛	党内监督	反腐模式
监督	科学化	财政	舆论监督	形势	财产申报

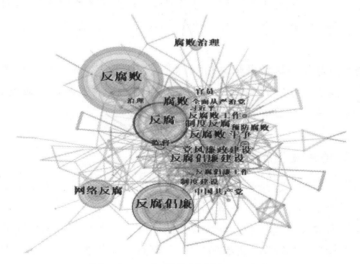

图 1-1　高频关键词知识图谱

（二）关于反腐败的研究主题

1. 关于全面从严治党与反腐败斗争

全面从严治党的根本路径是将思想建党和制度治党结合起来，关键在于治吏。作风建设是全面从严治党的切入口和必须始终紧绷的一根弦，落实管党治党政治责任是全面从严治党的重要保障。全面从严治党的"全面"二字，要从主体上落实全面从严治党责任；从内容上全面涵盖党的建设的基本内容；从依据上严明党的纪律，坚持党内法规和宪法法律相结合；从时间上经常抓、反复抓，持续深入改进作风；从方式方法上坚持从严管理干部并发挥人民监督作用五个方面来进行解读。全面从严治党，要着眼于保持党的先进性和纯洁性；要坚持党在宪法和法律范围内活动的原则；要加强党内法规制度建设，依法依规管党治党；要坚持不懈开展党风廉政建设和反腐败斗争。

落实全面从严治党主体责任必须把握好六个着力点：提高党委履行全面从严治党主体责任的思想认识；建立和完善全面从严治党主体责任的责任体系；建立和完善全面从严治党主体责任的党内专项监督制度；建立和完善全面从严治党主体责任的考核机制；建立和完善全面从严治党主体责任的责任追究机制；正确处理党委主体责任与党委领导责任、党委主体责任与纪委监督责任、党委主体责任的责任追究与党政领导干部问责制的责任追究的关系。党的十八大以来，党始终保持对腐败问题的高压态势，注重以坚定不移"打虎""拍蝇""猎狐"的理念构建不敢腐的惩戒机制，以"把权力关进制度的笼子里"的理念构建不能腐的防范机制，以"筑牢拒腐防变思想道德防线"的理念构建不想腐的保障机制，党风廉政建设取得阶段性成果，反腐败斗争的压倒性态势已经形成。

2. 中国共产党与科学化反腐

提高我国反腐倡廉科学化水平，必须高度重视反腐倡廉科学化的理论检验和实践检验，提升反腐倡廉目标定位、战略行动规划等方面的科学化水平。要以加强领导干部廉政教育和廉洁自律为基本前提，以反腐倡廉建设融入总体建设为重要方式，以健全权力运行制约和监督机制为制度保障，以完善制度反腐与制度创新为重要途径，全面提高反腐倡廉建设的科学化水平。提高反腐倡廉监督体系的科学化程度要做到：建立监督主体领导协调中心，整合监督资源，形成监督合力；拓宽监督领域和时限，实现全面、全程监督；合理分解和科学配置权力，建立合理有效的公共权力架构；运用科技手段监督，充分发挥科技在监督中的辅助作用。

3. 反腐模式与廉政文化建设

我国的反腐工作经历了运动反腐模式、制度反腐模式与和谐反腐模式的变迁，每一种反腐模式都有其特殊的历史背景，既一脉相承又有创新突破。目前我国的反腐败斗争正朝着权力反腐模式的方向迈进。廉政建设需要社会的整体系统治理：不单是对公权系统执行者的规范和治理，还需要同时治理社会相对人的越轨行为，在全社会范围内全面纠正和控制社会越轨行为。整体治理模式下的廉政建设需要着力构建治理资源越轨的社会协调机制、整合机制和社会信任机制。

4. 网络监督与网络反腐

党的十八大以来，各级纪委网站、主流媒体和新兴媒体发挥舆论监督和舆论引导作用，对腐败问题和不正之风无情曝光，发挥重要警示作用，凝聚反腐倡廉建设正能量。网络反腐从推进廉政教育、促进廉政立法和改进廉政制度三个方面发挥了积极的作用。针对网络反腐存在的监督深度有限、监控力度薄弱和腐败利益重组等问题，完善反腐倡廉网络监督制度建设的对策：树立正确的权力观，重视网络反腐；增强公民反腐意识，培养高素质反腐群体；加强反腐制度建设，完善反腐法律体系。

5. 法治反腐与反腐败法

法治反腐主要是指用法治思维和法治方式惩治和预防腐败。法治反腐与党内以纪反腐是高度统一和相辅相成的。法治反腐要坚持党的领导与社会主义法治辩证统一，坚持党纪与国法配合互动，坚持立法与执法协同并进，坚持法治与德治相得益彰。在法治反腐中，程序反腐是最重要的。推进政治体制改革、修改《中华人民共和国行政诉讼法》扩大人民法院行政案件的受案范围、推进政务公开、建立和完善官员家庭财产申报、审核和公开制度、启动人大的质询监督制度以及加强和规范平面媒体和网络对腐败现象、腐败官员、腐败行为的监督是当前反腐败应当采取的主要措施。法治反腐的关键是要形成系统化、规范化的制度体系。重点是要创新反腐败立法理念，制定统一的国家反腐败法，完善相关配套法规，推进反腐败立法的地方先行、国际合作以及对网络等新型反腐形式的立法规制。

6. 腐败行为与腐败治理

人最基本的效用动机导致了公共权力腐败的普遍存在，权力掌控者为收回预先支付的高额"进入"成本而选择权力寻租。权力掌控者的权力行为会受到需求偏好、道德自律、查处风险以及权力制衡等各种主客观因素和条件的约束。公共权力腐败能否发生，关键取决于权力掌控者在突破条件约束时所耗费的成本大小以及对腐败收益的预期。发展经济、提高居民的文化水平、优化政府规模是抑制和预防腐败的有效手段。应建立"政党主导共治型"治理结构，实现腐败治理结构创新；运用法治思维和法治方式反对腐败，实现腐败治理路径创新；通过严密程序、规范流程、解决"灯下黑"问题，实现腐败治理程序创新。

第二节　研究目标及方法

一、研究目标

1. 研究目标的层次性

如图 1-2 所示，本书的研究有三个层次的目标：直接目标、中间目标和最终目标。直接目标是构建立体形式反腐败体系的架构，中间目标是形成不敢腐的惩戒机制、不能腐的防范机制和不想腐的保障机制，最终目标是实现"干部清正、政府清廉、政治清明"。

图 1-2　本课题研究目标链

这三者相互联结为一个整体，直接目标是这个目标链的前端和基础；中间目标处于目标链的中端，是实现最终目标的必然环节；最终目标是目标链的终端，也是本书研究的终极期盼，因为"干部清正、政府清廉、政治清明"不是通过一个课题的研究就能实现的，本书的愿景是为这一目标的实现贡献微薄之力，提出一些具有可操作性的对策和建议。

2. 研究目标及其模型

根据上述研究目标链，本书要实现的研究目标（research objectives，RO）是：通过建构立体形式反腐败体系，扎好扎牢关住权力的"笼子"，形成不敢腐的惩戒机制、不能腐的防范机制和不想腐的保障机制，助力实现"干部清正、政府清廉、政治清明"的愿景。

再根据对反腐败立体体系的剖面分析，基于反腐败文化和反腐败制度两个维度，同时吸取反腐败实践的经验教训，形成不敢腐的惩戒机制；基于反腐败文化和反腐败组织两个维度，吸取反腐败实践的经验教训，形成不能腐的防范机制；基于反腐败制度和反腐败组织两个维度，吸取反腐败实践的经验教训，形成不想腐的保障机制。

9

如果采用数学语言来表达本书的研究目标，则本书的研究目标就是求解 RO，其数学模型用函数表达为：$RO = [r(P_r, C_r, S_r), f(P_f, C_f, O_f), g(P_g, S_g, O_g)]$，各符号的意义如表 1-2 所示。

表 1-2　　　　　　立体式反腐败体系模型各符号的意义

符号	表示的意义	备注
r	不敢腐的惩戒机制	核心词"惩戒"的英文"reprimand"首字母
f	不能腐的防范机制	核心词"防范"的英文"forestall"首字母
g	不想腐的保障机制	核心词"保障"的英文"guarantee"首字母
P	反腐败实践	anti-corruption practice
C	反腐败文化	anti-corruption culture
S	反腐败制度	anti-corruption system
O	反腐败组织	anti-corruption organization
P_r	实践→"不敢腐"	反腐倡廉实践探索中构建不敢腐的惩戒机制的启示
P_f	实践→"不能腐"	反腐倡廉实践探索中构建不能腐的防范机制的启示
P_g	实践→"不想腐"	反腐倡廉实践探索中构建不想腐的保障机制的启示
C_r	教育→"不敢腐"	反腐倡廉文化对构建不敢腐的惩戒机制的作用
C_f	教育→"不能腐"	反腐倡廉文化对构建不能腐的防范机制的作用
S_g	制度→"不敢腐"	反腐倡廉制度对构建不敢腐的保障机制的作用
S_r	制度→"不想腐"	反腐倡廉制度对构建不想腐的惩戒机制的作用
O_f	组织→"不能腐"	反腐倡廉组织对构建不能腐的防范机制的作用
O_g	组织→"不想腐"	反腐倡廉组织对构建不想腐的保障机制的作用

二、研究方法

1. 总体方法

（1）合理分工，协同研究。充分发挥课题组成员的特长，并依此分别承担相应子课题的研究任务，但是本书不是一分了事，在有些问题特别是基础性问题的研究上由课题组成员共同研究，在有关问题的调研上也由课题组协同开展。

（2）循序推进，前后呼应。按照上述逻辑路径分阶段实施，在前一阶段的问题得到解决之后循序推进，前一阶段的研究成果为后面的研究打好基础、留下伏笔，后一阶段的研究立足于前一阶段的成果逐步深入并解决新问题，这样整个课题的研究前后呼应、浑然一体。

（3）借鉴比较，相得益彰。在诺斯（1991）看来，社会环境中一些小的事件或随机环境的结果决定某一些特定的解，从而对政策选择产生重大的甚至决定性的影响。西方发达国家在以权力制衡反腐败方面有着丰富的经验教训，我们可以从中汲取适合中国国情的方式方法加以运用。

（4）全面统筹，重点突破。权力制约和监督是一项十分复杂的系统工程，涉及国家制度的设计、政治体制的选择、权力主体的伦理道德、监管者的技术手段和敬业精神等，既有客观因素，也有大量主观元素，本书将以问题为导向，选择关键要素进行研究。

（5）立足调研，合理假设。科学学表明假设是科学研究的有效路径，正是对假设的不断证明或证伪推动着科学的发展。课题组首先对有些问题进行合理假设，例如，根据文献研究和感性认识假设权力滥用者的动机都是为自己获取私利，那么如何斩断腐败带来的收益就是防止权力滥用的关键。

2. 具体方法

本书采用的研究方法主要有：多学科交叉研究的方法、经验归纳法、实证研究法、定量分析与定性分析相结合的方法、文献和比较研究法等。

（1）多学科交叉研究的方法。综合运用政治学、经济学、管理学、社会学、法学、生态学、工程学等多学科的理论和研究技术，探究权力制约和监督的机理。如政治学中的"权力制衡""新公共管理"等原理，经济学中的"经济人假设""边际生产力递减"等原理，管理学中的"木桶原理""人本管理"等原理，社会学中的"羊群效应"和社会调查的抽样技术、SPSS\Stata统计分析技术、相关与因果分析技术和访谈技术，法学中的"程序正义"原理，生态学的生物多样性原理、生态恢复和可持续发展原理，工程学中的剖面分析方法，等等。

（2）经验归纳的方法。例如，对惩治和预防腐败体系建设中应先对个案进行研究，然后从中得出有益的经验。再如，对反腐败理论创新的研究，首先基于世界各国反腐败经验教训进行比较研究，归纳得出反腐败的一般机理。其次从中国的实际出发，以马克思主义的一般方法论和关于反腐败的理论为指导，总结研究我国在反腐败方面的经验教训。

（3）实证研究的方法。一是基于对我国反腐败的现状进行实证调研；二是合理假设反腐败的方法和技术，通过调研验证其合理性和可行性。例如，围绕使权力在阳光下运行，深入政府部门展开实证调研，在此基础上对推动权力阳光运行提出相应对策。

（4）定量分析与定性分析相结合的方法。本书将立足于实证研究取得的大量数据，采用适当的统计分析方法和技术工具，建立权力风险监控的指标体系和相应标准，并科学测定和预估权力制约和监督效果的状况。

（5）文献和比较研究的方法。古今中外，反腐败都是一个古老的课题，相关著作和法典十分丰富，世界各国实践中的经验教训也是汗牛充栋，基于这些文献进行比较研究并从中汲取人类历史长河积淀的营养，既是必由之路也将事半功倍。

3. 研究手段

采用的具体研究技术包括网络调查、典型研究、无结构访谈、问卷调查、SPSS 统计分析等。

（1）将风险分析和 PDCA 循环分析法结合运用。将反腐倡廉制度在实际运行和操作上的程序化、规范化、测评化，通过一系列具体制度安排，将权力运行纳入风险控制范围内，使可能发生腐败的领域、环节等明示出来，便于警醒、便于监督，有助于权力行使者的自律和他律紧密结合，从而降低权力腐败的风险。

（2）调查研究的研究手段和 SPSS 的运用。一是网络调研。通过网络信息采集和网络问卷调查，首先广泛了解社会公众对反腐败问题和反腐败体系建构的认识和建议，其次透析新媒介在党风廉政建设和反腐败工作中的应用现状，例如，网络问计、网络举报和反馈等的应用情况及效果，从而提出完善网络舆论监督制度的思路对策。二是无结构访谈。本书拟通过大规模的无结构访谈，重点收集和分析学者、纪检部门、司法系统、党政干部和普通群众对权力制约和监督的认知和建议。具体方式采用个别访谈、座谈访谈和电话访谈。三是问卷调查。本书拟在文献研究、无结构访谈和典型研究的基础上，对涉及面广的问题以及本书研究中进行合理假设的问题进行问卷调查。

（3）系统研究和典型研究的手段。例如，选择腐化蜕变的反面典型进行访谈、调查，深入研究他们对抗监督主体的动机和手段，以发现反腐败体系的漏洞；运用系统分析法分析腐败的权力主体、公权力、利益三个要素与结构，分析反腐败体系建构的优化。

第三节　研究框架及价值

一、研究框架

课题立项后，课题组严格按照《投标评审书》和《研究计划合同书》明确的具体任务，扎实推进研究，发表阶段性研究成果55篇，其中教育部采纳研究报告1份、《人民日报》理论版发表3篇、著作4部、CSSCI 收录28篇。2019 年

9 月顺利结题，其后根据中国反腐败的最新实践探索和成果进行了修订，2022 年 10 月定稿，2023 年再次修订完善。本书内容框架如表 1-3 所示。

表 1-3 本书内容框架

序号	章	节	内容
一	导论	选题意义及研究背景	选题意义；研究背景
		研究目标及方法	研究目标；研究方法
		研究框架及价值	研究框架；概念及观点；研究价值
二	反腐败理论方法论解析	反腐败理论建构主义解析	"朝前看"的建构主义模式；"强""弱"建构主义模式下的反腐败理论建构
		反腐败理论历史主义解析	"往后看"的历史主义模式；反腐败历史经验的纵向传承、横向延展
		反腐败理论结构主义解析	反腐败理论建构走向立体性；"关系"与结构；主体与结构
三	反腐败理论基本问题解析	腐败与反腐败发生机制	腐败的定义及其发生机制；反腐败及其发生机制
		权力运行有关问题剖析	权力异化；权力货币化；控权失灵
		"正人治权"反腐败新范式	正人治权的反腐败机理、理论框架；"正人治权"反腐败的中国实践
四	反腐败 CSO 立体体系	反腐败体系建构学说	微观层面的要素论证说；中观层面的体系建构说；宏观层面的历时态模式演变说
		CSO 立体反腐败体系的学术基础	立体形式反腐败体系的建构原则；基于博弈论的三维（CSO）反腐败策略解析；立体反腐体系的单向度研究概述
		CSO 体系的正当性及建构	CSO 体系的正当性；各国 CSO 体系反腐败的单向度实践；CSO 反腐败体系的功能

序号	章	节	内容
五	CSO立体反腐败体系文化向度	文化向度基本问题	文化与廉政文化；廉政理念；廉政介质；廉政作风
		廉政文化反腐功能	崇廉拒贪的导向功能；廉荣贪耻的激励功能；戒贪禁腐的约束功能；警惕腐变惧怕腐化的警示功能
		文化反腐省思与路径	中外文化对廉政文化的影响；加强廉政文化的宣传教育；挖掘优良的家风文化；培植健康的政治文化
六	CSO立体反腐败体系制度向度	制度向度基本问题	廉政制度的定义；廉政制度的场域；廉政制度的行为约束和惩戒假定
		廉政制度反腐功能	廉政制度功能释义；指引功能；规范功能；评价功能
		制度反腐的困惑与克服	制度反腐的困惑；防止利益冲突以减少腐败动因的生成；改革权力运作方式以压缩腐败空间；完善奖惩机制以提升腐败成本
七	CSO立体反腐败体系组织向度	组织向度基本问题	组织与廉政组织；廉政组织的使命任务和基本特征；世界各国廉政组织简况；新中国成立以来廉政组织的演变
		廉政组织反腐功能	教育功能；监督功能；阻断功能；惩处功能
		反腐组织设计与路径	廉政组织结构；廉政风险防控；廉政信息交互共享；廉政组织的战斗力
八	CO协同构建不敢腐惩戒机制	CO协同机理	文化组织协同的必要性；文化组织协同的效能
		典型国家不敢腐的惩戒机制解析	西方主要国家的惩戒机制；东南亚主要国家的惩戒机制
		建构不敢腐惩戒机制	始终保持零容忍高压反腐态势；把作风建设作为治本之策；消除不健康的心理认知；动员人民参与反腐斗争；优化政治文化生态
九	OS协同构建不能腐防范机制	OS协同机理	组织制度协同的必要性；组织制度协同的效能
		典型国家不能腐的防范机制解析	典型国家（地区）构建协同防范机制的主要做法、经验和重要启示
		构建不能腐防范机制	抓住"关键少数"；用好巡视利剑；强化源头治理

序号	章	节	内容
十	SC 协同构建不想腐保障机制	SC 协同机理	制度文化协同的必要性；制度文化协同的效能
		典型国家不想腐的保障机制解析	典型国家反腐败保障机制建设实践、经验和启示
		建构不想腐保障机制	强化不想腐的源头治理机制；健全不想腐的廉政自觉机制；完善个人信息合规性检查制度
十一	CSO 一体推进"三不"机制的中国实践	建设中国特色廉政文化	党的十八大以来中国廉政文化建设；发挥党内政治文化的引领作用；营造正确的检举举报文化
		完善中国特色廉政制度	党的十八大以来中国廉政制度建设；建立健全党纪国法协同反腐制度体系；加强党的政治建设以党性制约权力；重构和优化政治生态
		优化中国特色廉政组织	党的十八大以来中国廉政组织的改革创新；加强纪检监察队伍建设；建设覆盖全社会的检举举报平台
		推进反腐败的国际合作	阻断腐败的逃逸和溢出效应；推进反腐败国际合作的中国经验、理论依凭、机制建设
附		中国特色反腐败及标本兼治战略	新中国成立以来反腐败历程概览；中国特色；反腐败与执政党的关系、制度反腐的双轮驱动、中国特色的反腐败机制；中国特色反腐败战略

二、概念界定和主要观点

（一）概念界定

1. 腐败和反腐败

腐败是一种凭借权力而产生的"坏"行为和"坏"生态，基本构成要素有腐败主体、腐败前提和腐败动机。从广义上说，腐败就是代理人利用掌握的权力罔顾甚至损害委托人利益，为自己或利益相关人或包括自己在内的特定利益团体谋取私利的行为。从狭义上说，腐败是指公职人员利用公权力谋取私利的行为。作为本书研究对象的"腐败"除非专门指出，都是指狭义上的腐败。

2. 腐败成本和收益

腐败成本是指腐败过程及为其产生后果所付出的"代价"，包括直接成本、处罚成本和机会成本。直接成本是指为了实施腐败行为付出的直接"代价",主要包括物质成本、人力成本和心理成本等;处罚成本是指腐败行为败露后所付出的"代价",主要包括法律成本、政治成本、社会成本等;机会成本是指腐败行为败露后所丧失的"好处",主要包括薪酬成本、升职成本、附加成本等。腐败收益是指公职人员利用权力通过贪污、共谋、交换或索取而获得的现在和将来的"好处",包括货币、商品、服务、美色、赞许、升职等,包括即期收益和远期收益。

3. 反腐败及其成本和收益

反腐败是指预防和惩治腐败发生的行为。反腐败成本是指反腐败所需的人、财、物等各项资源的耗费与机会成本,以及为了取证所付出的代价之和,包括反腐败机构或者部门及其工作人员在反腐败的过程中需要的人、财、物,甚至包括国家针对腐败行为而建立的各种制度及对制度的完善所付出的代价。反腐败收益是指通过预防和惩治腐败所减少的腐败造成或可能造成的损失[1],或者说通过反腐败所获得的收益,包括经济收益、政治收益和社会收益等。

4. 反腐败和反腐败体系

反腐败就是要预防和惩治腐败行为的发生。反腐败体系就是指围绕预防和惩治腐败形成的各种理论学说、行动方案和具体措施而构成的系统。各种理论学说构成反腐败理论体系,以知识形态存在,包括反腐败的理念、观点、行动依据等;各种行动方案和具体措施等构成反腐败实践体系,以操作形态存在,包括廉洁教育、制度建设、反腐败组织机构的设置和反腐败斗争行动等。

5. 控权失灵

控权失灵也是指控权者运用各种制约和监督手段防止掌权者滥用权力,却无法达到预期效果,甚至在某一阶段权力滥用还有愈演愈烈的趋势。控权失灵的形成有两种情形:一是规避,即掌权者规避控权者的制约和监督;二是合谋,掌权者与控权者结成利益共同体。

6. 权力异化

权力异化是指掌握公共权力的个人或组织,在权力运行中自觉或不自觉地被"好处"诱惑,背离公权力的初衷而侵犯私权或以权谋私的现象。其有三个表现形态:权力商品化、权力资本化和权力市场化。其中,权力市场化最为隐蔽,权力商品化最为直接和显露。

---

① 关于腐败危害的种种论述,被称为"政治之癌"。参见何增科:《政治之癌:发展中国家腐化问题研究》,中央编译出版社 2008 年版,第 108 页。胡鞍钢认为,这种社会顽疾一经产生,就必然会对社会各个方面造成严重损害,主要表现为极大阻碍社会经济的健康发展,破坏生产力和生产关系、经济基础和上层建筑的良性互动,腐蚀人类社会经济建设、政治建设、文化建设、社会建设和生态文明建设的有益成果。参见胡鞍钢等主编:《第二次转型——国家制度建设》,清华大学出版社 2003 年版,第 235 页。

7. 权力货币化

权力货币化指权力可以"转化"为货币的现象，亦即权力可以用来与一切好处相交换。"好处"包括有形的财物和无形的好处，既有物质形态的，也有精神形态的，既有即期的，也有远期的，其存在形式有金钱、货物、美色、享乐、名誉等。

8. 正人治权

正人治权是指以"人"为中心，"人""权"并重的权力制约和监督理论范式。其机制是通过对"人"的规制实现对"权"的治理，以"正人"挤出腐败收益，以"治权"挤压腐败空间，从而预防和惩治腐败。

9. CSO 体系

CSO 体系是指以 C（廉政文化）、S（廉政制度）和 O（廉政组织）三者合围形成的立体式反腐败体系。在这个体系中，C 和 O 的协同构成了不敢腐的惩戒机制、O 和 S 的协同构成了不能腐的防范机制、C 和 S 的协同构成了不想腐的保障机制。

10. 廉政文化

廉政文化是指廉洁从政的精神理念、行为方式及其传承的物质载体和媒介为一体的文化体系。本书所指廉政文化具备文化的一般特征，但具有严格的边界和特定的内涵。其内涵包括廉政理念、廉政介质和廉政作风三个方面，其外延与"S"（廉政制度）、"O"（廉政组织）具有严格的界限，也就是说不包括制度层面和组织层面的文化。

11. 廉政制度

廉政制度是指规制公职人员行为的正式规范，包括成文的或虽然没有形成文本但具有约束力的规定、规矩、程序和行动准则。在我国，廉政制度的内涵包括党的纪律和国家法律。廉政制度并不具备广泛的意义，而是具有严格边界和特定内涵的概念，其外延与"C"（廉政文化）、"O"（廉政组织）具有严格的界限，也就是说不包括广泛意义上以文化和组织形态存在的制度。

12. 廉政组织

廉政组织是指以反腐败为使命的正式组织，由国家相关法律明文规定的、赋予其权力与职责，对腐败进行预防和打击的公共组织。换言之，廉政组织是专门性的反腐败机构，是廉政建设和反腐败的行动主体，其使命在于预防和惩治腐败。在我国，廉政组织包括能够针对腐败发挥治理功效进而遏制腐败的党政机关和司法部门。

13. 利益冲突

利益冲突是指权力主体在运用公权力的过程中，所代表的公共利益与自身的个体利益之间发生冲突，实质是公共权力的非公共性使用。其中的个人利益，主要包括经济利益，当然也包括工作机会、个人声誉等。

14. 政治文化

政治文化是一个国家中的阶级、团体和个人，在长期的社会历史文化传统的影响下形成的某种特定的政治价值理念。社会主义国家所倡导的政治文化是代表最先进生产力发展要求和最广大劳动人民根本利益的马克思主义政治文化。

15. 检举举报

检举举报是指举报人自愿向司法机关或其他具有相应职能的权力机关报告、揭发被举报人不当言行的行为。作为维护秩序的一种有效路径，具有制约功能、发现功能、保障功能和化解功能。

16. 四种形态

党的十八大提出了管党治党举措，党的十九大进一步要求运用监督执纪"四种形态"管党治党，即批评和自我批评、"红红脸、出出汗"成常态；党纪轻处分成大多数；党纪重处分成少数；违法处理成为极少数。

17. 腐败溢出效应

腐败溢出效应是指在某国产生的腐败现象，不仅会污染发生国的政治生态和社会经济环境，导致"不廉洁"，而且伴随腐败者的外逃、非法资金外流和海外腐败活动扩散等，会导致"外部不廉洁"现象的产生，即降低腐败者流入国的清廉程度，动摇流入国经济、政治和社会生态发展根基。

（二）主要观点

1. 建构"正人治权"权力制约和监督理论新范式

传统的权力制约和监督存在"控权失灵"的现象，"正人治权"控权模式的关键是"正人"，核心在于既要对权力运行加以制约和监督，也要对权力主体的行为加以规范和控制，通过"控权"挤压腐败空间，通过"正人"挤出腐败收益，从"利益"源头上防治腐败。"正人治权"的控权机制以权力主体为指向，使其"私利"处于合理监控之下，以发现和挤出不当得益或者说腐败收益，阻断权力货币化的循环，无利可图的权力异化也就失去了生存的土壤。在这一模式下，通过最广泛地调动全社会的力量反腐败，实现"让人民起来监督政府"。需要特别指出的是，"正人"不是搞运动，而是要通过制度规范和约束"人"，导引群众参与的通道；通过教育教化和引导"人"，提高群众参与的素养；通过组织来监督和纠正"人"，建立群众参与的秩序。

2. 以有限性和有效性原则建构 CSO 三维反腐败立体体系

运用系统思维，既要打破单向度反腐的路径，也要打破"一个也不能少"的路径设计，从有限性和有效性出发抓住反腐败的关键因素，以文化（C）、制度（S）、组织机构（O）三个维度构建立体反腐败体系，并充分发挥这三个维度各自的反腐功能，两两协同形成不敢腐的惩戒机制、不能腐的防范机制、不想腐的保障机制。CSO体系中，制度是反腐败的根本之策，文化是用人性"善"的精神与理性的价值判断作为制度的"补丁"，反腐败组织机构则监督各项制度得到有效执行并纠正其可能出现的偏差。

3. 突破传统文化的负约束建立具有中国特色的廉政文化

廉政文化的建设需要创新廉洁教育的方法，构建科学规范的分类分层次教育体系，将显性教育与隐性教育、理论教育与实践默化、外在灌输与内在自我教育有机结合，促进廉洁教育的现代化、科学化、常态化。通过廉政文化建设，把解决权力主体的思想问题与实际问题紧密统一起来，把廉洁价值观深深扎根于灵魂之中，造就以警钟长鸣的廉政自律和道德内省的廉洁自觉为主的反腐败"免疫系统"，构筑"自律"与"他律"的"双保险"；把廉政文化植根于广大社会公众特别是权力主体的思想深处，用人性"善"的精神与理性的价值判断作为制度的"补丁"，培育权力主体的廉政价值观，建立拒腐防变的道德"防火墙"，为反腐败提供文化支撑。建设中国特色的廉政文化，需要充分发挥中国传统文化在腐败治理中不可替代的作用，例如，儒家学说极为强调从政者良好的道德行为素养（身正、身修）对天下治理的根本性和基础性作用。

4. 综合运用党纪国法协同反腐败，以党性制约和监督权力，着眼于"人"建立"以法治腐"的制度和执行体系

"党性反腐"的机理是自觉学习党章、遵守党章、贯彻党章、维护党章，做到党章规定什么就坚决维护什么，党章禁止什么就坚决纠正什么，这是我国相对于西方国家具有的独特优势，中国共产党一向与贪腐水火不容，与以权谋私做坚决斗争。健全反腐败法治建设应着眼于"正人"，形塑、规制掌握和行使权力的主体——"人"是法律制度设计的焦点。"以法治腐"最基本的就是以公职人员伦理、防范利益冲突法治建设对权力主体进行全面规制，抓住公职人员信息公开尤其是财产申报与公示这一关键点，强化有公众参与的立体形式的反腐败监控，形成全面规制与重点防控并举的全方位反腐败法制体系，并完善执行与惩戒机制，提高腐败成本、挤出腐败收益，重塑高危人群对违法成本和收益的心理预期，有效遏制腐败多发、高发的态势，形成惩治和预防腐败发生的长效机制，从源头上控制腐败。

5. 构筑让人民监督权力的制度通道和平台是提高反腐败效能的必由之路

由于权力运行的"内部人陷阱"，广大人民群众对权力的运行无法洞察秋毫，但通过广泛的社会监督，权力主体的言行最终躲不过人民群众的雪亮眼睛，腐败终将无处遁迹。一方面，在各级领导干部的思想中必须牢固树立"人民当家作主"的执政理念，建立健全关乎权力运行的法规制度，让人民看得见、摸得着，

有迹可循、有法可依；另一方面，以技术为手段，如构建以网络新媒体为平台的社会监督与传统监督模式有效对接的社会监督机制，利用现代信息技术、通信技术和网络技术把电子监察、风险预警等科技手段融入廉政风险防控、规范权力运行的制度设计和管理流程之中，把权力行使与电子预警、技术监控、行政监察、社会监督融为一体。

三、研究价值

（一）学术价值

1. 丰富反腐败理论

反腐败的核心在于制约和监督权力，防治权力滥用。从反腐败理论来说，权力制衡是反腐败的基本信条，也是颠扑不破的真理。本课题探讨了传统权力制约模式下的"控权失灵"现象及其理论根由，并尝试构建新的理论范式加以解决。导致"控权失灵"的原因纷繁复杂，应对"控权失灵"的办法首先就要创新权力制约和监督的理念，建立新的理论范式加以解决。

本书研究提出了从以权力为中心走向"人""权"并重，也就是"正人控权"的权力制约和监督模式。这种模式一方面通过"控权"把权力涂上防腐剂，挤压腐败空间，让腐败行迹大白于天下；另一方面通过"正人"形塑人格、加强廉政自觉，提高腐败成本，挤出腐败收益，从而遏制腐败行为的发生和蔓延。

2. 阐明反腐败的中国特色

党的十八大指出当前反腐败斗争形势依然严峻，要坚定不移地走中国特色反腐倡廉道路。本书通过对中国特色反腐倡廉道路理论内核的探讨，认为中国特色的反腐败具有西方国家无可比拟的独特优势。以权力制约权力、以权利制约权力、以舆论制约权力、让权力在阳光下运行、加强关键领域风险点防控、建设廉政文化等，尽管我国在这些理论的运用上富有中国特色，但这些理论可以说在世界各国都具有普遍的适用价值。

本书认为中国特色的反腐倡廉就是要坚持具有中国特色的政治体制不动摇，坚持党的领导、依法治国和人民当家作主的有机统一，坚持在马克思主义指导下与时俱进地推进政治体制改革，走中国自己的路，探索适合中国国情的制约和监督权力运行的体制、制度和机制。反腐败的"中国特色"关键有两点：一是立足于中国国情；二是以党性制约权力，这是我国的独特优势，也就是抓住"关键少数"反腐败，以上率下，以优良的党内政治生态带动全社会形成风清气正的清明政治。

3. 创新党建和反腐败学科的研究技术

夺取并巩固反腐败斗争的压倒性胜利是党的建设主要任务，反腐败显然是党建学科的主要研究内容。但对于党建学科的研究和发展现状，有学者指出，传统意义上的党的建设是一种工作研究，不是完整的学术意义上的政党或政党政治研究。

本书采用多学科的原理和方法研究反腐败问题，从而拓展党建学科的研究手段和技术（详见第二部分"研究方法"）。例如，运用数学和工程学的原理和方法研究立体式反腐败体系的内部架构问题，运用制度经济学关于正式约束和非正式约束的基本原理研究不敢腐的惩戒机制的形成，运用委托代理理论研究"控权失灵"的现象及其对策，等等。

（二）应用价值

1. 厘清反腐败工作的关键点

反腐败是体制性、系统性的综合治理工程，教育、制度、监督、改革、纠风、查处等任何一个环节都对反腐败的成效产生不同程度的影响，加强反腐倡廉教育和廉政文化建设、健全反腐败法律制度、防控廉政风险、防止利益冲突、让人民监督权力、让权力在阳光下运行等问题能否得到妥善解决，也决定着反腐败的成败。基于本书的理论建构，我国反腐败的工作节点应包括以下几点。

（1）推进反腐败法治建设，特别是防止利益冲突法的建立和完善。反腐败法制体系建设在建构立体形式的反腐败体系建设中起着中流砥柱与最后保障的重要作用。

（2）加强反腐倡廉教育建设廉政文化。党员领导干部拒腐防变不仅需要不断完善外在社会监督制度、体制，而且应加强领导干部的思想道德教育和廉洁价值观教化，强化其内心信仰，提高其自律能力。

（3）深化政治体制改革，建立富有中国特色的权力制约和监督机制。一是通过深化政治体制改革，建立更加有效的以权力制约和监督权力机制，在纵向上按照层级原理将权力进行划分，在横向上将公共权力配置给若干个权力主体；二是通过深化政治体制改革，构筑让人民监督的通道和平台，人民群众的眼睛是雪亮的，腐败行径将无处藏身。

（4）加强党员党性修养和党性锻炼以党性制约权力。以党性制约权力就是要求自觉学习党章、遵守党章、贯彻党章、维护党章，做到党章规定什么就坚决维护什么，党章禁止什么就坚决纠正什么。

（5）构建具有中国特色的反腐败组织机构。本书的研究系统地总结了我国反腐败机构设置和运行的经验和教训，并借鉴世界上其他国家和地区的先进经验，提出廉政组织应该具备的基本特征,特别是对国家监察体制的改革进行了深入研究。

2. 推动"干部清正,政府清廉,政治清明"政治环境的形成

通过建构 CSO 反腐败体系,推动"干部清正、政府清廉、政治清明"政治环境的形成,其路线如图 1-3 所示。

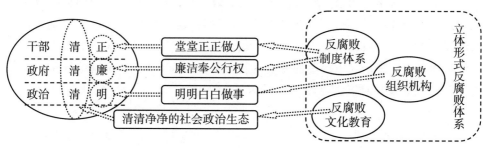

图 1-3 立体式反腐败体系

3. 全面辩证地把握治标与治本的关系

抓住"牛鼻子",用好"牛鞭子",查摆问题务求实效,提出"标本兼治"不是分而治之,而是相辅相成、合而治之;"标本兼治"不是眉毛胡子一把抓,而是要根据反腐败斗争的形势和时间需要,科学安排不同时期的工作重点,以治标为治本赢得时间,以治本保障和巩固治标的成效。坚持零容忍反腐败不动摇,也为敢担当的干部营造干事创业的良好氛围,促进"为官敢为有为"。

4. 构筑让人民监督权力的制度通道和平台

建立健全关乎权力运行的法规制度,构建以网络新媒体为平台的社会监督与传统监督模式有效对接的社会监督机制,利用现代信息技术、通信技术和网络技术把电子监察、风险预警等科技手段融入廉政风险防控、规范权力运行的制度设计和管理流程之中,把权力行使与电子预警、技术监控、行政监察、社会监督融为一体。

第二章

反腐败理论方法论解析

反腐败就是要预防和惩治腐败行为的发生。反腐败的深层开展迫切需要从方法论的高度加以权衡，才能对其重构反腐败体系的可能性进行批判。[①] 从方法论的视角看，建构主义力图对"理性"因素进行探究和批判，主张"向前看"；历史主义在理性设计之外加入不同文化和传统中的特殊要素，主张"往后看"；结构主义力图表明，反腐败的各种要素必须内在于一个"结构"中，才能使各要素发挥其应有的价值和意义，从而达致反腐败的目标。

第一节　反腐败理论建构主义解析

"建构主义"（constructivism）主要盛行于知识论和实践哲学领域。应当说，这一概念的本意并非仅仅局限于方法论，而是可以在方法论之外做出本体论解读，尤其在政治哲学领域，建构主义逐渐演化为一种影响巨大的政治哲学思潮。抽取建构主义的方法论意蕴为建构反腐败理论奠基，与建构主义本身并不矛盾。因为，随着近代以来的社会转型，建构主义依然成为理论建构的主流方法论，力图以理性（尤其是实践理性）为基础，以类似"建筑术"的方式对政治制度、

---

① 本书讲的批判并非通常意义的批评，而是康德意义的"澄清前提、划定界限"，即对反腐败理论的边界、时效性和可能性等方面进行深度反思。

政治原则的合法性提供证成。

一、"朝前看"的建构主义模式

从哲学起源来讲，建构主义源自西方近代哲学所谓的"认识论转向"，在"认识论转向"的背景下，哲学论辩的核心问题变为对主体的认知能力的探究，其核心即是理性。因此，所谓的建构主义，其实质就是强调理性的优先性，在此基础上主张通过理性实现对外在世界的设计和改造。此外，建构主义这一理念虽然源自西方，但由于其认识论转向的近代背景而带有浓厚的现代政治色彩。一定程度上甚至可以说，现代性的核心理论性格就是建构主义。

随着现代化、全球化的不断推进，普遍性和特殊性之争逐渐成为争论的焦点问题。反腐败理论的建构面临同样的张力：一方面，对何为腐败、何为反腐败以及应当如何反腐败，不同国家、不同语境下的人们拥有不少共识；另一方面，腐败和反腐败在不同语境下又不乏难以化解的分歧。但不论是反腐败的普遍性还是特殊性，共识还是分歧，在现代社会中，其背后的方法论依据都很大程度来自建构主义。在建构主义的推动下，一方面，反腐败理论日益呈现出全球化、普适化等特征，在实践层面的表现之一就是各国间的反腐败合作日益密切；但另一方面，这种全球化、普适化的背后则很大程度上体现为西方主流政治话语，而这种话语则是由于特定语境而形成的特殊话语体系。因此，要建构蕴含中国经验和中国话语的反腐败理论，必须对作为方法论的建构主义本身进行分析和批判。

建构主义之所以能够作为一种现代意义的方法论，其理由首先在于对理性的认同，而对理性的认同则直接催生出社会契约论。作为建构主义的主要形态，社会契约论也随着时代的要求呈现出多种形态。不过，社会契约论毕竟是一门比较成熟的理论建构方法，因而不乏相对稳定的理论特征。概言之，从社会契约论的视角来看，反腐败理论的规范性效力来自立约各方的承认和选择。也就是说，一旦一种反腐败理论能够得到立约各方的承认和选择，这就意味着这种反腐败理论具备相应的合理性，从而使理论拥有适当的解释力。这种解释来自建构主义设计的程序性推理对直觉主义的超越，进而使反腐败理论建构得以"朝前看"。

与建构主义类似，直觉主义本身不乏本体论内涵，但直觉主义在理论建构中通常可以被抽象为一种方法论。在这种方法论看来，当我们对反腐败问题进行思考时，心灵并不是一块白板；而是不可避免地带有某些历史、文化和信仰等直觉性因素，也就是说，在实然的政治生活中，"客观性"只是人们一厢情愿的美好愿望，不断形成的各种直觉性理念早已使我们戴上了"有色眼镜"，从而使人们面对同一个问题有着不同立场。就此而言，直觉主义是不可避免的，但这对于理论建构而言并非绝对是坏事。相反，直觉主义具有其他方法论难以匹敌的优势。但在当代多元文化社会中，直觉主义的困境同样显而易见，这一困境在于：人们在各自政治实践中会形成不同的直觉，如果这些直觉性主张在实践中相互融贯，那么直觉主义的理论建构将不成问题，但一旦某些直觉性主张在实践中相互冲突，同时却能够各自提供一套合理的理由时，直觉主义便无法从其自身的推理结构出发为这些冲突提供一个根本的、合乎情理的优先性结论。

对于反腐败理论的建构来说，不同文化、传统和信仰下的人们对于何为腐败、如何反腐、公与私的界限等关键问题具有十分直接的直觉性见解，但这些见解中，有些能够相互融贯，有些则存在难以化解的冲突。如何化解这些理解上的冲突，直觉主义无法提供合理的方案。因此，如果想跳出直觉主义的理论困境，构建一种具有普遍性、客观性，同时能够与特殊的文化、传统和信仰相融贯的反腐败理论，必须以建构主义的方式设计出理性的推理"程序"，以此为基础，对直觉主义可能产生的争论加以化解。这种"程序"，随着建构主义的变迁有过不同形态。例如，接下来我们将看到，近代契约论形成一种"自然状态—社会契约"的推理程序，而当代契约论则以更抽象的"原初状态—社会契约"为主要特征。这些程序在论证机制、论证指向方面皆存在实质性差异，但却有一个共同点，即通过推理"程序"，建构主义使理论"朝前看"。也就是说，这些推理"程序"都是根据理性的原则拟定的，而理性的首要功能则是先行推导出应然的标准，再根据这一应然标准对当下进行批判。就此而言，建构主义不必再去诉诸其他权威，理性本身即可作为建构主义实践推理的最终权威。

在反腐败理论建构方面，建构主义同样首先通过理性拟定的推理"程序"推导出反腐败的应然要求和标准，进而以此为标杆对当下进行反思和批判。不过，建构主义尽管以"朝前看"为基本特征，但如何朝前看，建构主义内部有着不小的分歧，这一分歧集中体现为建构主义的"强"和"弱"之分。

二、"强"建构主义模式下的反腐败理论建构

建构主义"强"和"弱"两个层面分别用不同建构模式导向不同证成效力。前者对理性在理论建构中的唯一性、固定性和不可替代性有着坚定的信守，认为通过纯粹的理性设计，人们就足以设计出能够被全人类普遍接受的反腐败理论，进而展开整齐划一的反腐败实践。不过，如此之"强"的唯一性、确定性和不可替代性与我们在日常政治实践中形成的直觉性信念不甚相符，但相对情感和其他认知理念而言，理性又的确不乏稳定性和确定性。因此，必须对"强"建构主

在反腐败理论建构中的内在机理进行深入分析。与对建构主义的一般性分析一致，"强"建构主义背后的证成依据同样是近代以来登上历史舞台的社会契约论。因此，认识这种"强"建构主义，关键在于从社会契约论的角度切入，对其"强"的立场的可能性进行剖析和批判。

作为一种近代兴起的政治哲学思潮，社会契约论的逻辑前提是个体（individual）意识的觉醒，而个体意识觉醒则内在要求去尊重每个个体的承认和选择。社会契约论正是试图通过每个个体都能公平参与的立约行为来对政府、权力的来源，政治原则、政治制度的合法性进行证成。就此而言，公平性应当是契约论的内在要求。换个表述来讲，契约的达成是每个个体自发、自愿的理性行为，因此，由理性推出的契约式结论应当是公平的。如果能够证明契约的绝对公平性，那么基于契约论构建而成的建构主义学说就能对某种理论进行非常"强"的建构。

从社会契约论的逻辑结构来看，一个完整的社会契约论通常由自然状态、社会契约、政府解体三部分构成。其中，自然状态是社会契约论的逻辑起点，通过自然状态，建构主义者试图通过实践推理论证一个核心问题，那就是"自然状态"下严酷的"自然事实"决定了所有人都希望走出这一状态。订立契约，进入政治社会，就是直接出自这一动机。因此，契约的缔结对于所有人而言都是公平的。霍布斯、洛克和卢梭等近代建构主义者都是希望从"事实"层面为契约的公平性辩护，进而论证政治制度、政治原则的合法性。如果这一论证成立，建构主义的结论便可以很"强"地推己及人，使之成为一种普适性的政治理念。

问题是，"自然状态"根本无法在"事实"意义上为理论的建构提供客观的辩护，因此，近代建构主义的契约式推理必然从推理起点就掺杂不少主观价值，从而充满主观性和独断性。例如，霍布斯、洛克和卢梭都曾分别构想出自己的"自然状态"，并试图让读者相信，历史上曾存在一个真实的"自然状态"，并用这个历史上曾经存在的自然状态为契约行为和契约本身的合理性进行辩护。但另外，他们也承认，"自然状态"虽看起来很"自然"，但却无法做出符合历史的解释。因为即便所谓的"自然状态"是符合历史事实的，仍然不足以为权力的来源、制度合法性提供足够证成。原因有两点：第一，上述思想家虽然能用理性建构的进路来对政治制度、政治原则进行证成，但他们并非历史学者或考古学者，并没有从历史或考古的科学视角对"自然状态"的合历史性给出科学论证；第二，即便我们承认"自然状态"是符合历史事实的，仍然无法为权力的来源及其合法性提供足够证成。因为近代契约论是力图以理性建构的名义、基于普遍主义的立场对所有时代中的所有人给出普适性结论，而现代人对待政治权力、政治义务的态度与古代人并不相同，即便古人订立契约是历史事实，但古人为走出自然状态而签订的契约无法对现代人有同样"强"的约束力。因此，从这个角度来看，近代契约论其实提供不了那么"强"的规范效力，近代建构主义实际上也无法通过理性的实践推理得出同样"强"的结论。不过，对近代建构主义的事实性解读进路的失败并不意味着近代建构主义是全然失败的，相反，事实性解释进路的失败迫使另一种解释进路，即"思想实验"的进路进入人们的视野。

所谓的思想实验进路，简言之，近代建构主义之所以能通过契约论推导出较"强"的结论，不在于契约的订立是个真实的历史事实，而是由于契约是来自思想家的人为假定。也就是说，"强"建构主义试图用历史上或许并不存在的"契约"来为权力的来源、政治制度、正义原则的合法性辩护。如果从这个角度来解读，那么，建构主义将是一种更加纯粹的政治哲学方法论，它的目的不是用一般意义的"方法"试图去分析问题，解决问题，而是要对问题本身进行反思。

不过，思想实验有程度上的深浅之分，与"体验机器""荒岛拍卖"等思想实验相比，近代建构主义所做的实验十分有限，最多是运用"思想加减法"来"减去"政府，分离出纯粹的人性。在他们看来，"减去"政府后剩下的纯粹人性足以构成前政治社会的逻辑事实，从而可以作为建构主义实践推理的起点。然而，运用这一"加减法"构造的思想实验仍不足以使近代建构主义对权力的来源、制度的合法性做出足够"强"的辩护，因为在做完思想的"加减法"之后，普遍的人性究竟是什么样子，哲学家们莫衷一是。实际上，自然状态究竟"是"什么样子，建构主义并不关心。其真正关心的是自然状态"应当"是什么样子，也就是"应当"从怎样的理论预设入手进行实践理性的推理，进而在理论建构过程中反过来论证该预设的合理性。

这一进路符合政治哲学的思辨性特征，即通过思辨性论证消解理论前提的独断性。不过，近代建构主义无法通过假想的契约论来将其彻底消解，这一点，霍布斯（Hobbes）政治哲学体现得非常清楚。例如，"人性本恶"是其契约理论预设的逻辑起点，他在《利维坦》一书中列举了若干例证表明人性的确是恶的，缺乏主权者的自然状态必然陷入残酷的丛林法则。不过，严格来说，这些例子并非理论论证，而是掺杂着不少劝诫性修辞。霍布斯很清楚，对于那些与他有着相同或相似理论预设的人们来说，这些例子的确会产生不小的说服力，但对于那些生活在不同语境下，已经接受了其他价值预设的人们来说，这一论证就无法具有太强说服力。因此，霍布斯的契约论虽表面上承认每个个体在契约的订立面前都有选择和承认的权利，但即便在多元主义尚未兴起的近代，也根本无法客观对待所有读者。同理，洛克、卢梭等的理论预设同样也无法被所有人接受。

因此，近代建构主义实际上只能将证成限定在某些特定视域中，向某些特殊群体提供较"强"、较客观的证成，而无法得出适用于全人类的普遍主义结论。

27

之所以会陷入这一困境，根本原因在于近代建构主义的理论形态是非时间性、静态的。然而，启蒙运动兴起之初，当理性局限在特定的欧洲社会并着力解决欧洲社会的传统问题时，这种较"强"的论证是可能的，也是较可靠的。不过，随着启蒙不断走出欧洲，理性针对不同传统，并试图使不同传统文化浸润下的社会"走出中世纪"时，理性的局限性很快得到凸显。尤其是，现代社会越来越承认多样化和多元化，不同理论、思潮、立场在相互交织、相互融合的同时不乏根本性的形态和立场差异。在这种情况下，如果我们在理论建构过程中仍采取近代这种"强"的建构主义态度，其结果必然是通过证成进一步强化不同立场间的差异性，而不是去缓和，更遑论化解不同立场间的冲突。

对反腐败理论的当下建构来说，毫无疑问，某些基本理念、基本立场具有一定普适性和共识性，但在不同文化、不同传统下，反腐败的目标、手段各不相同。例如，当代西方社会反腐败的基本理念是权力制衡，基本手段是三权分立，其背后的理论基础则是西方社会对人性之恶的普遍共识。然而，中国传统文化中尽管不乏对人性之恶的相关表述，但也得承认，性恶论并非是中国传统文化的主流。相反，传统儒家思想更倾向于以性善论的基本立场来"风化天下"。因此，一方面，我们必须承认，一种有意义的反腐败理论建构必须基于某些带有普遍性的理念展开；另一方面，反腐败理论又不仅仅是一种思辨性理论，而是必须现实化为具有现实可操作性的制度体系。而从制度建设的角度看，反腐败在目标、手段等方面又各有不同。

因此，除了要为反腐败理论建构的普遍性辩护，还要对反腐败理论建构中不可忽视的特殊性寻找方法论依据。这一依据同样可以来自建构主义，不同的是，我们必须走出"强"建构主义的局限，进入一种更"弱"，但同时在多元文化语境下更具实践性的建构主义学说。

三、"弱"建构主义模式下的反腐败理论建构

"强"建构主义通常声称自己的理性主义立场是无可置疑的，但从当下现实来看，这种建构主义的理性主义态度看似如此之"强"，但在多元文化语境下却往往容易导致不够理性的结论。主观上，这一立场容易由于无视其他民族国家的历史和当下而激起许多异质于西方文化的民族国家的激烈反弹；客观上则能使看似能够良序运行的原则或制度在实践中导致完全相反的结果。

近代以来，西方自由主义国家就腐败和反腐败问题早已形成一套十分融贯的话语体系，这套话语体系以自由主义为核心，通过对自由、平等、正义等政治理念展开对权力制约、权力制衡等反腐败手段的探讨。虽然对权力进行制衡或曰

"把权力关进制度的笼子"是反腐败的一般性、原则性要求，但权力制衡的具体手段并非只有三权分立一种模式。中国有自己的特殊历史和实践，中国共产党在长期的反腐败斗争和国家治理实践中也已形成一套有效的权力制衡、监督体系，这套权力制衡、监督体系与中国的国情更具匹配性。因此，如何在建构反腐败的一般性理念和原则的前提下将中国特色的特殊实践融入其中，不但是一个实践智慧问题，同时也是一个严肃的理论问题，需要一套严密而融贯的话语体系。运用当代政治哲学中的"弱"建构主义不失为有意义的尝试，它很大程度上能超越"强"建构主义的局限性和狭隘性，为反腐败理论的普遍性和特殊性的结合找到一条更加恰当的建构路径。

尽管与"强"建构主义相同，"弱"建构主义同样强调理性的不可替代性，但与"强"建构主义至关重要的不同点，就是不再从超时间性立场坚持理性的绝对性和唯一性，而把时间性、动态性引入实践推理，使建构主义实践推理的结论在坚持原则性、普遍性的同时亦能兼顾可变性和多样性，使反腐败理论的当下建构能够凸显民族文化的独特性，使其在当代多元主义语境下具有更多、更具体的实践性。罗尔斯政治哲学的发展脉络对此给予了充分的诠释。

从罗尔斯政治哲学的思想历程来看，这种"弱"建构主义模式始于《正义论》，从其对"作为公平的正义"的契约主义论述中即可看得十分清楚。罗尔斯用"原初状态"来取代"自然状态"，用"无知之幕"拟定出一种绝对平等的契约主义设置。与"自然状态"不同，"原初状态"的意义不再是积极的规定，而是消极的规避。例如，"无知之幕"排除"各方"包括兴趣、利益、国家、民族在内的所有特殊信息，使"各方"在一无所知、彼此冷漠的情况下按照"最大最小值"的公平选择机制下的"基本社会善"这一共同标准来做出选择。① 不难看出，这一"选择"根本不可能在现实中发生，而是一种纯粹的"思想实验"。

不过，这一纯粹的"思想实验"还不足以确保其推导出的制度、原则定然对所有人都是客观的，都具有必然的合理性，因为人们在其日常政治实践中对某些重要的政治、制度问题有着天然的道德直觉。也就是说，"无知之幕"得出的结论尽管不乏精确性和科学性，但如果这一结论与人们在日常政治生活中形成的直觉性信念不符，那么这一结论在现实中将同样是无法接受的。因此，我们的确需要引入科学而严密的"思想实验"来对日常政治、道德生活中形成的直觉性信念加以明确化和修正；同时，生活毕竟不同于科学，再科学、再严密的结论也必须

---

① 罗尔斯指出："为了实现他们的目的，不论这些目的是什么，他们常常需要更多而不是更少的基本社会善。"参见［美］罗尔斯著，何怀宏等译：《正义论》，中国社会科学出版社 2009 年版，第 312 页。

与人们在日常生活中形成的各种直觉相融贯，否则，该结论将缺乏可接受性。基于此，罗尔斯在"原初状态"之外又设定了"反思平衡"，使现实生活着的"我们"对"原初状态"的结论进行补充性反思。

《正义论》时期的罗尔斯认为，"无知之幕"下订立的契约对所有立约主体而言定然是最公平的，这一契约设置所推导出的正义观若能够在实践中达到反思平衡，那么这种正义观将具有无可置疑的有效性和普遍性。从反腐败理论建构角度来看，上述"正义观"可用"反腐败理论"来替代。另外，需要再次强调的是，"弱"建构主义的"原初状态—反思平衡"模式将时间性、动态性引入其中，使整个理论在持续不断的反思过程中对既定的结论不断进行权衡。可见，所谓的"弱"建构主义实际上就是"原初状态"和"反思平衡"的统一，这种建构主义推理模式之所以是"弱"的，根本原因就在于"原初状态"的结论并不是理论建构的不可变更的结论，相反，在"反思平衡"的不断深入和推动下，"原初状态"的结论应当呈现为多种形态。

不过，《正义论》提出的"弱"建构主义无法完成这一证成任务，因为《正义论》对西方政治信念有太强的坚守，进而必然对当代自由主义的反腐败学说持过多认可。例如，罗尔斯认为，"原初状态"下的"各方"是基于"基本社会善"（basic social goods）做出选择的，但正如桑德尔（Michael Sandel）指出的，罗尔斯设定的"基本社会善"根本不具备人类意义的普遍性，而是与西方资产阶级的特定生活方式紧密联系在一起的，从而对其他民族国家的生活方式带有极大偏见。[①] 因此，"无知之幕"虽然看起来对所有人都不偏不倚，但实际上对其他文化、制度有着根本的价值偏见。亦因此，《正义论》虽开创了"弱"建构主义模式的先河，但实际上罗尔斯仍将理论建构的主要责任交给纯粹的理性设计，就此而言，《正义论》对动态反腐败理论建构的贡献只是一种可能性，其实质则并未超出"强"建构主义的局限性。

为回应上述困境，罗尔斯在随后撰写的《政治自由主义》中发展出一种相对保守的"弱"建构主义模式。对这一模式，解读者通常站在特殊主义立场对其进行解读，也就是说，这种建构主义的模式同样采取"原初状态—反思平衡"的基本模式，但不再像《正义论》一样试图面向"人类"进行普遍主义证成，而是仅仅面向某些特殊人群论证某种正义观的合理性。当然，在证成过程中，任何结论都随着反思平衡随时做出调整。不过，根据这一解释，对反腐败理论建构来说，任何有价值的反腐败理论都将是特殊主义的，不存在普遍意义的反腐败理论。

---

① ［美］桑德尔著，万俊人等译：《自由主义与正义的局限》，译林出版社2001年版，第58~62页。

从理论建构程序来看,《政治自由主义》同《正义论》的实质性差异只有两点:第一,罗尔斯明确把《政治自由主义》安放在西方民主社会这一特殊社会形态下进行讨论,并从这一社会中抽象出一种特殊的"人的观念",进而在这种人的观念的基础上进行契约式论证;第二,不再将"基本社会善"视为人类的"共同善",而是将其界定为仅仅适用于西方民主国家的政治之善。解读者们就是基于这两个特征认为正义原则的建构(包括反腐败理论的建构)都是特殊主义的。因为既然人类意义的"共同善"不复存在,《政治自由主义》的架构便不再具有普遍主义意蕴,而是只能局限在西方社会中进行自我辩护。因此,《政治自由主义》虽仍采用"无知之幕"进行契约主义论证,但其结论必然走向特殊主义。

从表面上看,罗尔斯通过特殊的"人的观念"拟定出相应的原初状态,进而通过原初状态来推导出关于政治正义的基本结论。罗尔斯认为,如果通过"人的观念"推导出的结论符合民主社会的基本政治理念,那么,这一结论就能得到充分证成,但"人的观念"并不是被建构出来的,而是被"拟定"而成的。如何拟定"人的观念"就成为十分关键的一环,而这个问题无法通过"原初状态—反思平衡"来进行足够的解释。对此,罗尔斯进一步从"人的观念"中挖掘出一种更加基础性的"人的概念",并从"概念"的角度对"观念"的合理性进行解释。从"概念"与"观念"的关系来看,概念是一种具有普遍性的、最"弱"的,从而也最能得到人们的共识的基本解释单位,并能够作为"观念"的根基。然而,对"人的概念",我们同样可以基于建构主义立场进行进一步追问,《政治自由主义》却充其量只给出某种设想,缺乏足够的辩护。

《政治自由主义》这种向特殊主义的退守使罗尔斯的建构主义政治哲学更能自圆其说,但却回避了主要问题。尽管《政治自由主义》同样意在表明近代的"强"建构主义无法为制度、原则的普遍性辩护,但却不能不承认制度、原则在具有特殊性的同时还是具有作为一种理念的普遍性的。诚然,自由主义的正义观具有其特殊性,但如果斩断自由主义正义观同其他正义观之间的内在关联,将自由主义正义观纯粹视为一种独立形态的话,这将既不符合历史发展的基本常识,也不符合人们在政治生活中形成的道德直觉。

总之,客观地讲,尽管《政治自由主义》的证成同样不够充分,却开出了"弱"建构主义的最成熟形态,那就是从对人的理解出发,拟定出相应的原初状态,进而用反思平衡反过来对人的观念(概念)进行反思。这一形态一直延伸到罗尔斯晚年撰写的《万民法》一书中。在这部著作中,罗尔斯不再从较"强"的"民主的思想传统"开始理论建构,而是将推理的出发点安放在更为一般性的社会形态中，① 从这种"更为一般"的社会形态中，罗尔斯抽象出一种更为普遍的"人的概念"，从这一"人的概念"出发，罗尔斯通过"无知之幕"为一种更具普适性的正义观进行论证。照此逻辑解读反腐败理论的建构，作为当代自由主义理论的集大成者，尽管他本人主要讨论正义问题，从未就反腐败发表过正式著作，但从反腐败理论的内在逻辑来看，这一理论是内在于相关政治、社会制度之中的。就此而言，罗尔斯定然坚信西式反腐败的合理性，并通过对正义论的建构进一步为西式反腐败理念和手段的合理性辩护。从方法论角度来看，罗尔斯的贡献在于发展出一套"弱"建构主义学说，这套学说的价值在于能够较为客观地为有别于西方的反腐败理论之合理性做出辩护，这一辩护的经典模式就是"原初状态—反思平衡"模式。从反腐败理论的建构视角来看，一方面，"弱"建构主义符合契约主义推理的基本精神，也就是说，任何反腐败理论的建构离不开相关主体的理性承认和选择；另一方面，理性的承认和选择并不必然导向绝对的客观性。这一点，霍布斯、洛克和卢梭等的契约主义学说已经给予我们明确的启示。因此，作为契约推理的结论，必须与行为主体在日常政治实践中形成的道德直觉达成较为高度的一致。

就反腐败理论建构而言，这种建构主义能够为一种更具普遍性，同时规范性效力也更"弱"，仅仅具备底线意义的反腐败理论进行建构。也就是说，"弱"建构主义模式下的反腐败理论建构不再试图为某些特定的语境建构起具体的廉政观，遑论廉政制度，而是仅仅为人们的思想和行为提供某些必不可少的底线。这一底线是有普遍性的，但此时的普遍性不足以为某一国家或地区的反腐败实践进行有效规导，而是只能为反腐败提供实质性、原则性指引。因此，尽管"弱"建构主义推导不出"强"的反腐败结论，却可以从更普适、更抽象的角度建构起对任何社会合作体系而言都必不可少的标准。

从方法论的技术细节来看，"弱"建构主义始于对"人"的理解，而对人的理解可以很"薄"，也可以很"厚"。通过一种"薄"的人的概念，我们可以建构起一种十分抽象，但仅能提供底线的反腐败理论。这种理论尽管具有普遍性，但却在具体语境下缺乏规范性约束力，而通过将特定的历史和文化加入其中，我们则可以拟定一种相对较"厚"的人的观念，进而建构出带有较浓厚特殊性和较强的规范效力，但却只能针对某些特定人群的反腐败理论。

"弱"建构主义虽然可以更有效地促进某种反腐败理论在不同共同体之间达成共识，但充其量只能为人类划定一条普遍性的、必须遵循的底线，除此之外，

---

① 这里所谓的"民主的思想传统"，指的是西方代议制民主的思想传统。参见［美］罗尔斯著，万俊人译：《政治自由主义》，译林出版社 2011 年版，第 14 页。

高度抽象性决定了其无法具备较强可操作性。"强"建构主义则只能为某种适用于特定政治共同体的反腐败模式辩护。但这并不意味着回归"强"建构主义便可以使特定语境下的反腐败理论建构同时具备一般性内涵和具体的可操作性。因为建构主义只能从理性角度为反腐败理论提供辩护，但一方面，反腐败理论的特殊性很大程度上是超出理性范畴的，特定的历史、文化和语言应该是实践推理之链条的前提；另一方面，理性本身并非绝对之物，其自身也随着历史和语境的变迁而改变形态。

可见，建构主义既可以通过理性，尤其是实践理性构建出"强"而特殊的反腐败理论，也可以建构出"弱"但更为普遍的反腐败理论。也就是说，以建构主义的基本立场，不但可以针对某一特定的文化、制度语境设计出特殊的反腐败理论，也可以用理性设计的契约论手段将反腐败理论的基本理念、气质和价值在不同国家和民族中呈现出来，使反腐败的基本理念在不同文化、语境下更好地获得可接受性。"弱"建构主义能够凸显反腐败理论的一般性理念、价值和特征，淡化特定共同体所能赋予的特殊性。但反腐败理论一方面作为一种理念，另一方面则是作为实践中的制度、组织模式。因此，抽象的理念必须在特定语境下寻找恰当的方式来与现实相结合。

据此，在当下的全球化基本态势下探索建构一种带有中国特色的反腐败理论的可能性，"弱"的建构主义告知我们的是，不论是哪种反腐败理论模式都无法简单地以"拿来主义"的态度为我所用。在当下梳理其他国家现有的反腐败理论模式固然重要，但并不是首要任务。对于中国的反腐败理论建构而言，首要任务在于厘清反腐败理论的根本价值和内涵，对反腐败本身有进一步的认知和认同，进而将中国独特的历史和文化融入其中，建构出具有中国特色、行之有效的反腐败理论。

由于在"弱"建构主义模式下反腐败是始于对"人"的理解，而不论是人的"概念"还是人的"观念"，"弱"建构主义其实无法提供根本的反思，因为对"人"的理解并不是一个纯粹的理性认知和建构问题，对"人"的理解很大程度上乃是一种理论的预设，对这个预设，是与特定的文化、信仰乃至语言密切相关的，建构主义只能较为被动地接受。因此，"弱"建构主义同样不能对反腐败理论的建构提供充分证成，也就是说建构主义不是反腐败理论和体系建构的唯一依靠，还必须从历史主义的角度对这些预设进行进一步反思。

第二节 反腐败理论历史主义解析

建构主义在启蒙之后日益成为政治、社会，甚至是知识论领域中的主流方法论。在反腐败领域，理性规划、理性设计也因此成为这一学科的关键词。但建构主义存在自身的困境，表现为：建构主义的实践推理存在难以化解的逻辑张力，这一张力的存在使得理性的建构难以对所有人真正做到不偏不倚；建构主义往往将证成的权威性赋予理性，理性本身也是有局限性的，或说理性本身也是随着历史的发展而不断发生变化的；理性设计和规划在观念层面定然是有序的，但许多原本被设计好的制度模式却往往陷入无序。故而许多政治哲学家如哈耶克等对理性本身进行了深度批判，进而指出理性本身也是不断变化的，而其变化的依据很大程度上来自历史。因此，任何有意义的反腐败理论建构都不能依据纯粹理性，而是要深入历史和现实的深层维度之中，进而使历史和理性两两相契，共同编织成一幅完整的反腐败理论方法论图景。

一、"往后看"的历史主义模式

较之建构主义，历史主义是一种更加古老，适用领域更为广泛的思潮。这种思潮诞生于 18 世纪末的西方学界，最初盛行于历史研究领域。19 世纪末 20 世纪初，该思潮得到进一步科学化、模态化，并在许多领域逐渐演化成一种较为科学和普遍的方法论。作为一种方法论，历史主义要求跳出理性的窠臼，将眼光投放到被建构主义相对忽视的时间性维度，从而在特征上体现为"往回看"。① 进而主张体察历史留给当下的各种遗产，尊崇文化的独特性和人的个别性，主张从历史的联系和变化过程出发来对对象进行综合性考察。

实际上，通过对"弱"建构主义的分析，历史主义作为反腐败理论建构的主要方法论是有充分理由的。因为"弱"的结论有待被"加厚"，而"加厚"的可能性只能源自历史。例如，就当下中国的反腐败形势来看，已经把反腐败提高到制度建设的高度，很大程度上已经被纳入法治的轨道，但由于我国特殊的历史、文化和制度背景，反腐败仍然需要党中央以零容忍的态度、通过权力制约权力的方式展开，甚至需要领导者将"个人生死，置之度外"去推进反腐败。况且，反腐败并非纯粹的哲学或逻辑问题，而是本身有着深远的社会、历史传统。当下对腐败和反腐败的理解离不开对本民族的特殊历史以及人类社会之历史的普遍回忆。因此，历史主义必然应当成为反腐败理论建构的重要维度。反腐败理论的建构应当走出理性和必然性的范畴，将偶然性、个体性、感性等理念纳入其中。那

---

① 这一点，建构主义恰恰相反，建构主义对理性之权威的推崇使之具有十分强的"向前看"的特征。也就是说，在理性的指引下，建构主义者坚信制度必将是不断进步的。当下所有的问题都是暂时的，都可以在理性的指引下不断进步。亦因此，对于制度、社会的不合理之处，建构主义持较少的理解和宽容态度。不过，如第一节所述，建构主义有许多变种，有些建构主义并非绝对忽视时间性。

么，历史主义如何克服理性的局限性，进而纳入文化、历史、情感等相关要素？首先，我们结合建构主义的相关主张，对作为一种方法论的历史主义进行解析。

作为一种严格而明确的方法论术语，历史主义源起于与自然法传统的决裂。后者则与建构主义密不可分，因为自然法乃是以"自然"的名义对理性及其建构进行辩护。从建构主义视角看，当我们在政治和社会领域进行某种理论的建构时，通过运用与生俱来的理性，我们可以对某种永恒的存在进行认知。从契约论的角度解读，这种永恒存在就是自然法。正是因为这种"法"并非是人为的，而是自然的，因此，这种"法"的存在就有了极大神圣性。而这种带有神圣色彩的、永恒唯一的律法，在建构主义看来，即是被理性的人用理性的认知和实践能力所发现的。用更加彻底的观念论眼光看来，自然法本身就应当是被建构起来的。同时，作为一种十分抽象的政治哲学理念，自然法与当下的反腐败理论建构密切关联。因为反腐败理论建构须内在于人们对政治制度、正义原则的基本认知。也就是说，反腐败理论建构是与人们对正义的理解紧密联系在一起的，只有人们搞清楚何为正义，人们才能相应厘清何为腐败，而正义与自然法则是同一个层面的抽象问题。

不过，当我们谈及对自然法的认知或建构时，不可避免地会遇到的问题是：不同文化视域下，人们对自然法的理解和认知并不相同。这样一来，对自然法理解上的多样性就与自然法本身应当具有的永恒性相冲突。在这一形势下，按照建构主义的逻辑，建构主义者要做的是基于某种"真正的"理性视角来断定何种对自然法的理解为真，何种对自然法的理解为假。而后通过理性的认知和判断，使对自然法的认识往所谓的"真"的维度回归。就此而言，作为一种方法论的建构主义其实是一种认知性理论，而非一种实践性理论。这种理论更多是停留在"真"与"假"的层面对自然法的属性进行认知，却通常使这种纯粹认知性的态度在实践层面陷入困境，也就是当人们抱着善良的愿望在对自然法的真与假进行认知和判断时，却往往无法使推导出的结论真正被人们所普遍接受。尤其是20世纪以来，随着两次世界大战的爆发，统一、永恒的自然法也不再是人们的首要追求。相反，当代政治哲学在方法论层面更多则是倾向于引进历史主义，把原本人们认为的统一，同时又是神圣不可侵犯的自然法打碎，以历史的名义使个体性、偶然性和特殊性重获其应有的地位。

因此，按照历史主义的逻辑和要求，任何对自然法的固定不变的理想都不过是一种虚假的意识形态，其实质是试图把自然规律的外在标准嫁接到人的活动之上。然而，人的活动，以及人们从人类活动中抽象出来的制度、原则，其本质与自然规律并不相同。当建构主义把这些制度、原则像自然规律一样强加于所有人身上时，按照马克思的说法，其结果必然对人类社会而言成为一种"虚假意识"。

35

因此，人类对其活动的自我总结尽管有时不乏某些普遍性，但与自然法则属于不同范畴。由人所发明的原则、建立的制度只能从历史发展的脉络中来研究。人类的理性并非抽象真理的现实反映，也并非在现实中能够起到固定不变的指导作用。相反，人们的理性不但是可变的，而且是从历史的偶然性当中显露和体现出来的。对任何人来说，理性作为一种能力，其本身都是中性的，但当理性发挥认知功能时则必然受到文化和历史因素的掣肘，因此，任何认知必然是真理与谬误的混合物。当然，即便特定语境下的纯粹理性无法推导出永恒的真理，但对历史性和偶然性的承认至少能够说明一个问题，那就是不同的文化、制度具有其不可通约、不可比拟的内在价值。

据此观点，不同的社会、制度在不可通约、不可比拟的意义上与个人的维度有相通之处。也就是说，对不同个人来说，其价值各不相同但又无法找到绝对的标准来衡量。马克思指出，人类的本质：劳动人的本质在现实性上是一切社会关系的总和。按照更为激进的存在主义观点，人的存在先于其本质。对自然物来说，我们可以通过经验的观察和分析赋予其本质，并通过这一本质进一步对其进行研究。但对人来说，其本质则是其生命中的各种偶然性在持续不断的时间序列中形成的统一整体。对于制度、原则来说也是如此，它们的"本质"也应当按照其自身的发展史来做出合历史的界定。承认历史能够对理性形成制约，更准确地说理性必须在历史中进行设计，只有这样一种设计才能既合理，同时又合乎情理。

问题在于，作为一种方法论的历史主义并不是如此简单，因为当我们以历史主义的角度"往回看"，以期使我们的理性设计更加厚重、更合情合理的时候，也得承认，并非所有历史性因素都可以在当下的理性建构中被纳入其中。相反，许多历史因素、历史事件，尽管对我们的思想、行为来说构成极大的惯性，但许多历史因素在当下已远不足以构成可以为我们所继承的传统。用我们惯用的表述来说，即许多历史上确实发生，并足以成为一种"传统"的许多要素在今天已经无法再具备可接受性。而这个问题，对历史主义方法论来说乃是一个极其重要的核心问题。从这个理解来看，作为一种方法论，历史主义的本质其实是一种企图不断深入历史之本质的辩证法，运用辩证法，历史主义者试图在对"客观的"历史事实进行不断探究的同时透过历史的现象找到本质，进而深入国家、制度在某一时期真正的精神性存在。然而，这种理解尽管是对历史主义十分精辟的阐述，但这一阐述会导致一个十分麻烦的问题，那就是在深入"真正的精神性存在"的同时容易导致相对主义。

从历史主义和建构主义的辩证性视角来看，在防止相对主义的同时要防止历史决定论。历史主义尽管有可能由于对"过往"的过多诉求陷入相对主义，容易将历史的"规律""原则"或"精神"加以夸大，进而陷入一种历史决定论。而历史决定论走到极致，其结果与极端的建构主义十分类似。一旦从历史中找不到对现代社会的解决之道，甚至以历史的名义造成当下的灾难之后，其结果必然是对理性和历史的双重怀疑。

因此，对于中国的反腐败理论建构来讲，不能先行认定某种先在的抽象原则，进而加以演绎，不论这些抽象原则看起来是多么合乎理性，而是要从中国自身的历史和实践出发来不断"发现"其本质。

在反腐败理论建构中引入历史主义方法论，必须进一步厘清的问题是：所有制度产物都具有历史性，当我们对制度的精神内涵进行挖掘和认知的时候，我们并不是直接直观到制度本身，而是要通过该制度在历史中的各种实践，通过某些特例来对历史实践进行累积性认知，进而进入制度的实质。而在这一认知性过程当中，关键在于如何通过历史的个例深入历史的普遍性。也就是说，如何通过对特殊案例的分析准确切中历史的普遍精神。

在这个问题上，历史主义又分化为纵向和横向两种截然不同的路径。从纵向来看，以马克思、恩格斯创建的历史唯物主义为路径，试图从生产方式的变化发展之角度对政治、经济和文化制度的形态变迁之规律加以论述。其实质则是试图用统一性的眼光看待世界历史，对世界历史变化发展的目的和规律性进行论证和解释。应当说，这种方法论路径正确地克服了观念论史观的独断性，从"物"的角度使历史成为一门严格的科学。对于当下反腐败理论的建构，历史唯物主义能够给反腐败历史经验的继承和传递，以及这种继承和传递的统一性提供有力的方法论依据。从横向来说，历史唯物主义尽管不乏解释的规律性和科学性，但该方法论用历史主义的眼光将不同民族化约为一个整体，从而有可能不同程度地忽视不同民族间的特殊性和差异性，使历史成为一种"宏大叙事"，这种"宏大叙事"在多元主义的当下遭遇许多解构性挑战，另一种历史主义进路就十分自然地进入我们的视野，这种进路，当代社群主义着墨颇多。

从历史主义之方法论的角度来讲，社群主义与历史唯物主义在许多方面有着不同倾向和气质。当前者力图展现历史发展过程中科学化、精确化的规律时，后者的态度则是通过历史来将统一性打碎，进而赋予不同地区、民族和文化以合理性，在反腐败理论建构上则是对不同国家之反腐败经验的多样性加以辩护。

二、反腐败历史经验的纵向传承

历史唯物主义同样不能被简单归为一种方法论，而是一种以历史为诠释基点的哲学学说。历史唯物主义的经典作家们更是没有简单地从方法论角度来对历史唯物主义进行阐述。相反，从历史唯物主义的起源来看，马克思创立历史唯物主义的意图之一是对德国古典哲学的历史观进行批判。"我们的见解与德国哲学的意识形态的对立……是以批判和黑格尔以后的哲学的形式来实现的。"① 黑格尔等坚持一种比较纯粹的唯心史观，但十分重视方法论在历史观中的地位和作用。马克思早在《1844 年经济学哲学手稿》中明确指出，只有首先充分"说明这种曾经在德国占统治地位的历史方法"，才能走出唯心主义历史观之思辨方法的抽象性和先验性。也就是说，只有对作为黑格尔历史哲学之核心的历史主义方法论做出透彻的分析，才有可能以真实的历史尺度来对日常生活及其制度性存在进行解释。在这一点上，马克思通过历史唯物主义的方法论来实现，即坚持从物质性活动出发来阐明人类历史。因此，作为一种方法论的历史唯物主义又被认为是一种从现实出发的、经验与逻辑相结合的方法论。

在方法论上历史唯物主义不再围于设定抽象的"主体"，进而将这个抽象的"主体"设为推理的逻辑起点，以期对整个人类历史进行全然把握，而是从历史性、物质性的活动出发对历史进行有限性的阐释。在马克思看来，"对现实的描述会使独立的哲学失去生存环境，能够取而代之的充其量不过是从对人类历史发展的考察中抽象出来的最一般的结果的概括。"② 因此，历史唯物主义并不意在对历史进行精准把握，而只是试图对历史的宏观方面进行一般性、有限性的概括和描述，如此，历史唯物主义就不能在历史的每一个拐点上为现实开出精准的药方。也就是说，历史唯物主义并不以历史知识的"全体"为研究对象，而是将"科学"的落脚点安放在对"精神"的描述上，否则，若坚持"以唯物主义方法科学地'描述'历史实在，便必定会造成理论世界与实在世界的二分。"③

因此，对反腐败理论建构而言，历史唯物主义的启示在于，反腐败理论的现实性虽在很大程度上来自历史性，但对历史资源的获取和吸纳同样是有原则、有限度的，只能在一般性、有限性意义上深入历史的本质和精神。也就是说，历史中的腐败和反腐败虽然为当下的现实积累了丰富的经验和启示，但历史毕竟是已经逝去的事实，不能作为现实的全部。因此，当下的理论建构绝不可以作为历史的复制和照搬，而是要去除细节的具体性，从原则的抽象性、一般性层面来对历史中所积累和体现的反腐败"精神"进行体察和吸收。

此外，历史唯物主义重视人的能动性，但对能动性的理解与建构主义不同。毫无疑问，建构主义能够成立的前提就在于承认并推崇人的能动性，但这种能动性则纯粹基于理性。历史唯物主义对能动性的理解包括理性，但除了理性之外，

---

① 《马克思恩格斯文集》第二卷，人民出版社 2009 年版，第 593 页。
② 《马克思恩格斯文集》第一卷，人民出版社 2009 年版，第 526 页。
③ 许恒兵：《论历史唯物主义的方法论本质》，载于《社会科学辑刊》2016 年第 1 期，第 37～42 页。

尚有对历史的深度体察。否则，从方法论角度看，历史主义的"建构"至多是僵化的"拿来"式"继承"。然而，即便从直觉的角度来看，历史都不可能为现实提供所有的合法性依据，更不用说用历史积淀成的"常识"，乃至"知识"来为现实的细节加以方法上的建构。相反，人的能动性、创造性是除"继承"之外的另一重要维度。而一旦我们赋予能动性以相应理论地位的话，也就意味着我们不能对历史唯物主义做出纯粹的本体论解读，而是必须以方法论立场来看待之。否则，历史决定论将是难以避免的结论。因此，历史唯物主义最重要的贡献恐怕并不在于一种本体论变革，其理论价值恐怕也不在于重申某种物质性的本体论立场，而是力图成为一种更具解释力的方法论。

作为一种方法论，历史唯物主义同样在理论上站在超时空维度，对历史之诠释的多样性加以模式化超越。历史唯物主义也正是因此带有类似自然科学的精确性。对反腐败理论建构至少具备以下两点启示。

第一，要从实然存在的社会历史出发进行理论建构。对建构主义来说，实然性在理论中并没有那么重要，完全可以从假然的前提出发，通过逻辑推理来推导出应然的、合理的结论。但历史唯物主义则明确认为，人类社会的存在乃是作为人类世界构成的一种实践性存在，而这种存在需要在实践的发展过程中不断接受实践性的规定。因此，从方法论角度来讲，对社会存在和社会历史，必须将其理解和把握为一种实践性存在。尽管建构主义以理性启蒙为旗号，认为一切都应当在理性面前接受无情的批判，并将思维着的知性当作衡量一切的唯一尺度和最权威法庭。正是以理性的名义，启蒙主义者将封建社会的制度、观念等统统设定为不合理。然而，尽管这种否定看起来非常合理（rational），但却并不见得十分合乎情理（reasonable）。因为这种对历史的全盘否定，对理性的无限认可并不符合人们在日常政治、道德生活中形成的直觉性信念，而这些直觉性信念的最主要源头则是历史。

据此，历史唯物主义抛弃了理性主义者的思辨理性观，进而认为不论何种看似"合理"的观念，都是理性的产物。在观念和历史的关系问题上，必定是先有历史，后形成观念，而非先有观念，后发展出历史。当然，这一解释并不是否定观念对历史的能动作用，更不是意在否定人在当下的主观能动性，而是以某种方式将人的主体建构能力与对历史的敬畏和传承结合在一起。这样一来，所谓的社会历史，就成为处于现实中的人们的生活和活动史，历史现象也成为一种实践性的存在。只有弄清楚作为物质性、实践性存在的社会历史现象，从当时生活着的人们的物质生产、生活资料和人自身的生产状况出发，才能从根本上说明当时的社会基本矛盾情况，进而对人们当年所处的年代的基本问题进行判断和研究。反腐败理论的建构，也就是要将历史和现实以物质资料生产方式这一线索联系在一起，从物质的角度出发去抽取出反腐败的实质性精神内涵，进而从理论、逻辑和观念的多重视角对反腐败提出根本性对策。

第二，要把反腐败问题放在实践的辩证发展中来研究。从历史唯物主义的角度看，对反腐败理论进行有效建构，必须把历史上作为社会现象的腐败与反腐败自觉安置在一定历史环境下，并基于物质资料的生产方式来对其进行科学的理解。如此，当我们将反腐败理论建构与真实的基本社会条件关联起来时，才能真正赋予历史以本来面目。因为，当我们用历史唯物主义的基本方法来审视社会历史问题时，不是采用抽象的逻辑设定，而是必须把问题放置在真实的历史视域中。这样一来，当我们试图跳出腐败与反腐败的纷繁复杂的表象时，必须把这些问题放在历史和实践所规定的一定历史范围内来进行研究，如此，才能确保问题的真实性。

按照历史唯物主义的逻辑，任何问题都是在社会实践和历史中生成的，而社会历史问题的形成根基和解决路径则必须通过社会实践来理解和把握。更进一步讲，历史的本质既然是人们的活动史和实践史，那就必须尊重历史和实践，给历史和实践以一定科学地位。这里所谓的科学即是要以辩证的眼光来看待历史，在对立统一中把握历史。建构反腐败理论，尽管我们追求当下的有效性，但当下有效性离不开对历史的把握。例如，明代惩治贪腐的严酷性一直是人们茶余饭后的谈资，从现代人的视角来看，明代对贪腐的惩治尽管不乏合理性，但其手段的严酷性却无法被现代人认同。我们也必须看到，在明代这样一个封建王朝，现代意义的法治观念并没有得到共识。相反，在特殊的社会状况下，为快速恢复生产力，整顿吏治，建立起高效的社会治理体系，采取某些严苛的反腐败手段来"乱世用重典"恐怕也是题中之义。

如果我们用这种眼光来进行当下的反腐败理论建构，那么对于历史遗留下的反腐败经验，我们必须采取批判性的继承态度。就此而言，首先，要把历史凝聚为现实。也就是说，要把历史上曾经存在过的人类活动视为今后的人类历史发展的现实基础。只有如此，才能把现实牢牢地奠基在历史的大地上，避免走入历史虚无主义。如此，必须把问题限定在一定的历史阶段、一定的历史范围内来研究，一方面避免研究走向空谈，另一方面防止问题走向独断。因此，必须反对否定历史、割裂历史，以实践来走出历史虚无主义的误区。其次，对历史文化、历史经验，要批判性地加以继承。既反对用历史虚无主义的态度对历史的合理性一概否定，又避免走入形而上学的误区。要看到，精华和糟粕是一个硬币的两面。精华不但可以与糟粕并存，许多情况下，精华往往就隐藏在糟粕的背后。例如，中国古代史不乏反腐败的生动事例，这些事例有些我们能够接受，甚至可以全盘照搬，但对于有些事例，必须通过历史唯物主义的层层剥离，才可能一步步从历史的表象背后透视到真正的精神所在。又如，明代盛行"剥皮楦草"的反腐败方法，无法在现代法治社会中大行其道，但我们要看到"剥皮楦草"尽管在方法上过于残暴，效果上可能带来不可挽回的后果，但就其实质而言仍不失为一种反腐败的具体实践。

因此，在当下的反腐败理论建构中，必须采取实践的历史主义方法，反对抽象的历史主义，用批判性的眼光来对历史和现实问题"澄清前提、划定界限"，通过这一批判，从起源处了解精华和糟粕的本质性规律，将精华从历史包裹的旧形式中剥离出来，赋予其新的时代意义和内涵。

三、反腐败历史经验的横向延展

引入历史主义方法论，从历史中寻找反腐败理论建构的路径并非权宜之计，而是有着深层方法论依据。同时，这一方法论依据并非是被形而上学地独断界定，而是合乎逻辑、合乎情理地呈现在理论建构中的。如此，我们在当下的反腐败理论建构中必须吸纳历史因素，以历史的深度和厚度为反腐败理论建构的许多细节性问题辩护。同时，历史的重要价值并不在于把历史视为一种决定性因素，相反，历史与理性应当彼此相契，共同在当下的反腐败理论建构中不断承担起相应的角色。

历史唯物主义可以使反腐败理论建构走出形而上学和独断论，正确地将历史发展的基础奠定在物质资料的生产方式之上，从而使历史得到科学的阐述。但对反腐败理论建构来说同样不够充分，因为这一方法论在为历史发展正确寻找到其规律性的同时并没有真正顾及历史发展中不同国家、不同民族的多样性和不可通约性，而一旦忽略这种多样性和不可通约性，很容易以科学和规律的名义忽视历史发展的多样性和复杂性。直觉地看，尽管反腐败应当有其历史目的，但毕竟不能像自然科学那般超越国界，而是必须与国家、民族自身的发展密切相关，建构反腐败理论应当引入对历史的横向解释。

关于历史主义方法论的横向解释，当代社群主义提供了不少理论资源。从方法论角度看，这一学说反对以罗尔斯为代表的新自由主义，其方法论依据则最终全部汇集到历史主义这一维度上。[①] 可以从个体性与整体性、普遍性与特殊性以及历史性与非历史性三个维度来解析社群主义的历史主义意蕴，从中呈现社群主义对当下的反腐败理论建构所能起到的相关启示。

---

① 如前所述，这里讲的自由主义是一种启蒙的产物，坚持个体价值高于整体。主张依靠人的理性之能力来对制度、原则进行建构。

（一）个体性与整体性

个体性与整体性的差异是个哲学上的老问题。在反腐败理论建构方面所体现的则是历史主义与建构主义在理论建构出发点上的差异。从建构主义立场看，一种有意义的反腐败理论建构应当从个体开始。例如，当下关于反腐败理论大多从契约关系的角度对权力行使主体行使权力的合法性加以论证，进而在此基础上对利益输送等腐败模式加以探究。然而，当我们用契约论的模式来对权力的行使进行论证时，已经足以表明这种意义的理论建构是奠定在个体之上的。应当说，将理论建构的根基归因于个体有着很强的合理性。毕竟，启蒙以来，伴随着理性对人的不断启蒙，个体的观念不断觉醒。然而，个体主义走到极端则容易导向极端的相对主义，进而误导人们认为所有存在着的反腐败模式都是合理的。在这个问题上，社群主义选择的是与建构主义不同的路向。

作为一种倾向历史主义的政治哲学，社群主义首先在不否认个体之独特价值的同时强调群体（社群）的利益和价值，并坚持认为群体的价值和利益应当高于个体。例如，社群主义的重要代表人物麦金泰尔指出，任何个人都是生活在一定社会关系之中的，割裂个体之间的内在联系，将个人形而上学地原子化，不过是一种一厢情愿的虚构。因此，理论建构的起点不能是全然中立、毫无偏见的抽象化、原子式个体，人与人之间的关系不能被化约为一种纯粹的契约关系，在"无知之幕"下得到分毫不差的阐明。相反，"自我"不应当是原子式的，而应当是"叙事"式的。所谓的叙事，就其实质而言，指的是在历史中寻找"自我"的统一性，也就是将某个体的"出生、生活与死亡作为叙事的开端、中间与结尾连接起来之叙事的统一性中"。[1] 与此同时，这种叙事并非是抽象的叙事，而是在真实的历史中不断展开的叙事，"我的生活故事始终穿插在我从其中获得我的身份的那些共同体的故事中，即，自我必须在诸如家庭、邻里、城邦、部族等共同体中并且通过它在这些共同体中的成员资格去发现它的道德身份。"[2] 从上述论述来看，社群主义显然已经在对个体有着基本认同的基础上对建构主义有所超越，这个超越就是将历史的多样性、偶然性纳入其中，让原本抽象的个体在历史中不断丰富为真实的"自我"。

除个体维度外，社群主义坚持的历史主义方法论对社会这一维度也十分重视。例如，桑德尔曾重点指出，脱离社会、社群而存在的个人是不存在的。个人以及对个人的认同，都是基于其身处其中的社会而得到规定。也就是说，人是社

---

[1] ［美］麦金泰尔著，宋继杰译：《追寻美德》，译林出版社2003年版，第260页。
[2] ［美］麦金泰尔著，宋继杰译：《追寻美德》，译林出版社2003年版，第280页。

建构立体形式反腐败体系研究

会的产物，脱离了社会，原子式的个人不过是单纯的生物体，之所以社会能够对人有着如此的塑造功能，则是由于"共同体描述的，不只是他们作为公民拥有什么，而且还有他们是什么，不是他们所选择的一种关系（如同在一个志愿组织中），而是他所发现的依赖；不只是一种属性，而且还是他们身份的构成。"① 在这个意义上，当社群主义引入历史主义维度之后，本质不可能先于存在，相反，存在决定着自我的本质。也就是说，人的价值、目的并不是人自发性地生成的，而是必然要由社会和历史文化所塑造出来。

这一点，对反腐败理论建构而言意义深远。如果我们仅仅从个体化角度来进行反腐败理论建构，其结果除相对主义外，也有可能将对腐败和反腐败的理解"原子化"：将腐败问题仅仅还原为个人品质问题，而忽略个人背后的历史和社会因素。从而对腐败做出一种僵化的必然性解读，忽略贪腐者在自我的贪腐之路上所受的历史和社会影响。而一旦引入整体性视角，反腐败理论建构会有更宏大，从而更客观的视野。因为这一视野对腐败和腐败者的评价都将更加不偏不倚。当然，整体性视角并不排斥个体性视角，因为个体性视角具有其不可替代性。例如，反腐败离不开自我约束，而属于道德修养范畴的自我约束很大程度上就是个体性问题。然而，从历史主义角度看，整体性与个体性至少应当有效地互为补充。

（二）普遍性与特殊性

建构主义由于以抽象的原子式个体为理论建构的起点，导致其结论不断形而上学化，从而走向其方法论的反面。在反腐败理论建构中，这种形而上学化即体现为否定历史、否定变化，试图以一成不变的理性作为衡量一切理论的终极依据，从而致使其结论也成为一成不变的普遍主义结论。

在结论的普遍性与否这个问题上，由于社群主义将历史性因素纳入其中，使得其对普遍主义的态度也相应变得复杂。具体来说，社群主义通过历史主义的引入来支持一种特殊主义的论证。例如，在正义问题上，社群主义认为何为正义、何为不义的标准不在于能否探寻出一套绝对性的真理，而是认为正义的标准必须存在于特殊的社会结构和历史传统中。正因如此，正义的标准从一种社会结构、历史传统向另一种社会结构、历史传统中的过渡是不断变化的。正是在此意义上，麦金泰尔认为，道德和政治判断依靠于人们观察世界的理性语言和解释性框架。而我们在对建构主义的分析中即已表明，理性本身并非绝对之物，因此，人们观察世界的理性语言随着不同社会结构、不同历史传统的变迁也是充满了变

① ［美］桑德尔著，万俊人等译：《自由主义与正义的局限》，译林出版社 2001 年版，第 181 页。

化。同样，任何解释性框架的背景都是基于对理性的不同理解。也就是说，对理性的不同理解对应着解释性框架的不同形式。

在此立场下，有意义的理论建构必须自觉从首先承认并尊重生活在具体时空中的人们的特定历史传统以及这一传统构成的当下生活习惯，也就是说，理论建构不能停留于抽象的"原则"和"形式"，而是必须走入人们真实的生活世界。就此而言，不光是社群主义，建构主义也是如此。例如，罗尔斯的建构主义政治哲学之所以在原初状态之外重新纳入反思平衡，就是希望引入历史和传统，以克服纯粹的逻辑推理造成的对生活世界远离，因为逻辑毕竟是逻辑，人们在世界中的生活离不开逻辑，但逻辑不可能构成生活的全部，不能以逻辑的名义去取代生活；而且纯粹的逻辑推理存在许多种可能性，而在真实的生活世界中，人们能够遭遇到的可能性是有限的。因此，纯粹的逻辑推理尽管正确、合理，但其结论却完全有可能离人们的生活世界越来越远。

所以，在反腐败理论建构中，尽管我们必须以逻辑为基础对反腐败理论进行建构，但逻辑充其量只能作为理论建构的一种面向，除了逻辑外，历史带来的深度和厚度是逻辑所无法把控的。运用单纯的逻辑建构，尽管结论可能带有普遍性，但这种普遍性最终可能沦为一种抽象的乌托邦，或是一种过于单向的宏大叙事。

（三）历史性与非历史性

不论是社群主义坚持的整体性还是特殊性，其论证起点、论证过程和论证终点都与历史主义密切相关。也正是在对待历史的态度和立场问题上，社群主义对建构主义形成质的超越。建构主义在当下的理论建构问题上采取的是一种纯粹理性的非历史态度，过于相信人所天然具备的理性之能力，从而拒绝从传统的政治理论中寻找资源。社群主义则在认可理性的重要性的同时采用历史主义的方法论，在传统中寻找关于何为正义、何为不义的思想资源，进而以理性、逻辑为线索将历史和传统中原本分散的资源统合起来，进而为当下形成融贯的理论"叙事"。

社群主义对历史主义方法论的应用也与历史唯物主义不同。后者虽然力图去发掘和传承历史资源，但其发掘历史资源的目的是寻找和建构起历史发展的规律，并以此"规律"为标准对当下进行批判性解释。对于反腐败理论建构而言，毫无疑问，历史唯物主义的这一方法的确不乏积极意义。因为从纵向来看，反腐败理论的任何当下建构都是有明确的规律可言的，而这些规律则是基于人类的物质生产方式。而且，任何当下的反腐败理论都具有内在局限性，需要不断自我超越和自我完善。运用历史唯物主义的方法论视角，我们可以以"规律"为标准对当下的反腐败理论进行批判、修订和完善。然而，运用历史唯物主义，若将这种规律性思维运用得过强，则有可能落入历史决定论的误区，进而使我国当下的反腐败理论建构陷入难以诠释的相对主义。因此，在运用历史唯物主义对反腐败理论进行建构的过程中，要点在于破除历史决定论。

社群主义的历史主义主张则在于纵向和横向两个层面。从纵向层面来看，公允地讲，社群主义的方法论并没有超出历史唯物主义的范畴。这一层面实际上就是把理论的建构安放在特定历史背景之中，用历史性眼光来对不同阶段所建构起的理论给予公允的评价。同时，将理论视为历史发展过程中的产物，用辩证性眼光来强调理论建构的动态性，否认存在抽象的、超时空的理论教条。这样一来，对反腐败的理论建构而言，必然性寓于偶然性之中，不存在对某种反腐败理论的宗教式膜拜，相反，任何反腐败理论，不论在当下是何等卓有成效，具有何等的预见性，由于社会、历史环境的不断变化，其结果必然是不断的自我否定和超越。

除纵向维度外，社群主义对历史的态度还有横向维度，在这一点上则最能体现出社群主义与历史唯物主义的最大不同。我们已反复谈道，历史唯物主义力图从纵向角度论述理论建构离不开历史性因素，因此，我们需辩证地对待所有被"建构"而成的反腐败理论。社群主义的横向维度则认为，除了要从历史的纵向维度来对不同阶段的反腐败理论进行公允的评价，还要从民族、国家的横向维度客观对待具有多样性的各种反腐败理论。这就意味着，由于任何社群都是在历史中自然而然地形成的，故而各自具有其不可取代的独特价值。因此，每一社群对待腐败和反腐败的立场、态度各不相同，也因此反腐败理论乃是这些对待腐败、反腐败等正义之要素的高度升华，从而在各自的历史和传统语境下具备自身的正当性。这些反腐败理念开出的原则、制度在不超越"人类"底线的前提之下必然具有自身的合法性依据。就此，我们所谈论的反腐败理论建构乃是适用于中国当下的理论建构。因此，这一建构必须在对现代化的基本精神的梳理和承继下，以此逻辑对中国历史所形成的传统加以敬畏。

第三节 反腐败理论结构主义解析

从结构主义方法论来看，"单个的社会因素如果不按照一定的结构方式结成一定的关系就不具有独立的意义。但结构主义者通常否认结构的形成和变革与社会行动者主体有直接的关系，他们主张结构是外在于个体活动的实体性存在，个

45

人只能在一定的结构下活动，而个人却对结构无能为力。"① 也就是说，在结构主义者的分析视野下，个人与结构之间并不是简单的决定和被决定关系，也不是简单的个体与整体的关系，而是个体与整体处在一种相互影响、相互决定，彼此不可分离的状态中。

一、反腐败理论建构走向立体性

从结构主义视角来看，只有在一个立体的结构中，才能真正把握整体和要素的关系问题，因为在立体的结构中，整体与要素不但可以构成足以相互论证的诠释学循环，也可以构成一个不断衍生性的意义系统。

从整体和要素的关系问题来看，结构主义的诠释并没有从本质上超越系统论的解释。结构主义认为，只有把握了整体，才能从根本上深入事物的本质，而对整体的把握则来自对诸要素的精确认知。反过来，整体和要素之间则以一种哲学诠释学式的关系存在。也就是说，如果要对诸要素有所精确认知，就不能将目光仅限于作为细节的诸要素，相反，理解诸要素的前提在于对整体的精准把握。这样一来，整体和要素之间就构成一组持续不断的"效果历史"。这组"效果历史"并非简单的循环论证，因为通过时间上的不断循环，整体和要素的不断碰撞，意义系统也不断丰富。也就是说，单独的要素、细节在结构主义视域下的理论意义在于，诸要素构成的整体不再是各要素的简单算数相加，而是形成"1＋1＞2"的效果。原因在于，不论是诸要素还是整体，在某一特定时刻都具有自身的确定性，但这种确定性的根源并不是取决于其自身，而是取决于外在的细节或整体。这样一来，对诸要素来说，唯有在确定的整体中才能体现其自身之所是，对整体来说亦然。因此，尽管整体是由部分构成的，但这种结构主义的构成不是简单的算术相加，而是在算术相加的基础上使各部分的功能实现某种叠加性增长。同理，对于部分而言，如果构成整体的"关系"缺失，其结果必然意味着部分的功能和意义将面临结构性消减。如四肢、头部、胸部等部分构成人体的整体，但这一"构成"并非简单的算术相加，而是只有结构化地按照一定次序、一定关系组合在一起，才能构成活生生的生命。

在反腐败理论建构中，这种整体和要素之间构成的"效果历史"则是立体性，而不是平面性的。如果以制度（S）、组织（O）和文化（C）作为三个最为关键的细节性因子建构反腐败体系，乃是一个立体式的统一整体，这三个因子彼此间的两两相契构成反腐败理论的主要关系线索，但这种"构成"同样不

---

① 张占彪、杨毅君：《对结构主义方法的考察》，载于《晋阳学刊》2001年第2期，第63～65页。

是简单的算术相加，而是依据某种明确的推理理念、逻辑关系彼此之间层层架构起来的。同时，这种依据某种关系的架构并非简单的堆加，而是体现为意义的生发性增长，这一增长则体现为被建构的反腐败理论能在不同语境具有相应的自我纠错和解释力。例如，上述制度、组织和文化在三维空间内向三个方向逐次展开，其展开方式是立体的。而在这样一种展开过程中，对应不同的语境，三个维度（要素）皆可根据自身的实际诉求与其他维度（要素）进行两两相契式的匹配，通过每一维度在这一立体式结构中的此消彼长，实现细节与整体的统一。

这就是说，不论在何种反腐败理论中，制度、组织和文化这三个要素都会具有自身的价值和意义。但如果这三个维度各自为政，缺乏统一的逻辑标准和推理理念的话，那么其价值和意义将是分散且僵死的。但在两两相契的立体性反腐败理论体系中，制度、组织和文化则能分别依据不同语境，在某些特定时间点上生发出新的意义系统。因此，在立体性的反腐败体系下，价值和意义都将在"结构"中不断生发和推进。也因此，进行立体性的反腐败理论建构，以结构主义的视角看，关键问题在于要在反腐败实践中对相关细节性因子进行总结和升华，进而在制度、组织和文化之间不断寻找可能的逻辑面向。如此，才能将制度、组织和文化真正纳入某种"结构"之中，使这些细节性因子不断生发出叠加性的功能效应。

二、"关系"与结构

结构作为整体，首先要厘清的是整体和部分之间的逻辑问题。而"关系"一词对于"逻辑"来说则十分关键。不论在何种"结构"下，如果建构主体不能对"关系"进行体察和认知，那么根本不足以对"逻辑"有所体认。因此，较之整体和部分的特征问题，关系的涵盖面更广，它不仅涉及不同的细节性因子如何相互叠加为一个整体，更是关系到"结构"这一自生性系统本身。从结构主义的方法论视角来看，事物的本质并不是单独存在于时空之中，在时空中各自体现自身的独特性和确定性，相反，事物的本质总是体现在一物与他物之间彼此相契的关系之中。例如，人的四肢之所以成为四肢，是因为四肢与身体的其他构成性要件一起处于某种生命性联系之中，如果切断其与其他构成性要件之间的生命性联系的话，对四肢来讲，其作为生命的构成性要件也就失去意义了。

最初，"关系"在结构主义语境下通常被放在语言学中讨论。因为在语言学中，"关系"的重要性十分明晰。在日常语言中，任何一个特定的词汇都不能仅仅基于其自身获得意义，而是必定要处于一定的"关系"之中。如"大"的意义来自其反面——"小"；"高"的意义来自其反面——"低"。对一些专有名词而言，尽管这些词本身具备一定独立的意义属性，但如果这些词不处在一定关系之中，至少其意义系统无法具有进一步丰富的可能性。例如，太阳是一个专有名词，如果将"太阳"这一专有名词独立拿出来看待的话，那么，其意义至多只能表示存在于宇宙中的特定天体。然而，如果将"太阳"以此不断安放在各种不同表述中，那么，其意义便会随着"关系"的改变而不断变得丰满。

就反腐败理论建构而言，假设这一整体下包含制度、组织和文化三个细节性因子。这些因子之间同样处在变动的"关系"之中。首先，不论是制度、组织还是文化，虽然在反腐败理论建构是作为次一级的细节性因子而存在，但其本身是不乏独立意义的；其次，虽然这些因子本身不乏独立的意义和价值，但任何因子对于反腐败的理论和实践来说都不够充分。例如，随着中国在反腐败制度方面的不断完善，人们已经越来越深刻地认识到，制度是预防和惩治腐败的有力武器，对中国当下而言，科学、合理的制度建设和改革仍是反腐败的核心要求。但随着制度性经验的不断累积，人们必然也会认识到，单纯的制度仍是不够的。中国的反腐败实践表明，许多情况下腐败问题的产生并不是缺乏制度性规定，而是对已有的制度性规定缺乏敬畏，面对这些制度却并不遵行。之所以出现这一现象，原因芜杂，其中很重要的原因是由于文化对制度的妨碍，中国传统社会的"人情"文化导致"情"优先于"法"的情况时有发生，"权变"文化导致搞变通、"弯道超车"屡禁不绝。尽管人们知道这种状况不合理，但独特的历史文化还是给予"理"的现实化以不小的阻力。要克服"情"大于"法"之类文化对制度的阻碍，"组织"的角色就十分重要。因此，我们既需要相应的制度不断完善，又需要对文化的软性功能加以改造，同时，还要使组织真正发挥其应有的监督和处置功能。这三者随着语境的变迁，不同程度地协同发力。因此，在反腐败理论建构方面，我们无法将任何因子作为理论建构的起点和重点，而是应当从关系的角度切入，使制度、文化和组织彼此相契，在不同时间点上，随着语境的转换使各因子的角色彼此消长，共同为反腐败编织起综合性的"笼子"。

三、主体与结构

这里所谓的"消解"乃是一种方法论意义的消解，即对"人是万物的尺度"在反腐败理论建构中提出质疑，不再将人视为理论建构的绝对中心。相反，既然人同万物一样，都是处于由关系构成的"结构"之中，因此，人不能再作为一切的掌控者和设计者，而只不过是关系系统中的一个细节性因子。人的地位，在根本上受"关系"的调控和影响。就此而言，结构主义对主体性的消解与后现代主义对启蒙反叛的基本精神是一致的。

结构主义认为，不论何种人文社会科学门类，其最终归宿都是对人的研究。而对人进行研究的途径并不是直接对人本身进行研究，而是首先要将研究目光放在人之外，也就是要在结构中通过对与人类活动所构成的各种"关系"进行研究，进而过渡到人本身。这样一种研究方法，虽然并不直接针对人本身，但由于所有研究对象与人之间由不同"关系"而构成特定的结构，因此，对结构的研究其实也就是对人本身的研究。不过，从另一个角度来说，之所以无法直接对人进行研究，而是要从人之外由各种关系构成的结构开始，足以表明人在结构中并不是最为凸显的。用结构主义的话语来讲，即是将主体消融于结构之中。

在反腐败理论建构中，这一点十分重要。反腐败理论的建构者是人。在此意义上，作为建构主体的人应当作为理论建构的设计者和旁观者，但与此同时，人又无法全然超脱出由制度、组织和文化的关系所构成的复杂结构。更准确地说，人与反腐败的理论建构不可分离，作为建构主体的人一开始就将自身融入制度、组织和文化等细节性因子之中。因此，作为个体的人之存在意义必然让位于制度、组织和文化等因素。而对于制度、文化和组织而言，尽管其背后的建构因素都是作为主体的人，但由人建构而成的制度、文化和组织却并不必然是主观性的。相反，制度、文化和组织一经建构便会体现出很大程度的理论稳定性，而这种理论稳定性则可以反过来给不同时代的反腐败理论建构提供确定性，使带有时代性的理论具备超出该时代的理论意义。

总之，结构主义尽管最初是一种运用于不同学科的、较为纯粹的哲学思潮，但方法论则是这一哲学思潮的核心。结构主义的方法论意义在于将反腐败理论建构中的建构主义和历史主义两个维度用结构化和立体性的思维融为一体，共同为当下的反腐败理论建构提供方法论依据。[①] 此外，依据结构主义的观点，反腐败理论应当被视为一个整体，这个整体尽管必须由进行着反腐败实践的"人"来加以建构，但"人"并不是纯粹的旁观者，也并非对其他要素有着绝对把控力的设计者。尽管反腐败的制度、组织和文化都是人在实然的反腐败实践中逐渐形成的，但这些要素一旦形成并具有很大程度的稳定性和独立性。也就是说，作为设计者和建构者的人在面对已然形成的制度、组织和文化时其实没有绝对的改造权

---

① 张祖辽、徐玉生：《中国特色社会主义反腐败理论建构何以可能？——基于建构主义理论方法的反思与选择》，载于《学习论坛》2016 年第 12 期，第 13～17 页。

力，而是要对这些要素加以遵循和尊重。

因此，反腐败理论建构一方面要把既有的制度、组织和文化视为手段，在这些手段的指导下使当前的反腐败工作能够更为有序、更为科学地开展；另一方面则必须视其为不可随意变更的目的，以敬畏之心使历史和理性的精华延伸至当下。

第三章

反腐败理论基本问题解析

建构立体形式的反腐败体系，首先需要在理论上厘清腐败和反腐败的一些基本问题。腐败的实质就是权力异化导致权力滥用或以权谋私，其原因在于权力货币化从而使其具有无限自我扩张的内生动力。反腐败就是要预防和惩治腐败行为，给权力设置一个合理的边界，核心在于对权力（特别是公权力）的运行进行制约和监督。但传统以"权"为中心的权力制约和监督理论及其机制由于"内部人陷阱"而导致控权失灵，需要在理论上创新，建构权力制约和监督的"正人治权"新范式。这一范式以"人"为中心，"人""权"并重，"正人"而"治权"。中国在 2012 年以后的反腐败实践，以"八项规定"和"反四风"为抓手把"人"管好，驰而不息正党风，"三管齐下"反腐败，取得了卓越成效，是"正人治权"理论范式的有力佐证。

第一节　腐败及反腐败发生机制

"在反腐败问题的讨论中，没有哪个问题像腐败的定义这样长期争论不休，也没有哪个问题像腐败的定义这样在那些具有重要意义的讨论中经常占据优先的位置。"[①]

---

① Michael Johnston. The Search for Definitions：The Vitality of Politics and the Issue of Corruption. International Social Science Journal，1996，48（3）：321－335.

"人人都知道腐败是什么，但要确切地定义它却非常困难"①。准确定位对腐败的理解和概念，是建立有效遏制反腐败机制的前提。

一、腐败的定义

（一）关于腐败的讨论

国际货币基金组织将腐败定义为："腐败是滥用公共权力以谋取私人利益"；国际透明组织对腐败的解释是："公共部门中官员的行为，不论是从事政治事务的官员，还是行政管理的公务员，他们通过错误地行使公众委托给他们的权力，使他们自己或亲近于他们的人不正当地和非法地富裕起来。"《牛津法律大辞典》把腐败（corruption）定义为从原本纯洁状态中发生的堕落，尤其对捐款人有利于个人的考虑接受金钱或其他好处，也指在淫秽出版物影响下的堕落。《牛津英语辞典》的解释是指正直被破坏，腐败活动的应用和存在与公共机构相关联。《布莱克维尔政治学全书》解释政治腐败（political corruption）是指政治家、政治活动家与官员利用他们手中掌管资源的权力，来为自己或者是已经许诺给予他们报酬的他人换取利益。

世界银行的定义："腐败是为谋取私利而对公共职位的滥用""当官员接受或索取贿赂时，公共职位因私人利益而被滥用；当私营机构主动提供贿赂以影响公共政策及其决策过程以获取竞争中的有利地位和利益时，公共职位也是被滥用"；美国政治学家约瑟夫·尼尔（J. S. Nye）指出："腐败是为私人、家庭成员或私人小圈子获取金钱、身份而背离公共角色的规范职责的行为，或违反那些旨在防止滥用私人影响以谋取私利的规则的行为。腐败包括贿赂（以物质腐蚀某一职位占有者以影响他的判断）、裙带关系（基于私人关系而不是按照人的品德提供庇护）和盗用（为个人目的非法盗用或侵占公共资源）"②；瓦特·坦茨、卡尔·弗里德里希、纳塞尼尔·莱夫等西方学者也提出了自己的观点，具有共性的是认为腐败本质上都是对公共权力的滥用。于凤政（2003）分析了以上种种定义，提出：腐败是国家机关和国有企业的公职人员与他人合谋，违反法律和社会公认的行为规范，滥用公共权力和公共资源，为私人和私人小圈子谋取私利或为某一单位、某一行业谋取特殊利益而损害公共利益及其他公民个人利益的行为。

---

① M. Halayya. Corruption in India. New Delhi：Affiliated East-West Press, 1985.

② J. S. Nye. Political corruption：A cost-benefit analysis. American Political Science Review, 1967, 61：416.

李晓明（2008）对我国历史上的腐败概念进行了追溯，提出腐败内涵应当包括以下要素：涉权性，从权力的角度把握腐败的内涵；交换性，交换的条件在于权力的二重属性，交换的目的是谋取私利；因此他认为广义上的腐败是指与权力相关的主体，为了谋取私人或局部利益，滥用权力，损害公共利益的行为。狭义上的腐败是指国家机关、国有企业的公职人员和与之合谋的他人，滥用公共权力和公共资源，为了私人或局部的利益，严重损害公共利益的行为。李莉（2011）将西方学界对腐败的定义划分为古典学派和现代学派两个历史阶段来研究[1]，定义腐败可以着眼于从哲学思辨的角度观察权力是否滥用，或是从公权力使用的视角出发，区分公共权力使用的目的在于谋取私利抑或是追求公利。樊刚（2011）认为所谓腐败，可以用一个最简单的定义，就是以权谋私。任建明（2003）认为，准确把握腐败的定义主要有两个要件：腐败的主体必须是公共职位的在任者或公共权力的行使者，腐败行为的动机必须是谋取私利的、客观上这种行为损害或侵犯了公众利益；袁柏顺（2013）认为如果跨越文化，或许可以运用透明国际以及世界银行所下的定义，将腐败界定为"滥用公共权力谋取私利"；林喆（2002）认为"腐败，即权力腐败。它特指权力职能的蜕变。从法哲学的角度上看，凡是行为主体为其特殊利益而滥用权威或偏离公共职责的现象都可以视为权力腐败。"亨廷顿认为"腐化，即公职人员为了谋取私利而违反公认准则的行为，腐败的基本形式就是政治权力与经济财富的交换。"[2] 哈耶克认为"腐败乃是那种强迫我们的意志服从于其他人的意志的权力，亦即利用我们对抗我们自己的意志以实现其他人的目的的权力"。

（二）腐败的基本属性

可见，腐败似乎人皆可言、众说纷纭。上述学者或组织对腐败的定义，涉及的关键词也不尽相同：权力、准则、谋求私利、蜕化变质、公共决策、公共利益、堕落、异化、公职人员、执政党、国家机关、政治、滥用、恶劣影响等。究其原因，不能简单地将腐败等同于个人的一种犯罪行为。在许多情况下，腐败不仅仅是经济问题更是政治问题，也有两者交织在一起的问题。腐败是一种非常具有区域性（endemic）的现象，"英国人认为腐败的东西和豪萨人认为带有压迫性的东西，在富拉尼人看来，两者都是必要的和传统的东西。"[3] 在一些国家与地区司空见惯、可以欣然接受的"礼物""回扣""佣金"，甚或"报酬"，在另一些国

---

① 李莉：《如何定义腐败：政治学的解释进路》，载于《探求》2011年第5期，第45~49页。

② ［美］塞缪尔·亨廷顿著，王冠华等译：《变化社会中的政治秩序》，生活·读书·新知三联书店1998年版，第54页。

③ 袁柏顺：《腐败的人性根源》，载于《文化纵横》2013年第3期，第63~67页。

家则很可能被视为"贿赂"。那如何定义腐败？不妨先来解析腐败的基本属性。

首先，腐败是一种"坏"的行为，但并不是所有"坏"的行为都是腐败。无论对于社会利益还是个人利益，腐败都是人人（当然除了腐败的得益方）喊打的过街老鼠。

对于社会利益而言，腐败造成了社会利益的损失和社会公平的破坏。例如，贪污就是直接把社会利益占为己有；又如贿赂，受贿方利用手中掌握的权力交换到了好处，行贿方也利用交换到的权力获得了"租金"，但是如果只需要通过行贿的"举手之劳"而无须通过市场竞争、技术创新、精细管理等"高难动作"就可以得到额外利益，谁还愿意"自讨苦吃"去攻坚克难？如此必然扰乱市场秩序、损害市场配置资源的效率，结果是导致社会生产力裹足不前①。而且，长此以往，"贿赂"的局外人为了改变不平等甚至被欺凌、被压榨的地位，不得不揭竿而起以求翻身做主人，造成社会的动荡，社会利益遭受更大的破坏。对于个人利益而言，遭遇腐败，例如，"要从此路过，留下买路钱""不给钱，不办事"等情境，个体将不得不付出额外代价才能通过、才能把事情办成，造成个人利益的损失。所以，腐败是一种"坏"的行为。

但并不是所有"坏"的行为都是腐败。塞缪尔·亨廷顿认为"腐败的基本形式是政治权力与财富的交换"②，也就是说对于那些不是依靠"权力"获取自己额外利益的行为，如盗窃、抢劫、欺骗等这些"坏"的行为，不能认定为腐败。还有因为"权力"而造成了公共利益和个人利益的损失，例如，因决策失误导致洪水泛滥、桥梁垮塌、股市崩盘等，如果这里没有发生"与财富的交换"，尽管是"坏"的决策，决策者也应承担相应责任、得到应有处罚，但也不能与腐败混为一谈。因此，严格来说，腐败是一种凭借权力产生的"坏"行为。

其次，腐败是一个"坏"的生态，但并不是所有"坏"的生态都是腐败。当一个社会中腐败行为被普遍认可，腐败就从一种"坏"的行为演化为一个"坏"的生态，典型的表现是"潜规则"大行其道，而纪律、法制等"明规则"反而隐退。所谓潜规则，就是在明文规定的各种制度背后，存在的一些不成文但又被广泛认可并实际影响现实生活的规则。"潜规则"带来的一个必然后果是"淘汰清官"。

但是并不是所有"坏"的生态都是腐败，"坏"生态也可能是一种不良的制度和体制，例如，"免死金牌"往往纵容纨绔子弟胡作非为、欺行霸市；高度集

---

① 中国封建社会几千年的繁荣，最终在坚船利炮面前败下阵来，与"升官发财"的腐败生态不无关系。千里为官只为财，升官就能发财，谁还愿意为财而辛勤劳作，创新更是无从谈起。

② ［美］塞缪尔·亨廷顿著，王冠华等译：《变化社会中的政治秩序》，生活·读书·新知三联书店1998年版，第54页。

建构立体形式反腐败体系研究

中的政治体制往往滋生"一言堂""暗箱操作"。还有西方国家曾经盛行的"决斗"、中国古代妇女的"裹足"等，这些"坏"的习俗实际上也是"坏"的生态，但显然与前述"潜规则"完全不是一回事，更不能与腐败混为一谈。

（三）腐败的基本定义及其延伸

那么，从最普遍的意义上定义腐败，可以描述为：腐败就是一种凭借权力而产生的"坏"行为和"坏"生态。这里的关键元素是"权力""坏""行为"和"生态"。

"权力"是腐败的前提。离开了"权力"，腐败将失去依附而毫无意义。对于掌握权力的主体，这个"权力"不是内生的，而是从外界获得的，即使"君权"似乎是与生俱来，但其合法性也是"神授"，或如中国古代的皇权是因为"天子"而得。现代社会中，一般来说"权力"是由委托—代理制度的设计而产生，林林总总的各种生产经营单位如此，由多个个体组成的各种组织大至国家、小到两人小组，都需要分工协作，从而就有协调管理，就有领导与被领导，"权力"也就产生了。

"坏"是腐败的结果。如果没有产生"坏"的结果（行为或生态），就不能认定为腐败，而"坏"的结果源于"谋求私利"的动机。当然"坏"是与"好"相对应的，某种情况下的"坏"必然是另一视角下的"好"，也就是说在测量"坏"的同时要观测"好"在哪里。例如，以权谋私，产生了损害公共利益或他人利益的"坏"结果，同时掌权者从中得到了"肥私"的"好"；"潜规则"盛行的"坏"生态，产生了"淘汰清官""抄近路""媚上压下"等政治生态不断恶化的"坏"结果，同时腐败者可以获得卖官鬻爵、权钱交易、权色交易等"好"。

"行为"或"生态"是腐败的载体。马克思说过："对于法律来说，除了我的行为以外，我是根本不存在的，我根本不是法律的对象"①。无行为，则无犯罪。如果"行为"没有发生，或者没有对"生态"产生影响，就不能认定为腐败。例如，某掌权者思想不纯，好色贪财，也想利用权力寻租，但终究没有伸手，没有产生相应的"行为"，就不能认定为腐败。

从上述腐败的基本定义出发，可以分别从广义和狭义的层面上阐释腐败的定义。从广义上说，腐败就是代理人利用掌握的权力罔顾甚至损害委托人利益，为自己或利益相关人或特定利益团体谋取私利的行为。这里，"代理人"是腐败的主体，"权力"是腐败的前提，"谋取私利"是腐败的动机，"行为"是腐败的载

---

① 《马克思恩格斯全集》第一卷，人民出版社1995年版，第38页。

体。需要指出的是"私利"包括个人利益和法人或团体利益，而且只要有"谋求私利"的动机和相应"行为"的发生，不管实际结果是否获得"私利"，都属于腐败。这个定义的"广义"在于不仅公共管理领域的公职人员可能发生腐败，私营领域的雇员（非公职人员）也有可能产生腐败，换言之涵盖了所有存在委托—代理关系的领域，包括政党组织、各级政府、国有企业、私营单位、学校、媒体、基金会、各种社会团体、非政府组织（NGO）等。

从狭义上说，腐败是指公职人员利用公权力谋取私利的行为。这里有三个基本要素，"公职人员"是腐败的主体要素、"公权力"是腐败的前提要素、"谋取私利"是腐败的动机要素。这三个基本要素缺一不可，特别是"谋取私利"必须与其他两个要素结合在一起才能构成腐败。只有在个人行为妨碍到他人利益之时，政府和社会才有权对此进行干预，如果个人行为仅会影响自身利益而无关他人之时，政府与社会则无权干涉。定义中"行为"属于附加要素，因为在认定某种行为是否是腐败时，这一条件事实上已经存在，故不作为狭义腐败的基本要素。[①]

需要特别指出的是，作为本书研究对象的"腐败"除非专门指出，都是指狭义上的腐败。

二、腐败发生机制分析

任何一种行为的背后都有动机，腐败行为也不例外。本书以狭义的腐败为研究对象，那么腐败就有贪污和贿赂两种情形。贪污的行为人只有"公职人员"一方，贿赂的行为人有受贿人和行贿人，受贿人是"公职人员"，行贿人既可以是非公职人员也可以是公职人员。但不管是哪种情形，参与腐败各方的动机都是为了获得"好处"。腐败行为的发生是理性选择的结果，运用经济学的成本—收益分析腐败的发生机制，腐败的发生条件是：收益大于成本。

（一）腐败收益

1. 概念

腐败收益是指公职人员利用权力通过贪污、共谋、交换或索取而获得的现在和将来的"好处"，包括货币、商品、服务、美色、赞许、升职等，用 R 来表示。现在获得的"好处"可称为"即期收益"，用 R_n 表示；将来获得的"好处"可称为"远期收益"，用 R_f 表示。那么：

$$R = R_n + R_f \tag{3.1}$$

---

① 徐玉生等：《腐败与反腐败及其经济学发生机制分析》，载于《河南社会科学》2016 年第 10 期。

腐败"好处"表面上看是行贿方转移给受贿方的，实质上是公共利益的漏出（或者说"损失"，用 L 表示）[1]，这部分漏出由行贿方和受贿方共同瓜分，这也是贿赂犯罪中没有"受害人"的原因。如果用 L_a 表示受贿方获得的"好处"（即腐败收益），用 L_b 表示行贿方获得的"好处"，那么：

$$L_a + L_b = L \qquad R = L_a \qquad (3.2)$$

当然，对于贪污的腐败行为，因为没有"行贿方"，L_b 为零，公共利益的漏出 L 就被公职人员独享。即 $L = L_a$，是式（3.2）的特例。

2. 腐败收益的来源

腐败收益缘于"权力"，实质是公共利益的漏出，来源是"租金"。所谓"租金"，是指运用"权力"干预后获得的"好处"与干预前获得的"好处"之间的差额。例如，中国在 20 世纪 80 年代实行"双轨制"时期，一个"条子"就能以低于市场价的价格购买到市场上紧俏商品，再以市场价卖出，这进出之间的差价就产生了丰厚的收益，被批"条子"的掌权者与获得商品的经营者瓜分。

布坎南以出租车的牌照为例分析了"租金"的产生。如果出租车的牌照数量没有限制，则不会产生租金，或者说租金为零。如果有数量限制，采用完全市场机制来解决的话，就会由市场产生一个均衡价格，设为 P。那么，P 就是政府设定了数量限制而产生的租金。如果采用完全公开的拍卖方式，"P"就成为政府公共收入的一部分；如果由政府公职人员决定牌照的发放，"P"就转化为"L"（公共利益漏出），形成寻租的空间，牌照的需求方就要付出"L_a"（大于零）为代价，同时获得额外收益"L_b"（如果等于零，相比于市场价也没有额外损失），因此：

$$L_a + L_b = L = P \qquad 那么 \quad 0 < L_a \leqslant P；0 \leqslant L_b \leqslant P$$

布坎南的结论是，政府有创设租金的冲动，而且只要政府超出维护和保证社会秩序的范围干预经济活动，政府分配不管在多大程度上介入，就会有一部分社会资源用于追逐政府活动所产生的租金，就会导致寻租活动。

（二）腐败成本

腐败的实质是权力异化，即用"权力"与"好处"相交换。"权力"的"生产成本"是构成其价值与"好处"进行交换的基础。但用于腐败的"权力"并不是普通商品，实施腐败的成本取决于腐败过程及为其产生后果付出的"代价"。这些"代价"包括：

（1）实施腐败行为付出的直接"代价"，称为直接成本，用 C_d 表示。主要包括物质成本、人力成本和心理成本等。物质成本，就是为了购买实施腐败行为

---

① 司法腐败中，也可以是第三方的利益。

所需各种商品和服务而支付的费用，如通信、场地、交通、餐饮、住宿等。人力成本，是指公职人员为了实施腐败必须规避各种反腐败措施，"斗智斗勇"而发生的体力和脑力的付出，也包括为实施腐败而雇用其他人员产生的费用。心理成本，是指腐败者为其腐败行为所承担的道德压力和因担心行为败露而承担处罚的心理压力，尽管腐败是"坏"的行为表现，但人性包含着"善"，对"恶"的行为有一种本能的鄙视、抵触甚至反抗。

（2）腐败行为败露后所付出的"代价"，称为处罚成本，用 C_p 表示。主要包括法律成本、政治成本、社会成本等。法律成本，是指公职人员因腐败行为败露而受到的法律制裁，我国《刑法》对于贪污、受贿、巨额财产来源不明等都规定了较重的刑事惩罚，包括没收财产、拘役、有期徒刑、无期徒刑甚至死刑。政治成本，是指因腐败行为败露而受到的组织处分及行政处分从而使其付出政治生命的"代价"。"水门事件"迫使尼克松下台就是一例。在我国组织处分主要是党纪处分，包括批评教育、警告、严重警告、降低或撤销党内职务、留党察看、开除党籍等，行政处分包括记过、降级、撤销职务等。社会成本，是指因腐败行为败露致使社会公众和社会舆论的评价变坏而付出美誉、诚信和社会地位等方面的代价。

（3）腐败行为败露后所丧失的"好处"，称为"机会成本"，用 C_o 表示。主要包括薪酬成本、升职成本、附加成本。薪酬成本，是指腐败行为败露后被开除公职而丧失的现有职位所取得的工资、奖金、年金等薪酬收入。升职成本，是指腐败行为的败露使其失去了可能的升职机会而付出的"代价"。附加成本，是指因腐败行为败露而失去现有职位带给他的荣誉、影响力、社会地位等"好处"。

因此，腐败成本（用 C 表示）就是直接成本、处罚成本和机会成本之和。但处罚成本和机会成本都是腐败行为败露后才发生的，因此必须对其进行修正，也就是对腐败者来说这部分成本还取决于腐败的发现率（腐败案发率），用 μ 来表示，那么：

$$C = C_d + (C_p + C_o) \times \mu \qquad (3.3)$$

（三）腐败行为的发生及遏制

假定腐败者是理性人，那么其行为的发生条件是：腐败收益大于腐败成本，即 $R > C$。

1. 影响腐败发生的成本分析

由 $C = C_d + (C_p + C_o) \times \mu$ 可见，影响腐败成本的因素有四个方面：

C_d：腐败的直接成本，腐败发生的直接消耗——物质成本和人力成本在特定时期基本是固定的，而心理成本会随着腐败次数的增加而发生变化。犯罪学的研究表明，"从初次犯罪满足犯罪欲求，到再次实施犯罪和再次满足犯罪欲求，犯罪心理必然得到强化进而向恶性发展"[1]。在这过程中，犯罪人会不断为自己的犯罪行为寻找合理化根据，进而蜕变成为一个真正的犯罪人，即"行为人对刑法保护价值持一种对立或漠视态度"[2]。因此，随着腐败的继续，对其腐败行为所承受的道德压力反而可能会降低，对心理成本起负向作用。另外，在一定时期内腐败案发率是一定的，行为人实施的腐败次数越多，其被发现的可能性也越大，其担心败露的心理压力也就越重，对心理成本起正向作用。

C_p：腐败的处罚成本，与纪律、法律直接相关，在一定时期内具有确定性。对于腐败犯罪的法律适用状况对法律成本有直接影响。例如，一些不合理的裁定，"腐败数额在十万以下的，一万加一年；十万以上的，十万加一年"和"部级官员'坦白—认罪—退赃'即可免死"；[3] 还有擅自提高犯罪的起刑点，过高比例的缓刑、立功、免刑被适用等。我国目前对于腐败犯罪的法定刑，采用的是"数额犯"的立法模式，即犯罪构成、刑罚烈度与腐败数额直接相关。腐败数额越大，其惩罚也越重。毫无疑问，随着腐败犯罪的持续，受到的惩罚也将更严厉，其惩罚成本是上升的。

C_o：腐败的机会成本，最主要的是薪酬成本，在一定时期内也有确定性。对于腐败犯罪人而言，当其第一次实施腐败犯罪行为时，其薪酬成本即已产生。当行为人实施后续的腐败犯罪时，其机会成本中的薪酬成本是不增加的，即保持一定的恒定性。因此，一方面，薪金收入成本越高对抑制腐败的作用越大；另一方面，随着腐败的持续，薪酬成本的抑制腐败作用逐渐递减。可见，薪酬成本实际上对腐败的抑制作用是有限的，或者说"高薪"并不能养廉。

μ：腐败的案发率，与腐败成本呈正相关，在其他条件不变的情况下，案发率越高，腐败成本就越大；反之，案发率越低，腐败成本就越小。这是对腐败成本最具有意义的影响因子。在一定的时期内，C_d、C_p、C_o 的变化是基本恒定的，要提高反腐败的效果，最大的变量就是案发率 μ。其大小取决于社会公众对腐败的容忍度和检举举报或曰"告密"积极性、腐败线索发现渠道的有效性、反腐败组织的工作方法和执行力度。例如，中国自 2012 年以来，对反腐败坚持"零容忍"，"中纪委"反腐行动不停歇，利用现代科技和信息手段提升腐败线索发现的有效性，社会公众检举举报的积极性也被激发出来，案发率 μ 不断提高，反腐败取得重大成效。

---

① 刘邦惠：《犯罪心理学》，科学出版社 2009 年版，第 105 页。

② 陈忠林、梅锦：《论人格在定罪中的运用》，载于《现代法学》2012 年第 6 期，第 136~145 页。

③ 孙国祥、魏昌东：《反腐败国际公约与贪污贿赂犯罪立法研究》，法律出版社 2011 年版，第 155 页。

2. 腐败增量的发生机制

如果把腐败作为一个连续的"生产"过程，即腐败者有持续腐败的冲动，那么他的这种冲动是否会"自动"结束，或者说腐败者是否可以自行终止腐败行为？这取决于腐败的边际收益与边际成本的比较。

如果用 MR 表示每增加一次腐败行为所增加的腐败收益，称为边际收益；用 MC 表示每增加一次腐败行为所增加的腐败成本，称为边际成本。如果边际收益大于边际成本，腐败增量就会持续发生；只有当边际收益小于边际成本时，腐败增量才会得到遏制。也就是说腐败行为自行终止的条件是：$MR < MC$。换句话说，$MR = MC$ 是其腐败收益最大化的条件。

腐败收益的来源是公共利益的漏出，带有一定的政策性和偶然性，或者说并不具有规律性，当有重大政府支出时，MR 就会增加；当政府削减支出时，MR 就会下降。

再来看 MC 的变化规律，因为 $C = C_d + (C_p + C_o) \times \mu$，那么，

$$MC = M[C_d + (C_p + C_o) \times \mu] = MC_d + M(C_p + C_o) \times \mu = MC_d + \mu MC_p + \mu MC_o$$

MC_d 是边际直接成本，主要是增加的心理成本，但如上所述尽管随着腐败次数的增加，其心理压力增加，但道德压力反而下降，两相抵消，可以看成"0"。

MC_0 是边际机会成本，如前所述"薪酬成本"在首犯时即全部发生，在随后的腐败中已不再增加，因此 MC_0 也可以看成"0"。

因此，实际上 $MC = \mu MC_p$ 即边际腐败成本 MC 等于案发率 μ 与边际处罚成本 MC_p 的乘积。处罚成本中政治成本和社会成本与薪酬成本的变化规律是一致的，也就是在初犯时即已全部发生，其边际增量都为"0"[1]，因此边际处罚成本实际上就是边际法律成本。所以，边际腐败成本实际上可简化为案发率与边际法律成本的乘积。

3. 遏制腐败的路径

（1）遏制腐败的发生。

首先，降低腐败收益，即减少"租金"。实际上一个社会上的租金的总和与这个社会的制度建设包括各种反腐败制度组合形成的控制机制有密切关系。当国家投入的制度成本很低的情况下，社会制度处于非完善状态，制度漏洞多，那么社会租金的总和就大，社会上产生的贿赂总和也随之增加，腐败机会随之增加；反之，随着社会制度日趋完善，漏洞减少，社会租金减少，社会上产生的贿赂总和也随之减少，腐败机会随之减少。[2]

---

[1] 正因为如此众多的边际成本为"0"，所以贪腐者一旦发生了腐败行为，就会成为腐败"瘾君子"。有了第一次，往往一发而不可收。

[2] 田湘波等：《我国廉政制度适应性效率研究》，湖南大学出版社 2015 年版，第 112 页。

其次，增加腐败成本。具体方法有：建立有效和通畅的腐败线索发现机制，鼓励"告密"和对举报人的保护，提高案发率；始终坚持纪委"监督执纪问责"三大主业不动摇，保持"零容忍"的高压态势，"发现一起，查处一起"的方针丝毫不放松，加大境外追逃追赃力度；制定反腐败的相关法律法规，针对腐败次数建立累进处罚制度，多渠道全方位通报典型案例，敦促腐败分子常怀"敬畏之心"，提高腐败的心理成本以致其惶惶不可终日主动自首。

（2）遏制腐败增量。

首先，减少 MR，也就是减少公共利益的漏出。一是全面深化改革，简政放权，卸掉错装在政府胳膊上的"手"，把属于市场的职能还给市场，政府只做政府该做的事情；二是完善权力制约和监督机制，建立权力正向清单和负面清单，让权力在法治的轨道上运行。

其次，加大 MC，也就是增加腐败的边际成本。基本方法有：提高案发率，这是起决定性作用的措施；增加边际法律成本，也就是对多次腐败者要加大惩处力度，不仅要体现在人身限制上，因为这是有限的[①]，而且更重要的是体现在财产权上，加大追逃追赃力度，直至让腐败者"倾家荡产"。例如，在 G20 杭州峰会上，G20 各国领导人一致批准通过《二十国集团反腐败追逃追赃高级原则》、在华设立 G20 反腐败追逃追赃研究中心、《二十国集团 2017～2018 年反腐败行动计划》等事项，标志着中国向着构建国际反腐合作新格局的目标迈出更加坚实的一步。在有些国家，贪腐者"人人喊打"且与诚信评价挂钩，一旦案发将寸步难行，大千世界难觅立足之地，起到了很好的反腐败效果。

三、反腐败及其发生机制分析

基于经济学的基本原理，反腐败同样面临着成本与收益的比较。只有当反腐败的收益超出反腐败的成本时，反腐败才会得到推行，而且推行的强度与取得的反腐败收益正相关。

（一）反腐败收益

反腐败收益（anti-corruption's income，用 I 表示）就是通过预防和惩治腐败

---

① 其极限为死刑，然而贪腐者往往"大义凛然"地舍得一身剐、挣得几生财，特别是已有"案底"者，更是义无反顾。

所获得的收益及所减少的腐败造成或可能造成的损失①，具体可归结为经济收益、政治收益和社会收益等。

经济收益（用 I_e 表示）包括收缴的赃款赃物和罚没收入等显性收益，以及因反腐败对市场秩序的维护和投资环境的改善等而带来的潜在收益。据有关资料，从党的十八大到 2015 年 6 月，全国纪检监察机关在查处腐败案件的同时，已经有效挽回经济损失 387 亿元。② I_e 显然与反腐败呈正向关系，即反腐败成效越大，收缴的赃款赃物和罚没收入就越多，市场秩序就得到更多的维护，投资环境也能得到持续改进，I_e 就越大；反之，反腐败成效越小，I_e 就越小。

政治收益（用 I_p 表示）主要是指通过反腐败对执政合法性和政治体制的维护。I_p 与反腐败不是线性关系，对不同的政治体制和政治主体，反腐败产生的收益是不同的甚至截然相反。在多党制的政治体制下，反腐败被作为在野党攻击执政党的强力武器，对执政党而言反腐败的政治收益与反腐败的努力呈反向变化。如果是一党执政，执政党为了巩固执政地位，反腐败在一定程度上能够赢得社会公众的认同，但在达到一定的边界后会逆转，如当社会公众认为"洪洞县里无好官"时，认同度反而会下降，政治收益随之下降，I_p 与反腐败成效之间呈抛物线的关系。

社会收益（用 I_s 表示）主要是指反腐败对社会公众带来的"好处"，包括转移支付的增加、额外付费的减少、良好的公共服务等显性的好处，也包括"廉荣贪耻""戒腐拒贪"等廉洁价值观的塑造而产生的对规则的尊重、对法治的敬畏、平等、诚信等社会秩序的形成，集中表现为社会的和谐程度（harmonious，用 h 表示）。那么：$I = I_e + I_p + I_s$。

又：无论什么政治体制，对社会整体而言，反腐败最终都能对政治生态进行优化和重构，使政治生态更纯洁、更清廉，反腐败的能效就集中表现在政治生态廉洁程度的提高（whitehanded，用 w 表示）。w 介于 0 和 1 之间："0"表示完全腐败，"1"表示完全廉洁。因为在一个完全腐败的政治生态下，反腐败往往成为当权者"互咬"游戏，经济和社会发展的成果还是被贪腐侵蚀，反腐收益（I）为"0"；在一个完全廉洁的政治生态下，因为无"腐"可反，I_e、I_p、I_s 均为"0"，反腐收益（I）也为"0"。所以，I 对于政治生态廉洁程度的变化规律是倒"U"形曲线，如图 3－1 所示。

---

① 关于腐败危害的论述林林总总，故被称为"政治之癌"。参见何增科：《政治之癌：发展中国家腐化问题研究》，中央编译出版社 2008 年版，第 108 页。胡鞍钢认为，这种社会顽疾一经产生，就必然会对社会各个方面造成严重损害，主要表现为极大阻碍社会经济的健康发展，破坏生产力和生产关系、经济基础和上层建筑的良性互动，腐蚀人类社会经济建设、政治建设、文化建设、社会建设和生态文明建设的有益成果。参见胡鞍钢等主编：《第二次转型——国家制度建设》，清华大学出版社 2003 年版，第 235 页。

② 《十八大以来纪检监察机关挽回经济损失 387 亿元》，新华网，http://www.xinhuanet.com/politics/2015－07/29/c_128071144.htm，2015 年 7 月 29 日。

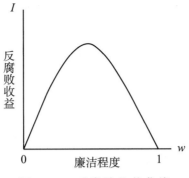

图 3 - 1　反腐败收益曲线

（二）反腐败成本

反腐败成本（anti-corruption's expense，用 E 表示）是指反腐败所需的人、财、物等各项资源的耗费及其机会成本与为了取证所付出的代价之和，包括反腐败组织及其工作人员在反腐败的过程中需要的人财物，甚至包括国家针对腐败行为而建立的各种制度及对制度的完善和执行所付出的代价。[1] 所耗费的资源包括政治资源、经济资源和社会资源，那么反腐败成本就分为政治成本、经济成本、社会成本、机会成本和为取证付出的交易成本。

反腐败经济成本（用 E_e 表示）是指反腐败斗争中既包括侦办案件也包括预防与宣传教育所投入的人力、物力和财力等经济资源。从中国近几年的案件来看，腐败分子潜伏深、案件复杂，侦办过程中要耗费大量的人力、物力、财力，在现代信息社会中腐败与反腐败斗争还是智力和毅力的较量、技术手段的比拼、跨地区甚至跨国的合作等。

反腐败政治成本（用 E_p 表示）是指反腐败所需政治资源的耗费，包括政局的稳定、机构的增减、人员的调配、体制的改革等。例如，我国香港地区设立廉政公署作为反腐败的专门机构，下设执行处、防止贪污处、社区关系处等部门以执法、防贪、教育三管齐下打击贪污，通过执行处全力肃贪；并将反贪重心前移，通过审核政府部门的法律文件、工作程序等工作堵塞贪污漏洞；同时通过教育宣传培养反贪防贪和廉洁自律的深厚土壤，使我国香港特别行政区的廉政程度一跃位居亚洲前列。

反腐败社会成本（用 E_s 表示）是指反腐败所耗费的社会资源，例如，随着腐败行径的不断揭露，社会公众可能会认为官场黑暗导致政府公信力下降；随着贪腐分子被揪出，有些腐败分子尤其是曾经在主要领导岗位从事工作的腐败分子，在落入腐败深渊前往往对某一地区的经济和社会发展发挥着领导作用，在方

---

[1]　倪星：《惩治与预防腐败体系的评价机制研究》，中山大学出版社 2012 年版，第 18 页。

针政策的制定和规划发展的实施上也起过积极的作用，但因为贪腐而失去为社会服务的机会导致人力资源的浪费。[1]

反腐败机会成本（用 E_o 表示）是指反腐败所需的各项资源用于其他领域所能产生的收益。例如，反腐败的工作人员如果从事其他工作，可以创造出新的价值；反腐败的财务投入，消耗的公共资源，可以用于政府的转移支付以救济贫困者、建造公共设施等；反腐败的社区教育活动，可以用于教授文化知识、培养艺术情操等。

反腐败交易成本（用 E_t 表示）是指反腐败为了取证必须付出的"代价"。从法理上来说，行贿与受贿同罪，但是为了取得受贿罪的证据，需要行贿人提供证据，那么就必须给予行贿人"好处"。在中国的反腐败实践中，很长一段时期内实际上是对行贿人减轻甚至免于处罚，随着反腐败法治的不断完善，对行贿人的处罚必须纳入法治轨道，可以通过辩诉交易来解决既要对行贿人处罚又要行贿人配合提供证据的"自裁"悖论。故这部分"代价"叫作反腐败的交易成本。那么：

$$E = E_e + E_p + E_s + E_o + E_t \tag{3.4}$$

（三）反腐败发生机制

从经济学视角来分析，反腐败发生的基本条件是反腐败收益大于反腐败成本，即：$I > E$。

$I = E$ 是反腐败均衡点（图 3-2 中 q 点），此时，$I_q = E_q$，廉洁程度为 w_q，且 $0 \leqslant w_q \leqslant 1$。在反腐败均衡的情况下，仍然存在一定的腐败，"政治之癌"无法根除。廉洁程度在 $[0，1]$ 之间的那一个点，取决于反腐败成本线的斜率，斜率越大，均衡点的廉洁程度就越低，或说腐败程度就越大；斜率越小，均衡点的廉洁程度就越高，或说腐败程度就越小（见图 3-2）。

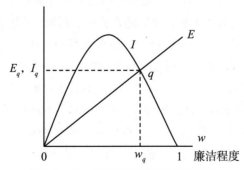

图 3-2　反腐败的经济学解析

注：I：反腐败收益；E：反腐败成本。

[1]　倪星：《惩治与预防腐败体系的评价机制研究》，中山大学出版社 2012 年版，第 19 页。

因此，是否要保持高压反腐的态势，取决于反腐败收益（I）与反腐败成本（E）的比较。当 $I > E$ 时，就需要持续加大反腐力度。因为 $I = I_e + I_p + I_s$，持续加大反腐败力度，能够减少公共利益漏出、增加罚没收入和赃款收缴、维护市场秩序、改善投资环境等促进反腐败经济收益（I_e）提高；能够营造风清气正的政治生态、巩固执政合法性和政治体制的完善等促进反腐败政治收益（I_p）提高；能够维护社会公平正义、建立礼序良俗的社会风尚、社会和谐友善等促进反腐败社会收益（I_s）提高。所以，即使要付出更多的反腐败成本（E_e，E_p，E_s，E_o，E_t），也应该始终保持反腐败的高压态势。

由图 3 - 2 还可以看出，反腐败的均衡点位于反腐败收益最大处只是偶然情况，在通常情况下往往是在反腐败收益达到最大后的下降阶段，仍需要继续加大反腐败力度（增加反腐败投入）才能达到反腐败均衡点。总之，当反腐败的成本小于其收益，$w < w_q$，这时的政治生态廉洁程度处于非均衡状态，需要继续加大反腐败力度；当反腐败的成本已经超过其收益，$w > w_q$，这时的政治生态廉洁程度越过均衡状态，就没有必要继续加大反腐败投入；更加重要的结论是，当反腐败处于均衡状态，$w = w_q$，仍需要投入一定的反腐败成本 E_q 来维持政治生态的廉洁。

因此，反腐败不是一劳永逸的，反腐败没有休止符。即使经过一段时间的艰苦卓绝的反腐败斗争实现了一个廉洁的均衡状态，仍需保持一定的反腐投入来加以维持。我党历史上曾经成功防止了"糖衣炮弹"的袭击，营造了风清气正的政治生态，但因为改革开放进程中曾片面理解"以经济建设为中心"，放松了党风廉政建设和社会廉洁价值观的养成，导致当下反腐败斗争形势十分严峻。

第二节　权力运行有关问题剖析

权力具有异化的天然倾向，"一切有权力的人都容易滥用权力，这是万古不易的一条经验。有权力的人们使用权力一直到遇有界限的地方才休止。"[1] 权力异化的内在动力在于权力货币化，即权力与"好处"的交换。反腐败就是要防治权力异化，建立有效的权力运行制约和监督机制。另外，掌握权力的腐败分子为了获得"好处"，采取种种手段对抗权力制约和监督，甚至利用"内部人陷阱"规避监督者对权力的监督，或者与监督者共谋，从而产生"控权失灵"。

---

① ［法］孟德斯鸠著，张雁深译：《论法的精神》，商务印书馆 2006 年版，第 102 页。

一、权力异化

（一）权力异化的内涵

"当权力出现非公共运用，损害了公共利益时，这就是权力变质、权力异化"①。所谓异化是指特定主体分裂出外在的异己力量的对立面的现象。马克思用异化来分析商品经济社会中人与其劳动产品的关系，指出异化是人生产的产品反过来主宰自己命运的一种现象。因为在商品经济社会中，生产者的命运取决于其产品是否可以顺利实现交换，如果顺利实现交换，那么生产者就可以继续进行生产活动；如果交换没有得到实现，那么生产者的生产将难以为继甚至破产。因此，生产者的产品交换成功与否就作为生产者外在的异己力量决定了生产者的命运。同理，公权力是为维护和增进公共福利而对共同体事务进行决策和执行的权力，本质上是由私权的让渡而产生。公权力一旦产生，它一方面具有维护公共秩序和社会平稳发展的积极意义，另一方面又具有异化的倾向。

公权力的异化，可以简称权力异化，是指掌握公权力的个人或组织，在权力运行中自觉或不自觉地被"好处"诱惑，背离公权力的初衷而侵犯私权或谋取个人私利的现象。公权力在行使过程中的公共性和私利性相互交织，也掺入了道德、伦理、品行和人性的因素，一旦失去有效控制，就转变为获取私人利益并维护既得利益的工具，丧失其积极方面的效用，从而异化为私权的对立物。例如，对公民的征税权，维护社会公民共同体安全需要的国防权，对社会秩序的维护权，等等。这些权力的运行使得掌权者可以用来寻租，如通过对公民的征税，怎么征？什么时候征？是否可以减免？征收后又用在哪里？怎么用？谁可以先用？等等，产生了诸多寻租空间。

（二）权力异化的表现

权力异化表现为三个形态：权力商品化、权力资本化和权力市场化。其中，权力商品化最为显露，权力市场化最为隐蔽。

1. 权力商品化

这是权力异化最常见也是最直接的表现形式，它是指掌权者直接把"权力"作为商品进行买卖，为自己或他人谋取不当得益。权力作为商品，也具有价值和

---

① 卓越：《权力控制论》，载于《政治学研究》1997 年第 4 期，第 9～13 页。

使用价值二重性。权力的价值在于控制和支配公共资源的能力，因为"任何公共池塘资源①不仅存在多种用途，且同一用途中具有众多使用者"②；权力的使用价值是指通过配置公共资源、制定市场规则、维护或损害他人权益等，从而给市场主体和社会公众带来利益或损失的功能。权力"价值"使得交换成为可能，权力"使用价值"使得交换双方都能从中得利，因此权力有内在的商品化动力。③ 例如，"卖官鬻爵"就是典型之一，不同等级的职位被明码标价进行买卖；"吃卡拿要"也是常见形式，"一手交钱，一手办事"，索的好处往往与所办事情的重要性密切相关。

2. 权力资本化

它是指掌权者把所掌握的权力作为资本来使用，为自己或他人谋取不当得益。例如，曾经盛极一时的官员"干股"；政府官员或其利益相关人在其管辖领域举办经营性单位或兼职领取报酬，等等。其实质就是其手中的权力被作为"生产要素"投入生产经营活动，将公权力转化为能带来"价值增值"的资本。

3. 权力市场化

这是权力异化最隐蔽、最"正当"的表现形式，它是指掌权者把权力融入市场之中，以掌握的公权力对市场进行有倾向性的调节和干预，通过市场机制为自己或他人谋求不当得益，这种异化有时还披着合法的外衣。有人说最大的腐败是政策腐败，就是权力市场化的写照。在市场经济中，市场对社会资源的配置具有决定性意义，政府决策对市场秩序及其运行往往又具有指挥棒的作用，例如，城市发展规划对城市土地的价值有"点石成金"的魔幻般功能，掌握先机者可以有预见地变废为宝，投资收益超乎想象；反之，有些规划也能使曾经的风水宝地变成埋葬资本的坟墓，如果不能及时退出，也许将万劫不复。市场机制越是不完善、政府干预效能越强，权力市场化的空间就越大，通过权力与市场融合"寻租"的空间就越大。

（三）权力异化的典型案例

案例 3-1：小小供水权索贿超亿元

马某某，曾任某市区供水总公司总经理、该市城管局副调研员，副处级。2014 年 2 月，在其家中搜出现金人民币约 1.2 亿元、黄金 37 公斤、房产手续 68

---

① 公共池塘资源，这一术语指的是一个自然的或人造的资源系统，这个系统之大，使得排斥因使用资源而获益的潜在受益者的成本很高（但并不是不可能排除）。参见［美］埃莉诺·奥斯特罗姆著，余逊达等译：《公共事物的治理之道——集体行动制度的演进》，上海译文出版社 2012 年版，第 36 页。

② 刘水林：《车辆限行规制的法经济学分析》，载于《学术月刊》2016 年第 6 期，第 76～84 页。

③ 李光明、寇学军：《权力监督与廉政制度建设研究》，经济日报出版社 2009 年版，第 102 页。

套。马某某利用职务便利，先后向多家单位和个人索要巨额财物，谁的钱他都要收，哪儿的钱都敢要。不给钱就不给你通水，给钱少了就给你断水。一家大企业在该市建设一座高级酒店，马某某伸手向酒店要钱，被索贿的酒店无奈只得"从命"。但他收钱后嫌少，第二次又向酒店索贿数百万元。供水这一并不算大的权力被马某某利用得"淋漓尽致"。

案例 3-2：审批许可权变现数千万

刘某某，因涉嫌犯受贿罪于 2013 年 8 月 8 日被刑事拘留，同年 8 月 22 日被逮捕。2002～2012 年，刘某某为某山集团及某山石化公司等谋取利益，直接或通过其子收受财物共计 3 000 多万元。2005 年，国内氧化铝供不应求，市场价格持续攀升，该集团下属企业氧化铝生产原料紧缺，该集团负责人请时任国家发改委工业司司长的刘某某向相关业务公司领导打招呼，帮助该集团从相关业务公司购买氧化铝，承诺会将与市场价格之间的差价作为回报。此后，刘某某利用主管该公司项目审批的职务便利，向该相关业务公司相关领导打招呼，为企业购买 3 万余吨氧化铝提供了帮助。2006 年 8 月，某山集团以支付差价款的名义给予其子 750 万元。

二、权力货币化

权力异化的内生动力在于权力货币化。一般来说，公权力掌握着一定的公共资源并决定着公共资源的使用，因而具备了与货币交换或者说货币化与生俱来的"先天"条件。

（一）权力货币化的内涵

权力货币化是指权力可以转化为货币的现象，亦即权力可以用来与一切好处相交换。"好处"包括有形的财物和无形的好处，既有物质形态的，也有精神形态的，既有即期的，也有远期的，其存在形式有金钱、货物、美色、享乐、名誉，等等，但不管是何种形态，最终都可以用货币来表示，因为在商品经济社会中货币是社会财富的一般代表，具有与一切商品相交换的能力。

权力货币化涉及两个交换主体：以权力谋取私利的掌权者和通过权力获得额外好处的行为人，前者称为"受贿者"，其目的是获得"好处"；后者叫作"行贿者"，其目的是获得更多的利润以及时间的节约、信贷的支持、各种特许、信息获取等即期或远期的"好处"。因双方都能获得"好处"，权力货币化就表现为"权钱交易""权权交易""权物交易""权色交易"等种种具体形式，而且有时并不表现为权力与货币的即时交换，但从本质来看依然是权力与货币的交换，只是交换完成的时间从"即期"变为"远期"而已（可称为"期权腐败"），从行为上来看这种交换变得更为隐蔽，也更加难以发现。

"受贿者"的身份界定是明确的，即"掌权者"。"行贿者"的身份比较复杂，有从事市场活动的主体，如投资人、销售商、生产厂商等，他们都可以视为"资本"的代表，也有出于求学、求医、求便利等需求的社会公众，还有为了获取更大的权力、寻求庇护等目的的"掌权者"，尽管他们身份不同，但目的都是为了通过交换获得"权力"带来的资源。在"受贿者"与"行贿者"的交易中就形成了如图 3-3 所示的权力货币化的"权力流"和"货币化"组成的封闭循环。

图 3-3 中，掌权者（受贿方）作为权力的供给方和货币（好处）的需求方，资本等（行贿方）作为权力的需求方和货币（好处）的供给方。权力由掌权者（权力供给方）流向行贿方（权力需求方），货币（好处）由资本等行贿方（好处供给方）流向掌权者（好处需求方），交换的基础"各取所需"就这样"完美"地实现了，交换双方都得到了"好处"，完成了权力货币化。

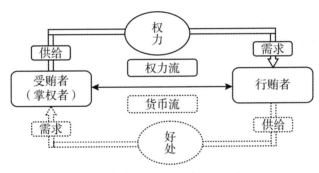

图 3-3 权力货币化

（二）权力货币化的机理

正如价值是商品交换的基础，权力能够与"一切好处"相交换的缘由就在于公权力掌握着公共资源并决定其分配和使用。"公共行政管理者参与公共政策的制定与执行，并根据社会整体的需要进行资源、价值观以及地位的分配。"[1] 权力的需求方（行贿方）正是看中了这些资源给其带来的"好处"，才以各种形式的"好处"来进行交换。如前所述，行贿方有多种身份，为了分析问题的方便，

---

[1] 钱再见：《公共权力运行公开化的公共组织路径研究》，载于《江海学刊》2014 年第 5 期，第 118～123 页。

这里以"资本"代表"行贿方"① 来分析权力货币化的机理，首先分析涉及的三个基本概念。

1. 资本

资本是能够带来价值增殖的价值，其特性是追逐利润。"资本的运动是没有限度的"②，运动的目的就是获得价值增殖，而且不是取得一次利润，而是无休止地取得利润。一旦有适当的利润，资本就胆大起来，为了取得高额利润，可以冒天下之大不韪，敢于罔顾法律，即使冒绞首的危险也是"勇往直前"③。资本的最基本存在形态是货币，可称为货币资本；但一切有价值的东西只要被用于价值增殖都可以成为资本，从而派生出以商品和品牌为载体的商品资本、以劳动和管理为载体的人力资本、以关系和信息为载体的信息资本、以技术和设计为载体的知识资本等各种形态的资本。

2. 公共资源

公共资源是指归属于社会公众所有的资源，这些资源有多种多样的存在形态，有经济的，也有文化的、政治的；有有形的物质资源，也有无形的政策资源。归结起来可分为自然资源、财政资源、政治资源、信息资源等。自然资源是指大自然中天然存在的有用物品，如土地、矿产、森林、草原、江河湖海、空气、阳光和水等；财政资源是指政府依法征收的税收、各种建设基金、罚没收入、收缴的各种费用等以货币或实物形式存在的资源；政治资源包括各项方针政策、政府制订的发展规划、国家安全、对外关系等因政治行为而产生的各种资源；信息资源是指如产业政策、城市规划等对社会经济发展产生影响的各种有用信息。

3. 交换

交换是市场经济运行的基础和核心，市场经济实质上就是交换经济④。马克思充分剖析了资本的运动过程，指出剩余价值是在生产过程中被创造出来，但必须经过流通过程的交换才能实现。资本能够实现价值增殖的多少取决于资本的流转速度，即生产时间和流通时间的节约。在三部门经济中，生产时间一方面取决于生产过程的效率，同时还取决于生产许可和产品认证需要的时间，例如，环境评估的进展状况、某些特殊商品生产许可证的获得、房屋类产品质量和消防设施验收等；流通时间同样不仅取决于原材料供应的及时性和销售过程的效率，还取决于政府相关政策壁垒和审批限制，如土地、矿产等国家控制资源的获得、产品广

---

① 现代社会中，资本是一个中性词，笔者无意贬低资本，姑且分为良性资本和恶性资本。良性资本对社会经济发展发挥积极推动作用；恶性资本秉承其原始的增殖本性，唯利是图，甚至不惜野蛮生长。

② 《马克思恩格斯文集》第五卷，人民出版社 2009 年版，第 179 页。

③ 《马克思恩格斯选集》第二卷，人民出版社 1995 年版，第 302 页。

④ 徐玉生：《马克思经理理论剖析下的市场经济》，载于《上海经济研究》2000 年第 12 期，第 65～69 页。

告的审批、药品烟草等某些特殊商品的销售许可等。

因此，资本为了满足其获取价值增殖的欲望，愿意用"一切好处"与权力交换公共资源，以缩短周转时间、提高流转速度，生产和实现更多的当下或未来的利润。对于掌权者而言，如果其掌握的权力不受约束，也存在与资本手中的"好处"进行交换的动力，它就以掌握权力所支配的公共资源作为对价与资本交换"好处"。可见，掌权者对资源的掌握、对经济活动的限制和许可，与资本追逐利润的本性结合在一起，权力货币化"顺势"而生。

（三）权力货币化的实现

从受贿方而言，权力货币化的实现途径是"寻租"；从行贿方而言，权力货币化的实现途径是"贿赂"。

1. 寻租

寻租是指掌权者以掌握的权力与"一切好处"相交换的过程，或者叫"出售"权力的过程。因为各项公共政策的制定和各种公共产品的提供，都需要政府公务人员的参与、决策和实施，这在客观上就为掌权者提供了寻租机会和空间，具体表现在以下几个方面。

第一，公共政策的制定和执行。管理公共事务、维护公共秩序、协调各方利益是政府得以存在的基础，也是政府必须具备的职能，公共政策的制定和执行就是政府公务人员的职责。这些公共政策一旦制定，就成为调节和规范社会各成员利益的硬约束，势必造成对某些群体有利、某些群体不利甚至有害的结果。各利益群体为了获取对自己有利的政策，或寻求政策红利，对政策制定者进行谈判、游说直至收买。"在现实的政治生活中，社会中各种政治主体和利益群体都试图通过不同的方式参与和影响实际的政治决策过程。"[1] 另外，在公共政策的执行过程中，政府官员往往可以以种种借口推诿扯皮、故意拖延甚至刁难和"不求有功，但求无过"的不作为等，使那些需要公共政策支持和政府公共服务的社会公众采用额外付费（行贿）的方式来尽快获得，从而为掌权者创造了寻租机会。[2]

第二，政府应对"市场失灵"对经济活动的干预。完全自由市场经济的神话被 20 世纪初的经济大萧条摧毁，现代经济运行中由于完全竞争市场环境被破坏、市场主体信息的不完全和不对称、市场机制本身的外部性等导致"市场失灵"，凯恩斯引导了经济学的革命——政府不应只是经济活动的局外人，而应采取积极措施干预市场运行，马克思也指出消除经济危机的周期性爆发要求有一个社会中

---

① 周光辉：《当代中国决策体制的形成与变革》，载于《中国社会科学》2011 年第 3 期，第 121 页。
② 例如，案例 3 - 1 中，供水这一并不算大的权力被马某某利用得"淋漓尽致"。

心来统一安排社会生产活动。在现实的经济运行中，政府通过货币政策和财政政策对经济运行进行干预，在经济繁荣如脱缰的野马时采取紧缩的政策防止经济过热，在经济萧条时采取扩张的政策刺激经济走向复苏和繁荣。政府对经济运行的管理和干预，必然伴随市场秩序的重建、财政支出的增减、政府采购的偏好、政府补贴的发放等一系列影响到市场交易和资本利润的变化，如果能够踏准政府调控的节奏甚至影响政府的决策，必然能够收获更多的"好处"，也为掌权者分享这一"好处"提供了机会。

第三，政府订货和特许权。政府订货最典型的是为了维护国家机器的运转和国防安全、处置社会公共灾难和危机等的需要，采购大量物资。"资本"为了获得这样的供货机会，除了保证货品符合政府订货的要求外，往往还千方百计收买有话语权的掌权者，甚至可以通过收买相关官员降低对货品的要求，从而为掌权者创造寻租空间。特许是政府为了控制有些商品的生产或销售而发放的许可权，亦即特许权。获得特许权的资本可以通过其特许地位获得额外好处——垄断利润；进口配额实际上也是一种特许权，由于各国的生产要素禀赋和生产能力的差异，必然要与其他国家或地区进行交换，也就是进出口贸易，为了使本国资源的效率最大化，每个国家都要制定相应的进出口贸易政策，对进出口商品实行管理甚至配额管制，资本为了获得这样的配额，愿意用"好处"与掌权者掌握的配额进行交易，从而为掌权者提供寻租机会。[①]

此外，一些掌权者利用行政干预的办法来增加某些行业或企业的利润（如试点、奖励等各项政策），人为地制造寻租机会，诱使相关企业向他们提供"好处"作为获取这种利润的条件；也有一些掌权者故意提出某项会使一些企业利益受损的政策或规定作为威胁（如定期或不定期的审查），迫使相关企业割舍一部分既得利益与他们分享。

2. 贿赂

谋求利润是资本永恒的目的，也需要更多的资源。而掌权者往往掌握着大量的对于资本来说具有巨大价值的资源，如政府订货、关税和配额、特许权等。为了谋取额外的资源，市场主体就通过"合法"或非法的手段与掌权者进行交易，或者寻求非法的途径购买权力；[②] 对权力主体掌握的资源进行购买，或者直接对政府职位即对权力本身的购买。

以出租车为例来分析贿赂的发生。对于出租车营运人而言，没有执照数量限制与有执照数量限制之间的收益是存在差距的。没有执照数量限制时，因为充分

---

① 例如，案例 3 - 2 中的刘某某。
② 例如，案例 3 - 3 中的某村党支部书记，因土地征用拆迁受贿 960 多万元被称为"该省村官第一贪"。

的市场竞争，利润趋于平均化。如果对出租汽车数量进行限制，即只发放一定数量的执照，出租车的运营就是一种垄断竞争，从而可以获取垄断利润。如前所述在有限制的情况下，执照的发放有两种方式：一种是通过竞争性拍卖方式，这时政府就可以取得一个拍卖价格的许可权收入；另一种是由掌权者直接发放或者按照一定的条件发放执照，政府也可以收取一定的费用，当然会远低于拍卖收入。如果采用后一种方式，那么"贿赂"——资本对权力的购买就表现为以下几个方面。

（1）直接购买资源。执照限制就是一种准入许可，没有执照数量限制时，人人都可以进入行业，利润趋于平均化。有执照数量限制时，资源的获取和利用受到了限制，获得了许可就能够获取资源，从而获取垄断利润。市场主体要获得执照，可以利用手中的资本与权力主体达成私下交易来达到这一目的。这种行为便是我们通常所说的"权钱交易"。

（2）对权力本身的购买。出租车执照可能很快就被拍卖完了，大部分人并没有获得许可，这并不代表就没有获取行业内超额利润的可能了。实际上，资本对权力的购买会转向第二个阶段：购买发放执照的权力。一旦出租车执照是有价值的，出租车管理部门就成了肥缺，潜在的市场主体就会在没能获取出租车执照带来的超额利润的同时，转向对政府肥缺或者能获得拍卖收益的职位购买。当这些职位能够获得拍卖出租车牌照的收入时，尤其如此。要获取执照发放的权力，可以向更高级别的权力进行购买，也就是我们通常所说的"卖官鬻爵"。

不论资本在哪一层次对权力进行购买，达到获取资源从而获取租金的目的，愿意采用各种方式，利用各种"好处"（如金钱、房产、股权、汽车等实物）与权力进行直接交易。在实际交易过程中，权力主体作为掌握权力并握有资源的一方，可以用权力与市场主体能够提供的任何商品直接进行交易，从一般情况来说，权力在交易过程中所体现的"价值"一定是大于市场主体提供的商品价值之和的。因为所有的资本都会计算投入产出比，一旦投入的成本大于预期收益，交易往往是不会发生的。至此，权力主体通过寻租行为使权力能够体现一切商品的价值，而市场主体非法购买权力的行为使权力能够与一切商品直接交易，权力就此具备了货币的功能，权力货币化完成。

3. 典型案例

案例 3-3：集体资源换得近千万

某市原村党支部书记刘某某，因土地征用拆迁受贿960多万元被称为"该省村官第一贪"，其中95%以上与土地征用、拆迁有关。集体土地无须履行国有土地招、拍、挂的程序，只要村里答应就可以转让。刘某某在村里说一不二，只要他答应，就可以转让土地；只要他答应，就可以缓付、少付村民土地补偿金、拆迁费。刘某某一句话可以给开发商带来百万元经济利益，也可以为开发商减少百万元经济支出。2001 年，在刘某某的帮助下某公司以挂牌方式征得该村约 190 亩土地用于开发房地产项目，该公司负责人找到刘某某，提出征地价格每亩优惠 2 万元，优惠的价款给刘某某一半作为好处费，2003 年该公司两次送给刘某某人民币 80 万元。①

案例 3-4：一手遮天"利人利己"

薄某某，因涉嫌犯受贿罪于 2012 年 9 月 29 日被逮捕。1999~2012 年，薄某某利用职务上的便利，为某有限公司及该公司总经理唐某、某集团有限公司谋取利益，收受唐某给予的钱款和某某集团董事长徐某给予的财物。1999 年底，唐某为利用该市人民政府驻某市办事处的土地进行开发建设，请求薄某某对将该办事处划归本公司一事予以支持。同年 12 月 4 日，薄某某在关于此事的请示报告上签批了同意办理的意见。2000 年 3 月 2 日，该市人民政府召开会议，决定将该办事处的人、财、物成建制划归某有限公司，后薄某某同意。该有限公司利用该办事处的土地与某市其他公司合作开发并获得大量利润。为感谢薄某某的支持与帮助，唐某先后三次给予薄某某现金共计美元 13 万元、人民币 5 万元。2004 年 3 月，某集团向商务部申报原油成品油非国营贸易进口经营资格，徐某为此找到薄某某，请其予以支持。薄某某表示同意。同年 8 月 13 日，商务部将某集团列入成品油（燃料油）非国营贸易进口经营备案企业名单。徐某以为其亲友支付往返国内外的机票费用、住宿费用、旅行费用等折合人民币 65 万元以及为其子购买电动平衡车、还清信用卡所欠外币等作为回报。②

三、控权失灵

"从事物的性质来说，要防止滥用权力，就必须以权力约束权力。"③ 纵观国内外权力制约和监督的种种理论和实际运用，皆是以"权力"为直接指向，致力于设计各种技术手段和制度体系来规制权力的运行。但各种精妙的反腐败制度体系和技术手段，往往由于掌权者以种种手段阻挠，以致控权失灵。

（一）释义

如果把实际掌握和行使公权力的主体称为掌权者，制约和监督公权力的主体

---

① 徐玉生、严旻佳、商阳：《论权力监督的理论逻辑及机制建构》，载于《河南社会科学》2017 年第 1 期，第 22~29 页。

② 资料来源：中华人民共和国中央人民政府网站，http://www.gov.cn/jrzg/2013-08/27/content_2475352.htm。

③ ［法］孟德斯鸠著，张雁深译：《论法的精神》，商务印书馆 2006 年版，第 154 页。

称为控权者。那么，控权者的职责就是通过种种措施防止权力滥用，而腐败的掌权者意在滥用公权力为自己或为他人谋取不当得益。控权失灵是指控权者运用各种制约和监督手段防止掌权者滥用权力，却无法达到预期效果，甚至在某一阶段权力滥用还有愈演愈烈的趋势。控权失灵的形成有两种情形：一是规避，即掌权者规避控权者的制约和监督；二是合谋，掌权者与控权者结成利益共同体，如图 3 - 4 所示。

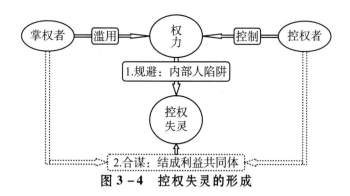

图 3 - 4　控权失灵的形成

例如，美国司法部报告显示，1985~2004 年整整 20 年间，总共有 17 945 位美国联邦、州和地方政府官员（包括立法、司法公职人员）遭到腐败指控，年均897 人，被判有罪官员 15 552 人，年均 778 人，近年更是爆出州长"卖参议员"事件。又如，英国《每日电讯报》曾披露，首相布朗和多名内阁大臣涉嫌利用议员身份"骗补"，下议院议长迈克尔·马丁因"骗补门"事件宣布辞职，内政大臣史密斯竟利用公款"补贴"家中点播的成人电影费用。① 再如，韩国政坛中有所谓的"五年怪圈规律"，即每过五年，就一定会出现关于总统的丑闻。② 在我国，一些领域消极腐败现象仍然易发多发，一些重大违纪违法案件时有发生，反腐败斗争形势依然严峻复杂。

（二）控权失灵的形成

1. 规避

如图 3 - 4 中实线部分所示，在控权者与掌权者围绕"权力"的博弈中，尽管"社会主义国家权力的根本主体是人民群众，国家、政府的权力都是由此派生

---

① 《危机破防腐光环　西方"腐败冰山"上浮曝体制弊端》，中国新闻网，2009 年 5 月 25 日。

② 周琪、袁征等在《美国的政治腐败与反腐败：对美国反腐败机制的研究》（中国社会科学出版社2009 年版）一书中列举了美国"韩国门事件""阿布斯卡姆"行动等大量有关政府官员和国会议员的腐败案例。

而来的，具体的权力行使者更是缘由人民群众的庄严委托"①。但实际上前者是权力的"外部人"，后者才是权力的"内部人"，因此前者可以利用"内部人控制"的优势制造"内部人陷阱"以规避后者的控制。

所谓内部人控制，原意是指现代企业所有权与经营权相分离，公司经营的初始信息及经营决策权都掌握在公司的经营者（可以是职业经理人，也可能是大股东）即"内部人"手中，股东（不直接参与企业经营决策的所有者）很难对其行为进行有效的监督，由此导致了直接参与企业的战略决策以及从事具体生产经营活动的各个主体——企业的内部成员掌握了企业的实际控制权，而所有者却成为企业运营"外部人"的现象。内部人通过对公司的控制，如果把自身利益作为追求的首要目标，那牺牲"外部人"——公司所有者（股东）的利益也在所不惜。例如，2009 年 3 月，深陷金融危机的美国国际集团（AIG），为渡过危机接受了政府 1 820 亿美元的援助，但令美国国会议员拍案而起的是 AIG 按合同必须向其高管发放 2.18 亿美元、向员工发放 1.65 亿美元的高额奖金。②

内部人控制源于现代企业委托代理制度的设计。20 世纪 30 年代美国经济学家伯利和米恩斯分析了业主制的所有权与经营权合一存在的弊端，提出"委托代理理论"，倡导所有权和经营权分离，所有者保留资产保值和增值的权利，而将经营权让渡，这一理论也成为现代公司治理的逻辑起点。实际上不管是经济领域还是社会领域——都普遍存在委托代理关系。在委托代理制度下，委托人追求自己的资产增值、利润最大化等利益，而代理人则追求自己的报酬和闲暇等自身利益的最大化，从而导致委托人与代理人的效用函数不一致甚至相左，如果没有有效的制度安排，两者的利益发生冲突，代理人的行为很可能最终损害委托人的利益。在对称信息情况下，代理人的行为是可以被观察到的，委托人可以根据观测到的代理人行为对其实行奖惩，但是事实上委托人和代理人关于企业的信息是非对称的，代理人作为"内部人"是企业信息的掌控者和发布者，委托人作为"外部人"并不能直接观测到代理人的行为，只能通过诸如生产、销售、资产等方面会计要素的相关变量来判断代理人的行为，而这些变量取决于代理人的行动和其他外生因素，甚至是代理人"制造"的因素，委托人需要通过安插"线人"、雇用专门的"监督者"等种种手段来掌握公司的运营信息、防止代理人"损公肥私"。但在这个博弈中，"委托人"处于被"内部人"控制的劣势。

---

① 卓越：《权力控制论》，载于《政治学研究》1997 年第 4 期，第 9 ~ 13 页。
② 戴月波、徐玉生：《论权力监督的"内部人陷阱"及其对策》，载于《河南社会科学》2013 年第 1 期，第 41 ~ 43 页。

公权力是人类社会共同体为生产、分配和提供公共物品而对共同体成员进行组织、指挥、管理，也就是为维护和增进公共福利而对共同体事务进行决策和执行的权力，它的根本来源是社会公众私权的让渡。因此，拥有私权力的社会公众是公权力的委托人，掌权者是受社会公众的委托运用公权力"经营"公共福利的代理人。为了防止掌权者产生利益冲突——利用公权力为自己谋取私利，作为委托人的社会公众必须通过适当的渠道对掌权者进行监督，现实政治生活中是通过雇用"监工"——"控权者"代表社会公众对掌权者进行监督成为事实上的监督主体，控权者与掌权者之间构成实际上的委托代理关系。如此，在控权者与掌权者围绕"权力"的博弈中，前者实际上是权力的"外部人"，后者才是权力的"内部人"，可以利用"内部人控制"的优势制造"内部人陷阱"以规避后者的控制，现实生活中"上有政策，下有对策""道高一尺，魔高一丈"就是这一态势的写照。例如，在我国尽管有重大事项需要会议讨论决定的规定，但众所周知的是"大事不上会，会上无大事"。"内部人陷阱"犹如宇宙黑洞，许多设计精良的监督举措被其消弭于无形，难达预期效果甚至失灵，"控权失灵"就不可避免地发生了。[1]

2. 合谋

公权力的委托人与代理人的关系有其特殊性，控权者实际上是受公权力的真正主体——社会公众的委托对公权力进行监控，在某种意义上也是"代理人"，这样控权者与掌权者就有了合谋的基础——达成利益共同体，与"委托人"——社会公众对抗，"损公肥私"以谋取共同利益。

合谋的情形之一是权力系统内的"影子控制"，即控权者与掌权者在同一个权力系统内运行，尽管被授予了监督权力运行的职责和权力，但控权者往往受制于掌权者，其职责名义上是监督和控制，实际上只是"保驾护航"，成为掌权者的助手而非监督者，结果是或者被同化或者被排挤，对权力的制约和监督成为泡影。例如，我国在一段时间内存在的"上级监督太远，同级监督太软，下级监督太难"的问题，作为控权者的各级纪委受作为掌权者的党委领导，客观上造成了监督特别是对"一把手"监督效能的低下。

合谋的情形之二是"利益均沾"，掌权者向控权者输送自己利用权力得到的一部分利益，换取控权者的充耳不闻、视而不见，甚至通风报信、暗中保护。或者控权者利用制约和监督的权力，暗示甚至胁迫掌权者利益共享。例如，有些贪腐官员能够在抓捕行动实施前神奇跑路、移花接木，其奥妙也许就在于控权者与

---

[1] 戴月波、徐玉生：《论权力监督的"内部人陷阱"及其对策》，载于《河南社会科学》2013 年第 1 期，第 41~43 页。

掌权者沆瀣一气、朋比为奸。

合谋呈现在公众面前的是官官相护、"潜规则"盛行，劣币驱逐良币的格雷欣法则又使得"清官"被淘汰，导致政治生态极端恶化，其后果要么是"塌方式腐败"，一窝一窝的烂；要么啃食社会民众对执政者的信任，动摇执政根基，若听之任之而不及时变革，将会民怨沸腾、揭竿而起。乌克兰、中东地区等能掀起"颜色革命"也许就是最好的诠释。

第三节 "正人治权"反腐败新范式

"现代治理术的本质，正是作用于复杂塑形情境中的微观权力支配"[1]。权力异化似乎是"权力"偏离了正确的轨道，实际上是掌权者对"好处"的追逐使然。因此，对权力的治理，需要一个情境的塑形。这个情境就是要跳出"权力"自身，从掌握权力的主体去找寻破解"控权失灵"的有效路径，从以"权"为中心转向以"人"为中心，通过"正人"而治权，挤出腐败收益，阻断权力货币化的"货币流"，无利可图的"权力流"自然无疾而终。

一、"人"是创新权力治理范式的关键

对传统权力制约和监督理论和机制的反思，有效破解"控权失灵"以防止权力异化，必须以"人"为中心重构权力制约和监督的新范式。

（一）以"人"为中心符合马克思主义的基本要求

马克思主义一贯强调"人"是一切社会生产活动的根本要素。马克思主义的理论本身就是以人为出发点、以人为中心、以人为最高目的的理论，人的解放、人的自由、人的自主活动和自由个性、每个人的自由发展和由此实现的一切人的自由发展，是贯穿马克思全部理论的主题、根本思想和始终如一的目标。[2] 在马克思主义创始人马克思和恩格斯那里，"现实的个人"是社会历史的现实前提

---

① 张一兵：《回到福柯》，载于《学术月刊》2015 年第 6 期，第 35 ~ 41 页。
② 中共中央党校马克思主义理论教研部：《马克思主义关于人的学说》，人民出版社 2011 年版，第 3 页。

和根本出发点，具体来说，是"现实的个人"的"活动和他们的物质生活条件，包括他们已有的和由他们自己的活动创造出来的物质生活条件"。在社会历史过程中，这些现实的个人"不是处在某种虚幻的离群索居和固定不变状态中的人，而是处在现实的、可以通过经验观察到的、在一定条件下进行的发展过程中的人"，是"从事活动的，进行物质生产的，因而是在一定的物质的、不受他们任意支配的界限、前提和条件下活动着的"。马克思和恩格斯将这些"从事实际活动的人"视为"我们的出发点"，即历史的出发点，因为全部人类历史的第一个前提无疑是有生命的个人的存在。第一个需要确认的事实就是这些个人的肉体组织以及由此产生的个人对其他自然的关系。①

进一步看，在决定"人"现实行为的种种因素中，内因才是决定性的。长期以来的反腐败实践往往聚焦于"权"而忽视了"人"，围绕"权力"上演控制与反控制的"大戏"，这场"大戏"固然不可或缺，也经常是精彩纷呈、高潮迭起、硕果累累。但是，围绕"权力"的诸多设计精良的控权措施并没有发挥预期的效果，利益冲突无法治愈。

（二）"人"是防止利益冲突的根本因素

利益冲突实质上是公共权力的非公共性使用，其外在表现是公职人员的私人利益与其公职所代表的公共利益之间的冲突。基于权力货币化的模型，防范利益冲突有两种对策：一是尽可能减少权力掌握的资源；二是阻断权力货币化的循环。

从前者来说，因为权力异化的原动力来自权力以掌握的资源与"好处"交换，那么权力掌握的资源越少，可用于交换的"对价"就降低，异化的程度就越低；极端情况是对价为"零"，权力异化自然无疾而终。这种办法实质上是尽量减少私权向公权的让渡，也就是所谓"小政府"，即政府的重要性以及所扮演的角色应该最小化——只要有能力保护每个人的自由、防范侵犯自由的行为即可。"最弱意义的国家作为最具合法性的国家，也是功能最多的国家，它类似于古典自由主义理论的守夜人式的国家"②，或如哈耶克所言："政府在一切行动中都受到事前规定并且宣布的规则的约束"③。这种办法并不能从源头上防止利益冲突，因为公权力再小，也有可以交换的"对价"，无法消除权力与货币的交换，腐败也就无法根除。

---

① 《马克思恩格斯文集》第一卷，人民出版社2009年版，第524～525页。
② ［美］诺齐克著，何怀宏等译：《无政府、国家与乌托邦》，中国社会科学出版社1991年版，第35页。
③ ［英］哈耶克著，王明毅等译：《通往奴役之路》，中国社会科学出版社1997年版，第73页。

从后者来说，阻断权力货币化的关键就在于复杂的政治生态中，切断"货币流"和"权力流"构成的封闭循环，让掌权者无法滥用手中的权力与"好处"相交换。目前理论界一般认为，防止利益冲突演变为腐败行为，着眼点就在于降低公职人员以权谋私的意愿和减少其以权谋私的机会，也就是可以通过采取加强廉政教育和廉政风险防控的措施来预防腐败，这种认知实际上有片面性。

欧美国家的实践也说明了，防范利益冲突的重点实际上并不是"权力"而是"人"。加拿大、美国、英国等国家，都将管理利益冲突活动制定为法律，主要针对官员财产申报、资产处理、回避、礼品和馈赠、离职后的就业、经济投资活动等容易引发利益冲突的事项，进行了严格、详细的规定。例如，加拿大政府颁布《利益冲突章程》，针对公职人员制定了《公职人员利益冲突与离职后行为准则》；美国有《利益冲突法》，作为刑事法律，它规定了相应的罚金刑和有期徒刑；英国针对高级官员制定了"利益声明"制度，要求官员在参与决策之前，说明拟决策事项是否与个人利益有关。可见，这些国家防范利益冲突的重点并不是权力运行中的"风险点"，而是官员的财产、经济行为等个人利益，建立起公职人员的从政行为规范体系、立法强调预防解决利益冲突问题、强化利益冲突行为的惩戒机制、形成防止利益冲突的组织保障机制、制定完备的配套实施细则等。所以，防止利益冲突向腐败蜕变的关键不仅是压缩腐败空间、防控腐败机会，而且应该包括挤出腐败收益。

我国防止利益冲突制度实践已经有 40 多年的历史，标志是党中央于 1980 年制定颁发的有关礼品管理的规定，其特点也是预防"人"的腐败行为而不是权力滥用。40 多年来，我国先后制定了多项防止利益冲突制度，但从目前情况来看，我国防止利益冲突制度还存在一些问题，最突出的是制度的有效性不高，制度效果与制度数量严重不相称。究其原因，恰恰在于制度设计重心偏离了"人"这个中心。完善和深化反腐败的制度设计，要按照惩防并举、注重预防的原则要求科学谋划，在规范性、针对性和可操作性等方面下功夫，制定使用反腐败斗争需要的国家工作人员的行为规范、公开或在适当的范围内公开国家工作人员的个人权益状况。

关于国家工作人员行为规范的设计，既要提倡正气，又要严格限制从政行为。一是在国家工作人员中提倡廉政、诚实和尽责的正气，主动回避可能影响公正执行公务的行为，如果出现利益冲突，以有利于公共利益的方式解决。二是制定禁止性规定，要求国家工作人员不得借职务之权力、机会或以其他不当方法，为本人和特定关系人谋利益；不得私自从事营利性活动；不得为本人和特定关系人从事营利性活动提供便利和优惠条件，等等。关于避免和解决利益冲突的措施和程序的设计，宜贯彻"公职人员私权利有限"的原则，便于监督国家工作人员。此外，还应该加强"防止利益冲突法"的配套法律法规建设，以及建设公民监督与举报制度、舆论监督机制等。

（三）"人"是破解"内部人陷阱"的关键因素

破解"内部人陷阱"需要两个方面的协同：一是建立有效的激励和约束机制，引导代理人的效用函数与委托人的趋同，从而实现委托人的期望效用最大化；二是转变监督的目标，从对权力的直接监督转变为通过掌权者对权力实行间接监督。

基于委托代理模型，委托人不能使用"强制合同"来迫使代理人选择委托人希望的行动，对代理人具有约束力的是双方契约。建立有效激励机制能够激发出人的潜能并引导其行为，于是委托人可以选择在与代理人签订契约合同作为基本约束的基础上，兼以适当的激励合同来谋求代理人的效用函数与委托人的趋同，以实现委托人期望效用的最大化。经济学的基本原理也揭示了同样的结论：尽管传统的经济理论认为工资取决于工人的边际生产率，但发展经济学家却发现在发展中国家边际生产率取决于工资，而且这种现象在发达国家也存在。索罗、斯蒂格里茨等将较高的工资解释为企业防止工人偷懒而采取的激励方法，因为当企业不能完全监督工人的行为时，工资就成为工人偷懒被发现从而被解雇的机会成本。如此，工资越高，"偷懒"的机会成本越大，"偷懒"行为发生的可能性就会下降。因此，较高的工资有利于减少工人偷懒的倾向。在公共管理领域同样如此，新加坡是世界上清廉指数排名前列的国家之一，"高薪养廉"功不可没。

因此，对掌权者的监督要与保障其利益紧密结合起来（在目前普遍对权力直接监督的运行模式下，这往往被忽视）。委托人必须给予代理人足够的报酬和激励才能引导代理人的效用函数与委托人的趋同，那么权力主体作为公共领域的代理人也应该取得合理的报酬和激励。例如，有 A 和 B 两个人，A 是企业代理人，把企业管理得有声有色、取得良好经营业绩，B 是政府公职人员，把一个地区管理得井然有序、社会和谐、经济发展、人民富足的公共部门（政府或其机构）代理人，他们的贡献大小虽然很难直观地比较，但如果 B 的生活状况（取得的回报）与 A 的相差甚远，很难想象前者能够始终安然接受。如果他不能接受，产生的后果无外乎两种：品行端正者会离职，权力主体中失去一个优秀分子；品行不端者会千方百计利用权力寻租以缩小与后者的差距，直至东窗事发，权力主体中最终还是失去一个优秀的管理人才。这两种情形符合劣币驱逐良币的"格雷欣法则"①。后果是：要么腐败成风，潜规则横行；要么庸者居之，以致社会经济的发展止步不前甚至日益衰败。因此，在加强对权力主体监督的同时转变长期以来对权力主体的"公仆"思维②，不能把奉献作为"代理人"应尽的义务③，给予权力主体作为"代理人"应有的回报——体现其贡献的价值，是减少监督的"交易成本"，提高监督成效、防止监督失灵的应然之举。

（四）提升反腐败制度的执行力离不开"人"

制度的生命力在于执行。离开了"人"，各项精妙的反腐败制度往往就是"墙上挂挂"，得不到有效执行，起不了反腐败作用。在我国反腐败行动中，执行方面存在以下问题：

1. 执行人不执行、乱执行、钻空子

在反腐败制度建设实践中，有的把制度当"摆设"，满足于照转、照抄、照搬，简单的理解，被动的执行，把印发规定、开会布置等同于落实，停留于喊在嘴上、写在纸上、贴在墙上，而未在抓落实、求实效上下功夫；有的搞"弹性"操作，对易循的执行得紧、对难循的执行得松，对自己有利的执行得紧、对自己无利的则执行得松，合"口味"的执行得紧、不合"口味"的则执行得松，要求下级执行得紧、对于上级却执行得松，上级强调时、领导检查时、出了问题时执行得紧，平时执行得松；有的搞"变通"，别出心裁另搞一套，以强调单位特殊、人员特别为由，把制度变个"法子"执行，遇到"棘手"问题，就绕开制度，搞专题会议进行"集体研究"，实则乱了制度、坏了制度、荒了制度。一些制度在整体设计上，规定得比较原则，过于简单，制度之间缺乏连贯性、系统性，严密性不强、存在漏洞、盲区和死角，投机取巧之人便开动脑筋"钻空子"，制度形同虚设。

---

① 所谓格雷欣法则，是指在实行金银复本位制条件下，当金银的市场比价与法定比价不一致时，实际价值高于法定价值的"良币"将逐步从市场上消失，被普遍收藏起来，最终被驱逐出流通领域，实际价值低于法定价值的"劣币"将充斥市场的现象。后来，人们就用这一法则来泛指价值不高的东西会把价值较高的东西挤出流通领域。

② 最早提出"人民公仆"的不是马克思，也不是华盛顿、卢梭、腓特烈大帝等，而是意大利著名诗人但丁。但丁在其政治名著《论世界帝国》一书中提出了"人民公仆"的概念。我们今天讲到"公仆"，浮现在眼前的是焦裕禄、孔繁森等优秀共产党员的光辉形象。对"公仆"的期望是全心全意为人民服务，大公无私，鞠躬尽瘁；具有高尚的情操，淡泊明志，夙夜在公；慎独谨严，一尘不染，清正廉洁，无私奉献。

③ 据《重庆晚报》2010年3月19日报道，2009年12月，深圳市宝安区沙井街道第一富村沙一社区前书记、沙一村股份公司董事长陈某某被曝贪污30亿元，刷新了小官大贪的纪录，暴露了权力监管、腐败预防等法治层面的漏洞与悲哀。值得玩味的是，为数众多的村民竟然口口声声称"陈某某是我们的好书记"，自愿为其求情。

2. 制度监督不到位、不自觉

"问责一次，警醒一片"，但从监督主体看，有的干部或专职监督人员缺乏责任感，监督意识薄弱，不主动监督；有的民主意识、法治意识不强，业务不熟，不会监督；有的自身建设不够过硬，借口保护干部，不敢监督；有的"老好人"思想作祟，加之"告密者"不能得到有效保护，不愿监督。从监督客体看，有的干部自我监督缺位，认为自己觉悟高、业务精、能力强，不会出差错，不需要监督；有的权力观错位，怕受监督之下权力"玩不转"，不愿意接受监督；有的干部认识模糊，认为监督是组织上对他不信任，甚至认为是某某人和他过不去，不让监督；有的干部为官不廉，甚至本身就存在以权谋私现象，因而害怕监督。

3. 制度查处不追究、不公正

对思想不重视、执行不严格，甚至违反制度的行为，有时没有从严查处。有的睁只眼闭只眼，对不违反大原则、不犯大错误、不搞大腐败等吃点喝点、玩点乐点的"小毛病"，认为是人之常情，"小节无害"，多抱观望的态度，造成部分干部大错不犯、小错不断；有的能瞒则瞒，能捂则捂，瞒不住、捂不了，就搞"下不为例""网开一面""特殊情况，特殊处理"，大事化小，小事化了，最终不了了之；有的因人而异，不一视同仁，搞区别对待，双重标准。当对违反制度的行为当惩不惩、该严不严，有亲有疏、有严有松，制度之上有特权、制度面前有例外时，制度的尊严将荡然无存，执行更是走走过场。[1]

在我国的反腐败实践中，反腐败斗争的严峻形势一段时期内得不到根本改观，制度执行力一度呈递减态势是其重要原因，"上面九级台风，下面纹丝不动"。中央一级的法规制度执行情况相对较好，层级较低的法规制度执行情况不容乐观；中央机关和部门执行反腐倡廉法规制度比较到位，基层单位执行情况相对较差。有的地区和部门抓制度执行时紧时松，执行制度的长效机制有待形成。这些问题归根结底是"人"的问题，"熟人社会"重关系而轻契约，很多人办事首先想到的不是遵循制度，而是找门路、托关系，对违反制度行为的惩处也因"人"而异，"人"不作为，制度又能奈何。

二、正人治权释义及机制

以"正人治权"建立权力制约和监督机制，"人""权"并重，"正人"而

---

[1] 以上三点参见江苏省纪委、监察厅：《如何提高反腐倡廉制度执行力》，载于《中国纪检监察报》2012年2月27日。

"治权"，阻断权力货币化的循环，从源头防治权力异化，重构反腐败体系。

（一）"正人治权"释义

"正人治权"的机制是把控权者与掌权者的博弈关系从以"权力"为中心转向以"人"为中心，也就是把传统控权理论对权力的直接监督和制约，转变为对权力的间接控制，即通过对"人"的规制实现对"权"的治理，最终实现防止权力滥用和利益冲突，进而实现防腐反腐的目的，杜绝公共利益的漏出而增进公共福利，如图 3－5 所示。

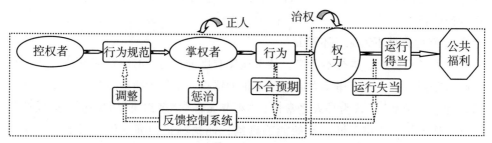

图 3－5　以"人"（掌权者）为指向的间接控权流程

图 3－5 中左侧指向"正人"，其路径是：控权者根据诸如防止利益冲突的相关法律、官员财产公开制度、公务员法等一系列行为规范，在我国还有作为执政党的中国共产党党内法规，通过反馈控制系统监控掌权者的行为，对于不合预期即与各项行为规范和法规制度不相符的行为进行调适。两种情形：一是违反行为规范的各种行为，需要通过对掌权者的惩治来调适，例如，中国共产党提出了"四种形态"来处置党员干部的不适行为；二是行为规范本身不适应新时代的新要求，那么就需要对行为规范本身进行调整，例如，中国共产党修改了《中国共产党党员廉洁准则》《中国共产党党员处分条例》《中国共产党问责条例》《关于新形势下党内政治生活的若干准则》等。

图 3－5 中右边指向"治权"，其路径是："公共权力运行的组织化内在地要求其运行的公开化，即实现公共权力运行的制度化、规范化、程序化。"[1] 掌权者在合乎行为规范的前提下运用权力，以是否增进公共福利（包括社会经济的发展、民生的改善、生态的美好、人民群众利益的保护等）为准绳，如果不能增进公共福利，则说明公共权力的使用存在问题，通过反馈控制进行调适。

中国自古以来就有"天下平"的政治追求。"古之欲明明德于天下者，先治

---

① 钱再见：《公共权力运行公开化的公共组织路径研究》，载于《江海学刊》2014 年第 5 期，第 118～123 页。

其国；欲治其国者，先齐其家；欲齐其家者，先修其身；欲修其身者，先正其心；欲正其心者，先诚其意；欲诚其意者，先致其知，致知在格物。物格而后知至，知至而后意诚，意诚而后心正，心正而后身修，身修而后家齐，家齐而后国治，国治而后天下平。"[1]"天下平"意即天下太平、公平，黎民百姓丰衣足食、安居乐业，为官者以身作则以至善之德教化民众、"爱民如子"、广布仁政，达致社会和谐、公平、公正。

由图 3-6 可见，"正人"是指在对事物进行深入研究的基础上，把握事物发展的规律，顺应"自然"之意而不欺人也不自欺，心得其正而不为物欲所蔽，无偏无倚、"慎独"无贪，养成分析问题、处理问题的能力和行得端立得正的品行，不断淬炼、提高自身修养，在中国的传统文化中以"仁义礼智信"为基本的道德准则、"忠孝廉耻勇"为崇高的品格追求。进而，从"家"出发用"权"，教育好子女和家庭成员、经营好自己的家庭、管理好自己的家族，形成良好的家规家风，"其身正，不令而行；其身不正，虽令不从"。饱读诗书报效国家，雄才大略、定国安邦，堂堂正正做人、廉洁奉公行权、明明白白做事，从而营造风清气正的政治生态。[2]

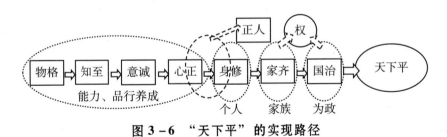

图 3-6 "天下平"的实现路径

（二）"正人治权"理路

"正人治权"能有效阻断权力货币化。在权力货币化的循环中，"正人"挤出了腐败的可能收益，权力流则无以为继；"治权"挤压了腐败空间，使权力在合法合规的轨道上运行。在"受贿者"这一侧，如果不能得到下方货币流输送过来的"好处"，权力流——权力滥用也就失去了目标和动力，腐败行为自然就会夭折。"正人"的作用就在于使掌权者的行为处于严密的监控之中，其个人和家庭所有财产的任何非正常变化都会被请"喝咖啡"，需要向有关部门解释，如果解释不清，则属于财产来源不明，就要受到纪律或法律的制裁。再看另一侧，

---

① 张凤娟主编：《大学·中庸·礼记》，内蒙古人民出版社 2007 年版，第 8 页。
② 徐玉生：《依法治国背景下反腐败制度创新的基本问题探究》，载于《青海社会科学》2015 年第 1 期，第 34~40 页。

"信息公开机制是保障公民的知情权和监督权，加强权力制约与监督的一项基础性制度，其根本目的是让权力在阳光下运行，从源头上消除权力腐败。"[1] 如果权力运行全程留痕、可追溯、有责必追，权力流呈现在众目睽睽之下，行贿者对"权力"的欲求就无法满足，其输出"好处"的行为必将戛然而止，下方的货币流也就干涸。因此，货币流被阻断，权力异化也就无法存在。如图3-7所示，"正人治权"是防治"控权失灵"的有效对策，使权力合规合法运行。

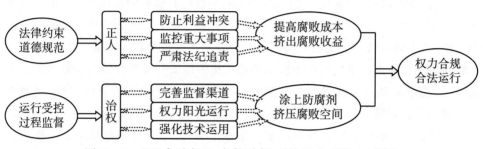

图3-7 "正人治权"有效破解"控权失灵"示意图

（三）"正人治权"机制的运行

"正人治权"的运行基础在于建立有效的反馈控制系统，"在权力监督过程中，一旦发现权力运作方向有异，就必须及时地采取纠偏措施。"[2] 通过控制权力运行的方向可以防止权力异化的加深或扩大，从而把权力腐败控制在最小的范围内。

反馈控制系统包括信息的收集、处理和反馈。需要收集的信息包括掌权者的行为和权力运行结果两个方面。其信道无外乎有：（1）执政党和政府设立的专门信息收集机构，如我国各级纪委监委等。（2）各种传统媒体和新媒体，如电视、报纸、网络等，它们具有专业的、以信息收集与传播为职业的人才，而且拥有相应的设备、平台和敏锐、及时的信息收集能力。（3）广大人民群众。群众的眼睛是雪亮的。"只有让人民起来监督政府，政府才不敢松懈，只有人人起来负责，才不会人亡政息。"[3] 在信息传送"弹指间"的今天，"让人民起来监督政府"已不再遥远，如中纪委推出的App使"监督"在瞬时就可以方便及时地完成。

反馈控制系统的核心是信息的处理。"正人治权"的信息处理包括甄别和查错。首先要对掌握的各种信息的真伪进行甄别，信道越广泛、收集的信息量越多，甄别的必要性和成本就越大。查错是将收集到的信息与行为规范或公共福利

① 桑学成、周义程、陈蔚：《健全权力运行制约和监督体系研究》，载于《江海学刊》2014年第5期，第211～218页。

② 卓越：《权力控制论》，载于《政治学研究》1997年第4期，第9～13页。

③ 黄炎培：《八十年来——黄炎培自述》，文汇出版社2000年版，第204～205页。

的期望值进行比较，检查是否有行为失当或背离预期的后果。① 在我国当前的反腐败斗争中，还需要建立容错机制，既要坚定不移实行"零容忍"，有错必查、犯错必究，又要把"无意过失"与违法违纪以权谋私的行为区别开来，为敢担当的干部创造敢干事、能干事的氛围，为担当者担当。②

反馈控制系统的目的是反馈和纠错，其中的关键是参数标准的设立，中国共产党的执政宗旨是"立党为公，执政为民"，那么，广大人民群众的利益就是设立这些参数的根本依据。但在我国现阶段最广大人民群众的根本利益是不同利益诉求的矢量合成，既有大小也有方向，而不是简单的加法就能解决，其复杂性无以复加。③ 所以，在不同的时期"行为规范"和"公共福利"应该有不同的标准，其内涵是动态的而不是静止不变的。例如，中国共产党在完成推翻"三座大山"的历史使命时期，抛头颅、洒热血，要把"无私奉献"甚至"勇于牺牲"作为共产党员的行为规范。而在建设中国特色社会主义的今天，"作为全心全意为人民服务的政党，中国共产党没有自身的特殊利益，但是党员个体自身的利益诉求是客观存在的"④。

三、"正人治权"反腐败的中国实践

1. "管权管事管人"的"正人治权"反腐败机制

在我国的反腐败实践中，党的十八大提出具有中国特色的"管权管事管人"三管齐下的新举措，在反腐败斗争中打出了"正人治权"的组合拳（见图 3-8）。把权力关进制度的笼子，这个"笼子"关住的不仅仅是"权力"，也包括权力运行的主体——"人"和权力作用的对象——"事"。"管人"是核心，例如，着眼于"八项规定"、刹"四风"等要求广大官员讲规矩、守纪律；坚持纪严于法、修订中国共产党党内法规条例、采取"四种形态"全面从严治党、以抽查推动领导干部重大事项报告制度落实动真，等等，这些措施首要的指向是"正人"。

---

① 戴月波、徐玉生：《论权力监督的"内部人陷阱"及其对策》，载于《河南社会科学》2013 年第 1 期，第 41～43 页。

② 徐玉生：《为敢担当干部营造干事创业良好氛围》，载于《人民日报》2016 年 4 月 25 日。

③ 吉登斯在指出不可避免的市民社会重建的趋势时，也指出了它可能带来的问题。他认为，"市民社会的复兴实际上是危险的而不是解放的。因为它可能会促进原教旨主义的高涨，与增长的潜在暴力结合在一起。""各种内在的瓦解倾向可能又一次变得强大起来。"参见［英］安东尼·吉登斯著，李惠斌译：《超越左与右——激进政治的未来》，社会科学文献出版社 2000 年版，第 129～130 页。

④ 徐小庆：《论"特别权力关系理论"视角下执政党组织与党员关系》，载于《政治学研究》2015 年第 6 期，第 28～35 页。

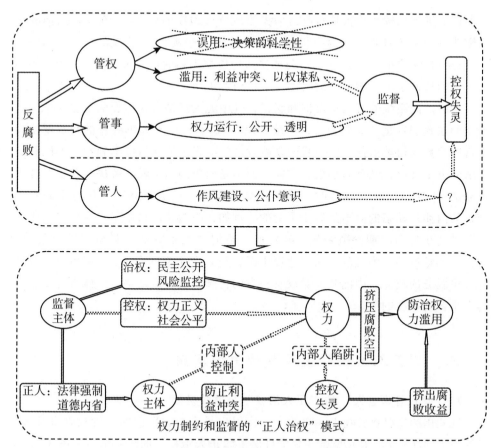

图 3 - 8 权力制约和监督的"正人治权"模式

注：图"？"发问：怎样才能有效治理控权失灵。

2. "正人"的实践操作

"管人"绝不是搞"运动"，而是要通过制度规范和约束"人"、通过教育教化和引导"人"、通过组织来监督和纠正"人"。在具体实践上，最初突出的就是依据中国国情用好"讲政治"的法宝以"正人"，建构中国特色的"阳光法案"挤出腐败收益。

（1）用好"讲政治"的法宝以"正人"。讲政治是马克思主义政党的突出优势，习近平强调，"我们党作为马克思主义政党，必须旗帜鲜明讲政治"。[①] 党的十八大以来中国共产党以"零容忍"的态度推进反腐败斗争，首先就是以猛药去疴、重典治乱的决心和刮骨疗毒、壮士断腕的勇气推进党的纯洁性建设，不断强化并用好"讲政治"这一形塑"人"的法宝。旗帜鲜明讲政治，要求领导干部

---

① 中共中央党校党章党规教研室编：《十八大以来常用党内法规》，人民出版社 2019 年版，第 172 页。

保持政治定力、严肃政治生活、培育政治文化、增强政治能力，着力营造风清气正的政治生态。

保持政治定力。习近平要求领导干部"增强政治定力、纪律定力、道德定力、抵腐定力"。① 政治定力是排在第一位的，政治定力是对领导干部最基本的政治要求。只有保持政治定力，才能不为噪声所扰、不为歪风所惑、不为暗流所动、不为利益所俘，始终坚持正确政治方向。领导干部保持政治定力，就要保持政治信仰上的清醒坚定。政治信仰上的清醒坚定源于理论上的清醒自觉。领导干部要带头学习党的创新理论，常补精神之"钙"，做到知行合一、以知促行。保持政治定力还要在维护核心上毫不动摇，不断增强"四个意识"，自觉同以习近平同志为核心的党中央保持高度一致，坚决维护习近平同志的核心地位，在思想上认同核心、在政治上维护核心、在行动上紧跟核心。

严肃政治生活。严肃党内政治生活是加强党的建设的优良传统和宝贵经验，也是解决党内存在的突出问题的重要途径。领导干部要认真执行党内政治生活制度，坚决落实《关于新形势下党内政治生活的若干准则》，提高党内政治生活质量，形成遵守制度、严守规矩、规范行为的良好氛围；严格执行民主集中制，实现民主基础上的集中与集中指导下的民主有机结合，既要防止只要民主不要集中的软弱涣散，又要防止只要集中不要民主的独断专行；严肃开展批评和自我批评，倡导形成不怕得罪人、容得下尖锐批评的良好风气；推动党内政治生活方式创新，不断丰富党内政治生活的内容，把党内政治生活搞得更加生动活泼。

培育政治文化。要倡导和弘扬忠诚老实、光明坦荡、公道正派、实事求是、艰苦奋斗、清正廉洁等价值观，不断培厚良好政治生态的土壤。培育政治文化，一是靠教育熏陶来滋养。突出理论武装这个根本，深入学习贯彻习近平同志系列重要讲话精神和治国理政新理念新思想新战略，做到虔诚而执着、至信而深厚；紧扣党性教育这个关键，学好共产党人的"心学"；夯实道德教育这个基础，引导领导干部以道德的力量彰显共产党人的高尚人格。二是靠用人导向来引领。坚持好干部标准，在选人用人过程中不断彰显我们党的政治文化。三是靠监督管理来推动。良好党内政治文化的形成要靠精心培育，也要靠不断净化。要坚持问题导向，从严监督管理，对领导干部身上出现的苗头性、倾向性负面问题早提醒早纠正，防止小毛病演化为大问题。

增强政治能力。政治能力是领导干部的第一能力。领导干部只有不断加强政治历练，切实增强政治能力，才能担负起党和人民赋予的职责使命。要自觉把讲

---

① 参见《习近平：以解决突出问题为突破口和主抓手　推动六中全会精神落到实处》，中国共产党新闻网，2017 年 2 月 13 日。

政治融入党性锻炼全过程，善于从政治上观察和处理问题，遇事多想政治要求，办事多想政治规矩，处事多想政治影响，在任何时候、任何情况下都做到政治信仰不变、政治立场不移、政治方向不偏，做政治上的明白人，使自己的政治能力和所担负的领导职责相匹配。同时，领导干部还要敢于担当，勇于挑重担、敢于啃硬骨头，逢山开路、遇水搭桥，在破解一个又一个难题中增强自己的政治能力。[①]

（2）建构中国特色的"阳光法案"挤出腐败收益。"阳光是最好的反腐剂"，官员财产公开制度被称为反腐"阳光法案"。现代政治对其演绎很重要的内容就是以财产申报、公开为主要内容的公职人员信息公开机制。公共利益优先的法律原则表明，公职人员为了保持自身行为的"透明度"，当个人隐私权与公众知情权发生冲突时，则需要秉承个人利益让位于社会公共权益，必须部分地放弃作为普通公民所应享受的某些权利，包括与任职、廉洁密切的隐私权。

自1766年瑞典率先实施财产申报制度以来，已有130多个国家和地区通过立法或总统令等形式确立了该制度。我国在1987年提出官员财产申报公开的相关问题。1988年全国人大起草了《国家行政工作人员报告财产和收入的规定草案》，1995年中共中央办公厅、国务院办公厅印发《关于党政机关县（处）级以上领导干部收入申报的规定》，2010年中共中央办公厅、国务院办公厅印发《关于领导干部报告个人有关事项的规定》。此外，2001年中纪委、中组部联合发布了《关于省部级现职领导干部报告家庭财产的规定（试行）》。这些规定初步确立了我国公职人员财产申报及相关信息公开的基本框架。党的十八届三中全会提出"推行新提任领导干部有关事项公开制度试点"，中共中央印发的《建立健全惩治和预防腐败体系2013～2017年工作规划》再次明确。

3. "治权"的实践操作

党的十八大以来，党中央在"正人"的同时，推出了一系列治国理政的新理念新思想新战略，对"权"的治理体系不断完善、治理能力不断提高。例如，明确了市场在社会资源配置中的决定性作用，"计划"与"市场"之争迎刃而解，简政放权、制定权力清单、治理"三公"消费等，对于政府"法无规定不可为"、对市场主体"法无禁止皆可为"，这些措施首要的指向就是"治权"，公权力"寻租"的空间被大大压缩，权力异化得到有效治理，不断推动着权力合规合法运行。

（1）权力的监督、制约机制不断完善。党的十八大报告指出，"严格执行党风廉政建设责任制。健全纪检监察体制，完善派驻机构统一管理，更好发挥巡视

---

① 刘海涛：《不断强化讲政治这一突出优势》，载于《人民日报》2017年6月23日7版。

制度监督作用"。为了弥补以往反腐败监督力量过于分散的弊病,党中央始终不断加大体制机制改革由此推进反腐败制度建设,通过完善派驻管理、强化巡视制度、健全监察体制,从而形成反腐败合力由此增强权力监督与权力制约的效果。为了发挥派驻监督作用,党中央通过出台文件强调派驻机构是监督派驻单位的组织,派驻机构负有监督责任、派驻单位党委负有主体责任,通过明确两者关系、合理分配工作切实履行党风廉政建设的具体职责。为此在党的十九大报告强调,"强化管党治党主体责任和监督责任",在《关于深化中央纪委国家监委派驻机构改革的意见》中重申派驻机构的责任就是监督派驻单位的党组织履行好管党治党的主体责任。所以通过派驻机构改革形成统一、高效的管理模式,有助于加强派驻监督力量。

(2)加强巡视巡察监督。为了加强巡视监督效果,党中央不断增强对于巡视工作的投入建设力度,将巡视工作作为完善党内制度建设的重要一环。2015年发布了《中国共产党巡视工作条例》从而为巡视工作的深入推进起到了制度保障作用,2016年审议通过了《中国共产党党内监督条例》又为巡视监督提供了可靠的依据。为了提升监察监督能力,自2016年国家监察体制改革试点工作开展实施以来,监察体制改革深化的进程持续推进。2017年全面推广国家监察体制改革试点工作,2018年中共中央办公厅印发《中央巡视工作规划(2018~2022年)》作为指导性文件对于巡视监督工作指明了方向,2018年《中华人民共和国监察法》的正式出台,以法律形式保障国家监察体制各项工作的顺利推进,2019年全面完成监察体制改革和机构转隶工作将国家监察体制作为反腐败制度建设的重要内容,由此监察监督正式作为反腐败监督力量的关键组成部分。国家监察体制改革避免纪委只能对党员干部进行审查而对非党员无权进行查处的缺憾,可以对所有公职人员依法享有监察监督的权力,从而有效促成了反腐败监督合力的形成。

(3)让权力在阳光下运行。党的十八大以来,党中央通过一系列诸如信息公开制度、听证会制度等举措推动体制机制改革,加强人民监督权力从而使之能够真正发挥作用。在干部选拔任用程序中推行公开制度等相关体制完善措施,进一步体现人民群众的监督作用。在互联网时代背景下,在反腐败工作具体实施中同样注重新媒体技术的有效运用,依靠网络平台创建群众监督渠道,利用网络平台的特性激发人民群众参与反腐败斗争的意愿与热情,由此形成强有力的监督力量与党内监督共同发力。目前各大主流媒体网站都开设举报监督专区,为人民群众提供线索、检举揭发提供更为便利的条件,此外,中央纪委国家监委网站也通过设置举报监督功能,进一步鼓励人民群众借助网络平台发挥监督作用。为了确保人民群众在行使监督权时的人身安全,进一步完善了举报人制度,全面优化检举揭发违法违纪案件的程序机制。网络举报平台在确保人民监督权得以充分运用的条件下，汇聚了由人民群众提供的大量线索，从而形成庞大规模的反腐数据库，这就为全天候掌握违法违纪情况、依法查处腐败案件带来了必要的数据支撑，由此编织起监督腐败现象的严密信息网，有助于精确锁定、彻底铲除腐败分子。

　　总之，可以说自党的十八大以来的反腐败实践，为"正人治权"的权力制约和监督范式提供了有力和有效的佐证。自 2012 年 11 月党的十八大召开至 2020 年 1 月，共有 192 名省部级及以上官员落马，短短 8 年内被查处的人数激增，已经超过了自 20 世纪 80 年代至党的十八大召开的 30 余年的总和。党的十八大至党的十九大召开前夕，200 多名中管干部因腐败问题被审查，全国纪检监察机关共立案 100 多万件，累计查处违反中央八项规定精神问题 15 万多起、处理 20 多万人，"天网"行动已从 70 多个国家和地区追回 2 400 多人。① 有研究表明，党的十九大前夕，九成以上领导干部和普通干部、七成以上城乡居民对党风廉政建设和反腐败斗争"有信心"和"比较有信心"，比 2012 年分别提高 9.9 个、21.3 个、10.2 个百分点。②

---

① 资料来源：中共中央纪律检查委员会网站，https：//www.ccdi.gov.cn/yaowenn/201701/t20170107_57843.html。

② 徐玉生等：《论权力监督的理论逻辑及机制建构》，载于《河南社会科学》2017 年第 1 期，第 22～29 页。

第四章

反腐败 CSO 立体体系

反腐败体系是指基于预防和惩治腐败形成的各种理论学说及行动方案和具体措施构成的系统。各种理论学说构成反腐败理论体系，以知识形态存在；各种行动方案和具体措施等构成反腐败实践体系，以操作形态存在。以反腐败的方法论解析来看，这些反腐败要素都能够独立发挥其反腐败功能，但必须内在于一个多元要素构成的"体系"中，这个体系至少应包含理性、历史和结构性要素。反腐败体系的建构应当在多个层面、多种维度同时展开，将单个的反腐败要素组合为一个立体形式的体系架构，理性和历史及作为其具象表现的文化（culture）最抽象、最一般，从而也是无法回避的层面。同时，建构立体形式反腐败体系既需要立足理性进行制度（system）设计，也必须跳出理性的狭隘框架，使理性和历史、设计和传承有机结合在一起。文化与制度的结合又离不开"人"这个具有自主意识的行为主体：可以是单个的人也包括单个人的集合体——组织（organization）。应以"人""权"并重创建权力治理的"正人治权"范式，通过"正人"挤出腐败收益，通过"治权"挤压腐败空间。基于对反腐败体系的建构学说和反腐败实践的双重审视，建构有效的反腐败体系应以"文化·制度·组织"三向度合围，构建立体形式反腐败的 CSO 体系。

第一节　反腐败体系建构学说

腐败作为一种政治公害、历史痼疾，是各个国家和政党都面临的一个重大课题。"所有国家，不管大小和贫富，都存在着腐败现象。"[1] 纵观中外历史，不同时代、不同国别、不同政党，都试图寻找防治腐败的有效手段。理论研究和实践经验都表明，单向度的反腐败措施难以奏效，需要多维度协同作业，立体建构反腐败体系。从建构主义和历史主义这两种方法论角度对反腐败理论建构的分析表明，对反腐败问题的研究应当用合乎逻辑的话语来加以精准诠释。与此同时，反腐败又不仅是一种理论、一种话语，而是一种活生生的政治实践。因此，反腐败理论建构又不能仅仅被束缚于理论和逻辑之中，用逻辑决定实践的走向，而是应当走出逻辑，在由历史积淀而成的传统和文化中来寻找自身的合法性与合理性。因此，反腐败理论的建构需要将理论与实践相结合，以理性设计和历史传承叠加来对其加以审视。理性设计和历史传承应当结合为一个方法论整体在反腐败理论建构中发挥作用。那么，横向与纵向、时间和空间应当在反腐败理论建构中相互交织，形成一种立体性的理论建构模式。从结构主义方法论来看，结构化是立体性的内在要求。对社会、制度和正义问题进行探讨时，常常将这些对象做结构化的理解，采用实证分析的方法将所有对象视为一个整体，在对这一整体进行关照和把握的同时对其内部各层次、各部分及其相互之间的组合进行探究。

一、微观层面的要素论证说

正所谓一阴一阳谓之道也。追寻反腐败的成功要素必定要从腐败的产生"基因"入手，针对病因对症下药，才能药到病除。因此从正反辩证统一的视角来探讨和总结导致腐败或者达致廉政的微观要素和条件，是研究反腐倡廉内在机制与作用机理演变规律的前提和基础。

关于腐败产生的原因，虽然众说纷纭，但是大体可以划分为核心要素说和多维要素说。就核心要素而言，从腐败的经典定义中就可以寻得踪迹。如国际货币基金组织就将腐败定义为："腐败是滥用公共权力以谋取私人的利益。"[2] 因此，"权力—腐败"之间的隐秘关系就构成了腐败与反腐败研究的一条"红线"。国内较早相对系统地研究"以权力制约权力"的代表性学者有朱光磊[3]。对于如何防止滥用权力，或许还有其他不同看法，但国内外学者对于要防范腐败产生就必须要规约权力这一总体思路却有着诸多共识。如刘晞春认为："权力是导致腐败犯罪的基本前提"[4]。因此围绕如何控制权力，防止其作恶的研究成果更是不一

---

① 李晓明：《控制腐败法律机制研究》，法律出版社 2010 年版，第 1 页。
② 任建明、杜治洲：《腐败与反腐败：理论、模型和方法》，清华大学出版社 2009 年版，第 16 页。
③ 朱光磊：《以权力制约权力——西方分权论和分权制评述》，四川人民出版社 1988 年版。
④ 刘晞春：《综合防治：遏制腐败犯罪的社会工程》，中国方正出版社 2011 年版。

建构立体形式反腐败体系研究

而足。如林喆提出了以权利制约权力①，还有学者概括了诸如以道德制约权力、以社会制约权力、以责任制约权力等②。类似的观点中，冯志峰做了较为全面的概括，他梳理的中外权力制约理论体系主要有：以道德制约权力是实现权力制衡的先导；以法律制约权力是实现权力制衡的保障；以权力制约权力是实现权力制衡的核心；以权利制约权力是实现权力制衡的根本；以社会制约权力是实现权力制衡的依据。③ 此外，陈国权教授通过其著作《权力制约监督论》和《权力法治与廉政治理》系统论证了廉政建设的关键是建立合理的权力结构，而权力法治是廉政治理的基础，科学的权力结构与运行机制是建构权力法治的制度保障。当然，有关这方面的研究还有相当丰富的成果，不再一一赘述。

多维要素说某种程度上也可以看作是上述核心要素说的一种理论探索的"派生物"。如陈善和和陈勇认为，构成腐败的内涵至少有三个要素：一是腐败的主体——与权力相联系的个人和组织；二是腐败的行为——滥用公共权力；三是腐败的后果——国家或人民的利益受到损害。他们认为应设置的主要反腐败要素有：（1）教育；（2）制度；（3）制约和监督；（4）改革；（5）惩处；（6）纠风。其中前四个是治本要素，后两个是治标要素。④ 何增科根据腐败多发的规律性特征，概括出腐败易发多发的诸种条件公式，即腐败易发多发条件 = 暴利 + 垄断权 + 自由裁量权 + 决策专断权 + 管理松懈 + 改革不配套 − 监督制约 − 依法监管 − 公平竞争 − 决策透明度 − 公众参与 − 查处概率与处罚力度 − 责任感⑤。实际上上述公式的得出也受益于罗伯特·克利特加德，他在《控制腐败》一书中具体分析了腐败行为产生的动机和条件并提出了两个公式：（1）腐败动机 = 贿赂 − 道德损失 − 被发现和制裁机会 × 所受处罚 > 薪金 + 廉洁自律的道德满足感；（2）腐败条件 = 垄断权 + 任意决定权（自由裁量权）+ 责任心差（− 责任制），⑥ 可见，在腐败动机和腐败条件具备的情况下，腐败行为的发生就在意料之中。因此，治理腐败行为就需要从形成腐败动机和条件的各种要素上入手予以防治。同时何增科还就腐败行为的主体、动机或目的、手段、方式和后果五个腐败行为的构成要素来进行比较研究，指出中国转型期腐败行为既有着和其他国家腐败行为相同的一面，同时又有自己的特色。田湘波和王喜燕认为，不同类型的腐败行为是基于不同的因素，但总的来说，不外乎这四个因素：腐败的社会条件、腐败机会、腐

---

① 林喆：《权力腐败与权力制约》（修订本第二版），山东人民出版社 2012 年版，第 269 ~ 272 页。
② 张创新：《公共管理学概论》（第 2 版），清华大学出版社 2015 年版，第 76 ~ 85 页。
③ 冯志峰：《地方党委书记权力运行与制约机制研究》，中国社会科学出版社 2018 年版，第 108 ~ 114 页。
④ 陈善和、陈勇：《反腐败学概论》，中共中央党校出版社 2013 年版，第 26、248 页。
⑤ 何增科：《腐败防治与治理改革》，吉林人民出版社 2009 年版。
⑥ ［南非］罗伯特·克利特加德著，杨光斌等译：《控制腐败》，中央编译出版社 1998 年版，第 84 页。

败动机和阻止腐败的社会功能残缺。循此思路，构建反腐机制，就要针对上述要素，通过构筑权力防线、心理防线、机会防线以及加大惩治和预防力度四道防线，来消除腐败行为赖以形成的必要条件。① 任建明认为反腐败成功需要五个必要条件或前提条件，即"领导者的政治决心""反腐败法律（立法）""反腐败机构和体制（执法）""反腐败战略"以及"人民大众的支持"五要素构成的制度反腐理论框架。总之，学者结合自身的研究专长，同时紧密结合反腐败实践和政策走势，梳理了有关腐败因子与反腐败的有效手段。

二、中观层面的体系建构说

"构成科学管理的不是任何一个要素，而是各种因素的组成的体系。"② 这一思想对于认识和了解反腐败体系同样不可或缺。有关反腐败体系，最具代表性的如透明国际反腐败专家杰瑞米·波普提出了通过建立国家廉政体系有效反腐败的思想③。按其设想，国家廉政体系犹如一个希腊神庙，在庙的顶部有三个圆球即生活质量、法治和可持续发展，国家的廉洁犹如一个屋顶支撑着这三大目标，下面由 11 根机构和规则组成的制度支柱支撑起这座大厦，如图 4 - 1 所示。

中国学者胡鞍钢、程文浩、过勇、何增科和毛昭晖等充分吸收上述观点的合理性，结合我国具体情况，积极倡导建立中国的国家廉政体系。如胡鞍钢认为，我国党和政府应该旗帜鲜明地提出要"建立中国特色的廉政和反腐败模式，明确党在廉政建设和反腐败工作中的地位和作用。"④ 林尚立也指出：中国政治体系的特点决定了中国的反腐败体系是以政党为领导的，并以政党为行动中心展开的。随着法治国家的建设和公民社会的成长，反腐败的行动中心将从政党，逐步扩大到国家与社会，逐步形成政党领导下的多元行动中心反腐败体系。⑤ 过勇较为系统地探讨了中国国家廉政体系的建构问题。他认为，中国

---

① 田湘波、王喜燕：《循着腐败发生机理培植预防腐败因子》，载于《检察日报》2011 年 5 月 17 日。
② ［美］弗雷德里克·温斯洛·泰勒著，居励、胡苏云译：《科学管理原理》，四川人民出版社 2017 年版，第 102 页。
③ ［新西兰］杰瑞米·波普：《制约腐败——建构国家廉政体系》，中国方正出版社 2003 年版。
④ 胡鞍钢等主编：《第二次转型——国家制度建设》，清华大学出版社 2003 年版。
⑤ 林尚立：《以政党为中心：中国反腐败体系的建构及其基本框架》，载于《中共中央党校学报》2009 年第 4 期，第 21～27 页。

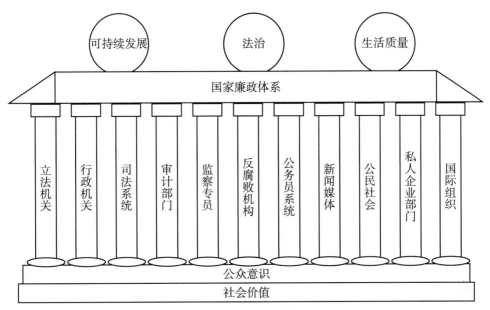

图 4 – 1　国家廉政体系

的国家廉政体系包括政党、行政机关、立法机关、司法机关、法律执行机关、反腐败机关、审计机关、公共采购体系、媒体、公民社会、商业部门和国际机构，这些支柱构成了中国国家廉政体系的基础。他通过对这些支柱进行分析和评估后指出，我们国家的廉政体系需要进一步完善和发展的方向：一是调整国家廉政体系中各部门的角色和定位，使各个部门都能够比较充分地发挥其职能，形成一个有机的、立体的反腐败网络；二是推动体制改革，不断完善各项制度，提高各部门的问责度、透明度和公开性。[①]

　　根据我国的具体国情，有学者认为反腐倡廉制度体系包括党内反腐倡廉制度和国家反腐倡廉制度两个子制度体系，这两个子制度体系相辅相成，有机组合构成了整个反腐倡廉制度体系。因此，要加强反腐倡廉制度体系建设就需要促进上述两个子制度体系统筹兼顾、协调并进。何增科认为中国的反腐倡廉体系包括目标体系、制度体系和价值体系三大体系。目标体系包括科学发展、社会和谐、全面小康三大目标；制度体系则由 12 根机构支柱和四大规则体系构成；价值体系则包括了廉洁、正直、公正、诚实、守法、节俭等基本价值。同时，他还对目前国家廉政制度体系的有效性进行了评估。毛昭晖从四项基本功能、六个方面基本要求、遵循"规划为本，督导为先""以人为本，综合治理""结果导向，过程控制""战略长远，持续改进"等基本原则，具体分析了相应

[①]　过勇：《中国国家廉政体系研究》，中国方正出版社 2007 年版。

的文件体系与法理依据，深入探讨了其运行机制与职责等，从而逻辑地构建起一套国家预防腐败体系。年福纯则认为，反腐倡廉建设是一项系统工程。如果把惩治和预防腐败体系比作防治腐败的大厦，那么，教育、制度、监督、改革、纠风、惩处就是支撑这座大厦的六根巨柱，缺一不可。在惩罚体系构建中，反腐倡廉教育侧重于教化，是基础；制度侧重于规范，是保证；监督侧重于制约，是关键；纠风侧重于正本，是清源；改革侧重于创新，是动力；惩处侧重于警示，是手段。这六个方面相互联系，相互促进，密不可分。①王晖则以我国香港特别行政区廉政模式的特点为切入点，贯穿基本政治制度、法律制度、公务员制度、廉政公署，阐述了香港特别行政区独特的廉政制度体系，并收录了香港特别行政区廉政建设方面的一些关键性的法规法例，使读者对香港特别行政区廉政体系有更详细、深入的了解②。

在反腐败体系的研究中，不少学者吸收了"上医治未病"的理念，故而十分重视预防腐败体系的研究。如程文浩着眼于腐败行为所依托的资源，指出我国未来的国家预防腐败体系应当紧密围绕有形资源和无形资源，以立制与执行为途径，以制度预防和技术预防为两翼，以信任和监督为后盾，以权责对等为原则，综合考虑成本与收益，从过去、现在与未来的历史角度，在宏观与微观两个层面，全面把握腐败行为的共性与特性，防治隐性腐败向显性腐败的演化。③

随着国家治理现代化成为我国的"第五个现代化"，反腐体系、廉洁治理必然与国家治理体系和治理能力发生有机关联。祁一平以国家治理现代化为背景和前景，把腐败看作一种社会发展的弊病，不是头疼医头，脚疼医脚，而是把脉整体机能，从包含政治、经济、社会、文化、生态各个方面的整体系统，结合自身历史发展和实践表现，深入研究分析症结所在，以"中西医"结合的方式，立足中国国情、中国文化和中国共产党在革命、建设和改革发展各个历史阶段的实践经验教训，继承古代廉政制度和文化的优秀基因，辅之国外在腐败治理上可资借鉴的经验，开出适合中国特色的腐败治理药方。④

三、宏观层面的历时态模式演变说

新中国成立 70 多年，特别是改革开放 40 多年以来，我们逐步探索出具有中国特色的廉政之路。这些经验概括，既反映了每个阶段的规律与特点，也启迪后

---

① 年福纯：《反腐倡廉建设研究》，军事科学出版社 2009 年版，前言第 3~4 页、第 104~105 页。
② 王晖：《香港廉政制度体系》，中国方正出版社 2005 年版。
③ 程文浩：《预防腐败》，清华大学出版社 2011 年版，第 160 页。
④ 祁一平：《国家治理现代化与腐败治理》，中国发展出版社 2017 年版。

建构立体形式反腐败体系研究

来的建设向更高的要求发展。因此不少学者尝试着概括和总结我国反腐败的基本模式或发展脉络，为我们提供了很好的纵向比较的认知思维。

林喆（2012）概括了反腐败的基本模式有重法促廉、低薪清廉、高薪养廉、以法导廉。年福纯（2009）总结了中外历史上反腐败的一般做法，概括起来主要有崇德抑腐、监督慑腐、重典惩腐、运动肃腐、依法治腐等。郭剑鸣（2017）根据反腐败主导者不同，将反腐败模式区分为议会主导型反腐败模式、行政主导型反腐败模式和执政党主导型反腐败模式三种。同时他也指出，这种区分也是相对的，在许多国家通常是"两驾马车"或"三驾马车"共同推动国家的反腐败行动。

孙道祥和任建明（2011）等认为，中国共产党自执政以来，我国的反腐倡廉实践经历了运动反腐、权力反腐到制度反腐的历史变迁。何增科（2008）认为，中华人民共和国成立至党的十七大，中国共产党反腐败思路的演变经历了三个阶段，即从群众运动反腐败到依靠制度建设反腐败再到建设惩防体系反腐败的演变过程。胡杨（2012）持类似观点，他认为新中国成立至党的十八大召开前夕，特别是改革开放以来，我们国家经过"运动反腐""权力反腐""制度反腐"模式的积累和发展，目前已经形成了具有中国特色的"体系反腐"的基本框架。王明高（2011）认为世界各国的反腐败斗争大体遵循两条线路：一是通过道德建设，在道德自律上下功夫，把人的行为约束寄托在主体的道德良知上，可称其为伦理型反腐或人治型反腐；二是求助于法律制度，在权力制约和制度控制上下功夫，把人的行为约束寄托在外在的强制性规范的压力上，可称其为法理型反腐或法治型反腐。两条路径互相交叉，各有侧重，衍生了清官反腐、重典反腐、运动反腐、制度反腐四种主要方式。杨绍华（2011）指出中国共产党的反腐倡廉制度建设，历经了初步探索、运动反腐、制度反腐的数次重大转型，实现了从无到有，从边缘到中心，从单项到系统，由被动应急到主动应对，从侧重惩治到惩防并举、注重预防，从局部突破到整体推进的历史性飞跃，初步形成了内容科学、程序严密、配套完备、有效管用的具有中国特色的反腐倡廉制度体系。

有些学者虽然没有尝试概括或总结出比较明晰的特征或模式，但对近年来的廉政建设经验进行了一定的总结。如过勇（2015）总结了党的十八大之后的两年多时间里形成的立体式反腐的有力举措，它们分别是严明党纪，实现风气变革；"零容忍"惩治腐败，产生强有力震慑；筑牢制度藩篱，推进法治反腐；改革体制机制，提升反腐效率；创新巡视监督，扎实推进全覆盖；推进国际合作，追惩外逃贪官。他还肯定各项举措形成新的立体式升级，产生了合力效果，成效十分显著。王传利（2016）提出了未来系统性腐败治理方略的调整方向，一是既要系统综合并提升中国古代和西方的反腐经验，又要珍惜中国共产党自身的宝贵经验；二是从权力视角转向从权力与资本相结合的视角考察腐败发生机理，既要把权力关进笼子，又要管住资本制止任性；三是做到法纪与规矩相互配合、政策和法纪相互兼顾、改革方案与治理腐败方略相互配套、技术层面和体制组织层面相互契合；四是加强国际反腐合作。

第二节　CSO 立体反腐败体系的学术基础

反腐败是一个系统工程，国内外的社会、经济、政治、文化、法律等各个方面因素都影响着反腐败的成效。基于对反腐败理论的方法论解析，以及对反腐败体系的反思和反腐败手段的博弈论分析，单向度治理腐败难以奏效。反腐败理论的方法论解析也表明了必须建构一种立体式的反腐败体系，单向度的反腐败无法成功。那么，在反腐败的实际工作中是不是这些因素一个都不能少？当然不是，眉毛胡子一把抓，后果必然是"剪不断，理还乱"，必须"牵牛鼻子"、抓关键节点。正如我们一开始提出的研究目标，其模型是[①]：

$$RO = [\, r(P_r,\, C_r,\, S_r),\, f(P_f,\, C_f,\, O_f),\, g(P_g,\, S_g,\, O_g)\,]\qquad (4.1)$$

这一目标实际上也就是建构立体形式的反腐败体系，用 A 表示，那么：$A = f(P,\, C,\, S,\, O,\, \cdots)$，其中，$P$：反腐败实践；$C$：文化；$S$：制度；$O$：组织。

反腐败的成效实际上取决于反腐败体系能够发挥的反腐败功能，因此，A 也可以表示一定反腐败体系的反腐败成效。从方法论的视角对反腐败理论进行的辨思和反腐败的实践都表明，如果没有其他元素的协同，任何一种反腐败举措的效果最终将归零，即 A 对任何一个变量的偏导数都为零。

一、立体形式反腐败体系的建构原则

（一）关于反腐败体系建构原则的学术梳理

前述关于反腐败体系的历史回顾与反思，为重构反腐败体系的维度选择提供了历史借鉴。如微观层面的要素论证说，各位学者努力梳理出尽量全面的反腐败有效因子，为我们提供了丰富的思维"种子"。但要素论证的维度也存在一定局限，一方面可能我们无法穷尽所有要素，且逐个要素进行分散式研究则过于零

① 见本书第一章第二节。

散；另一方面在诸多要素中哪些属于最重要的？"核心要素说"无疑是一个重要思路，权力以及围绕着如何制约权力就构成了"正人治权"立论基础中一个重要的逻辑起点。此外，除了考量"权力"这一核心要素以及由此衍出的"制度或体系（system）反腐机制"的治理重点，在学者梳理的诸多要素中权衡比较遴选了组织（organization）和文化（culture）两个主要要素。

系统方法的注意力集中在系统整体，"它坚持全面地看问题，考虑所有的侧面和一切可变因素"①。构建反腐败体系，搞好反腐倡廉建设不能仅靠一项或几项工作的简单叠加，而必须组成"集团军"，打出"组合拳"，达到"$1+1>2$"的效果。这也符合政治利益分析法的科学思路。"政治利益分析方法将利益分析的要素整体性置于首要地位上。所谓要素整体性是指，对于政治现象的任何分析，有关政治现象的任何论断，不能仅仅归结于某个特定的抽象的、共同的和普遍的单一利益要素。"②

有关制度机制的生发、型构及其变迁机理的认识，大体而言，存在着两大主要传统分析理路，即以凡勃伦—康芒斯—诺斯为代表的建构理性观和以斯密—门格尔—哈耶克为代表的演进理性观③。也有学者将这两种秩序称为"可自我实施的"和"需要管理的"的社会秩序。④ 这种"秩序二元观"同样也共存于廉政体制机制的变迁过程中。只是廉政体制机制是不断变化发展的，是历史的、具体的，既是演进的又是建构的，既有自发的又存在着选择性，两种路径统一于廉政实践中并且推动其不断向前发展。无论是人为建构秩序还是自发演化秩序，都具有一定的向度性和律动性。前者是指一种状态或动作指向所具有的属性，如腐败的遏制、廉洁与善治的实现等；后者是指遵循着一种规律而动，而且具有自动纠偏、自我调节和自我控制的功能⑤。因此，鉴于导致腐败之因果关系的非线性、腐败现象的多变性与隐蔽性、治理对策的复杂性与系统性等诸种缘由，正如美国学者迈克尔·约翰斯顿将典型性研究与个案研究有机结合起来对腐败进行广泛的比较研究后指出，腐败主要是系统性的腐败，或者说是体制性腐败。⑥ 因此，我们通过引入"体系""机制"等概念，特别是回顾和总结现有研究中有关"反腐败体系"的构成与机制化及其发展变迁，以及背后所涉诸多要素及其相互间的关系，从而揭示其中的内在规律，为打造一种结构合理、运转有序、高效能动的反

---

① ［美］拉·迈尔斯著，杨志信、葛明浩译：《系统思想》，四川人民出版社 1986 年版，第 26 页。

② 高鹏程：《政治利益分析》，社会科学文献出版社 2009 年版，第 189 页。

③ 徐传谌、孟繁颖：《制序分析中的理性定位问题》，载于《江汉论坛》2008 年第 7 期，第 62~67 页。

④ 伍装：《国家经济秩序政策原理——秩序经济学引言》，上海财经大学出版社 2006 年版，第 187 页。

⑤ 李晓明：《控制腐败法律机制研究》，法律出版社 2010 年版，第 45~46 页。

⑥ ［美］迈克尔·约翰斯顿著，袁建华译：《腐败症候群：财富、权力和民主》，上海人民出版社 2009 年版，第 12 页。

腐败体系，从源头上预防和遏制腐败现象奠定理论基础。从结构主义视角来看，只有在一个立体的结构中，才能真正把握整体和要素的关系问题，因为在立体的结构中，整体与要素不但可以构成足以相互论证的诠释学循环，亦可以构成一个不断衍生性的意义系统。

因此，建构立体式反腐败体系，就可以紧紧抓住制度或体系（system）、组织（organization）和文化（culture）三大要素，不仅对三大要素中逐个单一要素的作用机理进行了深入研究，特别对要素之间的耦合机制进行了探讨。

（二）反腐败体系建构的基本原则

确立反腐败体系建构的基本原则，首先要对反腐败的性质和目的进行探讨。从性质上说，反腐败是"形而下"的实践活动，而不是"形而上"的恢宏理论，也就是说反腐败理论或体系的建构是为了解决实践中出现或将来会出现的问题，而不是理论本身的"大而全""面面俱到"。正如马克思墓志铭上所指出："我们不但要认识世界，更重要的是改造世界"，要从"解释世界"的徘徊中解放出来，投身于"改变世界"的实践中去。从反腐败的目的来说，尽管中外有所不同：中国共产党领导下的反腐败以维护和伸张社会正义和广大人民群众的根本利益为目标，而有些国家反腐败的直接目的是对执政党进行攻击、迫使执政党下台（远如美国"水门事件"、近看韩国"闺蜜干政"），但客观上最终都是通过反腐败斗争，营造了廉洁的政治生态。立足于"形而下""改造世界"建构反腐败体系，应遵循有限性原则和有效性原则。

所谓有限性原则，就是在制约反腐败成效的诸多要素中，找出那些关键的元素。如果把立体反腐体系形象地称为"笼子"，那么从工程学的角度来说，这些关键元素就是"笼子"的骨架。我们知道任何事物的发展都是由矛盾推动的，而在事物发展过程的诸多矛盾运动中，各种矛盾的地位和作用是不平衡的，有主要矛盾与次要矛盾之分；任何矛盾又具有两个方面，其中一个方面处于主要地位，另一个方面处于次要地位。主要矛盾的存在告诉人们在观察和处理各种问题、推动事物发展过程中，必须善于找出和抓住主要矛盾，集中力量找出问题的关键、抓住重点。矛盾的主要方面是指在事物内部居于支配地位、起主导作用的方面，也就是说事物内部的矛盾双方有主次之分，其地位和作用是不平衡的，在认识事物或针对问题采取解决方案时就应该对矛盾双方的主次作出评价与判断，抓住矛盾的主要方面来解决问题，往往"事半功倍"。

所谓有效性原则，就是运用这些关键元素建构的"笼子"——立体式反腐败体系能够有效遏制腐败的发生和蔓延。在 CSO 体系中，文化具有自律和自觉功能，自律对于反腐败来说是一种非正式约束，自觉对于反腐败来说是一种自我约束；制度可以发挥挤压腐败空间和挤出腐败收益的功能，实际上前者是反腐败的前馈控制，后者是反腐败的源头治理；组织是反腐败的实施者，党的十八大以来中央纪委以零容忍的态度反腐败，对于腐败的发生和蔓延是一种正式约束，也是以国家机器作为坚强后盾，监督权力的运行，对于防止腐败的发生和蔓延进行过程控制。这三者之间还互为补充、有机结合为一个"体系"：制度（法治化）是反腐败的根本之策，文化是用人性"善"的精神与理性的价值判断作为制度的"补丁"，反腐败组织机构则保证各项制度得到有效执行，因为制度的权威和生命力在于实施。文化、制度和组织三者合围构成反腐败的 CSO 体系，又两两协同分别构成反腐败的惩戒机制、防范机制和保障机制。[①]

二、基于博弈论的三维反腐败策略解析

（一）基于博弈论的腐败行为逻辑

博弈论（game theory）又称对策论，是研究在具有斗争或竞争性质的游戏中，个体的预测行为和实际行为以及它们的优化策略。局中人、策略和收益是最基本的要素，博弈就是通过不断较量做出自己收益最大的策略选择。从博弈论角度分析腐败，可以假设政府官员（掌权者）是谋求利益最大化的理性"经济人"，腐败行为是通过成本和收益的比较而做出的理性选择，那么腐败行为也是一种博弈，其发生的条件有以下三个方面。

首先，"经济人"假设揭示出"利益"是腐败行为产生的动机因素。"经济人"以人性恶的假设为前提，在一定约束条件下总是力图追求自己利益的最大化。1992 年，诺贝尔经济学奖获得者贝克尔创新性地抛出了犯罪实际上是一种"经济活动"的观点，即犯罪行为就是犯罪者在理性计算"犯罪成本"和"犯罪收益"后理性选择的结果。"当某人从事违法行为的预期效用超过将时间及另外的资源用于从事其他活动所带来的效用时，此人便会从事违法，由此，一些人成为'罪犯'不在于他们的基本动机与别人有什么不同，而在于他们的利益同成本之间存在的差异。"[②] 因此，是否犯罪的根源在于利益驱动。掌权者作为"经济人"，总是会做最有利于自己利益的行为选择，以寻求自身效益最大化。当腐败

---

① 徐玉生：《依法治国背景下反腐败制度创新的基本问题研究》，载于《青海社会科学》2015 年第 1 期。

② ［美］加里·S. 贝克尔著，王业宇、陈琪译：《人类行为的经济分析》，上海人民出版社 1995 年版，第 63 页。

收益大于腐败成本，即有腐败"盈余"，腐败就会发生。

其次，公共权力委托—代理模式失灵产生了腐败主体。委托—代理关系广泛存在于经济学领域中，本是指企业委托给他人代为经营而不由企业所有者亲自经营。在政治体系中，权力的所有者原本是人民，但在现实政治生活中，人民并不自己直接行使权力，参与管理国家的具体事务，而是通过契约的模式和选举的方式，将权力委托给政府，由政府来行使权力管理国家和社会具体事务，这样权力的所有权和使用权分离，构成了公共权力的委托—代理关系，中国在人民代表大会制度下形成的委托—代理关系如图4-2所示。

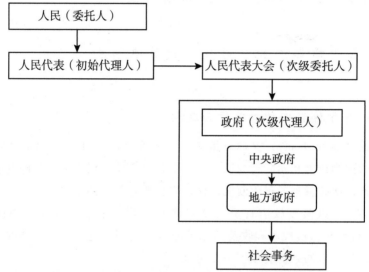

图4-2 政治权力委托—代理关系的理论模型

政府作为公共权力的代理者，在制度设计上，其目标理应是追求公共利益的最大化，这也是委托—代理模式合法性的前提。但现实政府具体掌握和使用权力的"掌权者"却是由"经济人"组成，"经济人"理性的自利行为则与制度设计的目标相违背。代理人（政府官员）追求自身利益最大化的同时就会损害委托人的利益（公共利益）；而委托人追求自身利益最大化的时候，就会降低代理人的积极性（政府工作效用），最终也会影响自身的利益（公共利益）。正如克利特加德所说，"从委托人（或公众）的利益与代理人（或公务员）的利益之间的区别的角度解释腐败"，认为"当代理人违背了委托人的利益而谋求自己的利益时，腐败就出现了。"[①] 因此，权力的委托—代理模式本身有其必然的局限性，公共

----

① ［南非］罗伯特·克利特加德著，杨光斌、何庄等译：《控制腐败》，中央编译出版社1998年版，第27页。

权力的运行必然有其失灵的方面，掌权者的行为选择是追求个人利益最大化甚至罔顾公共利益，腐败行为的主体就"应运而生"。

最后，权力运行的信息不对称为腐败的产生提供资源条件。腐败行为实际上是委托人—代理人（掌权者）—寻利人（行贿者）三者之间的一种不完全信息的博弈关系，如图 4-3 所示。

图 4-3　委托人、代理人、寻利人之间的关系

博弈游戏的魅力就在于局中人互相之间的信息不对称。在委托人与代理人之间的博弈关系中，代理人选择了什么策略（腐败或是不腐败），委托人并不完全清楚，因为信息的不透明，这就构成了不完全信息下的博弈问题。在代理人与寻利人之间也是如此，寻利人的策略是行贿或者不行贿，而代理人也是在经过成本—收益计算之后才会做出决策是否腐败，因此在代理人与寻利人之间也构成不完全信息下的博弈问题。因此，在这两个博弈问题中，信息构成了决策的基础。从一定程度上来说，谁拥有信息越多，谁的决策就越能满足自己效益最大化的目标。因此，公共权力及其运行中蕴涵的信息就是资源和财富，而政府作为国家和社会事务的具体管理者，其工作人员在信息上具有绝对优势，从而具有进行腐败活动的信息条件。因此，信息的不对称是产生腐败行为的资源条件。

（二）基于博弈论的三维（CSO）反腐败策略

基于腐败产生的上述三个条件，文化（culture）、制度（system）、组织（organization）三个方面的反腐败策略，对于消除腐败行为的发生动机、主体要素和资源条件，不失为有效的策略选择。

第一，基于博弈视角的文化反腐策略选择。所谓文化反腐就是以廉政文化建设为核心，通过廉洁观、价值观、道德观、权力观、民主观、法治观等因素的构建来塑造人们正确的偏好体系，从思想动机上拒绝腐败，使公职人员达到"不想腐"的境界。因此文化反腐具有动机导向的功能，通过价值意识的激励来约束个体行为，从根本上消除腐败的动机。根据经济人的假设，人们是在不断地追求效用最大化，而效用取决于人的偏好体系，最终导源于价值观和道德观的不同。[1]

---

[1]　倪星：《惩治与预防腐败体系的评价机制研究》，中山大学出版社 2012 年版，第 103 页。

经济人的理性行为选择是追求个人效用最大化，但是效用的评估取决于个人的价值偏好，而价值偏好是通过文化来塑造的。因此，文化反腐的策略选择就是通过廉政文化建设，加强思想教育来改变意识形态、价值偏好和行为倾向，使人们战胜人性中自利的一面，那么腐败行为自然就不会产生。并且文化反腐直接作用于人的灵魂，即使制度上的安排存有缺陷，产生腐败的机会，但是正确的价值偏好也会使人们选择洁身自好、廉洁从政。同时对意识形态建设进行投资，长期地灌输廉洁从政的价值观念，使个人产生自律行为，从而达到整个社会的自律。在廉洁社会风气下，即使一个人有腐败动机，其腐败活动承受的心理压力和腐败风险会更大，也即腐败的心理成本和风险成本都会增加，从而能有效遏制腐败行为。通过廉政文化建设，才能从人的内心形成自律，达到遏制腐败动机的效果。

第二，基于博弈视角的制度反腐策略选择。"制度好可以使坏人无法任意横行，制度不好可以使好人无法充分做好事，甚至会走向反面。"[1] 在政治权力的委托—代理关系中，委托人为了更好地维护和追求自己的利益，理性的选择是对代理人进行激励（即支付代理成本）和监督，以防止代理人的行为趋向腐败而损害公共利益。制度具有约束个人行为的功能，委托人为了实现自身公共利益需求，从理性选择出发，要设计一定的制度规则来限制或制约代理人的行为。道格拉斯·诺思指出，"制度是一系列被制定出来的规则、守法秩序和行为的道德理论规范，它旨在约束追求主体福利或效用最大化利益的个人行为。"[2] 制度设计通过激励机制、约束机制以及机会结构来影响人们对各种策略方案的成本—收益计算，从而影响个人的行为选择（腐败或不腐败）。

制度是影响腐败活动全过程的重要因素，通过加强制度设计来消除腐败产生的制度漏洞是立体反腐体系的一个重要组成部分，制度是对人的一种外在约束，是从人的外部来遏制人的自私本性。权力委托—代理模式的先天缺陷是存在博弈双方利益矛盾，要弥补这一制度的缺陷就要通过设立激励机制和监督机制来消除矛盾。有效的激励机制（工资福利等）能够提高代理人的合法收益，同时增加腐败的边际成本，改变个人行为选择。全面的监督机制能提高腐败的案发率（μ），增加腐败的风险成本，从而有效遏制腐败行为的产生。因此，制度反腐的策略通过制度构建来提高腐败成本，减少腐败收益，通过改变掌权者成本—收益比较而影响个人的行为选择，避免趋向腐败行为。

第三，基于博弈视角的组织反腐策略选择。腐败产生的另一重要条件就是信

① 《邓小平文选》第二卷，人民出版社 1994 年版，第 333 页。

② ［美］道格拉斯·诺思著，陈郁、罗华平译：《经济史中的结构与变迁》，上海三联书店、上海人民出版社 1994 年版，第 225～226 页。

息的不对称，政府拥有信息优势，因此作为国家和社会事务具体管理者的政府官员很容易利用信息的优势，利用对权力的控制和资源的占有来从事权力与"好处"的交易。在政治的竞争市场中，信息的完全平等是不存在的，因此，从这一角度出发来治理腐败的途径是要从政府组织出发，通过组织反腐的策略选择来防治政治权力的变异，防治公权力成为政府官员谋取私人利益的工具。

政府官员利用自己手中的公共权力谋取私利的行为也称为寻租活动，政府组织在经济上的管制和干预是创造腐败租金的必要条件。布坎南认为，寻租活动是指"人们在某种制度环境下，凭借政府保护而进行的寻求财富转移的活动，这种努力的结果不是创造社会财富而是导致社会浪费。"[①] 亨廷顿指出："腐败的基本形式就是政治权力与经济财富的交换。"[②] 寻租活动的交易包括提供给寻利人市场信息、政策优惠、价格优惠、机会优先等，而寻利人则输送各种物质或非物质的利益回报。在政府的组织机构中，由于政府官员代表公民行使权力，具有对国家和社会具体事务的决策权和管理权，并且这种权力具有权威性和独占性。因此，防止公共权力变异，尤其是防止组织内部的人通过手中权力和信息优势来进行寻租活动，是组织反腐策略选择的必然要求。

三、立体反腐体系的单向度研究概述

（一）关于文化反腐的理论研究

文化反腐就是要从根本上消除腐败文化，构建廉政文化，达到预防腐败的效能。下面就学界关于廉政文化的概念、内涵、功能及机理等理论问题进行梳理概述。

（1）关于廉政文化概念的争论。文化的内容丰富、外延广泛，因而对其概念解释因学科的不同而各不相同。文化概念的繁杂带来了廉政文化概念的说法不一。主要有以下四种观点：第一种观点认为，所谓廉政文化，就是廉政的理论和行为方式及其相互关系的文化总和，是关于廉政的知识、理念、制度及与之相对应的生活方式、行为规范的总概括。廉政文化主要有四个特征：主体的大众性、指向的权力性、实施的职业性、组织的公共性。[③] 第二种观点认为，廉政文化有

---

① Buchanan, J. M. Rent Seeking and Profit Seeking, in Theory of the Rent-Seeking Society, ed. Buchanan, Tollison, Tullock. USA: Texas A&M University Press, 1980.

② ［美］塞缪尔·亨廷顿著，李盛平等译：《变革社会中的政治秩序》，华夏出版社 1988 年版，第 66 页。

③ 程继隆：《古诗文里的廉政大智慧》，中国方正出版社 2014 年版，第 275 页。

广义和狭义之分。狭义的廉政文化，是以建立廉洁政府、廉洁政治和规范公职人员从政行为为目的所形成的各种思想、理论、规范、制度、价值观念以及行为方式、价值评价等文化积淀。广义的廉政文化除了上述内容外，还应该包括物质上的东西，如廉政教育场所、设施等。第三种观点认为，廉政文化就是廉政意识与廉政制度的结合体，它是在反复总结公共权力活动中的经验教训，经历长时间的规范与反规范的较量之后逐步形成的，是道德理性长期积累沉淀形成的结晶。它不仅具有空间上的普遍性，更具有时间上的持久性。第四种观点认为，廉政文化，就是"以崇尚廉洁、鄙弃贪腐为价值取向，融价值理念、行为规范和社会风尚为一体，反映人们对廉洁政治和廉洁社会的总体认识、基本理念和精神追求，是社会主义先进文化的重要组成部分"。[①]

（2）关于廉政文化内涵的争论。主要有以下六种不同观点。第一种观点认为，按主体来分类，廉政文化内涵大致包括三个方面：社会廉政文化、政府廉政文化和公职廉政文化。第二种观点认为，按主体来分类，廉政文化包括四个方面：崇尚法纪、公正乐善的社会文化；爱岗敬业、开拓进取的职业文化；团结向上、诚实守信的组织文化；清正廉洁、简明有序的政治文化。第三种观点认为，"廉政文化是人们关于廉政的知识、信仰、规范和与之相适应的行为方式、社会评价等的总和，是社会主义先进文化的重要组成部分。"[②] 廉政文化作为以廉政为根本内容的一种观念文化传统和观念文化形态，也是一个多种关系的复合体。因此，廉政文化，按其实质内容来分类，主要包括廉政思想教育体系、廉政文化规则体系、廉政文化作风体系和廉政文化评估体系四个方面。第四种观点认为其内涵包括：廉洁从政的思想道德要求、从业人员职业道德和职业文化、廉洁从政的社会氛围和社会风尚四方面内容。第五种观点认为，廉政文化内涵按其内容划分主要有：崇高的理想信念；高尚的思想道德；严明的法律和纪律；不懈的艰苦奋斗精神。第六种观点认为，只有按文化由低到高的层次内容分类，才能把握廉政文化的真正内涵。同时，也需注重廉政文化转变为人的廉政行为的廉政行为文化研究。

廉政文化特征是其内涵的进一步体现，学术界主要有以下三种观点。第一种观点认为，廉政文化特征主要有四个：广泛性、道德性、政治性和科学性。也有人认为时代性、针对性、群众性和实践性是廉政文化的四个特征。第二种观点认为，廉政文化特征主要有五个：先进性、主题性、文化性、针对性和实践性。也有人认为，其五个特征是思想性、时代性、规范性、警示性和根本性。第三种观

---

① 全国干部培训教材编审指导委员会组织编写：《提高党的建设科学化水平》，人民出版社、党建读物出版社 2015 年版，第 211 页。

② 贾桂梓：《聚焦廉政文化》，山西人民出版社 2006 年版，第 238 页。

点认为，在廉政文化建设的具体过程中，要准确地把握好廉政文化的七个基本特征：多元性、群众性、先进性、时代性、民族性、实践性和动态性。

（3）关于廉政文化反腐败功能的讨论，主要有以下三种不同观点。第一种观点认为，廉政文化的功能可概括为三大功能，即导向规范功能、整合凝聚功能和辨识优化功能。第二种观点认为，功能就是作用之意，廉政文化有四大功能：导向功能、凝聚功能、辐射功能和约束功能。也有人认为，廉政文化的四大功能是导向功能、凝聚功能、教化功能和约束功能。第三种观点认为，廉政文化的四大功能是导向功能、监督功能、教化功能和惩罚功能。有人在这四个功能之上还加了一个建设功能。反腐败斗争离不开廉政文化建设，廉政文化作为一种文化形态具有文化的导向、整合、警示、激励、优化、心理调节等功能，而廉政文化最大的综合性效用就是预防腐败。功能和作用并不能等同，功能有正功能与负功能之分，并不是所有的功能都有作用，只有实施后才能显示出作用。

（4）关于廉政文化反腐败机理的研究。这是学术界研究最弱的一部分。要努力实现廉政文化的反腐败功能，就必须讨论廉政文化的反腐机理。彭定友认为，廉政文化的反腐败机理主要是两大路径：一是外在的作用机理，即通过有关廉政的道德、风俗习惯、禁忌、行为准则、意识形态等对人的腐败行为的规制约束作用。二是内在的机理，通过内化，把外在的有关廉政的道德、风俗习惯、禁忌、行为准则、意识形态等上升为人的思想意识上的价值认同和廉洁意识，对人的行为的选择起导向作用。有人认为，廉政文化的作用机理实质就是其功能。有人认为，机理就是机制，廉政文化建设与和谐社会建构互涵互动、相得益彰，可以形象地称为"共振"效应。"共振"之所以为"共振"，从根本上讲，乃在于二者是"同频"的，"同频"方能"共振"。正是因为二者的基本理念、价值取向、精神内核、追求目标是根本一致的，二者才能朝一个方向使劲，相互促进、相互加强，产生巨大的"合力"，这才是二者互涵互动的内在机理。[①]

要研究廉政文化的机理，所谓"机理"主要有三层含义：一是机器的构造和工作原理；二是有机体的构造、功能及其相互关系；三是指一个复杂的工作系统和某些自然现象的本质联系和规律。机理强调的是对事物内部要素之间相互发生作用、对外做功的原理，是指事物的运作原理。把机理引入腐败治理，特别是廉政文化对腐败的治理作用，即廉政文化反腐败机理，就是把廉政文化反腐败看作是一个有机动态的演进过程，研究机理，就是在自主创新微观具体的层面上讨论其内在要素的有机结合方式和本质联系，就是从微观层面讨论廉政文化内在关键要素运作的规律。

---

① 刘佑生：《执法新境界》，中共中央党校出版社 2006 年版，第 284 页。

（二）关于制度反腐的理论研究

国内学界针对廉政制度，主要围绕下列问题进行了讨论。

（1）关于廉政制度概念的讨论。主要有两种不同视角和观点。第一种观点是从反腐败的角度对廉政制度进行界定：廉政制度属于具体社会制度的范畴，它是指为了克服党政机关及其公职人员利用职权谋取私利的腐败行为而做出的一系列规范。廉政制度建设也应以对权力的制约为出发点和落脚点，要着力规范权力行为，建立对权力的制约机制。这应是廉政制度建设的核心。[①] 持这种观点的人还认为，所谓"制度"，是指要求大家共同遵守的办事规程和行动准则。制度是被制定出来指导和约束个人行为的规范准则。制度可分为四个组别：政治制度、经济制度、文化制度和亲属制度。廉政制度是属于政治制度的范畴。"廉政"和"制度"组合在一起，是指一系列被制定出来的规范公职人员正确行使公共权力的准则和规范。[②]

第二种观点主要是从制度经济学的角度来界定廉政制度，这种观点认为，廉政制度包括狭义和广义两个层面上的含义。从狭义上来讲，廉政制度是指政府机构制定的用来预防和惩治腐败的正式法律、条例、规定等；从广义上来讲，廉政制度不仅包括政府机构制定的、直接用于预防和惩治腐败的条例规定以及一般法律、法规直至宪法，还包括非成文的"非正式制约"、党政机构体系自身的设置形式及正式廉政制度的实施。持这种观点的人还认为，制度反腐实际上是指廉政制度反腐，就是通过外在规定和规则（也即正式制度）来监察督促、牵制约束公共权力的行使，保证政府及其工作人员廉洁从政，以防止权力运行违背委托人意志，侵犯委托人的利益。

（2）关于廉政制度内涵的争论。主要有以下三种不同观点。第一种观点认为，廉政制度很繁杂，按不同标准可把它划分为不同类型。按正式廉政制度的纵向层级标准，一般可将廉政制度系统分为宏观廉政制度系统、中观廉政制度系统和微观廉政制度系统。从制度的时序角度看，廉政制度建设包括制度的制定、执行和监督三个环节，其最终目标是要形成一个防范权力腐败的制度体系，发挥廉政制度体系监督制约权力、预防惩治腐败的功效。从制度的内容来看，正式廉政制度包括以下四个部分的内容：界定"责任"的廉政制度；界定权力运行的廉政制度，即为人们定出"选择空间"的边界廉政制度；关于惩罚的廉政制度，约定对违反第二项廉政制度所要付出的代价的廉政制度；"度量衡"廉政制度，即腐

[①] 王新民：《公仆论》，中共中央党校出版社 1995 年版，第 282 页。
[②] 吴增基等：《现代社会学》，上海人民出版社 2014 年版，第 259 页。

败行为如何度量的廉政制度。制度安排包括三个部分，即非正式制度、正式制度和实施机制。从廉政制度形式结构来看，廉政制度可分为实体制度、程序制度、监督制度、评价制度。[1] 第二种观点认为，廉政制度包括正面教育、廉洁自律、加强监督、定期自查和违纪处理等项内容。第三种观点认为，廉政制度由四个不同制度构成：选人、管人、用人的防范性保廉制度；程序性、重大问题决策、政务公开等规范性办事制度；督导性考评制度；制衡性监督制度。

（3）廉政制度的功能。有学者设计了廉政制度的基本框架，如图4-4所示。共有四道防线：把好考试录用这一入口关是第一道防线；实行回避、职位轮换、管理活动公开、高薪助廉制度是第二道防线；建立财产申报、举报、司法独立、舆论监督制度是第三道防线；健全奖惩制度是第四道防线。这四道防线能有效地预防腐败，从而形成预防、揭露、惩罚、预防的良性循环。[2]

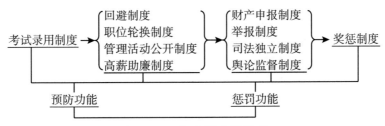

图4-4　廉政制度的结构

按照道格拉斯·诺思的观点，制度影响个人的行为选择，为个人行为提供约束机制、激励机制和机会结构。廉政制度作为一种制度安排也具有规范个性行为、影响个人选择的作用。廉政制度的基本功能指向就在于规范公共权力、维护社会正义、促进社会发展。具体来说，它表现在三个方面：判断功能、激励功能和预测功能。

总之，廉政制度具有防范和惩治腐败效用，铲除以权谋私、贪污腐化等丑陋社会现象，具有根本性、稳定性和全局性的反腐效力。它是一种刚性约束，并且公开透明，在制度规则面前人人平等，减少人情、特权等因素的影响，是预防腐败最有利、最有效的手段。廉政制度反腐策略，是从制度上消除腐败的机会、惩治存在的腐败问题，并对可能出现的腐败问题进行防范，是廉政建设的根本和保障。廉政制度建设通过构建科学有效的制度安排和廉政法律法规，对公职人员的权力实行行之有效的制约和监督，才能从根本上杜绝腐败的滋生和蔓延。

---

[1]　田湘波等：《我国廉政制度适应性效率研究》，湖南大学出版社2015年版，第30~61页。
[2]　谭世贵：《论廉政制度的功能与结构》，载于《海南大学学报》1995年第2期，第1~7页。

（4）廉政制度反腐败机理。从经济人理论的角度来研究廉政制度的机理可以窥见其运行规律。这又分两种视角：第一种视角是从廉政制度适应性效率的角度全面论述廉政制度的结构体系、正式廉政制度与非廉政制度相互作用规律、廉政制度的变迁规律，并在此基础上全面阐明了廉政制度选择与制度环境的适应性效率规律、廉政制度内部不同组成部分之间的适应性效率规律，并从中国廉政制度适应性效率缺失根源方面入手寻找其对策。第二种视角是从腐败产生原因来论述廉政制度的机理。腐败的形成具有一定的主客观原因，前者包括人的私利本性、职业价值扭曲和针对具体公共事务的腐败动机；后者涉及权力、制度、文化等因素。在主客观因素的共同作用下，腐败形成的决策机理是行为者进行利弊权衡或成本—收益分析。如果腐败的预期净收益大于零，就有产生腐败的动机。腐败形成的动因决定了制度控腐的机理。

（三）关于组织反腐的理论研究

在治理理论之下，廉政组织被纳入了廉政体系理论之中。

（1）关于廉政组织概念的讨论。组织是一个内涵比较宽泛的概念。一般而言，组织通过组织结构设计分解组织任务，运用各种手段和方式以达到实现组织目标和任务的目的。马克斯·韦伯将组织特征归纳为三个方面：一是存在一个行政领导班子；二是力争按团体的意向去实现组织制度；三是有一种其他参加者的以团体制度为取向的特殊行为。根据组织的社会功能，塔尔科特·帕森斯将组织分为政治目标组织、经济生产组织、整合组织和模式维持组织等[①]。

为了创制廉政制度并且使廉政制度能够得到充分实施，必须建立相应的合法廉政组织机构。廉政组织有广义与狭义之分，狭义的廉政组织特指专门性的反腐败机构，其成立的目标和宗旨在于预防和惩治腐败；广义的廉政组织既包括专门反腐败机构，也包括审计、检察、监察等部分履行廉政职能的机构。一般而言，国家廉政组织大体可以分为以下几种：独立超然的专门反腐机构、监察机构、审计机构、检察机关、行政申诉处理机关、公务员人事管理机构。

（2）关于廉政组织内涵的讨论。这里所说的廉政组织是指专门的反腐败组织。廉政组织是国家廉政体系的有机组成部分，国家廉政体系的建设和发展是历史发展的必然选择，廉政组织反腐也是符合历史逻辑和时代发展趋势的。组织反腐是从腐败主体角度进行监督和控制[②]，包括所有针对腐败主体的监督和控制。

---

① ［美］帕森斯著，梁向阳译：《现代社会的结构与过程》，光明日报出版社1988年版，第37页。
② 林尚立：《政治建设与国家成长》，中国大百科全书出版社2008年版，第218页。

在世界范围内，已经形成了很多运行成熟的廉政组织，如新加坡的反贪污局、我国香港特区的廉政公署等。对这些廉政组织加以概括总结就可以看出，廉政组织具有独立性、专业性、公开性、透明性、廉洁性、权威性等特点。对于廉政组织来讲，它属于公共组织范畴，其资源的获取多来源于政府部门，其产出的产品是保证社会的公正和清廉。①

一个廉政组织要有效运作，往往需要具备一些基本条件和特征。有人认为廉政组织在运行过程中应具备四个基本特征，即独立性、权威性、廉洁性和专业性。也有人认为廉政组织有如下五个特征：独立性、权威性、广泛赋权、人才、监督者也要受监督。

（3）关于廉政组织反腐败功能的讨论。从理论上说，廉政组织有四大功能：一是凝聚功能。这是指人们可以通过组织将许多分散的反腐败力量结合成一个能动的群体，廉政组织汇聚了人、财、物等资源，通过协作系统完成特定的廉政建设目标。廉政组织是社会反腐败资源的配置载体，是优化廉政建设资源配置的一种方式，也是改善廉政建设资源配置效率的场所。廉政组织的投入产出系统要使廉政组织制造出比个别廉政资源效益更大的整合效益。凝聚功能是廉政组织凝聚力的表现，凝聚力来自廉政组织确立的廉政建设目标的科学性与可行性。廉政组织要发挥其凝聚功能，就必须做到以下三点：明确廉政建设目标及任务；建立良好的人际关系与群体意识；发挥廉政组织中领导的导向作用。二是协调功能。这是指正确处理廉政建设中复杂的分工协作关系。这种协作功能主要包括以下两个方面：组织内部的纵向、横向关系的协调，使之密切协作，和谐一致；组织与环境关系的协调，廉政组织能够依据环境的变化，调整反腐败策略，以提高对环境变化的适应能力和应变能力。三是制约功能。廉政组织的制约功能主要表现在廉政组织是由一定的人员构成的，每一位成员承担着相应的职能，同时也有相应的权利、义务和责任。通过这种权利、义务和责任组成的结构系统，对廉政组织的每一个成员的行为起到制约作用。四是激励功能。激励功能是指在一个有效的廉政组织中，应该创造一种良好的环境，充分激励每一个社会成员反腐败的积极性、创造性和主动性。廉政组织应高度重视全体社会成员在廉政建设中的作用，通过物质和精神的激励，使其潜能得到最大限度的发挥，以提高廉政组织的工作效率，确保廉政建设任务的完成。

从廉政建设的实践来看，廉政组织的功能主要是预防与惩治功能。不同性质的国家或地区，其廉政组织发挥的功能也会有相对的差异。有的国家侧重于预防

---

① ［美］詹姆斯·L. 吉布森、约翰·M. 伊凡塞维奇、小詹姆斯·H. 唐纳利著，王常生译：《组织学：行为、结构和过程》第10版，电子工业出版社2002年版，第220～237页。

腐败，如美国的监察长办公室、日本的行政监察局。有些国家的廉政组织享有完全的侦查权，如埃及的行政监察署。而有的国家的廉政权力更大，如马来西亚的国家反贪污局。虽然各国廉政组织在权力上存在着差异，但是其基本职能却是大同小异。廉政组织应集"预防和惩治"功能于一体，既包含司法机关的性质，也具备行政机关的属性。就预防腐败而言，应当赋予廉政组织以下职权：教育崇廉，重在修德，筑牢"不愿腐败"的思想防线；制度保廉，重在防范，建设"不能腐败"的制度体系；监督促廉，重在约束，形成"不敢腐败"的权力运行机制。[①] 就惩治腐败来说，应当赋予廉政组织对贪污腐败犯罪案件完全的侦查权，包括秘密侦查权、逮捕权等。唯有掌握了权力，廉政组织才能独立、有效地对案件进行侦查和处理。通过廉政组织对外公布的报告来看，这些机构通常履行的功能包括：接受并处理投诉；收集情报、监督和侦查；起诉、行政秩序；预防研究、分析以及技术支持；道德指引、执行审查、详细审查财产申报；公众信息、教育及其他延伸项目。[②]

（4）廉政组织反腐败的机理。这里的廉政组织机理是从经济学、管理学的角度分析廉政机构的组织原理及运营效率，并论证廉政机构在廉政建设中的地位、作用。廉政组织的机理包括两个方面：一个是廉政组织内部层级之间、廉政组织与其他组织之间的逻辑关系；另一个是层级之间的相互作用。国外有些研究者对某些国家的廉政组织的运行机制进行了专门分析，分析廉政组织运作所产生的效果，评估其影响的强弱，探索影响廉政组织运行的因素。德·玛丽·威廉（De Maria William，2008）专门研究非洲反腐败机构的运作以及影响其反腐败成效的原因。[③]

从世界反腐败成效突出的国家和地区廉政组织模式角度可以看出，廉政组织在世界各国或地区的反腐败工作中发挥着重要作用。综观世界各国或地区的廉政组织模式大致可分为四种[④]，四种模式体现了各自的机理特点：一是在行政系统内部设置专门的行政监察机构。世界上大多数国家或地区，如日本、美国、俄罗斯、英国等均采取这种做法。美国监察长制度的运行机理最为典型。二是监察审计合一的机构。公务人员的贪污腐败问题一般都会涉及权钱交易问题，因而查办此类案件需要以财务审计作为支撑。一些国家或地区便成立了集行政监察与财务审计功能于一体的廉政组织，如韩国、波兰、墨西哥等。除个别国家或地区外，

---

① 吴高庆：《建立我国反腐败专职机构的构想》，载于《甘肃社会科学》2005 年第 3 期，第 43 ~ 47 页。

② Patrick Meagher，Anti – Corruption Agencies：A Review of Experience. IRIS Center：University of Maryland，2002：9.

③ De Maria，William.，Cross Cultural Trespass. International Journal of Cross Cultural Management，2008，12：317 – 341.

④ 孔祥仁：《国际反腐败随笔》，中国方正出版社 2003 年版，第 313 ~ 329 页。

这类监察机构大多是向议会负责的独立机构，它享有较高的法律地位，甚至在一些国家或地区被列为立法、行政、司法之后的"第四权力机关"。韩国监查院属于世界上为数不多的监察机关高度独立的模式之一。三是行政监察专员制度。目前，世界上已有100多个国家或地区设立了国家级或州、省级的行政监察专员机构。监察专员通常由议会选举产生或由国家元首直接任命，在实际运作中拥有较高的地位和较大的权力。监察专员一般由熟谙法律和行政管理理论和实践的社会精英人士担任，如退休大法官、大律师、原政府高级官员、高校教授等。总体而言，行政监察专员制度包括三个方面的内容：调查政府机构的不良行政；监察行政行为；监察政府机构和官员。瑞典的监察专员制度由瑞典议会委托专人专门调查政府部门及其工作人员是否有违法行为并接受和处理群众举报的制度。[①] 四是专门的反腐倡廉机构。单一的廉政组织并不意味着将所有的反腐败职责都集中到一个单一机构中，而是将一系列重要权力、职责以及资源置于一个机构中，从而创设一个强大、集权式的机构，以发挥其在反腐败中的主导性作用。这个单一的廉政组织仍然需要与其他享有反腐败管辖权的机构协调合作，包括法院、检察院，以及很有可能受腐败影响的行政部门展开合作。我国香港特别行政区廉政公署（以下简称"香港廉政公署"）的运行机理是：相对独立，由香港特别行政区行政长官提名并报请国务院任命，直接对行政长官负责并汇报工作，是特区政府的重要官员，职权的行使不受司法机关、侦查机关的钳制，能够相对独立地开展侦查业务。为了保证廉政公署廉洁奉公，必须有一套行之有效的监督与制衡机制对其进行监督。廉政公署主要受到香港特区行政长官、律政司、司法机构、立法会、咨询委员会、廉政公署事宜投诉委员会、廉政公署人员纪律监察委员会和新闻传媒等的监督。[②]

也有人认为，其他国家或地区的廉政组织体制，大致可以划分为两大类型，即议会主导型廉政组织体制和行政主导型廉政组织体制，其机构运行机制也存在着明显差别。前者的主要廉政机构由议会产生，名称为议会行政监察专员公署。廉政组织都对议会负责，议会享有很高的政治地位，具有较强的政治权威，在政治上均掌握主导权，掌握反腐败体制的操控权。实行这种体制的代表性国家有：瑞典、芬兰、挪威、英国、加拿大、新西兰等。采用行政主导型廉政组织体制的国家，主要的反腐败机构由行政部门或行政首脑产生，受行政部门或行政首脑监督，并对其负责。行政部门在反腐败体制中占据主要地位，发挥主导性作用，行政部门享有很高的政治地位和极大的权力。相对于议会主导型反腐败体制，行政

部门的反腐败机构，或多或少会受到其设立者的影响，不能对其进行有效的监督，这是此种类型的弊端所在。行政主导型反腐败体制的代表性国家有：法国、新加坡、美国、韩国、埃及、俄罗斯等。

第三节　CSO 立体反腐败体系的正当性及建构

反腐败理论建构方法论分析得出的一个基本结论是：单向度的反腐败措施无法遏制腐败的产生及蔓延，反腐败理论范式的重构应当在多个层面、多种维度同时展开，使理性和历史、设计和传承有机结合起来构成反腐败"体系"。基于对反腐败各种理论和国内外研究现状的分析和中国近年来反腐败的实践经验，反腐败体系有三个关键因素：文化（culture，表示为"C"）、制度（system，表示为"S"）和组织（organization，表示为"O"），以这三个因素为三个维度合围建构的"笼子"——CSO 立体反腐败体系，通过两两协同形成反腐败的惩戒机制、防范机制和保障机制，对权力运行进行有效的制约和监督，营造出风清气正的政治生态。

一、CSO 体系的正当性

（一）政治正当性

政治是人类的文明生活方式之一。在现代文明社会，政治更是人类生存无法回避的事实。"无论一个人是否喜欢，实际上都不能完全置身于某种政治体系之外。一位公民，在一个国家、市镇、学校、教会、商行、工会、俱乐部、政党、公民社团以及许多其他组织的治理部门中，处处都会碰到政治。"[①] 政治面对的一个客观而基本的事实是，政治是同人联系在一起的。"人在本性上是一个政治动物。"[②] 马克思对此给予鲜明的肯定，他说："人是最名副其实的政治动物，不仅是一种合群的动物，而且是只有在社会中才能独立的动物。"[③]

---

① 罗伯特·A. 达尔：《现代政治分析》，上海译文出版社 1987 年版，第 5 页。
② ［古希腊］亚里士多德著，吴寿彭译：《政治学》，商务印书馆 1965 年版，第 7～9 页。
③ 《马克思恩格斯全集》第四十六卷，人民出版社 1979 年版，第 21 页。

"正当"本意是指在经济、政治、法律等领域中,人的行为、要求、愿望等符合社会的政策和行为规范的要求,或者符合社会发展的需要和人民的利益。政治的正当性问题,首先是政治哲学和政治伦理的基本问题,是任何时代、任何社会政治都必须面对的基本命题。然而它又并非为政治哲学和政治伦理所专有的问题,它同时也是政治学、法学、社会学、人类学、心理学等学科的重要研究对象。每一门学科都从自身的学科特性出发解答正当性或政治的正当性问题。哈贝马斯指出,政治正当性就是"一种政治秩序被认可的价值"①。政治的正当性,是一种政治秩序应该获得其成员承认的价值根本和价值理由。②

政治的正当性从历史、法律和价值三个角度得到深化论证和揭示。在历史方面,政治正当性的基础和判断标准被认为是否符合自然法,要求从人类的理性出发,推导出政治和社会活动的一般规则,政治的正当性被要求合乎人们的理性,为多数人的幸福而存在;在价值方面,政治的正当性被认为是人们对政治(集中体现为政权)的价值判断,正当性的基础和判断标准被认为是政府权力被普通人民认可的程度;在法律方面,政治的正当性基础和判断标准被认为是政治权力的取得、运用是否符合成文法和习惯法的规定,即是否符合"法治"。政治的正当性,在人类的政治生活中具有优先性。价值与制度相统一的政治正当性逐渐成为最强势的正当性形式,使人类政治真正同"人的生活"统一了起来。政治制度的核心是社会正义,政治正当性的实质在于谋取"优良的生活"。符合价值与制度相统一的生活也就是"优良的生活",人民主权、人民认可和实行"法治",成为现代政治正当性的基本内涵和表现形式。

从伦理正当性向价值与制度安排相结合的政治正当性的深入发展,反映了人类社会重新安排政治生活秩序的努力、趋势及方向。从逻辑上讲,现代政治的正当性源于人们的同意和权利转让,而且以体现最高伦理原则或正当性标准的制度正当性作为行使政治权力的根本依据,也就是说,把作为政治正当性标准的自然法与实证法两者合二为一。③

(二) CSO 体系正当性的实践证成

CSO 体系的政治正当性首先来自中国反腐败的实践,特别是党的十八大以来

---

① 张翠著:《民主理论的批判与重建——哈贝马斯政治哲学思想研究》,人民出版社 2011 年版,第 149 页。

②③ 戴木才:《政治文明的正当性:政治文明与政治伦理》,江西高校出版社 2006 年版,第 66、101 页。

的反腐败斗争。"在任何既定情境里，一种因素的本质就其本身而言是没有意义的，它的意义事实上由它和既定情境中的其他因素之间的关系所决定。"① 以文化、制度和组织三个维度建构 CSO 立体反腐败体系，也是源于中国在市场经济条件下的反腐败实践。2005 年颁布的《建立健全教育、制度、监督并重的惩治和预防腐败体系纲要》中提出"教育是基础，制度是保证，监督是关键。三者统一于惩治和预防腐败体系之中，相互促进，共同发挥作用。"这里有三个基本要素：教育、制度和监督。2008 年颁布的《建立健全惩治和预防腐败体系 2008 ～2012 年工作规划》中提出"经过今后 5 年的扎实工作，建成惩治和预防腐败体系基本框架，拒腐防变教育长效机制初步建立，反腐倡廉法规制度比较健全，权力运行监控机制基本形成，从源头上防治腐败的体制改革继续深化，党风政风明显改进，腐败现象进一步得到遏制，人民群众的满意度有新的提高。"这段时期惩治和预防腐败体系有教育、制度、监督、改革、纠风、查处六个基本要素。

党的十八大总结了党的十六大以来惩治和预防腐败的成功经验要求：加强反腐倡廉教育和廉政文化建设，深化重点领域和关键环节改革，健全反腐败法律制度，防控廉政风险，防止利益冲突，推进权力运行公开化、规范化，加强党内监督、民主监督、法律监督、舆论监督，让人民监督权力，让权力在阳光下运行，更加科学有效地防治腐败，并提出了教育、改革、制度、防控、监督等一系列基本要素。把这些要素归结并类，都是文化、制度和组织这三个要素，如图 4 - 5 所示。之后，中国共产党制定的《建立健全惩治和预防腐败体系 2013—2017 年工作规划》，提出了加强惩治和预防腐败体系建设的指导思想，指出：按照党章要求，坚持标本兼治、综合治理、惩防并举、注重预防，以改革精神加强反腐败体制机制创新和制度保障，坚定不移转变作风，坚定不移反对腐败。这里把党章要求、作风建设、反腐败态度等加入了建构反腐败体系的基本要素，实际上它们分别属于文化、制度、组织范畴。江苏省在实践中构建了"反腐倡廉教育机制、权力运行监控机制、预防腐败工作机制、纠风工作长效机制、惩治腐败工作机制"和"惩防体系基本框架工作考评"的"5 + 1"惩防体系。江西省则从科学发展保障体系、权力运行监控体系、反腐倡廉制度体系和从严惩治腐败体系等四个维度推进惩防体系建设。

---

① ［英］特伦斯·霍克斯著，瞿铁鹏译：《结构主义和符号学》，上海译文出版社 1997 年版，第 8 ～9 页。

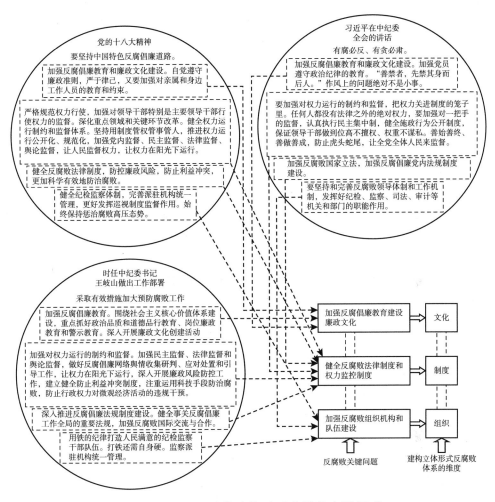

图 4 - 5　CSO 反腐败体系正当性的实践证成

总之，在中国惩治和预防腐败的实践中，尽管在不同的时期有不同的选择，但始终没有脱离反腐倡廉教育和建设廉政文化、健全反腐败法律制度和权力监督制度、加强反腐败组织机构和队伍建设三个方面，也就是文化（culture）、制度（system）和组织（organization）始终是建构惩治和预防腐败体系的核心要素。

（三）CSO 体系正当性的理论逻辑

针对腐败发生的三个基本要素：人（主体）、权（前提）、利（动机），以文化（C）、制度（S）和组织（O）为抓手建构 CSO 立体反腐败体系，建立健全权力制约和监督机制，一体推进"不敢腐、不能腐、不想腐"机制。文化的自律功能和组织的正式约束协同配合能够有效地遏制腐败的动机，建立起不敢腐的惩戒机制；制度的前馈控制和组织的过程控制协同配合能够有效地规范权力的运行，建立起不能腐的防范机制；文化的自觉功能和制度的综合治理协同配合能够形塑掌权者的品格，建立起不想腐的保障机制，如图4－6所示。

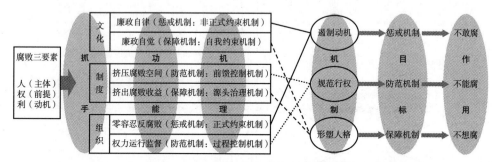

图4－6　建构CSO立体式反腐败体系的抓手及其逻辑

　　CSO体系的反腐败的总体逻辑就是通过正人治权营造风清气正的政治生态，建设廉洁政府。廉洁政府在我国的基本要求就是干部清正、政府清廉、政治清明，如图4－7所示。

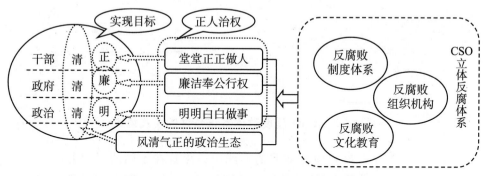

图4－7　CSO立体反腐败体系整体功能

二、各国（地区）CSO反腐的单向度实践

（一）文化反腐的实践

长期位居清廉指数前列的北欧国家居多绝非偶然，与该地区的社会文化环境

有密切的关联。北欧国家绝大部分属于亚寒带大陆性气候，自然条件比较恶劣，以致居民要依靠群体的力量才能够更好地生存，故而形成了内敛、互助、包容的文化底蕴。又由于人口较少，人均资源占有率较大，为北欧国家普遍施行高福利政策提供了保障，从而社会冲突较少，也形成了社会稳定的基石和廉洁政府的培养土壤。清廉指数经常位居第一的丹麦，有着丰富的文化和知识遗产，以"童话之国"著称于世，其文化传统是谦逊、守时和社会平等，崇尚诚实可靠，不生发非分之想、不期望非分之财，从骨子里排斥腐败。芬兰则拥有强烈的民族意识，坚持法治建设和依法治国，积极促进公民的自觉守法意识的形成，并创造良好的治安环境以保障公民权利的实现，贪污受贿、侵吞社会财富等行为如同偷盗抢劫一样，被视为卑鄙肮脏的不义之举。瑞典是一个人少、福利好、环境好、大企业多的北欧国家，有高福利做保障，国民的总体性格是非常厚道、乐善好施、自立自强和与世无争，崇尚理性主义和法律至上，为"清廉"提供了丰厚的文化底蕴。挪威有"多管闲事"的文化传统，许多挪威人对于其他人的违法行为尽管与己无关，也主动向警察报告，养成了整个社会遵纪守法、公民诚信守时、作风严谨认真等优良传统，"爱管闲事"蔚然成风，腐败的生存空间自然被极限挤压。

清廉指数长期位居前列的新西兰是典型的移民国家，拥有多元的文化，政治民主、经济自由、人性解放、人权平等，凝聚了大多数民族共同的文化需求，也符合各民族的共同利益，为大多数新西兰居民所接受，为廉洁政府的建立提供了"优质"的土壤。同处大洋洲的澳大利亚清廉指数也位居前列，十分注重围绕公民权利和义务的公民教育，这种公民权利与义务观体现了一种多元文化，一是着眼于世界，涵盖其他地区以及全球性事务；二是强调从身边做起，真正从社区的利益行动起来，承担起义务。腐败是被这种公民意识强烈抵制的行为。

瑞士 3/4 的国土是山地，是典型的"山里人"。这样的地貌特征造就瑞士人总的性格特点是勤奋刻苦、节俭低调、诚信守时、循规蹈矩，凡是被允许的，一定给你办好，但不被允许的事情，他们又十分较真，会礼貌地回绝，没有通融的余地。不仅自己严格遵守规矩，同时也严格要求别人，有互相监督并告发不遵守公德人的习惯，大大提高了贪污腐败的成本和风险。英国，有着悠久的历史和丰富的文化，曾号称"日不落帝国"，从 17 世纪开始就实施"绅士教育"，经过历史的积累和沉淀，养成了保守谦虚、沉着冷静、幽默内向的文化传统，为英国公务员的廉政教育奠定了良好的社会基础。

美国作为当下世界第一大经济体，清廉指数也位居前列，普遍认为公共权力必须得到限制和监督，否则就会变成凶猛的野兽，崇尚权力制衡、天赋人权、人民主权、法治原则等思想，注重法律的建设更是理所当然。① 美国的近邻加拿大是一个由移民组成的多元国家，在他们的理念中只是因为环境不健康、不符合职业道德，才存在"道德的沉默"，才做出不道德的、错误的选择，廉政建设的宗旨就是尽其所能帮助这些好人获得好的、健康的道德环境，获得有益的、富有针对性的指引，以实现他们做正确的事、做好人的本来愿望。因此，廉政建设是设身处地地关心公务人员的道德困境，寻找问题之所在和解决途径，具体地给予指引和帮助。同时把廉政教育与领导力培训普遍结合起来，强调硬约束与软约束的结合，强调提高领导者以身作则的影响力，进而带动整体的廉洁。②

新加坡是亚洲反腐成功的模范，在廉政建设上，新加坡连续多年被评为亚洲最廉洁的经济体，是文化反腐的一个成功典型。新加坡是一个典型的移民国家，呈现出多种族、多宗教、多文化和多语言等多元化特征，儒家文化逐渐被诠释为一种符合新加坡社会发展要求的道德观和价值观，其核心是爱国主义和集体主义。同时，新加坡还提出了五大共同价值观，即国家至上、社会为先；家庭为根，社会为本；关怀扶持、同舟共济；求同存异、协商共识；种族和谐、宗教宽容③。新加坡政府非常重视预防腐败的公民教育，根据社会结构发展情况开展以儒家伦理为主的道德教育，提倡社区精神和加强家庭美德教育。"忠孝、仁爱、礼义、廉耻"这些儒家的传统价值观念也被新加坡政府确立为人民的行为准则，从而在各种形式的公民教育活动中筑就预防腐败的堤坝。

香港地区廉政文化建设成功的核心是务实的教育策略，采取的是一种形而下的教育方式，它将重点放在了如何制定切实可行的实施策略上。在近半个世纪的不懈努力中，香港廉政公署主要采取三大策略来推进廉政文化建设：一是善用大众传媒策略。廉政公署借助传统传媒和网络平台的传播作用，投放设计精巧的廉政公益广告和海报，全力打造功能齐全、服务方便、信息充分的廉政公署门户网站。二是面对面接触策略。社区关系处通过筹办多种形式的反腐倡廉教育和社区活动，探访地区人士和各社区组织，争取他们对反贪工作的支持、认同和协助。三是度身服务策略。廉政公署把廉政文化教育工作划分为公营机构、商界、教育界、青少年德育、楼宇管理、地区团体、新来港人士、选举事务、内地联络九个方面，向特定的服务对象提供为其"度身定造"的倡廉活动，从而成功地推动了

---

① 尤光付：《中外监督制度比较》，商务印书馆 2003 年版，第 15～21 页。
② 魏礼群：《国家行政学院决策咨询成果选（2010 年）》，国家行政学院出版社 2011 年版，第 603 页。
③ 王凡：《新加坡伦理和道德教育及其启示》，载于《广西社会科学》2003 年第 4 期，第 182～184 页。

香港地区反腐倡廉革命，促使香港地区的政治文化从容忍腐败到拒绝腐败再到最终走向对腐败"零容忍"。

（二）制度反腐的实践

抓好反腐的制度建设，是一个国家反腐的治本之策。北欧国家占据清廉指数排行榜前列的一个共同点，就是这些国家都具有比较完善的反腐败制度，法律规定十分严格、细密，针对性很强，不允许发生任何违规行为，公职人员不能因公职关系接受任何大小或形式的馈赠。而且这些国家都实行了金融实名的存款制度和官员财产信息公开制度，成为名副其实的阳光政府和透明官员，公民个人和媒体都有权进行查阅。还形成了非常完善的议会监督、政党监督、专门机构监督、强大的舆论媒体监督、无所不在的社团监督、公众监督六位一体的全方位的监督体系，社会团体和民众又都有很强的监督意识。[①]

丹麦政府非常重视平等理念，以及道德、廉洁和法制教育，并通过制度设计体现社会的公平正义，其刑法典里对腐败的解释："滥用权力以牟取个人私利"，并规定向官员行贿是一种犯罪行为，代表性的反腐法律有：《行政文书公开法》、《获取公共管理文件法》、《透明制度》（规定内阁大臣必须公开每月的公务用餐开支、出访费用及收到的礼物等情况）、《零容忍政策》、《检察官法》等。芬兰虽然没有专门的反腐败法，但《公务刑法》《审计法》《政府采购法》《工程招投标法》四部法典成为反腐败的基本法律依据，在这些法律里面都有相关章节详细规定了各个领域中的腐败行为的处罚标准。另外，还有注重信息公开的《公文书公开法》以及腐败监督机构给自己制定的行为准则：《大法官行为守则》《监察官行为守则》《公务员反贪法》等。瑞典的法律体系比较成熟，反腐败方面的法律也十分具体、全面，具有代表性的有：《瑞典刑法典》、《反行贿受贿法》（这部法律同样适用于私人企业中的经理、经纪人等）、《瑞典公职法》、《议会督察专员法案》以及《出版自由法》（规定公民为出版而阅览公文书的权利）等。挪威有《行政公开法》《公务员法》《一般公民刑法典》规定了商业贿赂犯罪，《信息自由法》允许"任何人"有权获取政府当局所持有官方文件的权利，《公共采购法》在公共建设方面进行了详细的规定，防止了公共建设方面的腐败。

新西兰为了遏制腐败，法律执行严格、针对性强，如《举报警察法》《公务员行为准则》等。除了国家部门的监督外，"新西兰媒体中专门有人研究政府的

---

① 李和中：《中国地方政府党风廉政建设责任制考核评价体系研究》，科学出版社 2015 年版，第 216～217 页。

信息，就是要'在鸡蛋里面挑骨头'。据报道，常常有专职记者整天盯着政府，一旦发现问题，就穷追不舍。媒体就这样通过曝光政府及其官员的负面新闻，达到制约公权力的目的。"① 政府改革方面也紧跟时代的步伐健全各项制度，主要内容为政府管理体制的重塑、文官制度趋向开放化、财政制度方面更加严格控制预算，注重科学评估和产出成本的计算，给予社会更大的自由度。澳大利亚在制度安排上大部分继承了英国的传统，在反腐败的过程中，澳大利亚制定了一整套严格的反腐败法以及条例等，如《情报自由法》《政府官员违纪调查官法》《联邦行政监察专员法》，并在1984年议会通过了议员财产申报制度。另外，澳大利亚制定了一系列完整、具体、实用的公务员行为法规，如《公务员法》《公务员行为准则》《财产申报法》《禁止秘密佣金法》等。政府改革方面，变革主要表现为府际关系的调整、财政体制的革新、公营企业中竞争机制的引进以及公共部门人力资源的调整。公务员接受议会、检察机关和法院的全面监督，新闻媒体和公民也有监督的权利和义务。

瑞士对国家公职人员的违纪行为和"违反职务或职业义务之罪"，有详细、明确的规定，并且执法必严、违法必究。如《瑞士刑法典》、《联邦委员会与联邦行政机构组织管理法》和《联邦公务员章程法》（都是关于任职回避制度的法律）以及专门的《瑞士联邦审计法》等。更是将向外国公职人员的贿赂行为纳入了法律规定，还把腐败行为的责任主体扩展到了公司，并且规定了联邦与大多数州的公职人员在履行公职时如发现腐败行为须进行报告的义务。英国的廉政制度建设也比较全面，把有关反腐的各项活动都纳入了法治的轨道，主要由以下两个部分组成：一是专门的反腐败法律，如《2010年反腐败法案》（整合了以往的几部类似的反腐败法律并加入了两项新的罪名）、《防止腐败法》，而2011年7月英国通过的《英国反贿赂法》被认为是英国完善反跨国行贿法律机制的"重要一步"；二是关于国家工作人员的行政伦理方面的法律，如《公务员行为准则》《内阁成员规则》《大臣行为规则》等。英国的公众监督主要表现为非政府组织（NGO）以及媒体的监督，新闻媒体对政府的监督作用被西方普遍看作是"第四权力"。

美国制定了大量的反腐败相关法律法规以及一些补充性的行政命令和准则，比较规范和清晰。按其实施对象可以分为两类：一类是针对国家机关及其工作人员相关事务的法律，确立各种行政制度和程序（如财务公开、政务公开、政府采购、接受礼品的法案等），如《文官制度法》、《政府道德改革法》（这一法律是美国财产申报制度的蓝本）、《联邦管理人员财务廉洁法案》、《预算和会计法》、

---

① 王宗文：《权力制约与监督研究》，中共中央党校出版社2005年版，第251页。

《反海外贿赂行为法》等。还包括用于建立各种廉政机构的法律，即有关总监察长、政府道德署、独立检察官的法案等，如《政府阳光法案》《联邦反腐败行为法》《政府腐败法案》《海外反腐败法》《监察长法》等；另一类是针对公民与腐败相关的法律法规，如《有组织的勒索、贿赂和贪污法》《游说公开法案》《加强举报人保护法案》等。① 美国公众的民主监督意识很强，主要体现在新闻媒体的有效监督和民众的团体、组织监督。

加拿大非常重视反腐败立法工作，除了刑法有关的规定外，还制定了关于政府官员行为准则、公务员选拔培训制度以及政务公开制度等，既有综合的法涉及反腐败问题，也有单项的法专门针对反腐败问题。除了刑法典中有关反腐的相关法条之外，其他的单项法律主要有：《加拿大信息与隐私公开法案》、《加拿大外国公职人员腐败法案》、《利益冲突章程》（这个法主要规定政府官员的从政道德行为）、《加拿大公务人员雇佣法》、《知情权法》（这个法可以保障公民知悉和了解政务活动）、《加拿大政府监察官法》和《情报自由法》等。

经过多年的实践和探索，新加坡终于成功地摸索出了切实可行的反腐倡廉制度体系，建立起了内外协调的反腐倡廉监督网络，制定了健全的执行有效、监督有力的反腐败战略和法律法规体系，使新加坡成为全亚洲的一方"净土"。在法律体系建设方面，主要包括了两部影响较为深远的法律：一是颁布《防止贪污法》，该法律对贿赂进行了精准界定，详尽地阐述如何治理腐败问题，并将贪污腐败行为能够呈现的形态纳入这部法律，发挥着腐败监控器的作用。二是制定《没收贪污所得法》，该法用于补充和完善刑事诉讼法，是一部专门惩治腐败犯罪的程序法。新加坡还特别制定了《公务惩戒程序规则》，对尚不构成刑事处罚的、渎职或者玩忽职守的公务员如何进行调查和行政处分的程序做了详细规定。② 以上三部法律法规构成新加坡反腐败法律体系最重要的三根支柱。此外，为了保证公务员系统内部人员的廉洁和清明，新加坡政府还制定了一整套具体的政府公务员法律体系，包括《公务员法》《公务员行为准则》《公务员纪律条例》等法规准则。在具体制度设计上，新加坡反腐倡廉的举措主要包括三项：财产申报制度、公务员制度和中央公积金制度。这一制度为公务员提供了甚为丰厚的退休金，意在消除腐败的动因，即所谓的"高薪养廉"。

我国香港地区廉政建设位居全球前列，离不开其健全的法律制度。香港特别行政区拥有坚定的法治理念、独立的司法体系以及成熟的公民社会。《贿赂轻刑治罪条例》《防止贪污条例》《防止贿赂条例》对反腐败提供了法律依据，更重

---

① 李秀峰：《廉政体系的国际比较》，社会科学文献出版社 2007 年版，第 26～30 页。
② 新加坡预防腐败法编写组：《外国反腐败法译丛：新加坡预防腐败法》，中国方正出版社 2013 年版，第 1 页。

要的是 1974 年颁布的《廉政公署条例》，主要规定廉政公署及其如何进行反腐。随着经济社会的发展，香港特别行政区政府的法律体系日趋严密和完善，有效地保障了廉政公署的权力和廉政公署的活动的正常运作，为创造清廉的政治生态做出了巨大贡献。

（三）组织反腐的实践

廉政组织是指与反腐败有关的组织机构，包括专门的监督机构和廉政反腐机构。丹麦有以下的专门反腐败监督机构：一是监察官机构，是由监察官组成的反腐败机构，权力与责任是监督除法院以外的中央政府部门的行政活动。其管辖范围包含所有公职人员，包括各级行政官员和所有由国家财政支付薪水的人员，例如，大学教授、博物馆馆长等；二是国家审计局，负责对所有的公共部门预算和开支情况进行调查、研究，检察是否有违规和滥用的情况发生，并把相应情况上报给丹麦议会。三是调查官，由议会选出，专门听取公民对政府部门的意见，调查和处理公务员的过失；四是在全国各地警区设立了由议员、群众代表和律师组成的警察诉讼委员会，负责处理诉讼警察案，有权决定对警察渎职及其他违法行为进行调查。[①] 丹麦外交部下属的贸易委员会设有专门的反贪污腐败机构，主要为丹麦企业提供相关咨询服务及反腐败帮助，避免腐败造成的工作成本和投资风险增加，保护企业的合法利益，帮助丹麦企业应对国际来往中腐败的挑战。

芬兰行政监察专员公署是根据宪法设立的，监察专员由议会无记名投票选举产生，议会一般无权干涉其事务，权限很大，管理宽泛。所有国家工作人员都在监督之下，监察专员有权视察各政府机关和公共机构，出席他们的决策会议，甚至延伸到宗教和社会团体。还可以就任何事项向有关部门提出建议，对法律法规、行政程序和做法等提出修改意见，或直接提请国务委员会审议。国家审计局是重要的财政财务方面的监督机关，对政府财政财务收支管理情况和国家经济运行情况进行最早的审计检查。[②]

瑞典的反腐败机构各司其职，拥有严格高效的执行力。主要包括以下几种：一是议会监察专员公署，目的在于监督法律、法令在公共事务中的执行情况。其专职监察机关设在议会，瑞典首创了监察专员制度，并很快成为很多国家效仿的对象，最早的效仿国家如丹麦、挪威、芬兰等，都取得了不错的成效；二是反贿

[①] 蔡文靖：《机制创新：促进中国廉政建设发展的治理之道》，载于《甘肃社会科学》2014 年第 5 期，第 117～120 页。

[②] 陈宏彩：《行政监察专员制度比较研究》，学林出版社 2009 年版，第 27～29 页。

赂事务所，是由瑞典社会团体建立的，起到监督和检举的作用；三是最高行政法院，是对行政案件进行终审的最高法院，同时任职的 17 位法官受到议会监察机构和检察总长的监督；四是弹劾法庭，审理弹劾案的专门机构，议会对国家公务人员有弹劾权；五是宪法委员会的监督，是议会中最重要的一个委员会，可以主动对一些事项进行调查；六是国家审计局，从属于内阁，向内阁负责并报告工作，拥有监督和管理双重性质；七是大法官，是政府内部的最高行政监察官，隶属于司法部；八是政府内部的专门机构，包括国家警察委员会、国家警察总局监察局以及医疗纪律检查委员会等；九是国家经济犯罪署，专门治理经济犯罪；十是国家反腐败办，专门负责调查政府腐败和各种贿赂案件。[①]

挪威的反腐专门机构有：审计长公署，设在议会，向议会负责并报告工作；议会行政监察官办公室，每届大选之后由议会选出，负责调查公众对中央政府和地方政府办事不公、腐败和处理问题不当等方面的意见和不满，尽其所能确保行政机关不对公民做出不公正的处理；道德委员会，由 5 名成员组成，其中主席是反腐专家。委员会负责提出建议，撤回对有腐败行为的或者违反社会道德的规范企业的投资；国家经济和环境犯罪调查起诉局则属于警察系统，是专门负责腐败案件的调查，具有较强独立性；科研伦理委员会，是针对科研腐败现象专门设立的机构，任务是调查及制定防范措施，并将检查制度和科研伦理守则上网公布，要求科研人员遵守法律和道德。

新西兰没有全国核心的权威专职反腐机构，而是设立比较分散的机构，各自分工进行反腐工作。其包括行政监察专员公署：议会的下属机构，专门处理公民的申诉，监察专员调查的内容除了违法的行政行为外还包括行政不当行为；审计署：审查政府及其机构的一切财务有关活动，并给出意见；举报警察专员：根据《举报警察法》设立，打击警察的腐败行为；国家公务员服务委员会：这是政府内部的监督机构；严重欺诈局：新西兰具有代表性的反腐败专门机构，权力很大，可以自行决定对高级公务员的立案调查以及签发传召令、搜查令和逮捕令。[②]

澳大利亚的廉政反腐监督和约束机构主要包括以下几个：一是审计长署，是独立的监督机构，只对议会负责；二是联邦政府官员违纪调查官，审理行政控告案，并主动调查；三是行政监察专员署，隶属于联邦政府，主要是监督政府，受理投诉；四是澳大利亚联邦行政服务部舞弊控制小组，分散在首都和各州府，是在一些重点部门设立的反腐机构，任务在于找出本部门的舞弊行为；五

① 张弩、张智辉：《权力制约与反腐倡廉》，中国方正出版社 2009 年版，第 128～131 页。
② 侯志山：《外国行政监督制度与著名反腐机构》，北京大学出版社 2004 年版，第 279～281 页。

是公务员政绩保护委员会，监督公务员的价值原则执行情况；六是公务员表现评估委员会；七是在联邦及各州都设立的检察署，隶属于政府，实际上独立性很强。另外，澳大利亚的新南威尔士州 1989 年成立了廉政公署，负责的范围比较广泛，不仅包括前期的宣传、教育、防范、建议等，也包括后期的评估、调查、行动。① 以上的反腐败机构职能都比较分散，不太利于反腐工作的整体进行。因此，澳大利亚近年又新成立了国家罪案调查局，作为国家的主要反腐败专门机构，负责惩治和预防工作，机构负责人称为主席，主席及其两名副手均由总督任命。调查的对象分为由政府部门之间成立的委员会提交的特别调查以及该局进行的一般调查。而相应的，一些州以及联邦主管部门内部也陆续设立了专门全面的反腐败机构。②

瑞士的廉政反腐机构包括：联邦检察官办公室，对与腐败有关的一切案件予以调查惩处；监察委员会，这是议会通过专设的、由两院各自选举的监察专员组成的委员会来监督政府全年行政工作的机构；瑞士联邦设审计署，是联邦最高财务监督机构，既不受议会领导也不受政府领导，它帮助议会履行联邦宪法赋予议会的财务监督权力和监督联邦行政机构、联邦法院的工作，在法定范围内享有很强的独立性和自主权。瑞士 26 个州都设有审计机构，一些乡镇也有独立的审计机构。

英国没有专门的反腐败机构（在英国"腐败"一词较少使用，更多是用"欺诈"），而是分布于议会、司法部门、审计部门以及政府部门内部等，它们构成了一个反腐败机构网络。这些廉政组织主要有：反重大欺诈局、诺兰公职道德规范委员会（简称"诺兰委员会"）、议会监察专员制度、国家审计总署、总检察长制度以及行政裁判所等。③

美国廉政机构可以分为三个主干部门和跨部门的与主干部门相辅相成的反腐败机构。独立的立法、司法、行政三个部门分别设有廉政机构负责本系统的反腐败工作。参议院有廉政委员会，众议院有行为标准委员会，司法系统则有全国司法会议，行政系统有政府道德署；也有跨部门的机构，如独立的检察官、司法部门等。这些机构大致分为两类：一类是侧重于事前预防的，工作主要是制定和实施反腐准则和计划，如政府道德署；另一类是侧重于事后处理的，工作主要是调查、处理腐败案件。除了检察机关、联邦调查局等具有反贪功能外，美国还有几个比较特殊的廉政机构：一是美国政府问责总署（原为审计总署），直接向国会负责；二是廉政公署（预防腐败的机构），直接受总统领导，主要是管理和监督

---

① 卓越：《比较政府与政治》，中国人民大学出版社 2004 年版，第 323 页。
② 金太军等：《行政腐败解读与治理》，广东人民出版社 2002 年版，第 204～210 页。
③ 周卫东：《廉政理论研究》，中央编译出版社 2005 年版，第 320～321 页。

建构立体形式反腐败体系研究

各级官员；三是监察长办公室（调查），设立在政府的各个行政机关内，起到调查监督的作用；四是美国行政部门道德办公室（解释法律），任务是防止利益冲突并监督实施法律，审核财务披露报告。

加拿大并没有建立全国性的专门统一的行政监察机构，而是把监督权力的机构分散开来。其反腐败组织体系设计为：审计长公署、议会行政监察专员和监察机关（设于法院内），这些机构同属于政府监察官，这是预防腐败的专门机构；联邦政府财政委员会：这个机构的职能类似于我国的国家监察委员会，是中央级别的人事、财政管理和监督机构的财政委员会；皇家骑警反贪处，是专门针对警察机关内部的贪污腐败情况成立的，向联邦的总检察长负责。加拿大虽然没有全国统一的监察机构，但是下面的一些省先后又设立了自己的行政监察专员，如阿尔伯塔省、新不伦瑞克省、魁北克省（其监察专员的正式名称为护民官）、曼尼托巴省、新斯科舍省、萨斯喀彻温省、安大略省、纽芬兰与拉布拉多省以及不列颠哥伦比亚省等。[①]

新加坡对腐败的监督网络较为完备，包括总统和国会的监督、公共服务委员会的监督、反贪污调查局的监督、政府机关内部的监督、新闻舆论的监督、在野党及公众的监督等。1952年成立的新加坡反贪污调查局，它既是新加坡反贪腐工作的专门机构，也是《防止贪污贿赂法》的执行机关。在反贪污调查局成立之初，该机构形同虚设，并未发挥出应有的作用。随后，面对越来越严重的贪腐现象，新加坡政府对其进行了系统的改革和调整，并赋予反贪污调查局充分的权力和制度保障。从1970年起，反贪污调查局由总理直接领导，不受其他部门管辖，享有充分的独立性的同时，也有效地保证了它与其他部门的协调与合作。此外，新加坡唯一的国家检察机关，也就是检查公署在反腐倡廉中占据着重要地位，是贪污贿赂案件的主控机关。新加坡实行总检察长负责制，总检察长在行使职权时独立于行政系统，不受任何机关、团体和个人的干预和影响。同时，检察公署由立法处、民事处和刑事处三个部门组成，三个部门分别负责起草国会的法律、法令，提起和参加民事和行政诉讼，为政府部门提供法律咨询以及对刑事案件提供侦查指导和提起公诉。

我国香港地区1974年成立的廉政公署，是肃贪倡廉的专门性独立机构，最高行政长官是廉政专员。廉政公署既不隶属于行政系统，也不受任何政府部门的管辖，它直接向香港特区行政长官负责。其使命是"致力维护本港（香港）公平、正义、安定、繁荣，务必与全体市民齐心协力，坚定不移，以执法、教育、

---

① 蔡林慧：《我国行政权力监督体系的完善和发展研究》，上海三联书店2014年版，第56页。

预防工作肃贪倡廉"[1]。为顺利开展工作，廉政公署设置了廉政专员办公室和执行处、防止贪污处、社区关系处三个专门性职能部门。执行处负责接受市民举报、调查怀疑贪污的罪行；防止贪污处负责审视各政府部门及公共机构的工作常规及程序，以防止和减少可能出现的贪污行为，也会根据私营机构的要求，为其提供反贪顾问服务；社区关系处则深入社会，教导市民认识贪污的后果，并争取市民对反贪工作的积极支持。此外，为了保证廉政公署自身的廉洁和高效工作，香港特区政府委任了社会各界精英组成四个委员会对廉政公署工作情况进行监督。这四个委员会分别是防止贪污咨询委员会、贪污问题咨询委员会、审查贪污举报咨询委员会和社区关系市民咨询委员会。对廉政公署的工作可概括为"三三二"原理，即"三管齐下"——预防、惩治与教育齐头并进；"三方支持"——政府、市民和传媒、廉政公署同事的支持；"两个联合"——与祖国内地和国际间的广泛交流合作。在这一原理的指导下，我国香港特别行政区廉政公署各个部门有序地开展着紧密有效的反腐防腐工作。

三、CSO 反腐败体系的建构

以 C（文化）、S（制度）和 O（组织）三者合围建构立体式反腐败体系，即关住权力的"笼子"，如图 4 - 8 所示。

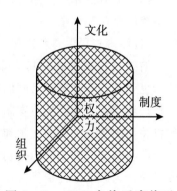

图 4 - 8　CSO 立体反腐体系

（一）CSO 立体反腐体系的基本结构

这个"笼子"首先是一个有机整体，或者说是一个系统。那么，一个系统的运行需要硬件、软件和操作三个子系统，在 CSO 构成的反腐败立体体系的有机

---

① 任建明、杜治洲：《腐败与反腐败：理论、模型和方法》，清华大学出版社 2009 年版，第 97 页。

系统中，制度是硬件、文化是软件、组织则是操作。值得说明的是，教育与文化（或说反腐败文化）既相辅相成，又有区别，对于握有公权力的公务人员来说，教育只是外在的元素，教育所传授的内容可能被他接受，也可能没有被他接受；文化则是通过教育形成的公务人员行政伦理价值观的体现，它对公务人员的行为起着导引作用，从而实现教育的警示或教化功能，在公务人员的内心形成哪些事不可以做（自律）、哪些事应该做（自觉）的价值判断。监督对公务人员来说是外在监督，这就需要反腐败组织机构来执行，而且组织还可以通过保持反腐败的高压态势使腐败分子失去腐败的空间和机会，通过对权力运行的全方位透视保障腐败行为不易发生或将腐败行为扼杀在萌芽状态，因此组织作为构建反腐败体系的维度更符合反腐败的要求。

这只"笼子"还应该是透明的，以便于从外界观察了解权力在其中的状况。因为阳光是最好的防腐剂，权力的运行越透明，腐败的概率就越低。反之，绝对的权力导致绝对的腐败。权力的运行越是"暗箱操作"，在权力货币化的原生动力推动下，异化的可能性就越大。如前所述，清廉指数排名靠前的国家和地区，无不都是建立了较为严格的法律和行政制度来规范权力的运行，甚至要求运用权力的人成为"透明人"，其家庭财产和个人收入必须公之于众。当然，任何历史时期信奉"人为财死，鸟为食亡"的始终大有人在，特别是在投入产出有巨大收益时产生的诱惑驱使这些人冒天下之大不韪、铤而走险以权谋私，导致权利异化，产生腐败。

解构"笼子"的结构，可以从横截面（见图4-9（a））、纵截面（见图4-9（b））和水平截面（见图4-9（c））分别得到不想腐的保障机制剖面图、不敢腐的惩戒机制剖面图和不能腐的防范机制剖面图。[①]

在图4-9（a）中可以看到，CSO体系通过廉政文化建设（C坐标）即文化的教化功能使权力主体树立"廉荣贪耻、价值理性"的行政伦理价值观，以价值理性构筑自觉内省的反腐败"防火墙"，形成反腐败的非正式约束机制。通过反腐败制度建设（S坐标）健全规范掌握权力主体的从政行为，防止利益冲突，提高腐败成本，挤出腐败收益，形成反腐败的正式约束机制。C和S协同构成了不想腐的保障机制。

在图4-9（b）中可以看到，CSO体系通过反腐败组织机构（O坐标）始终保持反腐败的高压态势，既打老虎也拍苍蝇，发现一起，查处一起，绝不姑息；通过廉政文化建设（C坐标）使权力主体知晓腐败产生的严重后果，培育权力主

---

① 徐玉生：《依法治国背景下反腐败制度创新的基本问题研究》，载于《青海社会科学》2015年第1期，第34~40页。

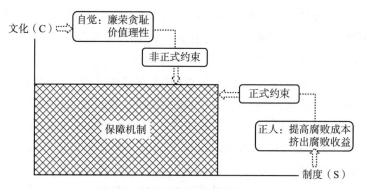

（a）不想腐的保障机制剖面图

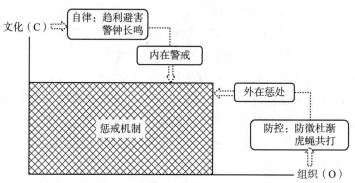

（b）不敢腐的惩戒机制剖面图

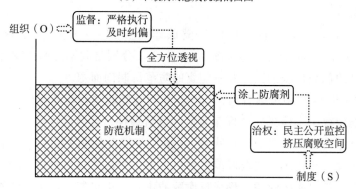

（c）不能腐的防范机制剖面图

图4-9 CSO体系的三视图

体廉政价值的理性判断，从而趋利避害、警钟长鸣，建立起廉政自律机制。C和O的协同构成了不敢腐的惩戒机制。

在图4-9（c）中可以看到，CSO体系通过反腐败制度建设（S坐标）把权力涂上防腐剂，强化权力公开运行，完善民主公开监控，最大限度地挤压腐败空间，形成"不能腐"的前馈控制机制。通过反腐败机构建设（O坐标）发挥其监督作用，强化制度的严格执行，监督权力运行及其程序是否与制度相符，及时发现违反制度的状况并加以纠正，全方位透视权力运行，形成"不能腐"过程控制机制。S 和 O 的协同构成了不能腐的防范机制。

（二）CSO 立体反腐的功能

理论上讲，CSO 立体反腐败体系中的三个维度都必须发挥作用才能达到良好的腐败治理的效果。社会文化环境被认为是腐败滋生蔓延或得到遏制防范的深层次根源，制度建设是治本之策，组织体系则是反腐败制度的执行机构。但是，在不同反腐败阶段或形势下，三个要素同向发力的同时应该有所侧重，方式应该有所变化。也就是说，CSO 立体反腐败体系不是僵化的、一成不变的，它的协同发力必须因时制宜、因势制宜，必须灵活利用 CSO 立体反腐败体系来解释和解决中国的反腐败问题。如果用腐败的增量来衡量腐败形势的严峻程度，那么腐败形势可以分为三个总体阶段：腐败增量迅速增长阶段；腐败增量逐步减少阶段；腐败增量基本为零阶段。在每一个阶段 CSO 立体反腐体系都以"一体两翼"模式发挥功能，只是不同阶段 CSO 的主体和两翼不同。

1. 在腐败增量迅速增长阶段以 O 为主体 CS 为两翼

在腐败存量较大，腐败增量连续增长的阶段，CSO 立体反腐败体系以 O 为主体以 CS 为两翼，即依靠 O（组织机构）发挥惩治腐败的主体功能，C（文化）与 S（制度）作为辅助手段，三者协同反腐。在腐败问题比较严重、新的腐败不断"生长"的时候，给腐败"降温"是首选方案，主要依靠组织的严厉惩处来实现。所以，在腐败增量迅速增长的阶段，必须突出反腐败组织的重拳出击，才能以最快的速度、最高的效率实现对腐败的遏制。此时，预防腐败的制度"笼子"和抑制腐败的文化熏陶作为辅助输出，因为以这两种手段对付汹涌澎湃的腐败力量，最有可能的结果是"道高一尺，魔高一丈"，无功而返。我国香港地区的反腐败历程可以给我们一个清晰的经验。

20 世纪 70 年代的香港腐败横行，各行各业都未能幸免。1973 年，时任香港九龙总警司葛柏涉嫌贪污 420 万港币，可他在被调查期间成功脱逃出境，此事引起了香港民众的强烈不满，纷纷走上街头，展开了声势浩大的"反贪污捉葛柏"大游行。时任高级副按察司百里渠爵士调查后发表了著名的"百里渠报告"，其中最重要的观点是："除非设在香港警队内部的反贪污部能从警方脱离，否则大众永远不会相信政府确实有心扑灭贪污。"时任香港总督麦理浩对该报告非常认同。1974 年 2 月 15 日立法局通过《香港特派廉政专员公署条例》，宣布成立一个"与任何政府部门包括警务处没有关系的独立的反贪组织"，即香港廉政公署。廉政公署的成立，再加上防腐制度的不断健全和廉洁教育的开展，使香港在短短数年内成为全球最清廉地区之一。

党的十八大以来我国内地的反腐败实践也充分证明了，通过反腐败组织强力惩治腐败是应对反腐严峻形势的必然之举。党的十八大以来，中央领导高度重视反腐败工作，通过一系列纪检监察体制改革举措提高反腐败机构的能力，对腐败持"零容忍"的态度，坚持"老虎""苍蝇"一起打，反腐败工作取得了明显的成效，组织治腐体现得淋漓尽致。此外，在预防腐败方面，政府行政审批制度等各项制度改革全面深化，砍掉了大批行政审批事项，从源头上减少了腐败机会。同时，中国传统文化中的精华也成为廉政文化建设的重要载体和内容，在提升党员干部思想境界、弱化腐败动机方面发挥了重要的作用。

2. 在腐败增量逐步减少阶段以 S 为主体 CO 为两翼

当治理腐败取得一定成效，腐败增量越来越小的时候，CSO 立体反腐败体系以 S 为主体以 CO 为两翼，即依靠 S（制度）发挥预防腐败的主体功能，C（文化）与 O（组织）作为辅助手段，三者协同反腐。在惩治取得了较好的效果，"不敢腐"的目标基本实现的条件下，预防腐败的制度建设就应该走向前台，为实现腐败的长远治理和稳定的廉洁政治生态打下坚实的制度基础。此时，组织和文化成为辅助输出，配合预防腐败的制度建设。组织发挥稳定器的作用，保证廉政制度的执行力，使制度建设有组织保障。而文化主要是提高人们遵守制度意识，营造遵守制度环境，让制度的执行更顺畅。应该说，我国党的十八大以来的10 年就处于从"腐败增量迅速增长"向"腐败增量逐步减少"的转化阶段。当前新生腐败的增长速度已经下降了，腐败分子明显收敛。在此背景下，我们应该加强预防腐败的制度建设，保持惩治腐败的力度不放松，同时发挥"家风"文化等优秀传统文化和社会主义先进文化净化思想的作用，让"不能腐"成为常态。

3. 在腐败增量基本为零阶段以 C 为主体 SO 为两翼

当腐败降至很低的水平，腐败预防工作成效显著，腐败增量基本为零时，CSO 立体反腐败体系以 C 为主体以 SO 为两翼，即依靠 C（文化）发挥抑制腐败的主体功能，S（制度）与 O（组织）作为辅助手段，三者协同反腐。应该说，这是廉洁程度已经达到比较高的状态时 CSO 发挥作用的模式。此时，有效的反腐败组织已经建立，同时预防腐败的制度建设也相当完善，违纪违法的腐败案件发生率很低。在此阶段进一步提升廉洁度，就必须挖掘优秀的廉洁文化资源，从人的思想意识入手，消除人的腐败念头，抑制人的腐败动机。当然也不能顾此失彼，一味强调廉洁教育的重要性而忽视组织建设和制度建设，否则就会使腐败卷土重来。有效惩治腐败的组织和预防腐败的制度，永远是廉洁文化发挥作用的保障，脱离了对腐败的惩治和预防，文化反腐就是一句空话，甚至是个笑话。

第五章

CSO 立体反腐败体系文化向度

在中华文明的历史长河中，"文"和"化"二字甲骨文中就已出现，而把两者意涵关联起来使用始于《周易·贲卦·象传》。我们今天使用的"文化（culture）"则是一个外来词，被广泛指称人们的生活样式、思维方式以及全部社会生活的内容，最广泛意义上包含人类创造的物质财富和精神财富总和。CSO 体系的廉政文化（C，廉洁文化）是指廉洁从政的精神理念、行为方式及其传承的物质载体和媒介为一体的文化体系，反映人们对建立廉洁政府和规范公职人员廉洁从政的认知、思想意识、价值观念等，其治理腐败的功能体现在崇廉拒腐的导向功能、廉荣腐耻的激励功能、戒贪禁腐的约束功能和警惕腐变惧怕腐化的警示功能四个方面[1]，机理在于通过"正人"而治权，即以理想信念强基固本、以先进文化启智润心、以高尚道德砥砺品格，从人的主体性内生行为与制度的客观性外在压迫相互融通构成廉政防火墙，通过廉政介质和载体教育来形塑崇尚廉洁、鄙弃贪腐的价值理念，建立从政人员内生的自觉行为和社会价值判断传导的文化压力，达致德化礼序以廉政自觉、利弊权衡以廉政自律、廉洁社会以清明政治，抵制腐败动机和行为的发生。

---

[1] 陈志宏、徐玉生、张玲：《新时代廉文化治理腐败的功能与机制探析》，载于《河南社会科学》2018 年第 5 期，第 34～38 页。

第一节　文化向度基本问题

以正人治权为进路的多维合围的 CSO 立体反腐败体系中，C（廉政文化）是组成这一体系构架的基本要件之一。界定其内涵并准确把握其反腐功能及作用机理，是阐明与另外两个基本要件 S（廉政制度）、O（廉政组织）组合建构 CO 协同惩戒机制和 CS 协同保障机制，从而合围构建 CSO 立体反腐败体系的理论前提和基础。

一、文化与廉政文化

从什么意义上言文化就决定了从什么意义上言廉政文化，有什么样的文化概念就有与之相应的廉政文化的概念界定。因为中外学术界对文化这一概念界定的复杂性，对廉政文化的言说也见仁见智。

（一）文化的定义

文化是我们最熟悉而又最陌生的概念，熟悉是因为它是我们时时生活其中、习以为常的东西，陌生是因人们往往不曾有文化的清晰概念和清楚理解，即便有文化的概念又常常各有所指。

"文"和"化"二字甲骨文中就已出现，但把"文"和"化"意涵关联起来使用则始于《周易·贲卦·象传》："观乎人文，以化成天下"，这里"以文教化"的思想非常明确。西汉刘向《说苑·指武》将"文""化"二字合为一词："凡武之兴，为不服也；文化不改，然后加诛。"此处的"文化"的内涵更为凸显，它是指一种与武力征服相对的"以文教化"，即以人伦秩序规约和精神道德感化使民众文明开化。这一意涵后来不断得以沿袭，从秩序规约和精神感化层面谈"文化"的思路逐渐成为中国古人的基本倾向。

我们今天使用的"文化"（culture）则是一个外来词，本义含有土地的耕种、动植物培养、神明崇拜、人的身体和精神的发展培养等意思，18 世纪以后，"文化"逐渐演化成个人主体的素养、整个社会的知识体系和思想成就、文艺和学术作品的汇集，并被广泛指称人们的生活样式、思维方式、全部社会生活的内容以及人类在自我发展和征服自然中创造的物质财富和精神财富。正因此，文化一词有着众说纷纭的内涵界定①，总体来说有广义和狭义之分。

从广义上来讲，文化是人类在社会历史实践中凝结成的物质、精神的创造能力和物质、精神财富的总和。这一意义的文化着眼于人类与一般动物、人类社会与自然界的本质区别，突出文化不同于自然和本能的"属人的""人为的"性质，梁启超称，"文化者，人类心所能开释出来之有价值的共业也"，② 美国学者C. 恩伯和M. 恩伯指出，"文化就是生活中数不清的各方面。大多数人类学家认为，文化包含了后天获得的，作为一个特定社会或民族所特有的一切行为、观念和态度"③。

广义文化涵盖面非常广泛，故又被称为大文化。广义文化层次划分有不同的说法，有二层次说：物质文化和精神文化；有三层次说：物质文化、制度文化、精神文化，或者如梁漱溟先生指出的从精神生活、社会生活和物质生活三个层面；有四层次说：物质文化、制度文化、行为文化、精神文化。一是物质文化，它是人的物质生产活动及其产品的总和，主要指实体性和器物性的成果；二是制度文化，它是人类在社会实践中依据一定的思想建立起来的国家的经济、政治、法律等制度和社会组织结构、工作部门以及相应的规章制度、条例等；三是行为文化，它是人际交往中长期形成的约定俗成的风俗习惯、行为礼仪、交往方式等的行为表现；四是精神文化，它是人类社会实践和意识活动中经过长期孕育而形成的价值观念、审美情趣、思维方式等，是文化的核心部分。

狭义文化是指精神产品和精神生产能力，是知识、价值、观念、思想等精神性的存在。从逻辑上，狭义文化从属于广义文化，相当于广义文化的深层结构——精神层面。狭义文化专注于人类社会精神创造活动及其结果，其中排除人类社会历史中物质文化和制度文化的部分，又称"小文化"。"文化若是无所不包，就什么也说明不了。因此我们是从纯主观的角度界定文化的含义，指一个社会中的价值观、态度、信念、取向以及人们普遍持有的见解。"④ 这个意义上的文化是一种与特定社会历史时期经济基础和上层建筑密切关联，又不同于人类政治经济活动的一种相对独立的存在领域。

因此，狭义文化——精神文化凝结在特定的社会历史物质文化和制度文化之中又游离于物质文化和制度文化之外，是人类在社会历史实践中产生并被以传统

---

① 关于文化的概念界定，可谓众说纷纭，美国学者克罗伯和克拉克洪在1952年发表的《文化：关于概念和定义的检讨》中，分析考察了160多种文化定义，近现代中国学者结合中国文化的特征也就文化概念做了诸多有价值的界定。

② 梁启超：《中国历史研究法》，引自《梁启超全集》第五册，北京出版社1999年版，第4060页。

③ ［美］C. 恩伯、M. 恩伯著，杜杉杉译：《文化的变异》，辽宁人民出版社1998年版，第29页。

④ ［美］塞缪尔·亨廷顿、劳伦斯·哈里森著，程克雄译：《文化的重要作用——价值观如何影响人类进步》，新华出版社2002年版，前言第3页。

和典范的形式传承下来的政治理念、社会理想、价值观念、道德情操、伦理精神、宗教信仰和审美情趣等的精神性存在。

(二) 廉政文化的定义

与中外学术界对文化这一概念界定的复杂性一样，学界对廉政文化的界定也是仁者见仁，智者见智。[①] 在广义文化观指导下定义廉政文化，廉政文化是一个多层次的复杂动态体系，它是人们关于建立廉洁政府和规范公职人员廉洁从政的知识、信仰、规范和与之相适应的行为方式、社会评价及其物质性成就的总和，涵盖着廉政的物质文化、制度文化、行为文化、精神文化。廉政物质文化是人类廉政活动的物质文明成果化和载体；廉政制度文化是廉洁从政的规范性的成就；廉政行为文化是廉洁从政的风俗习惯、行为礼仪；廉政精神文化是指廉洁从政的价值观念、思想信仰、思想道德。

对于狭义廉政文化界定，有的仅将物质文化排除在外，如李季等认为，廉政文化就是建立廉洁政治或规范公职人员廉洁从政的思想理论、价值观念、规范制度、道德法治传统及其行为方式等的历史性积淀[②]，涵盖精神文化、行为文化和制度文化；有的则将物质文化和制度文化排斥在外，认为廉政文化是人们关于廉政的知识、信仰、规范和与之相适应的行为方式、社会评价等的总和[③]，涵盖精神文化和行为文化。我们在最严格的意义上界定，狭义的廉政文化则仅限于思想观念、精神心理层面，是一个具有自身内在结构的观念系统，主要是指人们对于建立廉洁政府和规范公职人员廉洁从政的总体认识、基本理念和精神追求。

CSO 立体反腐败体系中的廉政文化是与另外两个基本要件廉政制度（S）、廉政组织（O）并列相对而言的，显然这一廉政文化不包括廉政制度（S），不是包括廉政制度在内最广义上的廉政文化，同时这一廉政文化又涉及廉政行为（行为文化）和廉政介质（物质文化），而不是狭义的文化，从 CSO 立体反腐败体系这一角度着眼界定，廉政文化是指廉洁从政的精神理念、行为方式及其传承的物质载体和媒介为一体的文化体系。这一文化体系主要以崇尚廉洁、鄙弃贪腐的廉政理念为价值取向和精神导引，以宣传培植廉政理念和形塑廉政作风的廉政介质

---

① 有学者指出廉政文化就是廉洁从政和廉政建设的文化，有学者从廉洁的公职人员、廉洁的政府、清明的社会、尚廉的社会等方面从特征性描述界定廉政文化，等等。这样的界定显然没有很好地把握文化本身内涵的复杂性，廉政文化的界定一定是建基于文化内涵的清晰把握，我们才可以清楚自己所说的廉政文化是什么。

② 李季等：《中国特色廉政文化构建问题思考》，载于《国家行政学院学报》2005 年第 S1 期，第 79 ~ 80 页。

③ 乔德福：《廉政文化》，中国社会科学出版社 2015 年版，第 4 页。

为载体，以公正廉洁、淡泊名利、廉洁从政的作风为行为方式，反映人们对建立廉洁政府和规范公职人员廉洁从政的认知、思想意识、价值观念、行为规范和与之相适应的生活方式、社会评价及其传承的物质载体和媒介等的总和。正是从这个意义上，CSO立体反腐败体系中的廉政文化内涵主要有廉政理念、廉政介质和廉政作风三个方面。

二、廉政理念

廉政理念主要是指建立廉洁政府、清明政治和公职人员廉洁从政的政治信念和社会理想、价值观念、道德情操、伦理精神和审美情趣。这种精神理念层面的廉政文化既是权力主体内在深层的提倡廉洁政治、反对腐败行为的基本态度和价值理念，是权力主体投身政治活动、发生行政行为的价值根基和精神内核，又反映着全社会成员对廉政和反腐败的决心和信念，是整个社会提倡廉政反对贪污腐败的精神文化氛围。廉政理念主要包括廉政理想、廉政信念、廉政意识、廉政价值四个方面。

（一）廉政理想

廉政理想是精神层面廉政文化的宏观愿景和远大抱负。理想是社会成员对未来的一种美好期望，崇高远大的理想可以提升人的境界、净化人的灵魂，可以让人在物质和肉体欲望面前保持高尚的节操。

廉政理想就是自身和社会对建立"三清"政治、规范使用权力、廉洁从政、消除腐败的向往和追求，体现着人们对社会政治清明臻于完善的观念。廉政理想是廉政建设的奋斗目标和高远境界，廉政理想一旦形成积淀为人的精神根基，则成为人廉政活动的内在目标指引。从人的本性来看，人既有追求物质欲望的一面，又有追求人文超越的一面。人最终在实际的社会政治活动中，是选择合理保持物质欲望和人文追求间的张力而廉洁从政，还是选择沉浸在金钱物质欲望和肉体感官刺激中，泯灭其人文超越性而贪污腐化，廉政理想这一内在目标指引甚为关键。具有坚定的廉政理想指引着人们朝向前者前进，丧失廉政理想，就会向后者堕落。

廉政理想的确立，明确着社会政治和权力主体行政活动的根本方向和目标，高尚远大的廉政理想是公职人员真正的立身之本，以此理想和目标为指引，其修养和境界就会有效提升，以廉洁政府和清明政治的理想这一"大者"来抵消外界各种欲望诱惑"小者"的入侵。廉政理想对当前廉政建设现状的永不满足、对未来清明政治和廉洁政府的不懈追求，是推动国家社会廉政建设和廉政理想实现的力量源泉。

（二）廉政信念

廉政信念是人们在理性认识清廉政府、清明政治、清正为官基础上，对其具有深刻持续的情感体验，坚信"廉洁从政"为真观念，并使社会行政行为朝向廉政的坚定心理倾向和顽强的精神意志状态。[①] 廉政信念是人们至少在主观上坚信"廉洁从政"为真观念，并以其坚定的倾向直接或间接地决定和影响着人们的行政行为方式。

廉政理想是廉政精神文化的总体目标和最高指南，廉政信念则是廉政精神文化的一种心理动能，这种动能激发着人们潜在的廉洁从政的知行能力，以实现廉政理想相应的行为志向。廉政信念与廉政理想相融一体，在二者共同作用下，人们会自觉选择清正廉洁的行为方向，而排除与之不一致的行为方向，赋予人们极大的热情和行动的积极性，使人们充满信心坚定持久地追求廉洁公正、反对贪污腐败，并依此方向调控和影响着人的行为方式。廉政信念既是惩治腐败的必胜信念和顽强意志，也是营造廉洁公正社会的坚定信心和持久决心。

廉政信念包含两个主要向度，一方面是对惩治腐败的确信不移，另一方面是对建立清正廉洁政治生态的坚信执守。只有在坚定惩治腐败信念的境遇中，才有力量在实践中贯彻实施廉洁公正的规范制度和培养廉洁公正的信念；正是因为廉洁公正信念的内在支撑，在惩治腐败的坚决斗争中才更为坚决果敢。从这一意义上看，廉政信念是廉政文化精神层面一种无形的精神支撑、内在驱动力和维持力。

（三）廉政意识

廉政意识[②]是对廉洁从政的精神理念的忠诚和执行的自觉性，是社会成员在社会政治和行政活动中形成的对廉洁政治和反腐败的认知取向、情感取向和评估取向的观念整体。廉政意识也是在廉洁从政理想和信念及其影响下形成的正确的权力意识、责任意识、自律意识等各种要素的总和。

廉政意识与极端利己主义和拜金主义为代表的腐败文化格格不入。廉政意识

---

① 此处我们对廉政信念的概念，正是在综合休谟、康德、赖尔、福多、杜拉特以及当代中国学者的诸多对信念概念探讨的基础上，借用这些哲学和心理学对信念概念的诠释来套解廉政信念。

② 综合近现代西方心理学家和当代中国学者对意识概念的诸多探讨，大体有广义和狭义两种，此处我们选广义意识概念，是借用心理学的诠释来套解廉政意识，廉政意识既是个体廉政意识也是社会廉政意识，甚至在实践基础上总结提炼的升华的理论化系统化的廉政思想和理论都属于廉政意识。

既包含着人们对廉洁从政的知识性与理性的追求，也包含着人们对廉洁从政的感受和评价以及人们追求廉政理想、坚持廉政信念时表现出来的自我克制、毅力、信心等精神状态。廉政意识的认知取向、情感取向和评估取向三者之间相互依存，社会成员只有在对廉洁从政和腐败有客观认知和理性追求基础上，才会形成崇尚廉政、厌恶腐败的情感取向，坚定追求廉洁从政和反腐败的意志，从而形成并持守廉政理想、坚定廉政信念，形塑社会成员的廉政文化理念。反之，如果廉政意识不足，没有对廉政的客观认识和理性追求，不能形成好廉恶腐的持久情感体验和廉洁从政的价值取向，自然也无法形成和持守廉政理想和廉政信念。

（四）廉政价值

廉政价值是社会成员对建立清廉政府、清明政治、清正为官的普遍思想接受和意义认可，是社会成员对廉洁政治和反腐败的认知、情感反应和意义评价的内在尺度，是精神层面廉政文化建设的目标和使命所在，向全体社会成员传播和形塑一种廉洁公正的价值理念。

社会成员是否对廉政的价值理念具有内在的心理感通、情感契合和思想共鸣，是否普遍都接受和认同廉政价值，是精神层面的廉政文化的根本和目标所在。美与丑、廉与贪、正与邪、义与利的认知、评价、选择，主体自身的内在价值尺度起着决定和根本的作用。廉政价值作为这样一种主体自身认知、评价、选择的内在尺度，是人类特定社会历史和民族区域发展积淀而成的，有其社会历史性和民族区域性，同时也是可以通过物质、行为、精神等层面特定的廉政文化载体的传播而形塑影响的。

社会成员都普遍接受和认同这种清明政治和廉洁从政的价值观念，那么这种观念就会融入社会成员的社会实践之中，形成厌恶腐败、抵制腐败、反对腐败而追求廉洁、推崇廉洁的社会共同价值追求。或者说，廉政价值作为社会共同体的价值尺度，一方面引领社会价值观重塑，弘扬社会正气，鞭挞社会贪婪腐恶，形成崇尚廉洁拒绝腐败的社会风尚；另一方面影响和塑造生活于其中的每个社会成员的价值观，使得社会成员形成批判腐败和崇尚廉洁的人生态度和主流价值观。

三、廉政介质

廉政介质主要是指宣传廉政理念以培育廉政理想、养成廉政作风的中介和载体①，是影响社会成员廉政理念和反腐败态度形成的相关设施、技术手段和各种教育场态，主要包括各种与廉政相关的场所、场馆、基地、古今中外的廉政故事和人物传记、廉政影视作品等廉政教育和传承的媒介和载体。大体可以分为器物场所型介质、文艺型介质、媒体型介质、教育培训型介质。

（一）器物场所型介质

器物场所型介质是承载着廉政精神、能够培育廉政理念、养成廉政作风的廉政广场、廉政纪念馆和廉政教育基地等场所以及贺卡、挂历、年历、书签、茶杯、提包等工具器物。

在人们喜庆的节日出现的或日常生活衣食住行中使用的承载着廉政教育内容的生活器物，在给人们带来节日的祝福和日常衣食住行的方便时，又温馨地提醒人们崇尚廉洁、反对腐败，使人们在伦常日用中处处为清正廉洁文化导引，不知不觉接受廉政思想的熏陶，陶冶廉政的情操、培养廉洁的气质，将廉洁从政内化于心、外化于行，构筑廉政理念，养成廉政作风。蕴含着丰富廉政历史知识和廉政传统的历史名人纪念馆等廉政文化景点、廉政教育基地和场所，是廉政历史事件、廉政历史故事和廉政历史经验的展现、刻画和总结，凝聚着广博而丰富的廉政知识和廉政信息，对于包括政府公职人员在内的公众具有深刻的廉政教育和启迪意义。这些廉政场馆和基地既能以历史遗存和文化古迹作为文化、文物、旅游资源给人们带来休闲价值，同时又可以充分利用这些场所和基地的廉政价值，寓教于参观、寓教于游历、寓教于体验，以史为鉴、观景思廉，在切实可感的情境中接受廉政文化浸染熏陶。

器物场所型介质主要是以承载廉政知识、信息、理念的工具性器物和廉政场所、场馆、基地使干部群众在器物使用把玩和场所的参观游历中就腐败与廉政问题有所悟、有所思、有所感，从自省、自警、自励的潜移默化中涵育廉政理念，进而化成廉洁从政的行为作风。

（二）文艺型介质

文艺型介质是形象、生动、活泼体现和表达廉政理念作风且具有廉政舆论导向、廉政精神歌颂的文学、艺术作品和活动。从文艺创作的角度简言之，凡表达廉政主题、体现廉政内容的一切文学、艺术作品和活动皆可称为文艺型介质。

---

① 物理学定义上，一种物质存在于另一种物质的内部时，后者便是前者的介质。波动能量的传递，需要某种物质基本粒子的准弹性碰撞来实现，这种对波的传播起决定作用的物质，称为这种波的介质，也叫媒质。廉政介质既是廉政精神价值理念和廉政作风的凝结和沉淀的具体有形的载体，也是宣传廉政理念的载体。所以，廉政介质属于廉政文化，而不属于廉政制度和廉政组织。

廉政介质让人在文学品评赏析和艺术娱乐享受中不知不觉地受到廉政理念、廉政精神的感染，接受熏陶。文学包括民间文学、作家文学，艺术有表演艺术（电影、电视、戏剧、曲艺、音乐、舞蹈等）和造型艺术（美术、书法、摄影等）。歌颂廉洁痛恨腐败的民间神话、传说、故事、小说、歌谣、谚语、谜语等共时和历时的民众心声能感染和浸润人们的心灵，唤起内在廉政理想、信念与意识，深刻揭示腐败与反腐败较量，批判物质欲念和倡导廉洁节约，主张公正法治、斥责贪赃枉法的古今中外作品的体验和领略能激起人们在人生观、世界观、价值观上对肉体欲望和公平正义的理性把握和正确定位。无论是作为表演艺术的廉政文艺专场演出、文艺会演、戏剧戏曲、排演相声、小品、诗歌朗诵等，还是作为造型艺术的廉政书法、廉政漫画、廉政摄影雕塑、香包刺绣、窗花剪纸等贴近人心、贴近实际、贴近生活使廉洁理念、廉政意识在载歌载舞、吹拉弹唱、笔墨纸香的轻松自在中得以涵养和培育。

总之，文艺型介质以鲜明的廉政主题陶冶人，以反腐倡廉的舆论引导人，以崇廉拒贪的精神塑造人，一方面增强廉政意识，树立廉洁从政的是非曲直、利弊得失、尊卑荣辱价值标准；另一方面陶冶廉政情操、净化廉洁正义的心灵、提升廉洁正义的境界。

（三）媒体型介质

媒体①型介质是借用拟态环境引导人们走向廉政行为现实、塑造人们廉政理念和作风的广播媒介、纸质媒介等传统媒体和互联网、App、AR、VR 等新媒体。

人们在有关廉政知识、故事、资讯的声光电、影像、文字等的搜选和观览中，直观、灵活、全面、及时获得廉政信息和知识，不断培育廉政理念和作风，在全社会更大范围内涵养廉政个体并形成廉政的社会氛围。无论是广播、电视、报刊等传统媒体还是互联网、手机通信等新媒体，较之其他介质优势明显。一是廉政文化承载和传播的覆盖面无限扩大，可承载廉政历史也可承载廉政现实，传播覆盖不同年龄和不同地域；二是廉政信息传递的速度增快和容量增大；三是廉政知识信息获取的参与性和互动性大大增强；四是廉政文化承载和传播的途径可以通过声光电、影像、文字等多样化方式展现。

报纸刊物、电视、电台和微信微博的反腐专栏、制作廉政教育片、播放廉政公益广告、拍摄反腐肃贪影视片、网络廉政宣传等进行宣传和解读廉政法纪法规、剖析典型反腐败案例、传播廉洁文化，整合多个社会舆论场和宣传阵地，为

---

① 注意此处媒体不同于一般所说的传播介质，传播介质仅言及传播信息具体的表现形式和载体，媒体则涉及在特定社会背景下维持并保证这一形式和载体运行的机构组织。

个人廉政的群体认同和社会群体的廉政氛围双向塑造构筑功能齐备、形式丰富的廉政全媒体平台。尤其是自媒体时代个人思想独立性、多变性和差异性更强，而传统的廉政宣传方式缺乏活力、覆盖面窄、方式单一固化，以此中介和载体来形塑廉政理念和行为的效果不佳，因而应当紧随自媒体时代新步伐，采用更为高效便捷、内容鲜活的方式和途径，增强媒体型介质的覆盖面、灵活性、生动性和吸引力。

（四）教育培训型介质

教育培训型介质是涉及灌输廉政思想、培养廉政理念和养成廉政作风的启蒙教育、学校教育、职业培训等。家庭和启蒙教育以父母言行从育德和授业两个角度获得最初的贪廉是非的价值准则、接触到初步的遵纪守法反对腐败的认识和体验，家庭以耳濡目染、潜移默化的方式使孩子不断在情感上认同贪污腐败为有违天理、非常羞耻之事，奠定良好的廉洁教育的基础。从儿童至成年的道德伦理教育和政治法律教育中设有廉政意识和廉洁品格培养和涵化的内容。学校有目的、有计划、有组织地对受教育者施加影响，从道德和品格教育上使社会共识的廉政理念和作风转化为个体的廉政思想意识和廉政道德品质，从法制意识上认同、接受和消化廉政公平正义的规范，培养自觉、自愿的廉洁正义精神和理念。因腐败主要发生在在职期间，应根据部门岗位特点建立完善的培训机构和制度，制订严格的培训计划和章程，采用谈心式个别教育、整风肃纪式集中教育、灌输式的警示教育、启发式经常教育等方式结合，持续不断地对公职人员进行廉政教育，强化廉政教化的效果，营造廉政的社会氛围，使廉洁从政蔚然成风。

四、廉政作风

廉政作风[①]是人们在社会政治实践中长期积淀而成的廉洁奉公的行为方式和做事风格，包括一定民族和地域条件下的追求清明政治和廉洁公正的风俗习惯、行为礼仪、交往方式，以及政党或政府部门的工作作风，乃至公职人员日常个人修习和各级机关党团、群众组织的实践活动中的仪则以及对各种廉政制度规则的遵守维护的自觉行为养成和习性。一个时代的廉政文化不仅集中体现在该时代思想理念体系及其传承载体和物质化成就上，更广泛地反映在人们社会政治活动的行为方式和做事风格中，所谓"风成于上，俗行于下"。廉政作风主要有廉政学习作风、廉政工作作风、廉政生活作风。

---

① 此处所指的作风是从行为文化层面而言，宽泛意义上的作风当然也包括思想精神层面。

（一）廉政学习作风

从家庭到学校乃至走上社会工作，无论是学校学习、职业培训学习还是终生自我学习，学习伴随人的一生，而且学习作风对人工作作风和生活作风具有基础性的作用。

学习作风中的教条主义、形式主义等会助长社会不良风气，引发腐败。无疑，学习者在其一生应当具有和秉持廉政学习作风：谦虚谨慎、实事求是，学以增智长才、学以正德促廉。教条主义学风实质在于死搬硬套、不求甚解。摒弃教条式的学习，使得廉政理念的情感接受和认同降低甚至丧失，难以形成正确的权力观和利益观；形式主义学风助长了脱离实际的浮夸风，喜欢做表面文章，满足于虚假的繁荣，遇事不担当，互相推诿、互相扯皮，意志消沉、精神萎靡，易受腐化堕落侵蚀；其他如实用主义学风，带来了自我爱慕虚荣和对他人阿谀逢迎，以致媚上欺下、自安自慰、自我堕落，走向拜金主义、享乐主义和极端个人主义。

总之，廉政学习作风是指谦虚谨慎、实事求是，坚持向人民群众学习，深入调查研究，坚持向改革开放和中国特色社会主义建设实践学习，理论联系实际，增强廉政理念，养成廉政行为习性，保持高尚生活情趣，抵制金钱和美色的诱惑。

（二）廉政工作作风

廉政工作作风是指人们在履责中表现的较稳定的为民服务、忠于职守、清正廉洁等的做派和风格。

廉政工作作风是廉政行为文化中最为根本和核心的部分，是一个社会廉政文化最集中和根本的体现。为民服务的工作作风，有着权为民所用的权力观，坚持群众路线和群众观点，服务和方便于人民，坚持从群众的实际生活中汲取营养、智慧和力量，拉近与人民群众的距离，更好地服务于民。反之，便会脱离群众，做谋权谋钱的官老爷，走向贪污腐败。忠于职守的工作作风，有着勇于担当、尽岗尽职的职业观，面对矛盾和困难敢于迎难而上，面对危机敢于挺身而出，面对失误和挫败敢于承担责任，面对大是大非敢于亮剑，面对歪风邪气敢于斗争到底，不为金钱和美色所惑。

因此，清正廉洁的工作作风是指有着荣廉耻贪、方正为人的人生观和价值观，做人堂堂正正，做事规规矩矩，为官清清白白。能坚持原则，严格遵守党纪国法；能守得住清苦，不为灯红酒绿所困，做到两袖清风，一尘不染；能挡得住诱惑，不为金钱美色所诱，不为高官厚禄所动，有骨气无傲气，扬正气抵邪气。

145

（三）廉洁生活作风

工作作风形成离不开生活作风，而且二者相互影响。廉洁生活作风主要指在处理私人事务与家庭事务（乃至于非工作性质社会事务）中表现出来的简朴节约、严管家人、择交良友、坚拒诱惑等稳定性的做派和风格。

廉洁生活作风是廉洁理念在人生活中的行为体现，其和廉政工作作风一体相通，有什么样的生活作风必然会体现和影响到工作作风，廉洁生活作风长期涵化推进廉政工作作风，其也是社会廉政文化的重要内容。具体表现为：崇尚简朴、节约、绿色的生活方式，合理消费，不讲排场、比阔气、争面子；严于律己，秉公办事，不徇私情，以身作则，树立良好的家教家风，培养勤俭节约、自立自强、劳动创造财富和幸福生活态度；交友要慎之又慎，择善而交、择良而交，多与贤良方正、先进模范为友，少与唯利是图、品行卑劣者为伍；自觉抵挡住金钱和美色的诱惑，在物质利益面前不贪图，在财富面前不动摇。

第二节　廉政文化反腐功能

廉政文化在反腐败中的功能，是通过廉政介质和载体，教育和形塑崇尚廉洁、鄙弃贪腐的价值理念和行为作风，消除腐败动机，是用人"为善去恶"的道德精神与趋利避害的理性价值判断作为制度的"补丁"，培育掌权者的廉政理念，正确对待"潜规则"和非规则文化，树立正确的权力观和行政伦理并养成廉政行为习性，从而形成廉政的自律机制和自觉机制。具体来说就是崇廉拒贪的导向功能、廉荣贪耻的激励功能、戒贪禁腐的约束功能和警惕腐变惧怕腐化的警示功能，其中前两个功能发挥正向激发作用，后两个功能起到负向抑制作用。①

一、崇廉拒贪的导向功能

廉政文化崇廉拒贪的导向功能是指廉政文化作为廉洁从政的政治信念、社会理想、价值观和道德品格中的廉政伦理品德、行为修养及作风，引导权力主体在行为动机的发动、行为方式的认知、评价、选择、持守上坚决以"崇廉拒贪"为

---

① 本书内容引用了本课题组成员的研究成果，相关内容不再单独标注。参见陈志宏：《廉政文化对政治生态的修复功能探究》，载于《河南社会科学》2016 年第 3 期，第 45～49 页。

精神旨归和行为标的。这一功能不仅能对哪些属于贪污腐败、哪些属于清正廉洁做自觉清晰地分辨，更是主动追求廉洁而拒绝贪腐的精神定向，是左右和引导从政者产生廉政行为的情感与心理导引，自觉主动地将自己的行为导向廉洁从政、建设廉洁政治而拒绝贪污腐败。

权力主体在廉政文化的导引下，具有正确的崇廉拒贪的稳定的心理品质，从而能够从情感上、心理上影响、引导、决定着人们做出廉政的行动。具有正确的信仰和理想信念，能在行为动机导向上经受腐败风险考验；崇尚清廉的社会风尚和工作作风，则在行为方式上自觉抵制外在诱惑，趋向清正廉洁的行为作风；感受现存廉政介质的熏陶，能强化廉政精神动力和行为自觉，导引着权力主体在廉政活动中应当或必须怎样行为。廉政伦理品德的精神导引是崇廉拒贪的内在理想信念和价值观、自觉的崇廉拒贪修养和行为作风意识、稳定的崇廉拒贪的人格精神品质的综合效应，使得行政主体不仅有崇廉拒贪的自觉意识和精神动力，更有向廉拒腐的行为定向和驱动力，从而从行为动机、行为方式的习性、价值定位和品德自律上，定向、引导、驱动和决定着人们做出廉政的行动。廉政伦理品德精神是廉政的制度意识和腐败行为警示的心理基础，反过来，作为廉政伦理品德精神的深化，廉政的制度意识和腐败行为的警示也影响和制约着廉政伦理品德精神的培育。廉政理想和信念的动摇是走向腐败的第一步，廉政伦理品德精神的散失是坠入腐败深渊的起点。

在中国，对作为唯一执政党的中国共产党而言：（1）权力主体具有对特定政治理念的坚定信仰、对特定社会理性和政治愿景的坚定信念，以国家、政党、人民利益至上的伦理品德精神，作为每一个个体的内在精神支柱和政治灵魂，则权力主体就能在行为动机发生的源头上直接指向廉洁从政和清明政治的目标，拒绝任何腐败风险的侵蚀；（2）权力主体具有全心全意为人民服务、清正廉洁、艰苦朴素、密切联系群众的党性修养和作风，权力主体以勤政为民、艰苦奋斗的伦理品德精神，在行为方式上自觉抵制金钱、美色等外在诱惑，趋向清正廉洁的行为作风，做到权为民所用、利为民所谋，黜奢崇俭，清廉、公正、为民；（3）权力主体树立"富强、民主、文明、和谐；自由、平等、公正、法治；爱国、敬业、诚信、友善"的社会主义核心价值观，具有"温、良、恭、俭、让"的高尚道德品质，则权力主体以向善去恶的伦理品德精神，做高度的内在价值自觉和道德内省，从而引导自身一心向善、诸恶莫做，内在具有崇尚清正廉洁和耻于贪污腐化的自律自觉，杜绝贪婪念头的产生；（4）权力主体做到自身自觉崇尚廉洁，在物质上不过贪、不苟取、崇节俭，为人正直、有志节、收敛自约。因此，中国共产党的掌权者应以远大的理想信念来建立廉政行为发生动机的目标和方向，以优良的党性修养和作风来规制廉政行为方式、态度习性

的导引和驱使，以高尚的价值和道德品格来构筑廉政行为的价值定位和品格
自律。

二、廉荣贪耻的激励功能

廉政文化的廉荣贪耻激励功能是指廉政文化通过廉政介质对廉政理念的倡导
和对廉政行为作风的歌颂，正确认识清廉所带来的社会认同、腐败所带来的行为
恶果，激励权力主体推崇廉政理念和趋向廉洁行为作风。这一功能通过廉政文化
的教化、培养使全体社会成员尤其是权力主体在同一类型和模式的文化氛围中，
把廉政的价值观念、思维模式、行为方式整合起来，激励权力主体遵循共同体认
同的廉政理念和廉洁行为，主动朝向应当或必须怎样为而抵制不可为。

正是对廉洁从政所带来的社会认同和价值固着、腐败所带来的社会羞耻感的
理性认知，激励权力主体推崇廉政理念和趋向廉洁行为作风，使得权力主体内在
具有"廉荣贪耻"的精神动力，自觉主动地激发自己廉洁从政的行为动机而不会
趋向贪污腐败。廉政文化作为坚定政治信念、良好的行政行为素养和作风、个体
价值观和美德中的廉政伦理品格，使得权力主体具有内在的"以廉洁为荣，以贪
污为耻"的人生观、价值观和伦理品格。作为精神性存在的廉政伦理品格是行为
发生的心理和情感根基，是"以廉洁为荣，以贪污为耻"的政治信念、自觉的
"以廉洁为荣，以贪污为耻"良好的行政行为素养和作风意识、稳定的"以廉洁
为荣，以贪污为耻"的个体价值观和美德综合效应。这种综合效应的廉政伦理品
格以"廉荣贪耻"的心理和情感动力功能，使得权力主体不仅在心理和情感上有
"以廉洁为荣，以贪污为耻"的道德意识和心理动力，更有在行为上向廉拒腐的
指向力和驱引力，廉政文化作为精神性存在的廉政伦理品格从行为发生心理情感
动机、行为方式的素养和习性、个体价值观和伦理品格自律上激发、指向、驱引
着权力主体拒绝贪污而走向廉政。

"廉荣贪耻"价值观和廉政伦理的养成应着眼于：（1）清明政治的社会理想
追求：共产主义的伟大理想蕴含的行政伦理品德精神，使得权力主体始终坚守天
下为公、执政为民的精神信念，在行为动机发生的源头上形成一道防线，将贪污
腐败的意念挡在防线之外；（2）廉洁从政的政治信念坚守：坚定的理想信念来自
对马克思主义基本原理的真懂真信，只有建立在马克思主义基础上的理想信念才
是科学的理想信念，端正对马克思主义科学性的态度，自觉抵制各种极端利己主
义、个人主义、享乐主义等思想的浸染，养成"立党为公，执政为民"的政治信
念；（3）廉洁从政的人生价值操持：中国历来重视家庭教育对人的培养，家长都
有意识地把自己的价值观、理想信念等灌输给下一代，家风自觉或不自觉地会投

148

射到一个人的思想和行为中，廉洁从政的人生价值实际上在"家风"中就得到操练和坚持。

三、戒贪禁腐的约束功能

廉政文化戒贪禁腐的约束功能是指廉政文化对权力主体用权行为具有约束功能，即自主将自己的行为规约在廉政的道德伦理和法律制度所界定的可以为的范围。

戒贪禁腐的约束功能以其前馈调控和自律抑制，戒除公职人员触犯廉政制度而有可能逃避惩罚的侥幸心理，从内心敬重、信奉、守护廉洁从政的制度。廉政文化对违背理想信念、清廉的社会风尚和优良作风、共同体认可的价值观和高尚道德品格等行为产生羞耻心，对廉洁从政的各种法规制度的敬重、信奉、守护的法权意识乃至对腐败的警醒和反思，对廉洁从政法规的自觉遵从和对贪污腐败的内心抵御，从灵魂根底把廉政当成必然且应然。在思想意识上，当权力主体从政行为没有发生贪腐之前作前馈控制，使得他们的行为主动定位于廉洁从政能为行为、应为行为和必为的行为，而自觉禁抑应该做而没去做、不应该做而去做的"坏"行为的出现，不是被动型和消极性的敷衍塞责甚至阳奉阴违，而是自觉主动守护党纪党规和国家法律，抑制和阻止腐化堕落行为的发生。对触犯和违背廉政的行为极力反对和自我耻感的认识，以及外部巨大的批判和坚决斗争的力量，对权力主体行政行为中应然和必然的而没有去做的行为、不应该发生而大胆冒险去做的行为起到前馈调控，使得权力主体可能的贪污腐败念头和想法慑于面临的强力反对和斗争的压力被迫打断或斩除。

"戒贪禁腐"的约束功能是权力主体通过行为预知对廉政所规定的必须做的行为、能够做的行为、不能做的行为、应该做的行为的坚决敬重、信奉、守护，包括对廉政法规制度的高度敬畏观念和坚决遵从意识、对触犯廉政法规制度极力反对的守护意识。对廉政法规制度的高度敬畏观念，表现为权力主体对党纪国法中的廉政制度不折不扣的遵从和敬奉，其威严不可公然触犯，清晰自己在公职活动中什么能够做、什么应该做或一定要做、什么不可以做，明确这些设定的底线不可踏越，更清楚一旦违背这些规定必然带来的后果和惩罚，廉政文化就显现出强制约束力和相当的惩戒性。

四、警惕腐变惧怕腐化的警示功能

廉政文化警惕腐变惧怕腐化的警示功能是指廉政文化作为贪污腐败后果的切

心告诫和震撼警醒，使权力主体知晓贪污腐败导致的严重后果，做出最有利于自己的"趋利避害"的行为选择。这一功能通过告诫和震慑以警醒权力主体吸取经验教训和采取相应的规避方法，知晓在廉政活动中应为而不为、不该为而为会产生的惩罚和罪责，促使公职人员清晰明了触犯廉政制度、贪赃腐败必然带来相应的惩罚性恶果，而防止或终止腐败行为的发生。

以谆谆告诫和撼人震慑来提醒和警示公职人员总结吸取腐败分子的深刻教训，应当去做而没有去做或不可以去做而贸然去做必然带来相应的惩戒和罪罚，从而积极主动采取预防策略、管控策略、规避策略，避免重蹈贪污腐败分子身败名裂的覆辙。反腐败部门以"零容忍"态度查处大案要案，坚决惩治腐败，保持对贪污腐败的高压态势，正是以贪污腐败后果的切心告诫和震撼警醒，来促成权力主体成本收益的价值理性权衡达到对可能出现的贪污腐败的提醒和警示。如前所述，左右和决定贪污腐败行为产生的起初心理动机，取决于腐败成本和腐败收益之间的价值权衡。如果腐败所付出的经济成本、政治成本、社会成本等低于所获得的权、钱、色、物等的收益，就自然使得权力主体对腐败行为麻木不仁、心存侥幸，甘愿铤而走险；反之，如果腐败成本高于收益，则权力主体对腐败行为心存芥蒂、战战兢兢，就不愿轻易以身试法[①]。

腐败行为警示就是通过谆谆告诫和撼人震慑提醒权力主体：如果经受不了金钱美色的诱惑而贪污腐化，结果就会事业尽毁、家庭破碎、声望尽失，相反，如果坚持廉洁从政，则前途事业光明、薪水待遇可期，强化权力主体对贪腐代价和风险的认识，更加促使权力主体在行政活动中就腐败的收益成本做理性的价值权衡而规避危害。廉政文化对腐败可能带来的成本收益比较，主要是通过典型腐败案件让权力主体清醒认识到腐败成本远远大于收益，并促使公职人员总结吸取腐败分子的经验教训，避免重蹈贪污腐败分子覆辙。这种切心告诫和震撼警醒的警示不受时间和空间限制，形式多样，从个体反思到集体学习，从日常宣传教育到专门会议动员，从视频文字资料的切身体验到他人宣讲的思想灌输等。这种腐败行为时刻告诫和撼人震慑的警示，在揭示贪污腐败案件发生的主客观原因的同时，尤其要深入剖析可能在本单位、本部门发生类似案件的原因，以广大受教育培训者能采信和乐于采信的方式来警醒和反观个人自身有没有发生腐败的不良倾向存在，真正触动受教育培训者的内心深处，直至自我拒斥贪腐思想侵蚀自觉性、主动性的不足和本单位、本部门行政活动中存在的管理隐患和漏洞，对任何腐败发生风险保持高度的警醒。

---

① 徐玉生：《腐败与反腐败及其经济发生机制分析》，载于《河南社会科学》2016 年第 10 期，第 19 ~ 25 页。

第三节　文化反腐省思与路径

国际上廉洁程度较高的国家几乎都形成了较为稳定的廉政文化。这种根植于人们心中的崇廉意识对于遏制腐败起着较为基础的作用。然而，现如今我国依然处于经济体制深刻变革、社会结构深刻变动、利益格局深刻调整、思想观念深刻变化的时期，各种文化和价值互相冲突和整合，社会中尚未形成稳定的廉洁价值观，甚至还充斥着与"尚廉"相反的纵容、鼓励腐败的不良风气。因此，吸收人类优秀的文化营养、探索廉洁文化形成的路径对于重塑廉洁生态具有重要的作用。

一、中外文化对廉政文化的影响

要建立具有中国特色的廉政文化，首先需要以包容的心态兼收并蓄古今中外所有优秀文化的营养。我国历史悠久，长期以来形成的本土文化本身就蕴含着许多抑制腐败的因素，优秀文化传统和道德规范已经得到了人们的认同。"研究我国反腐倡廉历史，了解我国古代廉政文化，考察我国历史上反腐倡廉的成败得失，可以给人以深刻启迪，有利于我们运用历史智慧推进反腐倡廉建设。"[1]

（一）中国传统文化中蕴含廉政文化基因

我国的优秀传统文化根植于我国悠久的历史当中，与中国人民的传统道德相契合，蕴含着各种各样的廉洁思想。

1. "廉"的含义

"廉"最初本义有侧旁、侧隅之意，也有"棱"的意思，还有少的意思，后来被引申为"品行端正严谨、一丝不苟"[2]，如"君子宽而不慢，廉而不刿……"[3] 中"廉"被释为"禀性刚直"。之后，"廉"，不仅用来形容人品性的方正刚直，还具有清廉、廉洁和廉耻之意。例如，汉代刘熙在《释名·释言语》

---

[1]　习近平：《积极借鉴我国历史上优秀廉政文化不断提高拒腐防变和抵御风险能力》，载于《人民日报》2013年4月21日。

[2]　方志敏：《清贫》，载于《政工学刊》2021年第4期，第92页。

[3]　（战国）荀子著：《荀子》，万卷出版公司2009年版，第24页。

中说："廉，敛也，自检敛也。"梁顾野王在《玉篇·广部》中释为："廉，清也。"庄子认为："人犯其难，我享其利，非廉也。"①

2."廉"在道德层面的表现

荀子认为，勇敢可以表现为禽兽之勇、商人盗贼之勇、小人之勇和君子之勇，如果没有廉耻之心就只能是禽兽之勇②。韩非子认为："所谓廉者，必生死之命也，轻恬资材也。"③墨子认为，君子要有"廉""义""爱""哀"等品行，即使贫苦时也能坚守"廉"的节操，即"贫则见廉"④。汉代刘向把"廉"看成圣人君子必备的品质，他在《说苑》中多次提到"廉"。如"义士不欺心，廉士不妄取；以财为草，以身为宝"；"廉而不刿者，君子比仁焉。"⑤

3."廉"在政治领域的重要性

春秋时期管仲就把"礼义廉耻"看成为官者必须修养的四种美德，认为"廉""耻"乃是执政者的"大节"。⑥在"廉""耻"中，更是"以廉为贵"。《周礼·天官·小宰》："平治官府之计有六事：一曰廉善，二曰廉能，三曰廉敬，四曰廉正，五曰廉法，六曰廉辨"⑦。汉代以后，"廉"成为官吏应具备的一种职业道德。正所谓"临官莫如平，临财莫如廉，廉平之守，不可攻也。"⑧武则天在《臣轨·廉洁章》中说："非其路行之，虽劳不至，非其有而求之，虽强不得。知者不为非其事，廉者不求非其有。是以远善而名彰也。故君子行廉以全其真，守清以保其身。"这就是说，贪污最终不仅不能获利，相反会伤身体、毁仁义、辱名节，只有廉洁奉公才能保全自己的美德和名声。范仲淹说："为天下官吏不廉则曲法，曲法则害民。"⑨王夫之在《读通鉴论》中说"贪益甚，政益乱，民益死，国乃以亡。"顾炎武指出："人之不廉，而至于悖礼犯义，其原皆生于无耻也。故士大夫之无耻，是谓国耻。"⑩清代大学士王永吉指出了"腐"对社会风气的影响："大臣不廉，无以率下，则小臣必污；小臣不廉，无以治民，则风俗必坏。"⑪由此观之，古人早已认识到廉洁对于个人、国

---

① 陈鼓应注译：《庄子今注今译》（下）（最新修订版），商务印书馆 2016 年版，第 853 页。
② （战国）荀子：《荀子》，万卷出版公司 2009 年版，第 353 页。
③ （战国）韩非：《韩非子》，时代文艺出版社 2008 年版，第 98 页。
④ 墨子著，徐翠兰、王涛译注：《墨子》，山西古籍出版社 2003 年版，第 7 页。
⑤ 郭丹主编：《先秦两汉文论全编》，上海远东出版社 2012 年版，第 586 页。
⑥ （春秋）管仲：《管子》，时代文艺出版社 2008 年版，第 1 页。
⑦ 陈戍国点校：《周礼》，岳麓书社 1989 年版，第 6 页。
⑧ 方勇主编，程翔评注：《说苑》，商务印书馆 2018 年版，第 269 页。
⑨ （宋）范仲淹撰：《范文正公集　别集一至四、政府奏议卷（上）》。
⑩ （清）顾炎武著，（唐）李世民著，（清）曾国藩著：《日知录　帝范·挺经》，北方妇女儿童出版社 2001 年版，第 67 页。
⑪ 乔立君主编：《官箴》，九州出版社 2004 年版，第 227 页。

家、社会的重要性。

4. 培养"廉"的方法

管仲最先倡导"修以成廉",认为应该在全社会提倡公共道德。周公旦的《无逸》、颜之推的《颜氏家训》都反映出古人用家规的方式推崇"尚廉"文化,以约束自己和家人。古代还有不少民间志士倡导用传统美德来促进廉洁品质的形成。老子认为应当"见素抱朴""少私寡欲"①。孔子说:"奢则不孙,俭则固。与其不孙也,宁固"②。徐榜在《宦游日记》中说:"凡人贪淫之过,未有不生奢侈者,俭则不贪不淫,可以养德;奢则妄取苟求,志气卑辱,一从俭约,则于人无求,于己无愧,可以养气"。③ 以上论述都倡导"以俭助廉"。还有些古人标榜"以孝促廉"。例如,"凡孝子多成清官,凡清官多为孝子"是两汉实行以孝促廉、以廉戴孝的"举孝廉"察廉制度的重要依据。④

5. 其他有利于抑制腐败的思想精神

例如,"民为贵,社稷次之,君为轻。"⑤ 的以民为本的精神;"其身正,不令则行;其身不正,虽令不从"⑥ 的以身作则精神;"为政之要在于勤"⑦ 的勤政精神;"非才行兼备不可用也"⑧ 的任人唯贤的精神;"朝闻道,夕死可矣"⑨ 的求真精神;"位卑未敢忘忧国"⑩ 的爱国主义情怀;"富贵不能淫,贫贱不能移,威武不能屈"⑪ 的坚贞不渝气节,"人而无信,不知其可也"⑫ 的诚信精神;"老吾老及人之老,幼吾幼以及人之幼"⑬ 的博爱精神,"君子爱财,取之有道"⑭ 的自律精神……

大力弘扬这些廉洁文化对荡涤"三年清知府,十万雪花银"⑮ 的为官期待,对于消除官场中的不良风气,消灭腐败的思想根源,树立社会主义核心价值观,

① 李聃著,赵炜编译,支旭仲主编:《道德经》,三秦出版社 2018 年版,第 41 页。
② 陈开先注译:《论语新解》,人民出版社 2019 年版,第 194 页。
③ 李小红、张如安:《中国古代廉政思想简史》,中国方正出版社 2014 年版,第 172~185 页。
④ 宋乃裕主编:《领导干部孝廉文化读本》,中国方正出版社 2015 年版,第 10 页。
⑤ 曹峰:《先秦政治中的智慧和谋略》,浙江人民出版社 1991 年版,第 21 页。
⑥ 徐恩恕主编:《〈论语〉伴我行》,吉林出版集团股份有限公司 2017 年版,第 210 页。
⑦ 沈其新主编:《中华廉洁文化与中国共产党先进性建设》,湖南大学出版社 2008 年版,第 71 页。
⑧ 李军主编:《传统文化与国家治理现代化》,人民出版社 2020 年版,第 209 页。
⑨ 罗安宪主编:《论语》,人民出版社 2017 年版,第 32 页。
⑩ 人民日报海外版"学习小组"编著:《平天下:中国古典治理智慧》,人民出版社 2015 年版,第 59 页。
⑪ 人民日报海外版"学习小组"编著:《平天下:中国古典治理智慧》,人民出版社 2015 年版,第 33 页。
⑫ 陈开先注译:《论语新解》,人民出版社 2019 年版,第 75 页。
⑬ 滕贞甫:《儒学笔记》,东方出版社 2006 年版,第 137 页。
⑭ 引自《增广贤文》。
⑮ 郭庆祥:《中华传统经典精粹》,人民出版社 2015 年版,第 80 页。

建构风清气正的政治生态具有重大的意义。

（二）中国共产党始终重视廉政文化建设

中国共产党从建党之日起，就庄严地宣告没有自己特殊的利益，"共产党代表无产阶级和人类解放的整体利益和长远利益，党的利益是无产阶级和人类解放利益的集中表现"①。1938 年，毛泽东针对民族战争的严峻局面，呼吁只有"大公无私、积极努力，克己奉公、埋头苦干的精神，才是最可尊敬的。"② 延安时期，陕甘宁边区政府就开始了"民主的政府、廉洁的政府"的实践与探索。进入抗战时期毛泽东向党员干部提倡："要把现在许多人中间流行的那种自私自利、贪生怕死、贪污腐化、萎靡不振的风气，根本改变过来。"③ 1945 年，毛泽东在同黄炎培等六位民主人士谈到中国共产党如何跳出兴亡的历史周期率时强调"奖励廉洁，禁绝贪污"④。

新中国成立后，党和国家的领导人并没有放松对腐败的警惕，中国特色的廉政理论和思想得到进一步发展。毛泽东提出"务必使同志们继续地保持谦虚、谨慎、不骄、不躁的作风，务必使同志们继续地保持艰苦奋斗的作风"，敲响了"防腐拒变"的警钟。毛泽东首先从自己做起，对于亲友故交，毛泽东实行的是"三不原则"，即"恋亲不为亲徇私，念旧不为旧谋利，济亲不为亲撑腰。"⑤ 1951 年和 1952 年分别开展的"三反""五反"运动使得广大党员干部接受了反腐廉政教育，毛泽东在党的八届二中全会上提醒全党"一定要警惕，不要滋长官僚主义作风，不要形成一个脱离人民的贵族阶层"⑥。改革开放以来，邓小平十分注重党风廉政建设，他主张领导干部要以身作则起到带头作用，并依靠人民反腐败，"对贪污、行贿、盗窃以及其他乌七八糟的东西，人民是非常反感的，我们依靠人民的力量，一定能够逐步加以克服。"⑦ 江泽民在党的十五大报告中明确提出了"反腐败是关系党和国家生死存亡的严重政治斗争"⑧。"惩治腐败，要作为一个系统工程来抓，标本兼治，综合治理，持之以恒"⑨，胡锦涛高度重视

---

① 《刘少奇选集》上卷，人民出版社 1981 年版，第 129 页。

② 《毛泽东选集》第一卷，人民出版社 1991 年版，第 522 页。

③ 黄修荣、刘宁斌：《中国共产党廉政反腐史记》，中国方正出版社 1997 年版，第 43 页。

④ 《毛泽东选集》第三卷，人民出版社 1991 年版，第 1048 页。

⑤ 秦海庆：《毛泽东电报、书信中严格自律及家风的故事》，载于《中国档案报》2020 年 9 月 4 日第 1 版。

⑥ 中共中央文献研究室：《毛泽东年谱》（一九四九——一九七六）第三卷，中央文献出版社 2013 年版，第 34 页。

⑦ 《邓小平文选》第三卷，人民出版社 1993 年版，第 156 页。

⑧ 中共中央文献研究室：《十四大以来重要文献选编》（下），人民出版社 1999 年版，第 2269 页。

⑨ 江泽民：《论党的建设》，中央文献出版社 2001 年版，第 107 页。

党风廉政建设和反腐败斗争，2005 年 1 月中央颁布《建立健全教育、制度、监督并重的惩治和预防腐败体系实施纲要》，第一次在党的文献中提出了"廉政文化"的概念。

党的十八大以来，以习近平同志为核心的党中央尤其重视廉政建设，强调党的作风建设。集中解决形式主义、官僚主义、享乐主义和奢靡之风的问题，提出"既严以修身、严以用权、严以律己；又谋事要实、创业要实、做人要实"[①] 的重要论述。强调如果理想信念不坚定，"就可能导致政治上变质、经济上贪婪、道德上堕落、生活上腐化"[②]，凸显廉政文化建设的重要性。2022 年初，中共中央办公厅印发了《关于加强新时代廉洁文化建设的意见》，党中央高度重视廉洁文化建设，强调反对腐败、建设廉洁政治，全面从严治党，既要靠治标，猛药去疴，重典治乱；也要靠治本，正心修身，涵养文化，守住为政之本。把加强廉洁文化建设作为一体推进不敢腐、不能腐、不想腐的基础性工程抓紧抓实抓好，为推进全面从严治党向纵深发展提供重要支撑。以理想信念强基固本，以先进文化启智润心，以高尚道德磨炼品格，惩治震慑、制度约束、提高觉悟一体发力，推动廉洁文化建设实起来、强起来，不断实现干部清正、政府清廉、政治清明、社会清朗。要弘扬崇廉拒腐社会风尚，运用新媒体新技术传播廉洁文化，丰富廉洁文化优质产品和服务供给，拓展利用廉洁文化资源。[③]

总之，重视并大力弘扬我国优秀传统文化中的廉政文化，有利于从根本上使官员形成"不想腐"的心理，唤醒民众对于廉洁的向往和对贪腐的憎恶，纠正其错误的是非观和不正之风，营造人人尚廉的社会风气。

（三）我国传统文化对廉政文化建设的负面影响

我国的传统文化中还存在封建主义糟粕思想，阻碍了廉政文化的建设，成为腐败滋生蔓延的温床。

1. 人情文化异化

萌于夏朝，立于西周的宗法族制对我国文化产生了深远的影响。血缘性是宗法族制的基本特征之一。我们秉承明确的血缘定位，有上下左右的亲缘网格，叔、伯、姑、婶、舅、姨、侄、甥等各系亲戚的称谓不胜其数。[④] 由此形成了

---

① 中共中央宣传部编：《习近平总书记系列重要讲话读本》，人民出版社、学习出版社 2014 年版，第 183 页。

② 中共中央文献研究室编：《习近平关于协调推进"四个全面"战略布局论述摘编》，中央文献出版社 2015 年版，第 141 页。

③ 《中共中央办公厅印发〈关于加强新时代廉洁文化建设的意见〉》，中华人民共和国中央人民政府网站，2022 年 2 月 24 日。

④ 韩少功：《人情超级大国》（一），载于《读书》2001 年第 12 期，第 85～91 页。

"亲缘"关系。这种亲缘关系带来了中华儿女亲情的温暖和幸福，但有时甚至超越了制度和法律而被异化，成为滋生腐败的纽带。"父为子隐，子为父隐"便是最好的体现。老乡、同学、同事依次对应着"乡缘""学缘""业缘"，有"关系"的是自己人，没有"关系"的是外人。而对待自己人和对待外人当然不是同一个标准，"自己人"互相帮助，法外开恩，责无旁贷；"外人"公事公办，甚至冷漠无情，"一致对外"。党的十八大后的很多落马高官背后都有自己巨大的"关系网"："石油帮""秘书帮""亲友团""西山会"等，"礼尚往来"有时也成为官商勾结的挡箭牌。

2. 人治思想尚存

中国几千年的封建专制使得"人治"的思想根深蒂固。儒家思想认为，社会应该由极少数的社会精英来治理。而这些精英就是所谓的有德识、懂礼数的"君子"。君主拥有绝对的权力和绝对的地位，"一言可以兴邦，一言亦可以丧邦"。民众被排除于政治过程之外，权力只是管理和统治民众的工具，而不是服务社会、服务民众的义务。这种"人治"的思想使民众依赖官员手中的权力而常常丧失对官员的监督权，也使得人们的法治观念和民主意识淡薄。

3. 官本位思想尚存

与"人治"思想相依存的就是"官本位"，其外在表征是权大于法或以权代法，其价值追求和价值判断标准就在于做官和官之大小。"官本位"遵循的原则是权力意志，讲究的是以权压人、以权制法，权力意志就是社会行为的最高范式，法律、制度、规则统统要臣服于权力。[①] 于是乎，拥有了权力，就拥有了一切，"学而优则仕"成为天下人的共同追求。如此导致人们对于权力和腐败的认知出现严重偏差，官员脱离群众、滥用权力，民众失去对官员的监督和制约，甚至在社会公众中产生"羡腐"心态。

4. 特权思想尚存

中国的传统文化中十分注重"礼"，"礼"最重要的特点就是要遵循等级制，即将人划分成不同的等级。而且，"礼"不允许以下犯上，臣子只能听从君主之命，子女亦不可违抗父母之命。这种严格的等级制甚至会导致"愚忠""愚孝"的现象。这样的思想无疑对腐败起着推波助澜的作用。下级对上级唯唯诺诺，即便上级令其做违反党纪国法的事情，也丝毫不敢反抗；子女对父母百依百顺，甚至为其掩盖过错。党的十八大后落马官员中，父子共同作案的案件屡见不鲜。

5. 扭曲的金钱观

虽然在中国传统文化中，主要倡导"视金钱如粪土"、见利思义。但也有利

---

① 侯小丰：《我国反腐败的文化困境》，载于《浙江学刊》2011年第6期，第14～24页。

己主义、享乐主义的思想在作祟，如"人为财死，鸟为食亡""人不为己、天诛地灭""有钱能使鬼推磨"等民间俗语。在中国传统文化中还有一些糟粕的东西，例如，争面子、讲排场、营华屋、建阴宅、纳娇妾等这些不健康的观念导致金钱观扭曲，"见钱眼开"，甚至成为部分领导干部贪污受贿的重要动力。

这些封建专制社会所孕育的思想文化中蕴含着的消极因素，不仅是滋生腐败的重要原因之一，更成为我国治理腐败的巨大文化障碍的民主法治进程，阻碍整个国家和社会的发展。因此，对于过时的、错误的文化糟粕，我们要坚决铲除，决不能任其成为社会的主流思想，使腐败有滋生土壤；对于优秀的传统文化，我们要大力弘扬，积极学习，并使其与时代精神相结合，唤醒民众对于廉洁的崇尚，增强全社会的道德感，更好地发挥文化对于抑制腐败的作用。

（四）国外文化对廉政文化建设的影响

世界上一些廉洁程度较高的国家和地区，在廉洁文化建设方面有成功的经验，大致可以归纳为以下几个方面。

1. 团队合作和奉献精神

日本在明治维新以前，武士阶级和商人阶级就形成了以"克己奉公"精神为价值观。德川时期形成的武士哲学，要旨就是"武士奉公，不惜以身殉职"。同时期产生的作为商人道德伦理的"石田心学"，所要求的同样"是对集体和其目标的无私奉献"。勤奋、节俭与理性的素质是这种奉献精神的全面体现。如今，"团体义务感已渗入到日本人的灵魂"[①]。新加坡民众与日本相似，也具有强烈的国家意识，他们倡导要始终把国家利益放在首位，为了国家利益要不惜牺牲个人利益。

2. 重视诚信尊崇规则

在瑞典，政府官员和普通民众都非常害怕有污点记录，一旦有，就很难在瑞典乃至欧洲立足。在芬兰，人人崇尚自尊自律，鄙视贪污受贿，都愿意通过自己的努力获得成功，且人们有强烈的规则意识和道德感诚信度，公共场合遗失的东西几乎不会被拿走，而且会被放在明显之处等待失主来认领；口头上达成的君子协议与正式合同一样有效。

3. 鄙视腐败的道德约束

日本社会形成了一种独特的"耻感文化"，对品行不端者的惩处通常是将其排斥在群体之外，不仅他本人、他的家人，甚至连他所在单位都会蒙受巨大的耻辱和承受巨大的外在压力。新加坡形成了对腐败行为嫉恶如仇的社会氛围，腐败

---

① 李文：《东亚国家廉政文化建设比较研究》，载于《浙江社会科学》2005年第5期，第50～56页。

官员一旦被发现，就会遭到整个社会的谴责，以至于难以容身。例如，1986 年 11 月，时任新加坡国家发展部长郑某某因为受贿在接受调查时自杀身亡，其妻女也不得不离开新加坡。[①] 北欧的部分国家，如瑞典、芬兰等，全社会将腐败视为比偷盗、抢劫更恶劣的行为。这种对于贪腐者的谴责大大提高了腐败的成本。

4. 简单和独立的情感文化

在一些西方国家，其家庭关系和亲子关系较为松散，每个家庭成员对于家庭的依赖感不是很强，更没有那种无休无止的责任感，子女成年后与父母的关系不是非常紧密。他们更崇尚个体的独立性。这就导致我们很少看到西方官员的腐败是以裙带关系、同学、同乡、父母、子女等名义出现的。

5. 人格平等观念和正向的宗教信仰

在一些国家，官员仅仅被视为是普通的劳动者，人们对于级别较高的官员很少有盲目的崇拜和无条件的信任，政治人物、社会贤达的尊严也没有达到绝对不容冒犯的地步。正向的宗教信仰在一定程度上对人们的行为也起到了约束和指导作用。

国外文化中具有遏制腐败、促进社会廉洁精神形成的优秀文化，但是国外文化中宣扬的极端个人主义以及对个人利益的过度关注等要素，也产生了拜金主义、极端个人主义和享乐主义等不利于廉政文化建设的思想，这些思想甚至对廉政文化的养成起负面作用，以致一些官员为了个人利益而模糊公权力的边界，服务于谋取私利。

总之，养成廉政文化，要学习和吸收全人类的优秀文化。首先要使民众了解这些文化，其次从思想层面接受和认可，将这些文化内化于心，最后通过具体的制度和规则将其外化于行。在中国当下，其路径在于：加强廉政文化的宣传教育、挖掘优良的家风文化、培植健康的组织文化，等等。

二、加强廉政文化的宣传教育

（一）宣传

宣传是促进全社会传播和吸收优秀文化的重要手段。宣传的受众广泛，可以将全体社会成员都包含进去，让民众置身于廉政文化的氛围之中，时刻受到它的影响，从而逐步内化为自身的价值观和行动。

---

① 李文：《东亚国家廉政文化建设比较研究》，载于《浙江社会科学》2005 年第 5 期，第 50～56 页。

1. 宣传者要具有公信力

关于"说服传播"研究[①]表明，传播者的声誉和公信力是决定传播效果的重要因素。传播文化时应当注意传播者具备良好的社会形象，同时可以通过树立榜样和典型的方式增加宣传的影响力。作为主要由政府组织开展或主导推动的文化宣传活动，要取得好的宣传效果，政府和政府官员必须具备良好的道德品质，做到诚信、廉洁、以民为本，才能赢得公众信任。

2. 宣传内容要有针对性

由于宣传的受众广泛，受教育程度、年龄、职业差别较大，不同的群体所关注的信息也截然不同，应当有针对性地设计宣传的内容。如对儿童的文化传播，可采用儿童喜爱的形式，如动画片、儿歌、寓言故事等。对于青少年来说，可以加入更多人际交往所需要的品德，如平等、互信、谦让、民主等。此外，还可以宣传模范人物事迹，让其了解学习廉政文化的原因、腐败的危害等。对于公职人员来说，可以向他们宣传当今廉洁程度较高的国家的社会风貌，以及廉洁奉公、勤政为民的精神。同时，有针对性地宣传党纪国法，通过真实的贪腐案例让其对腐败的危害有更深刻的了解。对于普通民众宣传内容主要是让其理解"事不关己"就是纵容腐败，对某些特殊行业也需要进行有针对性的教化宣传，如教师的"师德"、医生的"医德"等。

3. 充分利用各种宣传手段扩展宣传渠道

充分利用各种宣传手段和渠道，包括个体、组织、公众、语言、实物、媒体等，让民众充分学习和吸收廉政文化。第一，可以充分利用文化景观的宣传作用。建筑、雕塑等本身具有一定的象征意义，如江苏省常熟市的"碧水琴川"廉政文化主题公园等。第二，可以将各种艺术形式与文化相结合，如绘画、歌曲、戏曲、影视作品等都可以成为宣传的手段，增强亲和力、渗透力和感染力，提高民众的参与度。第三，媒体本身具有强大的宣传作用。我国香港特别行政区充分利用媒体的作用，通过电视、电台宣传短片、户外广告向市民宣传诚信廉洁的精神、腐败的危害、廉政公署的职能、举报电话等。如今，当地公民都知道廉政公署的一条公益广告："你和 ICAC 同行"。第四，要充分利用互联网的作用。一般来说，传播效果与人们接近和获得信息的费力程度成反比，人们越容易接近和获得信息，传播效果就越好。[②] 可以利用智能手机、平板电脑以及车载移动设备等硬件设施，通过微博、微信或制作专门的人类优秀文化的 App 等方式来宣传人类的廉政文化。

---

① 樊昌志、王勇、唐晓玲：《传播学应用教程》，湖南人民出版社 2008 年版，第 210 页。
② 王勇：《廉政文化传播概论》，中国政法大学出版社 2015 年版，第 37 页。

（二）教育

邓小平多次强调："改善社会风气要从教育入手。"[1] 而教育最重要的原则之一就是要因材施教，针对不同的年龄、不同职业的群体采用有针对性的教育方式，构建一个全方位的文化教育体系。

青少年的大部分时间都是在学校度过的。所以，学校的教育对其人格的培养和价值观的形成具有重要作用，也决定着我国未来社会廉洁健康的程度。对他们应该施以正面教育，向他们传授人类一切优秀的品质。世界上很多国家都通过教育来培养青少年的道德感，并取得了很好的效果。例如，韩国小学教学课程中就设置了反腐败的内容；英国直接开设道德教育课程，还通过文学、艺术、历史等学科进行教育，帮助学生树立崇高的理想和高尚的情操。

就公职人员和党政领导干部来说，首先，应对其进行普遍的道德教育。其次，可以将文化教育纳入公务员培训的内容当中，并通过经常组织开展部门学习、召开专题会集中学习、举办讲座、分组座谈交流心得体会、撰写学习心得等方式进行廉政文化的教育。对新入职的公职人员或新晋升的领导干部需要对其进行系统的文化培训教育，端正工作态度，防止腐败思想滋生。

对于社会大众，由于人数众多，且较为分散，受教育程度差别较大，难以进行大规模的集体学习。可以通过网络和移动终端的自主学习方式，使他们了解廉政文化，也可充分发挥社区、街道、公民自治组织、工作单位的力量，小范围地进行集体学习和交流。

三、挖掘优良的家风文化

习近平指出："不论时代发生多大变化，不论生活格局发生多大变化，我们都要重视家庭建设。"[2] 家风是一个家庭或家族长期以来形成的能影响家庭成员精神、品德及行为的一种传统风尚和德行传承。

（一）意义

"领导干部要把家风建设摆在重要位置，廉洁修身、廉洁齐家。"[3] 领导干部

---

[1] 《邓小平文选》第三卷，人民出版社 1993 年版，第 144 页。

[2] 习近平：《在二〇一五年春节团拜会上的讲话》，载于《人民日报》2015 年 2 月 18 日。

[3] 习近平：《坚持全面从严治党依规治党 创新体制机制强化党内监督》，载于《人民日报》2016 年 1 月 13 日。

的家风建设已成为反腐倡廉工作的重要突破口。

第一，家风建设有利于遏制腐败。党的十八大后，随着党中央惩处腐败的力度加大，大批官员落马，有调查发现，80%的官员腐败案件都与家庭成员有着密切关系。[1] 其中，全国政协原副主席苏某，有十余名家庭成员涉案，可谓夫妻联手、父子上阵、兄弟串通、七大姑八大姨共同敛财，"我家成了'权钱交易所'，我就是'所长'，老婆是'收款员'。"[2] 而中纪委在通报河北省委原书记、省人大常委会原主任周某某时首次用了"家风败坏"一词，明确指出其对配偶子女放任纵容。广东省水利厅原厅长黄某某，与妻子、儿子一道编制了一张腐败的大网，其妻子充当着赃款的操盘手，甚至大肆索贿，儿子移居海外，常年向不法商人"借款"或"入干股"，形成"老子在国内给人办事，儿子在境外大肆收钱"的腐败链条。这样的病态家风让黄某某为官20多年，受贿近2亿元。[3] "一人得道，鸡犬升天"，直接导致了腐败的肆虐。

第二，"家是最小国，国是千万家。"家风建设有利于改善党风、政风、民风，重塑党的形象、巩固党的执政地位。"领导干部的家风，不是个人小事、家庭私事，而是领导干部作风的重要表现。"[4] 一个执政党的良好党风政风与广大领导干部的良好家风密切相关。依"法"治家，方能塑造刚正之风；以"廉"守家，方能塑造清正之风；以"俭"持家，方能塑造质朴之风。

第三，家风建设有利于廉政文化的传播和继承。中华民族从古至今有非常强烈的家庭观念。家规、家训对于家庭成员的约束有时甚至比一个国家的制度和法律更有效、更长久。如果每个家庭都能树立诚信、节俭、不贪不占的精神，廉洁精神将在整个社会得以传播，廉政文化也将由此建立。如果家风正，家庭成员人人尚廉，那么这种风气很可能通过家教代代相传，廉洁文化也就得以继承和发展。

（二）内容

"将教天下，必定其家，必正其身。"[5] 中华民族自古以来非常重视家风的建设，形成了家训、家诫、家规、家法、家制、家礼、家言、家诰、家书等，形式繁多。《孔氏祖训箴规》《朱子家训》《颜氏家训》《曾国藩家书》《郑氏家书》

---

[1] 曾伟、洪哲熙：《"全家腐"敲响家风警钟：反腐管到"家"，才算管到家》，人民网，2016年2月5日。

[2] 《中纪委机关报批全家腐：家风败坏祸起萧墙》，新华网，2016年3月30日。

[3] 《莫让病态家风成为腐败"帮凶"》，中国共产党新闻网，2015年10月10日。

[4] 《习近平给领导干部的"治家箴言"》，人民网，2016年5月8日。

[5] 赵湘：《南阳集·本文》。

等都是古代家风论著中的经典。从内容上来看，我国家风内容涵盖面非常广泛，主要归纳为四个方面："勉学""修身""齐家""治国"。

1. 勉学

我国古代的家规、家训中常常涉及对个人学业的要求。有些家训劝勉家庭成员及早学习，对后代及早教育。如孟母训子，始于胎教；《颜氏家训》中讲，"俗谚曰：'教妇初来，教儿婴孩。'诚哉斯语！"有些家训涉及学习方法，如康熙《庭训格言》，"学而能日新，则缉熙不已，造次无忘，旧习渐渐而消，至趣循循而入，欲罢不能，莫不知所以然而然。"还有的家训体现了对于实践经验和社会历练的重视。如林则徐在给儿子的信中说：读书贵在用世，而全无阅历，亦岂所宜！……此间名师又多，吾儿来后，更可问业请益，以广智识。近代以来，随着时代剧烈变化，有些仁人志士对学习的观念也开始转变，如曾国藩教育子弟反对封建迷信，学习自然科学知识。我国的开国元勋罗荣桓告诫其子罗东进：加倍努力，集中精力学习，不要纠缠于一些生活小节，耗费自己时光。

2. 修身

我国的传统家风文化非常注重个人品性的修养。陶渊明教子贫不失志；魏晋时期文学家嵇康训导其子嵇绍："人无志，非人也"。《颜氏家训》中"行诚孝而见贼，履仁义而得罪，丧身以全家，泯躯而济国，君子不咎也。"这体现出古代家庭教育后代视节操比生命还重。此外，我国自古以来还有"行善、向善"的家风。刘备教导其子刘禅"勿以恶小而为之，勿以善小而不为。"节欲忌贪也是家风文化的重要内容。例如，东晋时的颜含即留下遗训："汝家书生门户，世无富贵，自今仕宦不可过二千石，婚姻勿贪世家。"谦虚、谦让、务实的美德也一直通过家教而流传至今。由此可见，志向高远、谦虚务实、正直善良、诚实守信等都是我国传统家风文化中的重要内容。

3. 齐家

由于我国古代家庭结构与现代不同，古代实行一夫多妻制，期盼人丁兴旺。一些家族由于人口较多，所以通常会制定一些制度以规范家庭成员的行为，方便管理。例如，明代"江南第一家"的郑氏家族设置了家政管理机构并制定了相关制度，各司其职，并有人专门负责监督。"礼"也是"齐家"的一个重要方面。"礼"规定了家庭成员的孝悌人伦、长幼尊卑和行为规范。就家庭消费方面，我国一直将"节俭"作为优良家风。《郑氏规范》中指出："家业之成，难如登天，当以俭素自绳是准"。我国的老一辈革命人更是继承了节俭的优良传统。任弼时经常教育子女要爱护国家资财，节省开支，勤俭持家。

4. 治国

忧国忧民、胸怀天下的爱国主义情怀一直流传至今。这样的精神也常见于古人的家风文化中。"岳母刺字"的故事妇孺皆知。颜之推视家训的最终目的是使子孙们成为"国之用材"。很多官宦之家的家训、家规涉及不少有关为官之道、治理国家的内容。其中，古人的家教非常重视廉洁品质的养成。《郑氏规范》中特别强调："不可一毫妄取于民"[1]，周公教诫成王要戒逸乐，恤百姓"无淫于观、于逸、于游、于田。"[2] 另外，不少家风中都包含了为官要务实、勤政。林则徐告诉后代，出仕做官不应为了利禄、权位，而是为了"致君泽民"[3]。

（三）方法

2015 年印发的《中国共产党廉洁自律准则》第八条便是"廉洁齐家，自觉带头树立良好家风"。家风建设无疑已成为党员领导干部的必修课。然而，由于时代的进步，过去的一些家风，已经不适用于当今时代，如何将传统家风与时代精神相结合，成为很多家庭共同面对的问题。

第一，良好的家风要以互相尊重、人格平等的家庭成员关系为基础。传统的家庭关系主张家庭成员之间要遵守严格的等级次序，这样的家长制作风已经不是民主社会所提倡的了。要建设良好的家风，家庭成员之间在人格上应当是互相平等、互相独立的。夫妻之间在事业上要互相支持，给予对方正确的、积极的建议，相亲相爱，共同进步，而不是狼狈为奸，同流合污，沆瀣一气。亲子之间也应当建立良好的关系，父母不能过分宠爱孩子，子女也不能过度依赖父母。

第二，思想教育是树立良好家风的重要途径。由于现代社会竞争激烈，所以教育的功利性也越来越强，往往重视知识教育而忽视思想道德教育，由此呈现出了"能人腐败"的现象。然而，思想是行动的先导。优良家风的树立离不开对于家人的思想教育。领导干部应当注重在日常生活中向家人传递正确的权力观、正确的名利观和传统美德、时代精神，领导干部要适应时代发展的要求，把一些积极的价值观纳入家风建设中，尤其要强调自强、自律的精神，也可以以简单的家训、格言等时刻警醒家人。对于子女来说，应当从小就注重其品德的培养，将优良的家风文化根植于其心中。

第三，要形成良好的家风，树立家规是关键。传统家庭，尤其是古代的一些名门望族，往往家庭成员众多，几代人共同居住，需要一套完善的管理制度来维持秩序。在制定家规时，最重要的一条原则就是要具体。《颜氏家规》、《袁氏世范》、曾国藩家训等，都详细说明了其家规的实际操作方法，甚至包括什么时间

[1] 徐永明：《文臣之首：宋濂传》，浙江人民出版社 2007 年版，第 58 页。
[2] 孔子：《尚书》，吉林文史出版社 2017 年版，第 175 页。
[3] 斯人编：《名人家训》，江苏文艺出版社 1994 年版，第 334 页。

做什么事，相关的奖惩措施、监督制度等，可以说事无巨细。虽然当今大部分家庭不需要如此完备、详细的规矩，但对于不能做的事，家规中应当明确规定。领导干部对于家规的遵守是树立良好家风的重要保障，家庭成员之间要相互监督，面对任何家庭成员出现的不良思想应当及时纠正，对于违反家规的行为应当及时制止。这样家人互相之间才能够相互约束，形成坚固的"防腐墙"。

第四，良好家风的形成还需要来自外部的宣传和监督。为了确保领导干部能够意识到家风建设的重要性并积极地进行家风建设，电视、广播、网络等媒体应当大力宣传良好家风对于建设廉洁社会的意义。另外，家庭腐败较为隐蔽，是政府监管的盲区，所以，应引起足够重视。家风建设组织纪检部门要建立定期巡查制度，走访领导干部家属子女的工作单位和生活圈子，把家属子女生活奢不奢、手脚净不净、形象好不好等作为组织监督内容。在外部监督机制上，积极拓宽社会群众监督渠道，建立信访举报制度，广泛接受媒体及社会监督。对领导干部的"生活圈""社交圈""亲情圈"等 8 小时之外的活动进行全面考察，让领导权力行使各个环节及其家属行为置于有效的制度监督下。①

四、培植健康的政治文化

习近平在党的十八届六中全会第二次全体会议上指出："党内政治生活、政治生态、政治文化是相辅相成的，政治文化是政治生活的灵魂，对政治生态具有潜移默化的影响。要注重加强党内政治文化建设""不断培厚良好政治生态的土壤"。② 这段论述清晰地阐明了党内政治生活、政治生态和政治文化的相互关系，指明了党内政治文化建设的重要地位，因此，必须在全党提倡和培育积极健康的党内政治文化。

（一）政治文化释义

政治文化，是一个国家中的阶级、团体和个人，在长期的社会历史文化传统的影响下形成的某种特定的政治价值理念。③ 马克思主义认为，任何社会占统治地位的思想都是统治阶级的思想。社会主义国家所倡导的政治文化是代表最先进生产力发展要求和最广大劳动人民根本利益的马克思主义政治文化。

---

① 吴根平：《领导干部的家风建设不可小视》，载于《中国党政干部论坛》2014 年第 1 期，第 71 页。
② 习近平：《在党的十八届六中全会第二次全体会议上的讲话（节选）》，载于《求是》2017 年第 1 期。
③ 王惠岩：《政治学原理》，高等教育出版社 1999 年版，第 231 页。

中国共产党的党内政治文化，简称"党内政治文化"，是我国政治文化的主体和核心，它是指"以马克思主义为指导、以中华优秀传统文化为基础、以革命文化为源头、以社会主义先进文化为主体、充分体现中国共产党党性的文化"。[①]党内政治文化的本质是中国工人阶级和其他劳动人民的根本利益的表达方式和实际体现方式。因此，中国共产党党内政治文化区别于世界其他国家的政党文化，它不仅代表中国共产党的意志和主张，同时反映了广大人民的根本利益，实现了党性和人民性的高度统一，属于先进的政治文化。

（二）积极健康党内政治文化的基本要求

在我国，发展健康的政治文化最主要和最根本的就是发展积极健康的党内政治文化。也正是党内政治文化的浸润滋养，以文化"正心修身"，把"人"管好，从而把"权"管好、把"事"做好，才能最终实现"不想腐"的反腐败长效机制。

积极健康的党内政治文化，基本要求是：坚持"三严三实"，大力弘扬忠诚老实、公道正派、实事求是、清正廉洁等价值观，充分利用各类爱国主义教育基地和党性教育基地对广大党员干部进行教育和熏陶，增强党员干部的政治定力、纪律定力、道德定力、拒腐定力。大力倡导清清爽爽的同志关系、规规矩矩的上下级关系、干干净净的政商关系，弘扬正气、树立新风。推动中华优秀传统文化创造性转化、创新性发展，培育党员干部政治气节、政治风骨。发扬革命文化，传承红色基因，弘扬革命精神，教育党员干部正确处理公和私、义和利、是和非、正和邪、苦和乐的关系。弘扬社会主义先进文化，推进社会主义核心价值观宣传教育，引导党员干部带头做社会主义核心价值观的坚定信仰者、积极传播者、模范践行者。坚决抵制庸俗腐朽的政治文化，自觉抵制商品交换原则对党内生活的侵蚀，狠刹权权交易、权钱交易、权色交易等不正之风，破除关系学、厚黑学、官场术等封建糟粕，坚决防止和反对个人主义、分散主义、自由主义、本位主义、好人主义，坚决防止和反对宗派主义、圈子文化、码头文化。[②]

（三）新时代党内政治文化建设面临的挑战

党内政治文化从其属性上来看是先进的政治文化，但并不意味着它不具有负面消极的因素，任何事物都具有两面性，有阳必有阴，有明必有暗，有先进就必然有落后，有学者指出："一些落后乃至腐朽的政治文化也侵蚀了党内政治文化，

---

① 曲青山：《加强党内政治文化建设》，载于《理论导报》2017 年第 1 期。

② 《中共中央关于加强党的政治建设的意见》，中华人民共和国国防部网站，2019 年 2 月 27 日。

这就使得党内政治文化的现实形态中客观地存在着一些不良的政治文化。"① 而这些腐朽落后的政治文化，正是导致一段时期以来党内政治文化建设遭遇困境的重要原因。

从历史唯物主义观看，文化属于上层建筑，其核心是社会意识形态，它反映经济基础并受经济基础的制约。但文化又有其相对独立性，各民族文化各有其历史形成的特点并反作用于经济基础。这恰恰表明当前党内政治文化建设所面临的两方面挑战：一方面，自改革开放以来，我国逐步开始实行社会主义市场经济体制，社会经济发展迅猛，社会大众对于商品交换原则的认可度与日俱增；另一方面一些党员干部错误地将商品交换原则带入政治领域，将手中的权力作为商品，同商人进行利益交换，由此引发了权钱交易、权色交易等腐败现象，这实质上是商品交换原则的错位造成的。由于一段时期以来存在的管党治党宽松软现象，这种商品交换原则在政治领域的错位不仅没有得到很好的遏制，反而变本加厉，发生了诸如辽宁贿选案、山西"塌方式腐败"等触目惊心的案例，对这些案件进行深层次的解析，可以发现，一方面政治生态被严重污染，拜金主义、唯利主义、享乐主义、奢靡之风盛行，严重侵蚀了先进的党内政治文化；另一方面尽管我国2 000多年的封建帝制在近代终结，但是其遗毒未清，残留的腐朽政治文化时至今日仍然影响着党内政治生活。从党的十八大以来查处的违纪违法案件看，封建腐朽文化主要有三层：一是封建迷信文化，主要反映在一些党员干部愚昧无知，不信马列信鬼神，丧失马克思主义理想信念；二是官本位文化，主要体现在一些地方基层官僚主义盛行，一些党员干部从政不为民反为己，为达成政治地位的提升不择手段，搞关系学、"潜规则"；三是官场"圈子文化"，这种文化影响最为恶劣，一旦形成，便会对地方上的政治生态造成结构性破坏，主要体现在党内部分干部尤其是高级干部唯我独尊，大量拉拢亲信，搞封官许愿，由此形成以"西山会"为代表的党内利益集团，严重破坏党内团结，对党内政治文化建设造成不可估量的危害。

（四）发展健康党内政治文化的路径

习近平强调："要注重加强党内政治文化建设，倡导和弘扬忠诚老实、光明坦荡、公道正派、实事求是、艰苦奋斗、清正廉洁等价值观，旗帜鲜明抵制和反对关系学、厚黑学、官场术、'潜规则'等庸俗腐朽的政治文化，不断培厚良好

---

① 李斌雄：《用先进文化的自觉自信引领党内政治文化建设》，载于《人民论坛》2017年第8期，第38~40页。

政治生态的土壤。"① 党内政治文化建设从本质而言是思想建设，从核心要义来看必须突出政治建设，从形式上来看必须依托于作风建设，从长远性来看必须将制度建设贯穿始终。因此，必须充分发挥习近平新时代中国特色社会主义思想的引领作用，以党的政治建设为统领，从严管党治党，扎紧制度的笼子，培育积极健康的党内政治文化。

正本清源，自觉培育先进文化、抵制落后文化。重视思想建设是中国共产党自革命战争时期以来的优良传统。要坚持开展严肃认真的党内政治生活，让每一位党员在日常生活中养成学习党的先进理论的好习惯，学在日常，抓在日常，久久为功，不断以先进政治文化荡涤落后腐朽文化，形成吸收—过滤—净化的良性循环。

咬定青山，坚定马克思主义政治立场毫不动摇。旗帜鲜明讲政治是我们党作为马克思主义政党的根本要求。坚持"三严三实"，大力弘扬忠诚老实、公道正派、实事求是、清正廉洁等价值观，充分利用各类爱国主义教育基地和党性教育基地对广大党员干部进行教育和熏陶，增强党员干部的政治定力、纪律定力、道德定力、拒腐定力。

求真务实，密切保持党同人民群众的血肉联系。加强作风建设是推进全面从严治党的重要内容，必须将作风建设同党内政治文化建设结合起来，坚决反对形式主义、官僚主义、享乐主义和奢靡之风，提倡先进文化，树立优良作风，二者相辅相成，有机结合。

夯实根基，构建比较完善的党内法规制度体系。要长久地培育和发展积极健康的党内政治文化，离不开严密的党内法规制度体系作为保障。必须在全体党员中定期开展学习党章党规活动，扎实推进《关于新形势下党内政治生活的若干准则》《中国共产党廉洁自律准则》等党内法规落到实处，让制度之网越织越密，加快培育先进党内政治文化形成常态化制度化的机制。

---

① 《习近平关于全面从严治党论述摘编》，中央文献出版社 2016 年版，第 74 页。

第六章

CSO立体反腐败体系制度向度

制度是一个十分复杂的范畴，CSO立体反腐败体系中的"S"——廉政制度，并不具备广泛的意义，而是具有特定内涵，即是指规制公职人员行为的正式规范，包括成文的或虽然没有形成文本但具有约束力的规定、规矩、程序和行动准则。在我国，廉政制度的内涵包括党的纪律和国家法律，其外延与"C"（廉政文化）、"O"（廉政组织）具有严格的界限，也就是说不包括广泛意义上以文化和组织形态存在的制度。CSO反腐体系廉政制度具有特定的场域、约束力、责任边界和惩戒规定，并发挥着指引、规范和评价三个方面的功能，对掌握公权力的权力主体行为分别从事前、事中、事后进行调整，达到预防和惩治腐败的目标。健全的廉政制度显然是防止利益冲突、规制权力运行、压缩腐败利益当然的需要，但要切实发挥其反腐效能，就必须克服与制度伴生的种种困惑，通过制度建设防止利益冲突以减少权力主体腐败动因的产生、挤压权力空间以防止权力的恣意滥用、提升腐败成本以挤压腐败收益。

第一节 制度向度基本问题

制度一般指某一组织或群体要求成员共同遵守并成文的规定、规矩、程序和行动准则，包括在一定历史条件下形成的法令、礼俗等带有强制性的规范。廉政制度则是一种特定的制度，或者说是制度的一种特殊形态，具有特定的场域、约束力、责任边界和惩戒规定。

一、廉政制度的定义

（一）关于制度的讨论

关于制度的定义，可以追溯到 1899 年的凡勃伦："制度实质上就是个人或社会对有关某些关系或某些作用的一般思想习惯，而生活方式所由构成的是，在某一时期或社会发展的某一阶段通行的制度的综合，因此从心理学的方面来说，可以概括地把它说成是一种流行的精神态度或一种流行的生活理论。"[1] 其后，康芒斯认为制度无非是集体行动控制个人行动的一系列行为准则或规则。艾尔森纳把制度定义为一种决策或行为规则，后者控制着多次博弈中的个人选择活动，进而为与决策有关的预期提供了基础。尼尔认为从广义上讲，制度意指一种可观察且可遵守的人类事物的安排，它同时也含有时间和地点的特殊性而非一般性。舒尔茨说"我将一种制度定义为一种行为规则，这些规则涉及社会、政治及经济行为。"[2] 诺思认为"制度是一系列被制定出来的规则、守法秩序和行为道德、伦理规范，它旨在约束主体福利或效应最大化利益的个人行为"[3]；罗尔斯则将制度理解为"一种公开的规范体系"[4]。樊纲从规则的角度指出："所谓制度，是由当时在社会上通行或被社会所采纳的习惯、道德、戒律、法律（包括宪法和各种具体法规）、规定（包括法律制度的条例）等构成的一组约束个人社会行为，因而调节人与人之间社会关系的规则"[5]。

综上所述，制度（systems）最一般的含义是在一个社会组织或群体中要求其成员共同遵守的办事规程或行动准则，也是指以规则或运作模式规范个体行动的一种组织或群体秩序。在国家出现以后，制度有了更为严格的意义，例如，法令和一些成文的规矩，因此可以把制度定义为：一般指某一组织或群体要求成员共同遵守并形成正式文本的规定、规矩、程序和行为准则，包括在一定历史条件下形成的法令、礼俗等带有强制性的规范。

---

① ［美］凡勃伦著，蔡受百译：《有闲阶级论》，商务印书馆 1964 年版，第 139 页。
② 宋圭武：《政治制度之我见》，中国制度经济学年会会议论文，2006 年。
③ ［美］道格拉斯·C. 诺思著，陈郁、罗华平译：《制度、制度变迁与经济绩效》，上海三联书店 1994 年版，第 3 页。
④ ［美］罗尔斯著，何怀宏等译：《正义论》，中国社会科学出版社 1988 年版，第 50 页。
⑤ 樊纲：《渐进式改革的政治经济学分析》，上海远东出版社 1996 年版，第 6 页。

（二）廉政制度的定义

"廉政"一词，可见于《晏子春秋·问下四》："廉政而长久，其行何也？""廉"的本义是指清白、干净，用于社会政治领域是指公正、正直，"政"是指政治、政务之义；因此"廉政"是指权力主体在从事公务的过程中，能够秉公执法、没有谋取个人私利。廉政制度符合制度的一般构成要件，是制度的特殊表现形式，是制度在廉政治理领域的具体体现。相较于其他社会调整规则而言，廉政制度具有以下的特征。

1. 廉政制度是人类理性的产物

在现代社会中，习俗、道德、宗教是重要的社会调整规则，但这些规则都是人类社会在长期的演变过程中自发形成的，并非人类理性刻意追求的产物；而廉政制度则是社会为了追求廉洁公正的目的，通过调整国家权力主体的行为，而专门制定的行为规范。很显然，廉政制度是理性的产物。

2. 廉政制度的场域具有针对性

所谓制度的场域是指其作用的对象、时间、空间和其他事项。廉政制度则是专门针对权力主体廉洁从政而制定的成文纪律、法律和各项规章，并存在一定价值取向。从对象来说，中国古代有所谓"刑不上大夫"，部分特权阶层就游离于制度的场域之外。而自党的十八大以来，"没有铁帽子王"，任何人都是廉政制度的规制对象。从时空来说，廉政制度是为了抑制特定主体的腐败而制定的各种行为规范，而不同时期的权力主体的腐败形式是不一样的，腐败的危害性也不相同。因此，结合不同的社会时空条件，廉政制度应当根据不同腐败的类型和特征进行有针对性的调整。在这过程中，廉政制度往往会随着社会客观情形的变化而进行一定的变更，从而体现出动态性、可变性的特征。

3. 廉政制度的约束力具有强制性

在廉政制度的场域中，不可逾越其边界，否则就要受到相应的惩罚，也就是说其约束力是强制的，"违纪必查，违法必究"。例如，许多国家都有反腐败的相关法律，瑞典的《反行贿受贿法》、挪威的《行政公开法》、新西兰的《公务员行为准则》、美国的《联邦反腐败行为法》、新加坡的《防止贪污法》等。在中国，除了正在逐步建立健全的反腐败相关法律外，还有中国共产党的党内法规也是廉政制度具有中国特色的、重要的、不可或缺的组成部分。而且，廉政制度的强制性还在于其往往由国家特定机构加以强制执行。与这些责任相对应的是纪检部门、公检法机关、监狱等强制执行部门。

4. 廉政制度内含明晰的惩戒假定

制度之所以可以对个人行为起到约束的作用，是以有效的执行力为前提的，即有强制力保证其执行和实施，否则制度的约束力将无从实现，对人们的行为也将起不到任何的规范作用。可以说是执行力将制度由静态转变为了动态，赋予了其能动性，使其在执行中得以实现约束作用，证明自己的规范、调节能力，从而得以被人们遵守，才真正成为制度，廉政制度也是如此。廉政制度的惩戒假定就是如果违反了制度的要求所应承担的后果，是廉政制度发挥其抑制腐败、限制公权力滥用的保障。

二、廉政制度的场域

廉政制度的场域是指其作用的对象、时间、空间，即规则在什么时间、空间、何种情境下对什么人具有约束力，它实际指出了规则适用的条件和具体情形。从法理学看来就是廉政制度的"假定条件"，即"经过对事实状态中相关条件和情况的归纳与抽象并将其规定在法律中，从而构成具体运用某一法律规则的前提条件"①。

（一）廉政制度的作用对象

廉政制度的作用对象，是指廉政制度对什么人适用。廉政制度的调整目标是打击因公权力的滥用延伸出来的腐败行为，因此，廉政制度的作用对象主要是指从事公务活动的人员。在我国，也称为"国家工作人员"。《中华人民共和国刑法》（以下简称《刑法》）第九十三条规定："国家工作人员，是指国家机关中从事公务的人员。国有公司、企业、事业单位、人民团体中从事公务的人员和国家机关、国有公司、企业、事业单位委派到非国有公司、企业、事业单位、社会团体从事公务的人员，以及其他依照法律从事公务的人员，以国家工作人员论"。其中，在国家机关中从事公务的人员，又具体分为在立法机关、行政机关、司法机关、军事机关等从事公务的人员。然而，除了国家工作人员外的其他人员也会利用公权力进行腐败，即"利用影响力的腐败行为"。这类主体通常包括国家工作人员的家属、亲戚、朋友等，无论其本人是否知情，这种利用影响力的行为本质上仍是对国家公权力的一种侵犯，也是一种腐败行为。因此，与国家工作人员关系密切的人也是廉政制度的规制对象。但这类主体的范围如何认定，则是一个法律在逐步完善过程中应加以思考的问题。如我国法律规定的利用影响力受贿罪的主体为"国家工作人员的近亲属或者其他与该国家工作人员关系密切的人、离职的国家工作人员或者其近亲属以及其他与其关系密切的人"；而《联合国反腐

---

① 付子堂：《法理学初阶》第五版，法律出版社2015年版，第143～144页。

败公约》中则将上述主体规定为"权力主体或者其他任何人员"，其范围明显要广得多。

（二）廉政制度的作用空间

廉政制度的作用空间，是指廉政制度在什么地域内对腐败行为加以适用。通常情况下，一个国家的规章制度在其领土范围内（包括领陆、领水、领空）适用，这是属地管辖区的体现。因此在一国领土范围内的腐败行为，廉政制度自然会加以调整。那么，对于国家权力主体在国外的腐败行为，本国的廉政制度应否加以调整呢？对此，《刑法》第七条第二款规定，"中华人民共和国国家工作人员和军人在中华人民共和国领域外犯本法规定之罪的，适用本法。"可见，对于国家工作人员在国外的腐败犯罪行为，现有的法律是一律加以调整的。同样，对于权力主体在域外的腐败违法行为，廉政制度也应将其纳入调整范围。

（三）廉政制度的作用时间

廉政制度的作用时间，是指廉政制度对在什么时间内的行为加以适用。廉政制度中的时间要素，主要包括两个大的方面：一是对公权力的有效调整期限。关于对公权力的有效调整期限，即主要探讨对权力主体在何时进行的"钱权交易"问题加以规制。对此，我国法律对于权力主体的腐败行为通常并没有规定明确的时间，如对于受贿罪，我国《刑法》第三百八十五条规定"国家工作人员利用职务上的便利，索取他人财物的，或者非法收受他人财物，为他人谋取利益的，是受贿罪"。由于国家工作人员在任期内都算是国家工作人员，故不论其是否为工作时间，只要在其任期内，行为人都应受到该制度的约束。此外，现实中也出现了在任期期间为他人"谋利"而退休后"取财"的情形，因此有司法解释也明确规定了"国家工作人员利用职务上的便利为请托人谋取利益，并与请托人事先约定，在其离职后收受请托人财物，构成犯罪的，以受贿罪定罪处罚"。二是廉政制度的时效问题，主要是解决对于违反廉政制度的行为，在何种期限内可以对当事人予以追究。基于社会稳定的考虑，在通常情形下，国家对超过一定期限而未被发现的腐败行为，往往不再予以追究。如《刑法》第八十七条规定"（一）法定最高刑为不满五年有期徒刑的，经过五年；……（四）法定最高刑为无期徒刑、死刑的，经过二十年。如果二十年以后认为必须追诉的，须报请最高人民检察院核准。"但针对廉政制度的时效问题，也有人提出要实行"终身追责制"[1]。

---

[1] 赵兵：《一朝腐败，终生追责》，载于《人民日报》2015年2月17日。

三、廉政制度的行为约束

廉政制度的行为约束，是指廉政制度对行为人的行为标准和行为方式做出的具体要求和规定，是廉政制度的核心。

（一）行为方式的类型

廉政制度规制的行为模式包括"可为模式""应为模式""勿为模式"三种。

1. 可为模式

可为模式是指对于前置的假定条件，行为主体可以选择从事某种行为；其抽象结构可表达为"如果……，则可以……"。"可以"是一种授权性用语，因此这种类型的廉政制度，也就成为授权性制度；表明当符合前置条件时，行为主体有权决定从事某种行为也可以选择放弃从事某种行为，具体的选择权由当事人自行决定。如《中华人民共和国行政监察法》第二十一条规定，"监察机关在调查贪污、贿赂、挪用公款等违反行政纪律的行为时，经县级以上监察机关领导人员批准，可以查询案件涉嫌单位和涉嫌人员在银行或者其他金融机构的存款；必要时，可以提请人民法院采取保全措施，依法冻结涉嫌人员在银行或者其他金融机构的存款。"

2. 应为模式

应为模式是指对于前置的假定条件，行为主体应当选择去从事某种行为；其抽象的结构可表达为"如果……，则应当/必须/有义务/只能……"。"应当、必须、只能"等词汇不同于"可以"，是一种明确性、单一性的用语，这类廉政制度也就成为一种附加义务性制度。在这类制度中，当前置的假定条件出现时，行为人只能按照要求的方式去从事某种行为，而没有选择其他方式的自由，否则行为人将承担不利的法律后果。如《中华人民共和国行政监察法》第三十七条规定，"有关单位和人员应当自收到监察决定或者监察建议之日起三十日内将执行监察决定或者采纳监察建议的情况通报监察机关"。

3. 勿为模式

勿为模式是指对于前置的假定条件，行为主体应当选择不去从事某种行为；其抽象的结构可表达为"如果……，则禁止/不得/不允许……"。勿为模式行为方式的表达中，实际也是采用了"应当"的表述，故禁止性规范在本质上也是一种义务性规范。不同于应为模式中行为人被赋予了积极从事某种行为的义务，勿为模式的行为人被要求不得从事某种行为，否则行为人将同样承担不利的法律后果。可见，应为模式和勿为模式在本质上具有一致性，两者都对应于不利的后果。实践中，规则的制定主体，会根据不同的情形，选择适用应为模式和勿为模式。在禁止性规范中，勿为模式是最常用的表达方法，如《中国共产党党员领导干部廉洁从政若干准则》第三条规定，"禁止违反公共财物管理和使用的规定，假公济私、化公为私。不准有下列行为：（一）用公款报销或者支付应由个人负担的费用"。

（二）行为方式的考量

对廉政制度规制对象行为模式的考量有两种情形：明确规定的行为模式和需要推定才能加以明确的行为模式。

1. 明确规定的行为模式

在某些廉政制度的规范中，主体的行为模式是明确加以规定的，这种规范主要有可为模式的行为规范和应为模式的行为规范两种。其中可为模式的行为规范，规定了主体可以从事某种行为，且由于主体具有一定的选择权，故实际上规范中隐含了主体可以选择从事两种或两种以上的行为方式；因此，可为模式的行为规范中，行为模式是一定要明文规定出来的，否则主体的选择权就会受到限制。在应为模式的行为规范中，主体应当按照规范的要求必须从事一定的行为；而主体从事具体的事项必须要求规范能给出明确的规定，从而使得主体能够知晓其具体的行为方式；因此，应为模式的行为规范中，行为模式也是一定要明文规定出来的。当然，尽管上述规范中，行为模式是被规定出来的，但该规范中的行为模式并不限于该规范本身来理解，还需要结合整体规范本身，考察规范中的一些其他要素，尤其是行为后果来加以整体理解。

2. 需要推定的行为模式

在勿为模式的廉政制度规范中，其行为模式很有可能是不加规定的；是否加以明文规定，则通常需要结合后果来确定。如果该规范中没有直接规定后果，由于行为主体不能知晓该行为是否禁止，则此时规则中必须规定行为模式，否则就不能发挥规则的指引作用；但是在有些廉政规则中，已经明确规定了消极的后果，而主体已经可以从后果中推导出不得从事相应的行为，此时就不需要对行为规范加以规定，否则规范就显得过于烦琐。如《刑法》第三百八十四条规定，"国家工作人员利用职务上的便利，挪用公款归个人使用，进行非法活动的，或者挪用公款数额较大，进行营利活动的，或者挪用公款数额较大，超过三个月未还的，是挪用公款罪，处五年以下有期徒刑或者拘役……"该条法律中，假定条件是"国家工作人员利用职务上的便利，挪用公款归个人使用，进行非法活动的，或者挪用公款数额较大、进行营利活动的，或者挪用公款数额较大、超过三个月未还的"，法律后果是"处五年以下有期徒刑或者拘役……"，行为模式应为"国家工作人员不得利用职务上的便利，挪用公款归个人使用，进行非法活动，或者挪用公款数额较大，进行营利活动，或者挪用公款数额较大，超过三个月未还"。但该条法律中，行为模式并没有规定，但可以通过不利的法律后果推导出该行为是法律所禁止的，是勿为的行为模式。

（三）行为方式的适用

廉政制度通过对权力主体行为的调整来达到抑制、消除腐败的目的。而行为模式的适用，可从"任意性制度"和"强制性制度"两种情形来分析。

1. 强制性制度适用的行为模式

对于特定时期矛盾凸显，需要加以重点整治的腐败行为，应当采用应为和勿为的行为模式。在腐败领域，贪污、受贿、挪用公款、私分公共财产等行为危害性巨大，在社会的各个时期都是被严厉打击的对象；对于此类行为，我国现有的法律是将其作为犯罪论处的，在法律、法规的调整中，也是采用的勿为模式的行为规范。此外，对于上述行为之外的，其他一些危害性较大的又得到社会公众所认可的行为，也应当采用应为和勿为的行为模式。如《中华人民共和国刑法修正案（八）》将权力主体关系密切的人利用影响力受贿的行为，就以犯罪加以论处；《中国共产党党员领导干部廉洁从政若干准则》规定，"不得在离职或者退休后三年内，接受原任职务管辖的地区和业务范围内的民营企业、外商投资企业和中介机构的聘任，或者个人从事与原任职务管辖业务相关的营利性活动"。

2. 任意性制度适用的行为模式

对于某些行为道德准则要求较高，多数社会公众尚难以做到，需要权力主体尤其是党员干部带头为之的，或者虽然具有一定的必要性，但在某一时期内尚难以在全体权力主体中推广的行为，则可以用任意性规范的形式加以规定。根据这类任意性规范，可以通过倡导的方式要求权力主体带头去做。对于权力主体积极响应完成的，则加以奖励；而权力主体未按照规定执行的，也不加以处罚。如在当下，要求领导干部"大公无私"的行为，虽然具有一定的必要性，但在我国尚处于社会主义初级阶段、社会条件也不完全成熟，强制推行并不适宜，则可采用倡导性质的任意性规范加以调整。

（四）行为方式的调整事项

廉政制度是对权力主体的行为进行约束，也就需要对公权力与私权力的关系进行调整。在通常情况下，对权力主体调整的事项越多，权力主体行使权力的空间也就越小，则腐败发生的可能性也更低。因此在一定意义上看，要想抑制腐败，就应当加大对权力主体的管理范围。另外，权力主体的行为虽应受制度的约

175

束，但过分的约束则可能造成两个方面的问题。

一是不利于权力的有效运行。权力主体在履行职务的过程中，为了更好地处理一些事务，往往需要发挥一定的自由裁量权。若制度规定得过于严苛，往往会限制权力主体合理限度的自由裁量空间，以至于不利于权力的有效运行。

二是可能会对权力主体的个人权利造成侵犯。对权力主体权力的限定，也就意味着其权利的受限。在这过程中，就涉及公权力和私权力的平衡、博弈问题。如果对公权力的限定过少，则权力腐败的空间就大；反之，若对公权力的限定过多，权力主体的私有权利则会受到不当限制，这既不利于权力主体应有权利的保障，从长远来看，也会使廉政制度在无形中受到抵制，进而不能发挥应有的功效。

因此，在确定廉政制度的调整事项时，应合理平衡好公权力与私权力之间的关系。结合我国的调整现状和廉政制度的应然价值规范而言，廉政制度的调整事项应主要包括以下几个方面。

（1）以权谋私。以权谋私的行为是腐败行为最集中也是最主要的表现形式。以权谋私在具体的现实中主要表现为贪污、挪用公款、受贿等行为。其中，"钱权交易"的贿赂行为最为突出。近几年的统计数据显示，贿赂犯罪已经占我国整体腐败犯罪的70%左右。对于以权谋私的腐败行为，应当加以重点打击，在廉政制度的规范中，应重点加以关注。

（2）不当收受财物。在许多情况下，权力主体索取或非法收受他人财物并为他人谋取利益；而某些下级机关对于上级机关或人员赠送财物的行为也没有明确的利益诉求。这种不当收受财物的行为，表面上并没有使得公权力被直接滥用，但同样损害了国家公权力的廉洁性，且从长远来看也为钱权交易埋下了隐患，因而也是一种危害较大的腐败行为。既有的廉政制度也对该类行为一直加以禁止，如"六项禁令"中明确指出，"各级党政干部不得以任何理由，包括下基层调研等收受下属单位赠送的土特产和提货券；各级领导干部一定要严格把关，严于律己，要坚决拒收可能影响公正执行公务的礼品、礼金、有价证券、支付凭证和商业预付卡"。

（3）工作作风。工作作风的好坏虽然不直接与财产利益挂钩，但作风中的挥霍、浪费行为同样也会严重影响到公务行为的廉洁性；且该类行为属于积极的、有意行为，与腐败行为关系较为密切，因此也是廉洁制度关注的重点。对此，我国的相关制度、规章已有一定的规定，如《中华人民共和国公务员法》第五十三条规定，"公务员必须遵守纪律，不得有下列行为：……（八）违反财经纪律，浪费国家资财"。"六项禁令"规定，"要规范出访活动，严格控制出访随行人员，严格按照规定乘坐交通工具；严格执行住房、车辆配备等有关工作和生活待遇的规定"。

（4）生活作风。权力主体的日常生活也对国家的廉政制度造成直接或间接的影响，对权力主体的日常生活进行一定的规制也是有必要的。我国原有的制度对这方面关注较少，近年来的廉政建设逐步对权力主体的日常生活也加以一定的限制，如《中华人民共和国公务员法》第五十三条规定，"公务员必须遵守纪律，不得有下列行为：……（十二）参与或者支持色情、吸毒、赌博、迷信等活动"；"六项禁令"规定，"各级党员干部一定要充分认识赌博的严重危害性，决不组织和参与任何形式的赌博活动"。

四、廉政制度的惩戒假定

廉政制度的惩戒假定，是指廉政制度中规定人们在做出违背行为模式的行为时，所应承担的相应结果。廉政制度相较于一般的廉政伦理、道德而言约束力的强制性，就来自对行为后果承担相应的责任，主要表现为道义责任、行政责任、刑事责任和违宪责任。

（一）道义责任

道义责任是指由于权力主体违反了廉政制度的相关规定，所承担的道义上的不利谴责。通常而言，违反了廉政制度应受到明确的制裁，制裁不同于道义谴责。但是，对于某些事项，廉政制度并没有明确限制主体"应为"或"勿为"，而是设置了让主体可自行加以选择的"可为"模式，即这类制度规范往往是一种倡导性的规范。而之所以规定为倡导性，是由于这类规范往往设置的要求较高，在一定时期内只能寄希望被规范的对象能自觉遵守，并发挥带头作用。对于遵守规范的，往往鼓励，而不能遵守规范的，则并不给予明确的制裁措施。此时只能给予舆论、道义的谴责，也即让其承担道义责任。

（二）行政责任

行政责任是指由于权力主体在公务活动中违反了廉政制度的相关规定，因而所承担的责任。行政责任包括行政处罚和行政处分，但对权力主体而言，因职务行为而实施的违法行为，通常只给予行政处分。行政处分的内容包括：警告、记过、记大过、降级、撤职、开除六种。如《行政机关公务员处分条例》第二十三条规定，"有贪污、索贿、受贿、行贿、介绍贿赂、挪用公款、利用职务之便为自己或者他人谋取私利、巨额财产来源不明等违反廉政纪律行为的，给予记过或者记大过处分；情节较重的，给予降级或者撤职处分；情节严重的，给予开除处分"。行政责任通常对于轻微的违反廉政制度的行为会产生作用；对于严重的行为，则难以起到有效的惩戒作用。

（三）刑事责任

刑事责任是指由于权力主体利用职权实施的违反廉政制度的行为，情节严重以致构成犯罪，从而受到的刑罚制裁措施。刑事责任相对于其他类型的责任而言，是制裁后果最严厉的，包括剥夺当事人的公权力、财产、自由甚至生命。就打击腐败而言，刑事责任能够大大提升腐败成本，压缩腐败的利益空间，是十分重要的反腐败工具。另外，刑事责任的不当扩大，则可能导致人权被侵犯。正因为此，各国通常只将最严重的腐败行为认定为犯罪。我国在对贪污、受贿、挪用公款、巨额财产来源不明等行为认定为犯罪时，对其行为方式、对象、数额、期限等都做了严格的限定。

（四）违宪责任

违宪责任是指由于权力主体违反了廉政制度的规定，而受到宪法给予的制裁。违宪责任在我国运用得并不广泛，但随着近年来，宪法的地位和作用逐步被社会认知，违宪责任也更多地被运用。违宪责任的特殊性，在于其主要表现为一种领导上的、政治上的责任；违宪责任主要包括：弹劾、罢免、撤销、宣告无效、拒绝使用和取缔政治组织。在我国，由全国人大常委会来进行违宪责任的认定。如对于权力主体违反廉政制度规定情节严重的，除依法承担行政责任或刑事责任外，还有可能承担被罢免的违宪责任。

第二节　廉政制度反腐功能

廉政制度的功能是实现其目标的基础，亦即通过对掌握公权力的权力主体行为的规制，具体表现为指引、规范和评价三个方面的功能，分别从事前、事中、事后对行为主体调整，达到预防和惩治腐败的目标。

一、廉政制度功能释义

廉政制度的功能首先应具有制度的一般功能。诺思认为，"在历史上，人类制度的目的是要建立社会秩序，以及降低交换中的不确定性，并为经济行为的绩效提供激励"[①]，因而制度的功能就是有效约束人们反道德和机会主义的行为，从而减少不确定性和风险，稳定性和可辨别性得到改善。J. R. 康芒斯、阿尔奇安和德姆塞茨认为，制度帮助人们形成那种在他与别人的交易中可以合理把握的预期。哈耶克也认为制度提供了人类消除无知和不确定性的行为基础。米契尔也指出，制度使行为达到一定程度的标准化和可预见性。从更广泛意义上说，制度作为社会规范的一种重要而有力的手段，具有社会协调和整合的作用；通过界定权利边界和行为空间，降低交易中的不确定性和不可预见性，促进经济效率和实现资源分配；有利于人们在存在不确定性和风险的环境下，形成稳定的预期和特定的认知模式；包含的社会价值具有伦理教化作用，其激励作用在不同领域的表现都应当符合社会价值的公共导向；等等。

综上所述，所谓廉政制度的功能，除了具有上述制度的一般功能外，在制定、适用和执行过程中，对行为对象可能产生的正向激励作用和负向抑制作用。这是一种应然意义上的功能，是指廉政制度的各个环节若得以有效实现，在理论上可以使行为主体发生的预期结果，但并不代表该结果一定会出现。总体来说廉政制度的功能有三个：指引功能、规范功能和评价功能。

二、指引功能

廉政制度的指引功能，是指廉政制度通过规定行为主体的权利义务关系，以及遵守或违反制度所产生的后果，来调整当事人的行为。通过廉政制度指引功能的发挥，行为人在行为之前就能够知晓哪些行为是可以做的、哪些行为是不可以做的，从而具有一定的行为预期。廉政制度的最终目的在于预防腐败行为的发生，塑造风清气正的良好社会氛围，必然首先要让社会公众特别是公务人员明确知晓哪些行为是腐败、不同类型的腐败可能会导致何种制裁，才能够准确地判断自己的行为并做出合理规划和采取不违反制度规定的行为。

根据规定行为模式不同，廉政制度对行为主体进行指引有两种方式：一是确定性指引；二是不确定性指引。所谓确定性指引，是指廉政制度通过规定主体的义务，来强制要求主体做出或抑制某种行为。这种指引，主要通过应为模式或勿为模式来加以体现；由于主体在这样的规定下没有选择的余地，因此这种指引是确定性指引。在既有的廉政制度的规定中，确定性指引是廉政制度的主要表现形式。如《中华人民共和国公务员法》第七十六条规定，"公务员执行公务时，有

[①] ［美］道格拉斯·C. 诺思著，陈郁译：《经济史中的结构与变迁》，上海三联书店1991年版。

下列情形之一的，应当回避：（一）涉及本人利害关系的；（二）涉及与本人有本法第七十四条第一款所列亲属关系人员的利害关系的"。第五十九条规定，"公务员应当遵纪守法，不得有下列行为：……（八）贪污贿赂，利用职务之便为自己或者他人谋取私利；……（十四）违反有关规定从事或者参与营利性活动，在企业或者其他营利性组织中兼任职务"。

廉政制度的不确定性指引，是指通过赋予行为主体一定的权利，从而使当事人可以选择自己的行为。这种不确定指引，并非是指制度对行为主体的权利义务关系没有明确的规定，以致使主体不能有效预测、判断自己的行为，而是针对不同的假定条件，对行为主体规定两种或两种以上的行为方式，从而给予主体一定的选择权利。如《关于领导干部报告个人有关事项的规定》第十二条第三款规定，"检察机关在查办职务犯罪案件时，经本机关主要负责人批准，可以查阅案件涉及的领导干部报告个人有关事项的材料"[1]。

指引功能的实现和有效发挥，需要具备以下之要件。

1. 公开性

在我国历史上直到公元前536年，郑国子产将法律条文铸在鼎上，并公之于众，史称"铸刑鼎"，标志着中国的法律制度第一次由秘密走向公开。当今，"公开性"已经成为包括廉政制度在内的一切成文法律规范的一个必要前提。制度在制定前，需要进行一定的前期调研，并征集社会公众的建议；制定后则通过报纸、门户网站等多种媒体加以公布、宣传，让社会公众都能够知晓并学习相应的制度。

2. 明确性

是指廉政制度需要针对具体调整的对象、时间、地点等各项事项，规定不同的行为方式，并给出相应的后果，从而明确行为主体的权利义务关系。与社会伦理道德规范通常只是较为模糊地规定行为的大致方向，而没有规定行为的具体权利义务关系不同，廉政制度在制定过程中就注重规范的明确性，既是为了确保能发挥规范的指引功能，也是规范合理、准确的适用所必须具备的。当然，受制于文字表述的限制，廉政制度的明确性也具有相对性，"一个概念的中心含义也许是清楚的和明确的，但当我们离开该中心时它就趋于变得模糊不清了，而这正是一个概念的性质所在"[2]。

3. 针对性

如果廉政制度的规定范围过泛，则不但过于烦冗、复杂，而且也可能对作用

---

① 《关于领导干部报告个人有关事项的规定》，载于《人民日报》2010年7月12日。

② ［美］博登海默著，邓正来译：《法理学——法律哲学与法律方法》，中国政法大学出版社1999年版，第487页。

对象的权利造成侵犯，超越限制公权力滥用的边界，进而对与公权力运用不相关的个人行为产生伤害，如公务人员的个人信仰、习惯爱好等。而且廉政制度作为社会理性的产物，必须在本质上与社会伦理道德规范具有内在的一致性。但已制定的廉政制度不代表就一定是合理的，即使在当今出于对社会调整秩序的考虑，"恶法亦法"的观点具有一定的合理性，但"恶法"沦为统治阶级的一种专权工具，一定难以收到良好的社会效果，必将为民众所抵制。

4. 强制性

廉政制度的指引是通过对廉政主体的行为规定了不同的法律后果，使其明确自己的权利义务关系和行为的相应后果。由于腐败行为本身会为腐败分子带来腐败收益，仅仅通过积极的正面宣传和鼓励，即赋予合法行为积极的后果，其效果必然十分有限；应当主要依靠制裁性的后果来发挥作用，对于违反廉政制度的行为往往要承担道义责任、行政责任、刑事责任和违宪责任，而这类后果就是强制性的体现。正因为廉政制度的强制性，才能使得廉政制度能真正得到贯彻执行，发挥指引功能。

三、规范功能

廉政制度的规范功能，是指明确告知行为主体适当的行为模式，从而规范行为主体的行为。如果说廉政制度的指引功能是告知公务人员哪些可以做，则规范功能就是告知公务人员应当如何去做；指引功能是从行为的性质上进行总括性的规定，规范功能则是从行为实施的具体细节层面进行规定。

廉政制度的规范功能既包括引导行为主体合法行使公权力的规范，也包括对违反廉政制度行为进行处罚的一种规范。廉政制度的目标是确保公权力的有序、合法运行，通过权力行使过程的要求、步骤、救济途径等进行较为详细的规定并加以公开化，使得行为主体在行为前能够根据廉政制度的规定进行相应的准备工作，确保权力的行使更加顺畅，也更容易获得相对人的理解和认可；在权力的行使过程中使权力能够严格按照相关的程序进行，既可以防止公权力的滥用，也可以通过程序的公正来达到实体的正义；在权力行使之后，对于发生的不良后果也可以进行及时的补救。廉政制度规范功能的发挥，就是要让权力主体的行为方式严格按照规章制度进行，做到"有法可依、有法必依"，将"权力关进制度的笼子"，实现权力的公开、透明运行，进而达到预防腐败、抑制腐败的制度目标。

（一）规范功能发挥进路

廉政制度发挥规范功能的过程，也就是公务人员遵行廉政制度规范行使公权力的过程，可分为行为事先预期、行权规范和事后校正三个环节。

1. 事先预期

事先预期也是行为前的预期，是指廉政制度使行为主体从事具体规定的事项之前，产生一定的心理预期，进而引导主体从事相关的准备工作，更好地保障权力合规、有序、顺畅地运行。廉政制度规范功能的这一环节与指引功能相比，两者都在事前进行一定的指示、引导，但前者是指通过对具体权力行为的规定，使行为主体在行为前对自己的行为有一个预期，并从事一定的准备工作；后者主要表现为定性和方向的指引，明确哪些行为可为、哪些行为不可为。

2. 行权规范

行权规范也就是行为中的引导，是指廉政制度通过对具体权力内容、运行程序和方式加以明确的规定，进而规范主体的行为，也是制度规范功能的集中体现和最主要环节。公务人员的用权行为不同于普通公众的"法无禁止则可行"，在履职过程中必须依法行权、依规行事，因此廉政制度必须对公权力的内容有明确的规定和列举——权力清单；也必须对行为行使的方式、程序有较为详细的规定，需要大量程序性制度使公权力依法依规运行——行权程序，有效确保权力的行使不发生偏差，避免行为人以权谋私，抑制腐败行为的发生；完善的廉政制度还必须对权力运行的过程留下痕迹，以便于检验和评价——用权背书。

3. 事后校正

事后校正也就是行为后的纠错，是指行为主体在实施一定的行为之后，比照制度的规定来检查、调整自己的行为。行为前的规范让主体有预期、行为中的规范让主体按照制度的规定行权，但这并不能保证主体的行为不发生偏差。这种偏差既可能因为主体故意为之，也可能是因为行为人的过失造成；对这些情形如果不加区分而直接进行后果的评价往往对权力的行使主体过于苛刻，而且也不利于权力的有效运转。因此，廉政制度往往都会对行为过程中的不当行为进行一定的"矫正性"规定。在行为发生后，行为主体考察自己的行为方式、后果，若出现不当则可以及时按照制度的规定进行一定的调整和完善。行为后的规范相对于"行为后果"而言，两者具有一定的共性，即都是从事后对行为进行的评价，但行为后果是一种对已完成的行为进行的结果评价，并给予一定的奖惩措施；而行为后的规范，则是对已实施行为进行的调整、纠正偏差，并不进行后果的评判，是行为过程的延续。

（二）规范功能发挥的条件

廉政制度规范功能的有效发挥，需要具有以下几个要件。

第一，可操作性。具有可操作性是廉政制度区别于社会伦理道德的重要标志，也是廉政制度发挥规范功能的必要条件。可操作性要求廉政制度除了定性的指引外，更具有量化的操作规定，因为制度规范虽然事先已明文公布，但个体的理解往往会有偏差。一方面，个体的知识差异导致理解发生偏差。尽管社会伦理道德规范具有共性，但毕竟每一个社会个体的成长、生活环境存在差异性，同时受制于各自教育的差异，针对同一个规范条文，每一个个体的理解还是存在偏差的；另一方面，制度规范的表现形式为文字，尽管启蒙思想家们曾设想过那种从普通社会民众到伟大的哲学家，一眼就能看明白的规范条文，但规范条文中"就不可能不采用一些含义本身就有很大争议的专业术语"①，使得成文的廉政规范必然就具有一定的模糊性，在理解、适用过程中就难免会发生分歧，这会导致制度的执行会发生异化。而且作为作用对象广泛、普遍适用的规范，廉政制度的制定过程又是各种意见相冲突和妥协的过程，为确保廉政规范有效地发挥调整作用，就必须要求廉政制度规定具体的操作步骤，对权力行使的过程有较为详细的规定，压缩权力恣意行使的空间，让权力的运行保持在有效的制度空间内，避免因行为主体的理解偏差而实施不当的行为。

第二，合理性。廉政制度能够得到很好的执行，必须具有合理性。如果缺乏合理性，就会导致制度虽然被制定、公布和实施，但并不能取得实效。制度缺乏合理性主要表现为：一是制度的标准过高，在一定时期内难以实行。实践中出于立法技术的考虑，制度规范往往都考虑到需要具有一定的超前性以保证制度在一段较长的时期内具有稳定性，否则颁行的制度很快就不能符合社会的需要而被淘汰，但实践中某些地区或机构制定的廉政制度往往过于超前（如处罚过于严格），以致在当下得不到多数人的遵循甚至抵制。二是制度的标准过低，已经不再符合社会的要求，其原因多在于制度的修改不及时，既有的规范已经比较落后②。落后的制度因为标准较低，现实中满足该制度规定十分容易，但此种"合规"实际上并不符合制度的目的，并非制度真正意义上的规范功能。此外，地区的差异也是造成制度缺乏合理性的重要原因。我国人口众多、地域广阔，地区发展的差异较大，制度在不同地区的适用效果也就存在差异。但是从规则的制定角度而言，为了确保制度的统一性，往往会让同一个制度在全国范围内适用，这就可能造成制度在某些地区缺乏合理性。因此，廉政制度的合理性需要制度能够跟社会发展的需要相适应，既不能过于冒进也不能消极滞后，并兼顾到地区、行业之间的差

---

① 陈忠林：《刑法散得集》，法律出版社 2002 年版，第 136 页。

② 如我国《刑法》（1997 年修订），对于贪污、受罪的量刑规定为"个人贪污数额不满五千元，情节较重的，处二年以下有期徒刑或者拘役；情节较轻的，由其所在单位或者上级主管机关酌情给予行政处分"；该条一直到 2015 年刑法修正案（九）出台才得以改变。在此之前，该条实际上早已落伍，在现实中也不具备操作性，各地方司法机关都在变相修改加以适用。

异性，体现实质的公正、合理。

第三，包容性。廉政制度要有效发挥其规范的功能还应根据作用对象所处的不同社会环境，对其调整方式给予一定的张弛空间，这就是廉政制度的包容性，具体有容错性和弹性两种情形。廉政制度的容错性，是指廉政制度除了指引公务人员正确使用公权力之外，对于公权力运行过程中的无意过失给予一定的纠错改正机会。所谓"无意过失"是指行为人并非故意导致不良甚至有危害后果的行为，在法律意义上也是指应当预见自己的行为可能造成一定的危害后果，但由于疏忽而未能预见或虽已预见但轻信能够避免以致发生危害结果的行为，包括疏忽大意的过失和过于自信的过失。[①] 如我国《刑法》第三百八十三条规定，"犯第一款罪（即贪污数额较大或者有其他较重情节的），在提起公诉前如实供述自己罪行、真诚悔罪、积极退赃，避免、减少损害结果的发生，有第一项规定情形的，可以从轻、减轻或者免除处罚"。所谓廉政制度的弹性，是指廉政制度在规定某些特殊的事项时，其行为标准不应过于单一，而应区分不同的情形和后果给予"自由裁量空间"，多采用"可为的行为模式"，供行为人加以选择适用。如2014年修订的《党政领导干部选拔任用工作条例》第二十四条规定"有下列情形之一的，不得列为考察对象：……"。制度的弹性对于制度的有效实施有较大的参考意义，但并非对所有的调整事项都应给予自由裁量空间。通常情况下，对于社会危害性较大的，危害程度在当下已经达成社会共识的行为，不应进行弹性规定；而对于某些社会尚未形成共识的或仅是倡导性规定的事项，则可采用弹性规定的方式，在不同的行为方式和结果之间进行一个相对合理的动态平衡，以最终实现廉政制度的调整目标。

四、评价功能

廉政制度的评价功能，是指廉政制度因其内含的惩戒假定并以此作为一种标尺，用来评价公务人员的行为是否符合廉政规范，以及是否应承担一定的后果和何种形式的后果。廉政制度的惩戒假定使公务人员的相关行为在制度评价上有一个明确的界定和评价，不论是积极的评价还是消极的评价，都是与指引功能和规范功能一起，共同发挥廉政制度抑制和惩治腐败的作用。廉政制度的评价功能是静态的、被动的，只有被特定的主体——廉政组织使用才能发挥其功能。正如药可以治病，但需要医生开出正确药方、以方抓药才能把病治好。廉政制度评价功

---

① 徐玉生：《为敢担当干部营造干事创业良好氛围》，载于《人民日报》（理论版）2016 年 4 月25 日。

能的存在，使得制度真正成为一种理性的行为规范，让公务人员在运用权力的过程中，必须考虑自己的行为所可能面临的后果，三思而后行。反之，若廉政制度缺乏了评价的功能，则廉政制度将蜕化为一种单纯的"倡导性"或"描述性"规范，就无法实现其抑制和惩治腐败的目的。相较于社会伦理道德规范同样具有的、只是一种方向性评价功能而言，廉政制度的评价功能具有确定性。

正因为此，在许多情况下，道德的社会规范作用较为有限。相反，廉政制度的评价则对应于公平和明确的后果，而且具有强制性，当事人必须接受。以评价结果对行为主体是否有利为标准，可以将廉政制度的评价分为积极的评价和消极的评价两个大的方面。

1. 积极的评价

廉政制度的积极评价，是指廉政制度通过对行为对象给予认同、提拔、表彰等方式进行一定的奖励，以表明制度对相关行为的肯定性。廉政制度的积极评价是廉政制度的基本评价结果之一，是廉政制度中较为倚重的立法形式。如我国《公务员法》第五十二条规定，"公务员或者公务员集体有下列情形之一的，给予奖励：（一）忠于职守，积极工作，勇于担当，工作实绩显著的；（二）遵纪守法，廉洁奉公，作风正派，办事公道，模范作用突出的；……（十）有其他突出功绩的"。第五十三条规定，"奖励分为：嘉奖、记三等功、记二等功、记一等功、授予称号。对受奖励的公务员或者公务员集体予以表彰，并对受奖励的个人给予一次性奖金或者其他待遇"。积极的评价使得廉政制度的后果具有积极性的一面，确保了奖惩体系的合理性，对于廉政制度的有效运行必不可少。积极的评价发挥着对行为人给予正向的鼓励、支持作用；在许多情况下，正向的鼓励比反向的惩处能收到更好的社会效果。

2. 消极的评价

廉政制度的消极评价，是指廉政制度通过给予行为对象警告、记过、不予晋升等方式进行一定的惩处，以表明制度对相关行为的否定评价。如《行政机关公务员处分条例》第二十三条规定，"有贪污、索贿、受贿、行贿、介绍贿赂、挪用公款、利用职务之便为自己或者他人谋取私利、巨额财产来源不明等违反廉政纪律行为的，给予记过或者记大过处分；情节较重的，给予降级或者撤职处分；情节严重的，给予开除处分。"从我国廉政制度的既有立法来看，借用消极评价对权力主体的行为进行监督是一种最为常见的方式；我国关于此类的立法也较为常见，如《中华人民共和国公务员法》《行政机关公务员处分条例》《中国共产党纪律处分条例》，此外还包括行政法、刑法等法律、法规中的诸多规定。

公权力的腐败会给腐败主体带来巨大的收益，要抑制腐败，必须让腐败所带来的痛苦大于腐败所带来的快乐。廉政制度规定了对廉洁行为的奖励措施，但相较于腐败所带来的收益而言也许九牛一毛，无限度提升奖励力度显然也不可行。因此，通过单纯对"廉洁行为"进行奖励的方式，其效果必然有限；借助于制裁措施，通过各种类型的惩处来抵消腐败所获得快乐，才可能起到抑制腐败的效果。在我国当下，消极的评价后果，主要表现为行政处分和刑事处罚两大方面。对违反廉政制度情节相对较轻的，给予一定的行政处分；对情节恶劣、后果严重的，则可能给予一定的刑事制裁。消极的评价使得行为主体承担一定的不利后果，通过剥夺行为人的一定权利，让其真实感受到腐败所带来的痛苦，使其以后不再重犯；同时，消极后果的适用，也会对社会上其他具有腐败倾向的公权力人员起到一定的警示作用，进而发挥预防腐败的功能。

在廉政制度中行为后果的存在，是廉政制度发挥评价功能的前提。但评价功能的有效发挥，除了后果的客观存在之外，还必须具备以下一些要素。

1. 合理的奖惩体系

一个社会的评价标准有很多，其中"正义"的评价标准往往被认为是最核心的。何为正义？学界的解读观点很多，有认为是一种德行，有认为是一种平等，也有认为是一种合法性……总之，"正义有着一张普洛透斯似的脸，变幻无常、随时可能呈现不同形状并具有极不相同的面貌"①。在诸多理论中，罗尔斯的社会基本结构的正义论（分配正义）影响最大，也得到最多人的认可，被认为是"正义之正义"，"一个社会体系的正义，本质上依赖于如何分配基本的权利义务，依赖于在社会的不同阶层中存在着经济机会和社会条件"。② 所谓"善有善报、恶有恶报"，一个良好的制度评价体系应当有奖也有惩，而且还应当对奖惩的力度进行合理规定。

从奖励的角度看，如果奖励措施过小，不利于职业荣耀感的养成，难以起到有效的激励作用；奖励措施过大，自然会起到较大的鼓励作用，但又可能会与权力主体的职务性质不相符。因此，在廉政制度的完善过程中，既要排除一味追求权力主体的"公仆、无私"的观念，也要消除"重奖主义""高薪养廉"的观念，而应为权力主体确立一个合理的薪酬体系和有序的职务晋升空间，发挥制度应有的激励作用。

就惩罚的角度看，合理的惩处措施有助于树立制度的严肃性、消除权力主体的腐败动机；不当的惩处措施则往往适得其反，现实中可能出现"轻罚主义"和"重罚主义"两种现象。对于"轻罚主义"，放纵了腐败分子，不能及时有效地消除腐败的欲望，不合理性较为明显，社会公众反对的也较多。在这样的背景

---

① ［美］博登海默著，邓正来译：《法理学：法律哲学与法律方法》，中国政法大学出版社 1999 年版，第 52 页。

② ［美］罗尔斯著，何怀宏等译：《正义论》，中国社会科学出版社 1988 年版，第 5 页。

下，严厉打击腐败的"重惩主义"观念往往就易于受到民众的追捧。对于腐败行为应给予严厉惩罚具有一定的合理性，但这并不代表对于腐败行为就应适用"重罚主义"。我国明朝初期的法律以重惩贪腐而举世，朱元璋亲自主持制定的《明大诰》中80%的案例都是惩处贪腐的；《明大诰》除加大了对贪腐行为的界定外，还规定了极其严苛的刑罚措施，在短时期内收到了良好的清廉效果，然而"仅依靠严刑峻法只能收到一时的效果，也不能防患于未然，也不可能从根本上杜绝官吏的腐败和贪婪"①。实际上，过重的刑罚不但不能从根本上抑制腐败，还可能"反转"使犯罪人感到自己受到不公、激发报复社会的欲望；也可能使社会民众对犯罪人另生怜悯之心，难以起到预防和惩处腐败的效果。总体上看，廉政制度对于腐败行为的惩处应当区分各种轻重不同的情形，给予轻重不同的惩处措施，既要保持一定的严厉性，发挥制度的应然制裁效果，也应避免陷入重罚主义的不合理境地。

2. 评价的必然性

权力的运行会受到廉政制度的评价，进而获得一定的奖励或惩处。但此种奖惩措施只是一种应然意义上的结果，而不是实然结果。对于权力运行中的遵纪守法行为，制度给予一定的积极评价，而当事主体也乐意接受此类奖励，故积极行为的实然和应然之间的对等比例较高，无须成为关注的重点。腐败，主要表现为权力主体利用职务上的便利侵占公共财产或收受他人财产性利益的行为。腐败行为相较于其他违法犯罪行为而言，一个重要的特征在于其"案发比例"较低。在这类违法犯罪行为中，通常没有直接的受害人和证人，物质性证据也较少；且在贿赂型腐败中，行贿一方还会和腐败分子结成天然的同盟关系。因此，要想查证腐败行为的难度就较大。正因为此，腐败行为的发生和受到惩罚之间的比例就较低。腐败犯罪还属于智能型犯罪，行为人在实施腐败行为时，也会考虑到腐败行为受到惩处的可能性。而较低的案发比例，就使得腐败行为实际上受到的惩处力度大大减小，廉政制度的否定评价效果变差，打击、预防腐败就难以起到实效。因此，在廉政制度的制定和完善过程中，一个重要的工作就是要加强腐败行为和受到惩罚之间的必然联系。通过提升腐败行为和受惩罚之间的比例关系，一方面，可以提升腐败行为的总成本，让腐败行为得不偿失；另一方面，也可以加强腐败和惩罚两者之间的联系，对腐败分子心理上造成威慑。

3. 评价的及时性

合理奖惩体系的客观存在、奖惩结果的必然性对廉政制度评价功能的发挥至关重要，但还不全面；评价功能的发挥还受制于评价的结果是否及时。当然，评

---

① 曾代伟主编：《中国法制史》，法律出版社2001年版，第213页。

价结果的及时性主要是针对否定性评价结果（制裁结果）的及时性而言的。制裁结果的不及时可能导致不良后果：第一，影响到当事人对腐败行为查处的判断。腐败行为的"案发比例"影响着腐败惩处的严厉性，案发比例越低，则实然的严厉效果就越差。现实中真正对个体的腐败行为产生影响的是"认知的案发比例"，即行为人认为自己实施腐败行为被发现的比例。"认知案发比例"除了取决于客观的"案发比例"外，还会受到个体主观认知的影响。[①] 心理学的研究表明：在最初的认知过程中，行为人会根据最初获得的信息形成印象，即"首因效应"；而在长期的活动中，行为人的认知则会受到"近因效应"的影响。[②] 具体到腐败行为领域：在腐败犯罪的最初阶段，行为人的"认知案发比例"通常会参照社会中的"案发比例"；然而当行为人实施了几次腐败行为都没有被发现，此时其认知就会受到"近因效用"的影响，从而认为自己被抓获的可能性要低于一般腐败犯罪的案发可能性，即"认知案发比例"低于"案发比例"。[③] 在这过程中，腐败行为被发现得越不及时，其潜伏期也就越长，行为主体的"认知案发比例"就越低，实施腐败行为的可能性就越高。第二，对既有社会关系可能造成影响。社会关系总是处于一种动态的平衡当中，当某一腐败行为发生时，原有的社会秩序会被打破，此时应及时对其进行制裁以确保正常社会秩序的回归；但如果长时期内不能对腐败行为予以制裁，被破坏的社会也会逐步容忍腐败行为"正常化"，从而再次形成一个"劣官驱逐好官"的社会政治生态。第三，不利于廉政制度发挥一般预防的功效。对腐败行为进行一定的制裁，除了要对腐败分子进行一定的惩处以消除其再次实施腐败行为的危险性，预防其再次腐败外；另一个效果是对社会上的不稳定分子形成一定威慑，预防该类群体实施腐败，此为一般预防。很显然，从一般预防的角度看，腐败行为发生后，制裁得越及时越有助于强化腐败和惩罚两者间的必然性，越有助于对上述群体产生威慑、警示的效果。正因为此，在廉政制度的制定、执行中还需要设置一定的辅助措施，以确保制裁的及时性。

第三节　制度反腐的困惑与克服

每一个腐败行为无外乎就是权力主体首先在一定外部利益的刺激之下产生腐

---

①③　何莹、梅锦：《反腐败对策的经济学视角分析》，载于《领导科学》2018 年第 5 期，第 12 ~ 15 页。

②　肖汉仕：《应用社会心理学》，湖南师范大学出版社 2008 年版，第 54 页。

败的动机，在一定的时空条件下演变成客观外在的滥用公权力以谋取个体私利的行为。廉政制度是抑制腐败的一个重要工具，对于防止利益冲突、控制权力、压缩腐败利益方面具有突出的优势。但是要发挥制度反腐的功能，就必须克服与制度伴生的种种困惑，通过制度建设防止利益冲突以减少行为主体腐败动因的生产、挤压权力空间以防止权力的恣意滥用、提升腐败成本以挤出腐败的利益。

一、制度反腐的困惑

（一）领导人的决心意志与制度建设之间的矛盾与统一

从世界反腐败经验来看，最高领导人的反腐败决心是保证反腐成功的关键因素。拥有坚定反腐意志的领导人对于反腐败制度的贡献主要体现在两个方面：一是能够有力地推动反腐败制度建设；二是能够较好地保证制度的落实。但是，领导人反腐决心意志的不确定性，与制度本身应当具有的稳定性和长远性之间存在着矛盾。领导人的反腐决心，也有可能破坏既有的反腐败制度。

20世纪五六十年代，中国领导人毛泽东亲笔修改的《人民日报》社论指出："对于贪污、浪费和官僚主义的严重现象，如果不加以彻底肃清，它们就要腐蚀我们的党，腐蚀我们的政府……一句话，这就有亡党、亡国、亡身的危险。"新中国反腐败大幕由此拉开。之后我国便开始了轰轰烈烈的运动式反腐。"整风运动"、"三反"运动、"五反"运动、"四清"运动等对官员产生了很好的震慑作用，但随着之后运动反腐的扩大化，国家的制度体系反而遭到了一定程度的破坏。

实际上，领导人的个人反腐意志和反腐制度建设之间的矛盾是"人治"和"法治"的矛盾。我们提倡法治，反对人治，但制度的制定和执行的关键都是在于人。尤其是在反腐败制度建设的初期，领导人个人的决心意志是十分重要的。这一时期如果领导人拥有强烈的反腐意念，并且决心将反腐败长期进行下去，那么制度建设很可能得到有力的推动。但是随着反腐败制度的不断完善和落实，反腐工作逐渐实现常态化和法治化，领导者意志的重要性就应当逐渐减弱，反腐败工作也不应该再继续依赖于个人的意念，而应该依照制度进行下去。

（二）制度创新与法律之间的矛盾与统一

反腐败法律和反腐败制度本身都是为了预防和惩治腐败所设立的，它们都是反腐工作开展的依据。其中法律比制度的位阶更高，所以反腐败制度的制定和实施需要符合法律的规定。法律为制度的合法性和公信力提供保障，指导着制度的制定和执行，而制度在一定程度上是对法律的细化，是法律的落实，是比法律更加具体的规则。

从地位和效力上，法律是高于制度的，但实际中常出现反腐败制度超前于法律的现象。最典型的例子就是我国的领导干部财产申报制度。我国早已有一系列政策文件规定了我国公职人员的财产申报制度。1995 年 4 月 30 日出台的《关于党政机关县（处）级以上领导干部收入申报的规定》第一次明确提出对领导干部收入实行申报的规定，以后陆续有相关文件出台，但至今我国仍然没有官员财产申报方面的立法。这直接导致这两个规定缺乏合法性和强制力，在实际执行中难以起到真正的监督作用。可见，反腐法律的制定有时会落后于制度，而法律的缺失有可能变成反腐败制度创新和执行的阻力。

（三）制度变革与部门权力之间的矛盾与统一

有不少寻租现象的产生都和权力的不合理配置有关。而要真正遏制腐败，就需要改变这种权力过于集中和缺乏监督的现象。反腐败制度的变革常常会涉及部门权力的消减或转移，制度变革对于部门权力的合理配置和行使有积极的作用。但是，由于这样的变革很容易触动到原有部门的权力而导致制度变革遭遇重重障碍。

（四）制度创新面临既得利益者的抵触

腐败的大范围扩散和长时间的积累，导致我国已经产生了一批较为固定的"既得利益者"，他们长时间享受着腐败带给他们的好处。而反腐败制度的创新与惩治腐败不同，制度的革新有可能彻底消除腐败的机会，这样必然会触及这些人的利益，导致制度在执行过程中发生变异甚至遭到直接反对。

近些年，"三公消费"问题受到人们极大的关注。党的十八大以来，"八项规定""六项禁令""纠四风"等政策都企图大力遏制"舌尖上的腐败"。但"公款吃喝"依旧没有彻底解决，虽然很少出现"顶风作案"的现象，但它却在向隐秘化的方向转变，高档酒店转移到单位食堂，接待中心转移到深山老林，"食客"为了防止暴露身份更是隐姓埋名。这仅仅是触及了某些人"吃"的利益，如果触及其他方面的利益，制度的推行更是阻力重重。很多部门或省区市通过公布"三公消费"清单和预算以接受群众的监督，但实际上将部分三公开支转移到其他非财政拨款中，例如，将专项资金挪作他用、将"三公开支"列在"其他支出"里、向下级单位转移等。我国还有些制度由于既得利益者的抵触而难以进一步推进。实际上，几乎所有的反腐败制度，如人事制度改革、利益冲突管理制度、政府采购制度等都会面对既得利益者的抵触。但是反腐本身就是一场"刮骨疗毒""壮士断腕"的事业，我们必须打破现有的利益格局，让权力得到合理的行使，而不再是某些人的特权。

二、防止利益冲突

在腐败犯罪研究领域，利益冲突是指权力主体在运用公权力的过程中，所代表的公共利益与自身的个体利益之间发生冲突[①]。其中的个人利益，主要包括经济利益，当然也包括工作机会、个人声誉等。而防止利益冲突，就是要通过制度的完善来有效界定权力主体可以获取私人利益的范围，以防止和其所代表的公共利益之间发生冲突。利益冲突的形式，在现实生活中表现多样。从利益的取得主体来分，可将利益冲突分为为了权力主体自身利益而产生的冲突和为了近亲属利益而产生的冲突；从冲突的类型来看，分为直接的利益冲突和间接的利益冲突，前者如权力主体经营与其任职的领域相同或相近的营业，或者与其任职的部门直接进行相关的交易活动，后者如权力主体向某些利益诉求主体进行资金的借贷、在私营公司和企业从事一定的兼职活动等；从冲突的时间来分，可将利益冲突分为任职时的利益冲突和离职、退休后的利益冲突。前者较为直接，后者则往往更加隐蔽。从应然意义上看，利益冲突本身并非腐败；但是在利益冲突的过程中，多数权力主体往往难以将个人利益放置一边，而是很可能牺牲公共利益来保全或扩大自己的个体利益；在这一过程中，腐败行为就会产出。

在我国当前，从防止利益冲突的角度来预防腐败。一方面，加紧制定防止利益冲突的法律规范。明确、合理地防止利益冲突规范，一是能有效规范权力的行使范围，减少以权谋私现象的发生；二是有助于明确权力主体合法行为的界限、减少从事正当行为的顾虑，保护其合法利益。另一方面，应完善权力主体个人信息公开制度，通过个人的信息，将权力主体的财产、家庭成员的情况置于公众的监督之下，以使其自动削减腐败逐利的动机。在廉政制度的建设过程中，需要对利益冲突的行为加以有效规制，防止利益冲突有助于从源头切断权力主体腐败动机的产生。

1. 利益冲突产生腐败的原因探析

（1）权力主体的逐利行为，法律并未一律禁止。与权力主体相关的营利行为

[①] 关于利益冲突，某些地方性规章中已有明确的内涵界定，如江西省纪委下发的《关于开展国家工作人员防止利益冲突专项治理的实施方案》中，明确指出，"本方案所指利益冲突，是指国家工作人员在履行职责过程中个人利益与公职身份所代表或维护的公共利益两者之间存在冲突，因其作为或不作为，直接或间接使本人或特定关系人获取利益"。

主要包括以下几种类型：第一，权力主体的私人营利行为。权力主体的行为包括从事公务的行为和私人行为。对于公务行为而言，依法行政已经成为现代社会一项基本原则。作为国家权力主体，与普通的社会公众的私权力相比，其公共权力行使的一个重要区别就是，只有法律明文规定的权力才可以行使，对于权力规定以外的事项，属于越权范畴，是不允许的。这种现代权力的运行原则，对于防止权力滥用、保障社会公众利益意义重大。而在权力主体从事私人行为时，是否可以从事一定的营利活动并不是任何一国的法律都一律禁止，特别是当前我国社会人民对美好生活的向往与发展的不平衡不充分的矛盾凸显，权力主体及其家庭仍需依靠收入作为生活的来源的情况下，绝对禁止也是不可行的。第二，机关单位允许权力主体停薪留职。在我国经济社会发展的转型过程中，各地方为了促进本地经济的发展，出台了许多措施，其中一条是多个地方、部门鼓励公务员在保留人事关系的前提下，离岗创业，即所谓的"停薪留职"①，而在离岗创业期间，其权力主体的身份仍然是存在的，具有双重属性。但不论是私人时间的兼职营业行为还是停薪留职期间的行为，权力主体仍可能会借用其身份、关系来为个人谋取私利，从而造成个体利益与公共利益冲突。第三，机关单位从事创收活动。在我国市场经济改革之前，我国各类事业单位的经费来源都由国家统一拨款，其运行宗旨也是朝着公益化、福利化的方向发展，但也造成运行方式较为单一的弊端。为了促进经济的发展，提升企事业单位的活力，我国逐步在事业单位的改制中推行"承包制"的运作方式，给予部分或不给予财政支持，由事业单位自己创利增收、自负盈亏。对事业单位的运行事项上，实行权力下放，鼓励在原有经营范围内拓展义务范围，政府则给予相应的税收让利、优惠政策扶持。如此，一方面，公益性主体的身份并未改变，仍从事相应的公益性活动；另一方面，则要尽可能地进行创收。在这过程中，就难免产生部门利益和公共利益的冲突。

（2）逐利活动会衍生腐败。权力主体追逐利益行为本身并非腐败，也并不意味着必然和公共利益产生冲突。两者之间产生冲突导致腐败，关键在于权力主体在逐利过程中会产生对个体利益的过度追求，进而滥用手中的权力，以权谋私。权力主体营利过程中对个人或部门利益的过度追求，原因主要包括两个方面：一方面，利益的最大化是经济活动的首要动因。当权力主体从事营利活动时，其目的或核心动因就是要获得尽可能多的经济利益。当权力主体在追求利益最大化时，就必然要考虑资本逐利的运行规律，即减少成本、扩大收益。在这过程中，

---

① 如吉林省政府于 2012 年颁布的《关于进一步促进小型微型企业发展的意见》中就明确规定："鼓励政府机关工作人员和事业单位科技人员从事创业活动。政府机关工作人员创办企业的，按管理权限，经批准同意，允许一段时间内保留原职级别、编制、人事关系及工资福利待遇，但最长不超过 2 年"。

其所掌握的公权力在许多情况下就意味着更早地获得一些内幕信息、更便捷的交易过程和更优惠的政策支持，从而不惜牺牲公共利益而满足个体利益。另一方面，权力主体的社会属性要求其获取更多的经济利益。在社会经济活动中，权力主体往往具有多重的社会身份属性。一是作为政府的代表，行使着公权力；二是其他多种社会身份关系（如父亲、丈夫、儿子、朋友）的合集。作为权力主体，社会要求其奉公守法、清正廉明；作为社会的家庭成员，则要求其能够承担养育家庭成员、维护家族的责任，如果理想信念不坚定或经不住种种诱惑，以权谋私往往就会发生。

2. 利益冲突的消解

为了尽可能避免权力主体利益冲突现象的出现，出台专门防范利益冲突的法律规范尤为必要。犯罪学的研究表明，任何一个犯罪现象的发生都是主客观各种因素相互作用的产物。换言之，只有在一定的客观外部条件具备的情形下，犯罪行为才发生，对于故意犯罪而言尤其如此。腐败行为是权力主体主观故意支配下的违法犯罪行为，正是因为利益冲突的存在才导致权力主体牺牲公共利益而保全或增值个体利益。利益冲突的客观存在就是腐败行为发生的一个重要外部条件。防止利益冲突就是要对权力主体的利益获取和权力运行进行合理的配置，"铲除权力主体权力寻租、以权谋私的土壤，阻断权力腐败的通道，使公共权力与私人利益相分离，形成不想腐、不敢腐、不能腐的法治氛围，从而达到从源头上预防和治理腐败的目的"[①]。因此，从消除腐败发生的诱发因素角度，有必要防止利益冲突。最早来源于经济学的"寻租"理论，指出："设租人或寻租人通过其所掌握的稀缺资源追求价值转移的活动"[②]。利益冲突的行为并不简单等同于权力寻租，但在很多情况下可能会直接或间接地涉及权力寻租，如涉及公共领域的资源配置、权力主体的个体经营、借贷行为等。从权力寻租的角度看，为了寻求自己经济利益的最大化，公权力就倾向于参与市场领域进行竞争，那么，公权力的运行是否公开、民主，是否有利于社会公众的利益，是否规范合理，都可能会被忽视。

当前，"建立健全防止利益冲突法律制度已经成为跨民族、跨意识形态的反腐败举措"[③]，用制度来防范利益冲突势在必行，应注意以下几个方面。第一，防止利益冲突的调整范围应从部分群体向全体权力主体转变。我国当前防范利益

---

① 唐晓清、杨绍华：《防止利益冲突制度：国际社会廉政建设的经验及启示》，载于《当代世界与社会主义》2011 年第 2 期，第 135 ~ 139 页。

② Robert D. Tllision and Roger D. Congleton. The Economic Analysis of Rent Seeking. Edward Elgar Publishing Company，1995：133.

③ 聂资鲁：《防止公职人员利益冲突立法的理论与实践》，载于《中国法学》2013 年第 6 期，第 150 ~ 163 页。

冲突的规定主要存在于党内的规范和一些地方的部门规范，只是对部分群体加以调整，没有形成全社会的共识，有必要制定一部在全国范围内对所有权力主体都适用的调整规范。第二，应提升调整规范的效力位阶。既有的防止利益冲突的规范主要为党内规章和地方部门规章，其效力位阶都较低不但影响到防止利益冲突的制度规章在更大范围推行，更是影响到规范的适用效力。根据《中华人民共和国立法法》的规定，一些重要的调整事项和制裁措施（如"对公民政治权利的剥夺、限制人身自由的强制措施和处罚"）只能由全国人大或全国人大常委会通过立法的形式加以制定。有必要进行"顶层设计"，在吸收既有地方、部门立法经验的基础上，制定"防止利益冲突法"，以基本法的形式来加以调整。第三，明确防止利益冲突的具体事项。权力主体在公务活动之外追逐个人利益的行为并非一律会导致利益冲突的产生，且对私有权力的过于限制也不利于制度的有效落实。在制定防止利益冲突法的过程中，应当合理界定权力主体在公务活动之外可以从事的事项。对于社会中潜在危害较大的、民众反应较为强烈的事项，如权力主体经营同类业务的行为，应当明确加以禁止；对于社会尚未达成有效共识的，在规定时则可给予一定的行为限度。此外，在防止利益冲突法的制定中，还应确保制度的明确性，尽可能细化调整的事项。如此既有利于社会公众的监督，也避免对权力主体私有权利的不当限制。

三、压缩腐败空间

"要加强对权力运行的制约和监督，把权力关进制度的笼子里，形成不敢腐的惩戒机制、不能腐的防范机制、不想腐的保障机制。"[1] 实现这一目标，就需要对权力进行规制以挤压腐败的空间。对权力主体的利益进行规范以挤出腐败收益。所谓挤压腐败空间，是指通过制度的规定来确保权力以合理合规的方式在一定限度内运行，削减权力恣意运行的可能性，从而预防、抑制腐败发生。

因此，可以认为权力主体的权力直接来源于制度的规定。正因为此，通过廉政制度的研究，腐败行为是权力主体以权谋私的行为。权力空间的范围大，不代表权力必然会被滥用，但"人性的自私"和"资源的稀缺性"则催生前者向后者的转化。用制度来规范权力的运行、压缩腐败的空间，具体而言：

第一，绝对的权力意味着绝对的腐败，人性的自私使得权力会被滥用。人性善恶之争在我国思想史上由来已久。荀子是人性恶的代表，他认为，"人之性恶；

---

① 《十八大以来重要文献选编》（上），中央文献出版社 2014 年版，第 135～136 页。

其善者伪也"①"欲恶同物，欲多而物寡，寡则必争矣"②；纵使人性善的代表孟子认为人生来即具有"仁、义、礼、智"之"四善端"，但若此"四端"不能很好地发挥作用，人同样会变恶。因此，无论人之本性为善或恶，人性在后天总会具有自私自利的弱点。权力意味着"支配""占有"，会被人性的弱点所觊觎。而权力空间的存在，为权力被人性的滥用提供了有利的外部条件。

第二，权力的滥用能够带来一定的实质性利益，资源的稀缺性催生了腐败。如果市场机制的发展足够完善、资源的配置能够达到最优的理想状况、社会民众的觉悟足够高，则即使权力被滥用也未必能够获得实质性利益，但这种情况在实践中并不存在。在现实市场经济运行中，除了充分发挥市场在资源配置中的决定性作用外，还充分发挥政府的宏观调节作用，就中国而言在很长一段时间内处于"强政府"的状况。换言之，政府的公权力在社会资源配置中仍然发挥着极其重要的作用，这就提供了权力主体滥用权力、以权谋私的发生土壤。

腐败空间的存在使得权力的运行在这个空间内基本没有约束，对腐败空间的压缩：一是让既有空间变小；二是让既有的空间更加透明。具体措施有："完善民主政治""制定权力清单""公开权力运行方式"等。

1. 完善民主政治以明确权力宗旨

完善民主政治，就是要在权力的配置过程中，引入更多的权力监督、制衡方式，尤其是明确权力的行使范围。在完善民主政治的过程中，尤其应注意权力的赋予方式，发挥社会公众在权力配置中的参与力度，明确"权力来源于民众而非上级机关"，权力主体不但要对上级机关负责更要对社会民众负责；完善民主政治就是要让权力真正服务于人民，对人民负责、受人民监督，让权力的运行能够体现"以人民为中心"的执政理想。

"以人民为中心"就是让社会公众参与到国家政治权利的运行中去。一切权力来源于人民，因此在权力的设置、运行过程中，人民是国家的主人，由人民自己来对国家进行管理是最合理的。但实践中让每一个个体参与到社会的管理中来是不现实的，故而选举制度被采用，由人民选举的代表来代替人民从事国家的管理，从而被赋予一定的公权力，但并不意味着这些代表可以任由自己的意志行事，而必须代表人民的意志。但是权力主体在行使权力的过程中很可能会违背民众的意思，"以人民为中心"要求对权力主体的权力空间进行压缩，以避免此种情形发生。在权力的配置过程中，权力主体有何种权力、有多大的权力应

---

① （清）王先谦：《荀子集解》，中华书局1988年版，第434页。
② （清）王先谦：《荀子集解》，中华书局1988年版，第176页。

当由民主决定。在权力分配环节"用制度保障公共利益表达就是治理决策腐败的开端"[①];在权力的运行过程中,权力的决策,尤其是涉及一些重大事项的决策问题,则需要遵循民主、公开的原则,充分考虑社会公众的意见;在权力行使后,其实际的运行效果应当由民众来判断而非单纯依靠上级部门论断。阳光是最好的防腐剂,在权力运行的每一阶段,遵从民主、发扬民主、贯彻民主就可以有效压缩腐败空间。

"以人民为中心"的直接目标是遵从最大多数人民的意见,而最终的目标是为了保障人民的根本权利。在公权力领域,要保障公民个人的人权,一方面需要社会公众能够对自己的行为界限有一个合理的预期,同时需要权力主体知道自己哪些可以做、哪些不可以做,以免公权力的不当使用。总之,社会需要在公权力和公民的私权利之间有一个明确的界限之分。一切公权力来源于私权利的让渡,凡是没有规定为公权力行使的,都应属于公民的权利范畴。要明确公权力的范围,就需要对公权力的行使空间进行压缩,进而实现保障人权的目标。

2. 制定权力清单以明确权力边界

在社会运转过程中,政府公权力的管理、支配是必不可少的,尤其是随着社会的发展,民众需求提高,一些公益性、服务性事项增多,公权力就需要发挥更广泛的服务功能。若公权力对社会事务的介入过少,则影响其管理和服务职能的发挥;但公权力介入过多,则可能导致公权力的滥用进而影响公民个体权力的行使。因此,公权力的行使范围应当处于合理的限度,就是要发挥市场在资源配置中的决定性作用,减少公权力对资源的不当干涉,从而减少权力寻租机会。

要消减政府不必要的冗余权力,而同时又不妨碍政府职能的有效发挥,就需要一方面赋予其从事相关事务的权力;另一方面要明确权力的事项范围,防止该权力的不当延伸。概言之,就是要制定权力的清单。即对权力进行分类、梳理,进行合法性、合理性审查,明确权责统一的理念,在充分尊重社会公众意见的基础上,将政府机关的权力范围和流程予以公布。可见,制定权力清单,首先就是要明确权力的调整事项,即明确规定各级权力机关哪些该干哪些不该干。这需要对政府部门原有的权力事项进行梳理、分类,明确哪些事项应当保留、哪些事项应当予以废止;厘清不同层级之间、不同部门之间的调整界限,尽量消解自身权力、摆脱"父母官大包大揽"的旧思想。其次就是明确权力的行使边界即让权力主体在行使权力的过程中,不随意延伸。对于政府的公权力而言,须秉持"法无明文规定不可为"的原则,所有的权力来源都必须有明确的制度依据;

---

① 陈国权、周盛:《决策腐败及其基于决策过程控制的治理》,载于《浙江大学学报》(人文社会科学版)2012年第2期,第131~139页。

196

建构立体形式反腐败体系研究

对于那些处于模糊边界，似乎可管但又缺乏明确权力依据的尽量不要干涉。最后就是明确权力与责任的对应关系。在传统的权力运行模式下，由于缺乏明确的权力清单，不同级别、不同部门之间的权力往往存在一定的交叉，这极有可能导致权力的滥用或怠于行使。权力责权不明，导致责任的追究难以行使；而追责机制的缺乏又使得公权力的滥用有恃无恐。因此明确权力清单，一个重要的方面就是明确责任的划分，将权力与责任的关系有效对应、完善，真正做到权力义务相统一。

3. 公开权力运行以确保权力合轨

公开权力运行，就是指在公权力已被既定赋予的前提下，将其具体的运行方式、运行过程公开，以接受社会公众的监督也就是让权力在合理合法的轨道上运行，过程也更加透明。公开权力运行方式并不对权力范围本身进行压缩，而是通过程序性方式或技术性手段来对权力的运行进行程序上的限制，进而实现对腐败空间的压缩。即使权力范围明确而清晰，其具体的运行过程也是没法用制度进行"整齐划一"规定的，针对不同对象的处理过程中，同样会引发腐败行为的发生。这就需要对权力的运行过程加以公开，让社会公众在关注自身利益的同时也能够参与到对权力的监督过程中来，从而真正发挥限制权力、压缩腐败空间的社会效果。

公开权力运行，包括实体性公开和程序性公开两个方面。实体性公开要求对公权力的具体运行步骤进行公开，例如，在重要的事项决定前，相关部门应当将行为做出的原因、规划、将要达到的结果等向社会公众进行告知；在权力运行过程中，要及时将事项的具体运作情况（包括合作的对象、经费运用情况、项目进展情况）向公众说明；在权力运行之后，应当将具体事项的完成情况、与预期的差异等向公众予以说明。权力运行的程序性公开，主要是指借助技术性手段来使权力运行过程更加透明、直观。具体包括在权力的运行过程中，实行集中化办公、"网上在线办公"、处理事项随时追踪等。公开权力的运行方式并非从"权力数量的增减"对公权力进行压缩，而是通过"权力结构形态的改变"进行限制，这同样会引发"量变引起质变"的社会效果。

四、提升腐败成本

正是因为对私利的追求，权力主体才会滥用手中的权力，才有腐败的发生。腐败犯罪是国家权力主体在行使公权力的过程中，为了获得一定的财产性利益而滥用公权力的行为，腐败犯罪的本质在于"权钱交易"。腐败犯罪作为一种预谋型犯罪，行为人的犯罪决意"是在对有利于犯罪和不利于犯罪的诸因素，以及犯罪行为将产生的利与弊反复权衡之后形成的"①。换言之,在腐败犯罪中,犯罪人也必然会对腐败行为的利(收益)、弊(成本)关系进行衡量比较,并以追求腐败行为的利益最大化为目标,而这一过程就是一个"理性的分析过程"。

权力主体实施腐败犯罪行为,需要支付一定的成本以获取收益。② 基于成本收益分析来预防腐败,就是要采用多种措施对腐败行为进行调整,让腐败的最终收益小于腐败成本,使犯罪人得不偿失。

1. 增加薪金收入以提升腐败机会成本

腐败行为的机会成本,是犯罪人因贪腐行为败露而丧失的正当工资薪金收入和社会声誉。以腐败犯罪为例,权力主体在实施第一次腐败犯罪之时,就已经(或应当)为其行为支付了此机会成本。由于该成本的付出是一次性的,故在此后的腐败行为中,不论行为人腐败的次数之多、数额之大,其都不需要再额外支付该成本。换言之,行为人后续的腐败行为所承担的机会成本为零。相较于最初的腐败行为而言,行为人腐败的数额越大、次数越多,其后续腐败行为承受的代价反而越小。

个体在社会中的需求随着较低层次需求的实现,要追逐更高层次的需求。在我国当下,权力主体对于经济利益的需求仍然处于支配性地位。因此,在机会成本中,公务人员的薪金待遇水平对腐败犯罪的发生与否会产生较大的影响。③ 从这个角度而言,应当不断提升权力主体的薪金待遇水平(如新加坡的年金制),使腐败犯罪的机会成本也不断提高。如此,权力主体出于对腐败机会成本的担忧,而不倾向于去选择实施腐败行为。但是,通过提升权力主体薪金待遇的方式来抑制腐败(即高薪养廉)也只是"一招鲜"的灵丹妙药,当权力主体的收入水平达到一个较高程度时,其收入状况对抑制腐败的影响将会降低④。因为薪酬对腐败的抑制效应也服从边际效应递减规律。从我国当前社会经济发展水平和各行业的薪金待遇看,一味提升权力主体的薪金待遇水平,既不合理也不可行。

2. 加大打击力度以提升腐败惩罚成本

腐败行为是一种对社会危害性较大的行为,对腐败行为给予严厉的制裁是世界各国的通例。就制裁手段来看,包括道德制裁、法律制裁等多个方面,其中以成文制度明确规定为特征的法律制裁是最主要的表现形式。法律制裁包括行政处分和刑事制裁两种,其中,刑事制裁是法律制裁的突出表现形式,也是我国廉政制度建设关注的重点。以腐败行为中的贪污、受贿为例,我国刑法对于这两类危

---

① 梅传强:《犯罪心理学》,法律出版社 2003 年版,第 139 页。
② 参见本书第三章第一节。
③④ 梅锦、徐玉生:《薪金收入在职务犯罪成本中的构成比例与高薪养廉措施的应然定位分析》,载于《领导科学》2015 年第 11 期,第 4~7 页。

害行为规定了"拘役、有期徒刑、无期徒刑和死刑"的制裁手段。随着腐败由"数额较大或者有其他较重情节"向"数额特别巨大或者有其他特别严重情节"的过渡，对腐败行为的制裁措施也由"拘役"逐步上升为"死刑"。由于生命权已是最为严厉的处罚，因此当腐败已经是"数额特别巨大或者有其他特别严重情节"时，权力主体再次实施腐败的，则没办法再给予更为严厉的处罚。可见，腐败的惩罚成本也是有限度的，尤其当腐败达到一定程度时，其惩罚成本也就难以增加，社会也没法通过给予更为严厉的刑事制裁来提升其惩罚成本。

腐败犯罪的惩罚成本＝追责权重×刑事惩罚。要提升惩罚成本无外乎两个方面：一是提高追责权重；二是加大刑事惩罚力度。我国刑法对腐败犯罪的惩处力度比世界上多数国家要重；但是，刑罚轻型化已经成为世界刑罚的发展趋势。尤其是近代以来，随着人权保障理念的提升，刑罚观念慢慢从"报复"向"预防""教育"方向转变。在这种背景下，希冀通过加重我国既有的刑罚力度来打击腐败犯罪明显不合适。刑罚以死刑为最高限度，存在天然的制约障碍。因此，要加大腐败犯罪的惩罚成本，最有效、可行的方法应当是加大腐败犯罪的追责权重，加大对腐败犯罪的查处比例，即将同等的社会投入用于提高腐败犯罪的查处比例，会取得更大的司法效益。[①] 同时，加大对腐败犯罪的查处比例，就会强化"犯罪"与"刑罚"两者间的关系，让犯罪人在犯罪前对潜在的刑罚有更大的心理负担，从而提升腐败犯罪的心理成本。"对于犯罪最强有力的约束力量不是刑罚的严酷性，而是刑罚的必定性……因为，即便是最小的恶果，一旦成了确定的，就总令人心悸"[②]。

[①] 何莹、梅锦：《反腐败对策的经济学视角分析》，载于《领导科学》2018 年第 5 期。

[②] ［意］贝卡利亚著，黄风译：《论犯罪与刑罚》，中国法制出版社 2005 年版，第 72 页。

第七章

CSO 立体反腐败体系组织向度

有效的反腐败不仅依赖廉政文化和廉政制度的建设，还决定于廉政组织及其执行力。通过第四章对廉政组织概念和内涵的讨论，CSO 反腐体系的"O"——廉政组织，并不具备最广泛的意义，而是指专门性的反腐败机构，是廉政建设和反腐败的行动主体，其使命在于预防和惩治腐败。也就是说，这里的廉政组织是指能够针对腐败发挥治理功效进而遏制腐败的党政机关和司法部门，以针对腐败采取预防、教育、调查、惩治等行动，监督所有公权力的合理有序、合规合法地运行，发挥其教育、监督、阻断和惩处的反腐败功能，形塑权力主体人格、提高其对腐败的免疫力，强化对腐败的前馈控制、过程控制和反馈控制，防止利益冲突、消解权力异化、遏制腐败发生。廉政组织反腐败使命的实现有赖于廉政组织结构的合理设计、控制系统的健全、信息交互的畅通和运行机制的完善。

第一节　组织向度基本问题

CSO 体系中的"组织"（organization）是一个名词，是指以反腐败为使命的正式组织。廉政组织应具备独立性、权威性、专业性和廉洁性的基本特征，以保证其使命实现。

一、组织与廉政组织

（一）组织

传统的组织理论认为，所谓组织就是为了达到某一特定的共同目标，通过各部门劳动和成员的分工合作以及不同等级的权力与责任的制度化，有计划地协调一群人的活动。根据这个定义，组织首先是人群的活动，主要包括分层管理、统一指挥、逐级授权、分工协作、责权一致等基本内容。

因此，传统的组织设计主要解决以下问题。（1）明确的组织目标。没有共同的目标就不能协调一个群体的活动，组织也就没有存在的必要了。（2）专业化的分工与协作。在组织设计中，群体每个成员的工作职责和范围必须明确，而且共同服务于组织目标。（3）分层及有效的管理。组织一级一级按层次展开，逐级授权，而且每一层每一个主管人都有一定的管辖幅度。组织的层次越多，管理幅度越小，整个组织结构呈狭长状态。层次越少，幅度越大，组织结构呈扁平状态。（4）统一指挥性。一个下级只受一个上级领导，只有一个直接的上级，只与一个上级联系，因而在接受直接领导的隶属关系方面没有横向联系，也不越级纵向联系。目前传统组织理论在实际管理中仍被广泛采用，其系统层次的观点、注重员工技能和绩效的观点、实行目标责任制层层负责的观点、强调一定的规章制度控制约束的观点仍然具有积极意义。

但是，传统组织理论的缺陷也十分明显：过分强调集权和权威、忽视横向联系和非正式关系对组织运行的影响、轻视组织系统与外界的信息交互、僵化的规章和无条件的服从致使组织无法适应新的环境和形势、管理人员嫉贤妒能而导致"帕金森"现象、忽略人的感情因素与心理行为等，这些缺陷对组织目标的实现产生消极影响。因此，现代意义的组织是一个内涵比较宽泛的概念，巴纳德认为，组织是两人以上的有意识地协调力量和活动的合作系统。马克斯·韦伯也从领导、制度、目标三个方面对组织进行界定，塔尔科特·帕森斯根据组织的社会功能将组织进行归类。

综上所述，可以把组织定义为：两个以上的人为实现共同目标和任务通过特定方式和活动而结成的既有分工也有协作的团体。或者说组织是为达成某些目标而进行设计的集合体，是成员进行各种活动的基本框架，通过组织结构设计分解组织任务，运用各种手段和方式以实现组织目标和任务。它具有以下特点：是社会实体；有确定的目标；有一定结构和协调模式的动态系统；是个开放系统。①

人是组织的最基本要素，也是唯一具有主观能动性的要素；组织目标是组织得以存在的前提要素，而且这个目标往往是处于不同层次的多个目标组成的集合；组织结构是组织运行的载体要素，通过组织架构的设计保证成员可以进行分工协作以实现组织目标；管理则是组织有效运行的实现要素，通过计划、控制（监督）、组织（统筹）和协调等管理活动保证组织目标的实现。

组织的类型可以从不同的角度进行划分。按照组织形成的依据可以将组织分为正式组织与非正式组织。正式组织一般是指经过事先确定的组织目标和策划的组织形式，并建立权威的规章制度约束组织成员，规定成员之间职责和相互关系，以完成组织目标作为各成员行动出发点和归宿点的组织体系。非正式组织是指出于某些社会关系或情感的需要自发形成的团体。非正式组织往往在正式组织内因共同情感、兴趣爱好、工作关联、血缘关系等而产生，它对正式组织的影响极可能是消极的阻滞作用，也可能是积极的推动作用。以"团团伙伙""裙带关系""拉帮结派"等为基础形成的非正式组织，对正式组织的运行往往起到阻滞的消极作用；以"志同道合""情义相投""互帮互助"等为基础形成的非正式组织，对正式组织的运行起到积极的同向作用。因此，在正式组织运行中要正视非正式组织的存在，努力使两者的目标一致，对阻滞型非正式组织加以引导直至取缔，而对同向型非正式组织给予倡导和支持。

（二）廉政组织

廉政组织是以反腐败为使命的正式组织，其目标和宗旨在于预防和惩治腐败。廉政组织的概念有广义与狭义之分，广义的廉政组织包括从事与开展一切与反腐败活动有关的政府机关、各行各业厂商和金融机构的内设部门、社会组织和民间团体等组织。广义的廉政组织是一个集合概念，是由具备反腐败功能的部门和社会单元组成的反腐败大功能集群。因此，从广义上将廉政组织定义为：针对腐败现象能够发挥多项综合性功能的机构群落。这个群落是具有统一性、整体性、协调性的廉政组织功能集群，涵盖政府反腐败机构和民间反腐败机构，其组成部门和单元类别众多，但它们主要目的都是监督其他机构合规有序地运行，特别是防止政府及其公职人员发生违背公共目的的腐败现象，并且相互之间通过某种有效的协作机制，形成合力作用进而推进全社会的廉政建设。狭义的廉政组织仅仅指政府机关，属于公共组织范畴，其资源的获取多来源于政府部门，其产出的产品是保证社会的公正和清廉。本书所涉及的"廉政组织"除非特别说明，都

---

① 关培兰编：《组织行为学》，中国人民大学出版社 2015 年版，第 257 页。

是就狭义而言的。

因此，我们把廉政组织定义为：由国家相关法律明文规定的、赋予其权力与职责，对腐败进行预防和打击的公共组织。依据不同的标准可以将廉政组织进行细分：从腐败的阶段来分，有腐败发生前的预防与腐败发生后的惩处，分为预防腐败机构与惩处腐败机构；从处置腐败的类型来分，可以分为专门处理商业贿赂案件的执行机构与专门处理职务犯罪的执行机构。把握廉政组织的内涵有两个基本要素：使命任务和运行条件。

二、廉政组织的使命任务

（一）廉政组织的使命

任何组织都必须有明确的组织目标，廉政组织的组织目标也是其肩负的使命。廉政组织的使命简单来说就是反腐败，反腐败的核心就是对公权力的控制，防止权力异化。廉政组织对公权力进行控制是为了防止它脱离本来应该遵从由相关规则与制度铺设的运行轨道，消除权力异化导致腐败的隐患。所以，控权的目的不在于严格限制权力的一举一动甚至阻碍权力正常运行，而是为公权力设置合理边界并使权力在边界内自主运行，从而最大程度发挥通过公权力的合理运用对公共事务进行有效管理的积极作用；廉政组织控权的最终目的是实现社会公共利益的最大化和政治系统的整体安全（腐败猖獗是社会冲突的强大诱因），它不应成为任何私人或者利益集团用以实现特殊目的的工具和手段。因此，廉政组织的使命不是为了打击、弱化任何相关部门的权力以此达成某些特殊利益，只是为了公共权力能够稳定运行从而产生对于社会有利的公共价值。

（二）廉政组织的任务

廉政组织"反腐败"使命的具体任务是：通过采取种种措施惩治和预防腐败，优化政治生态，建设廉洁政治。中国共产党则进一步将"廉洁政治"表述为：干部清正、政府清廉、政治清明。

首先，通过对权力运行的反馈控制实现惩治腐败。"问责一个，警醒一片"，问责是最好的教育。廉政组织应对一切类型的腐败活动与相关涉案人员进行调查、审判和处置，一般来说国家相关的司法机构都是承担此类职责的直接执行主体，但是为了更有效地打击腐败，有些国家或地区也成立了治理腐败的专职机构，例如，著名的新加坡贪污调查局、我国香港特别行政区廉政公署等。

其次，通过对权力的前馈控制实现预防腐败。廉政组织不仅具有惩治腐败对象的处置权，而且能够起到相应预防作用。随着近现代对于腐败犯罪的深入研究与分析，人们越来越发现反腐败除了要对已经发生的腐败案件与相关涉案人员进行处罚外，更重要的是对于诱发腐败的因素进行及时、有效的干扰，从而有效地制止腐败活动的发生、降低腐败对社会造成的损失。随着对于预防腐败重视程度的逐步加深，预防腐败机构在廉政组织中的地位与规模也在渐渐的提升。

最后，通过对权力运行的过程控制来实现优化生态。廉政组织的存在必须以腐败主体作为对立参照，通过制定、执行、反馈与调整等一系列反腐败措施打击以致消解腐败。因此，廉政组织的最终使命是构建可以自我调节从而免疫腐败的良好生态体系。推动、协调与整合廉政组织系统内各单元有效组织起抵抗腐败的能力，调动系统内一切可以动员的资源，完善、强化与建立政治生态系统各个部分都能参与融合的协作机制，增强系统对于那些已经出现或尚未出现的问题（不仅包括腐败）的自我免疫能力，从而促进政治生态系统自我免疫机能发挥功效，消除危害社会政治系统的腐败病症，修复、优化政治生态系统的自我抵抗机能，维持政治系统的良好运作，构建能够抵御腐败的良好政治生态。[1]

三、廉政组织的基本特征

结合第四章的讨论和廉政组织肩负的使命，廉政组织应具备以下基本特征：独立性即独立于行政权力、权威性即给予必要的授权、专业性即专业化的基本素质和工作能力、廉洁性即健全的自身廉洁内控机制。

（一）独立性

独立性是指廉政组织直接对最高权力机关（行政长官）或最高立法机关（司法部门）负责，而在组织运行中独立做出决策和行动，是廉政组织有效、合理地开展反腐败工作的关键所在。新加坡、我国香港特区等国家或地区的实践证明，廉政组织相对于行政权力保持独立是保障廉政组织有效地开展反腐败工作的基础，享有充分的独立性是廉政组织作为一个不受制于他人而严格履行控权使命的必要条件。实现廉政组织的独立性，必须具备以制度支撑为支点的三个方面条件。

---

[1]　周赟、蔡林慧：《廉政组织的功能及其影响要素——从廉政组织内部的合力与张力分析》，载于《领导科学》2016 年第 32 期，第 54～56 页。

1. 机构独立

廉政组织和其他政府职能部门在政府权力结构与层级安排上应保持相对独立，不应隶属于任何行政机构，也不应该与被执行对象发生领导、从属、管理的关系。如果在横向结构层面廉政组织隶属于其他行政机构，那么作为监督机构，必然受制于被监督对象而无法完成控权使命。

2. 人事独立

廉政组织应拥有不受其他行政机构干扰的独立人事任免权，即区别于行政系统的人事任用，独立地进行工作人员的聘用、管理和考核工作。当然，为避免廉政组织知法犯法，对其进行外部审查或监督是必要的，但绝不能实质性地对廉政组织的独立人事权进行干预。独立的人事权力加强了廉政组织内部工作人员的凝聚力与向心力，充分解决廉政组织内部人员的后顾之忧，也就杜绝了行政系统以人事任命为契机来影响廉政组织人员履行职责的可能。

3. 经费独立

经费预算是维持一个组织生存与发展的关键经济资源，它支撑着组织在开展工作时所必然要产生的执行成本，可以说决定组织运行状况的优劣与否在一定程度上取决于经费投入。如果其他机构掌握着廉政组织的财政支出的权力，那么势必会成为掣肘廉政组织发挥职能的关键力量。如果这些机构发生腐化就会为了自保，必然通过有意以经费为要挟来刻意阻挠廉政组织的履行职责。廉政组织应拥有独立、充足的经费保障，以便为廉政组织提供经济保障，确保组织得以平稳运行。

（二）权威性

在保障廉政组织独立性的前提下，赋予廉政组织必要的权力、树立其权威性，是实现其使命的基本前提和必要条件。唯有掌握了权力，廉政组织才能独立、有效地对案件进行侦查和处理。廉政组织的权威性高低关键在于授予廉政组织的权力有多少，以较高的组织地位作为前提、较为充足的工作权限作为手段，包括授予权力的种类、级别等要素。

拥有较高权威性的组织权力需要相应的法律制度与规则程序作为保障，否则廉政组织在履职时所运用的权力得不到保障，廉政组织就会成为一个虚有其表的空壳，廉政组织的权威性也就无从保证。能够体现廉政组织权威性的权力主要是针对腐败案件来说的，最重要的就是调查权、立案权、处置权。而且由于廉政组织的权力是用来制约权力的权力，所以廉政组织的授权种类往往还不同于一般机构执行权力的类别，具有一定特殊性，例如，由于贪污腐败犯罪具有隐蔽性，一般不易被察觉，为了保证有效地克服腐败犯罪者与廉政组织之间的信息不对称，提高打击腐败犯罪行为的效率，秘密调查权在其中就显得极其重要。权威性与独立性是互为补充、互相促进的，呈正相关，独立性越高，权威性也就相应越高。两种特性又相互依靠，独立性往往需要以充分的工作权限与较高的行动能力作为保障，权威性也是建立在拥有足够的独立性基础之上的。

（三）专业性

廉政组织专有的机构职责体现在它对于政府的腐败问题拥有相对专业的治理特长，只有具有专业素养的工作人员才能应对日益复杂的腐败问题。

随着社会发展和国际环境的复杂化，各种新的腐败元素不断渗入政治，腐败的类型呈现出多样化的特点。腐败的发展从目前来看至少可以认定为三个阶段和走向趋势。从 19 世纪开始，腐败逐步呈现出了现代化的趋势，从传统方式的腐败向新型腐败与现代腐败演化，例如，从单纯的金钱腐败开始逐步向通过权力掌握资源，进而以"合法"的形式获取利益。现代腐败如同一部精密的机器，在现代政治的运行框架下迅速适应了民主或科学的现代理念与工业化的现代技术发展的趋势，腐败的形式不断多元化。在全球化快速发展、科学技术日新月异的今天，跨国化、高科技化也逐渐成为贪污腐败犯罪的重要特征，使得打击此类犯罪行为变得尤其复杂和艰难。在腐败现象日益变得复杂多变的情况下，反腐败工作不断呈现出新形势、新特点，廉政组织的反腐败建设也相应地需要多样化改革。如果廉政组织缺乏必要的专业能力和素质，显然难以胜任反腐败工作的需要。廉政组织的工作人员应当熟悉和了解腐败及其规律的专业知识、国家廉政建设相关的法律法规知识以及诸多包括财务会计、信息网络、腐败犯罪调查、跨国腐败犯罪调查等在内的专业知识和技能。

廉政组织的专业性不仅与其自身组织制度的设计、结构层次的设置有联系，而且与廉政组织内部有关工作人员的专业技能与专业素质的培养密切相关。一方面，廉政组织内部的岗位分配、部门设计、工作机制应该依据反腐败这个工作目标的专有特性来具体地设置与安排，总的原则是坚持以职能分工为导向、以协调统一的运行机制为保障、以结构设置的职业化为目标，从而有利于廉政组织的制度安排日益的专业化。另一方面，在反腐败严厉打击之下，腐败自身的形态发生了调适性转变，由原始、粗糙的低级腐败向高水平、专业化的高级腐败演化，腐败变得愈加具有隐蔽性、复杂性，面对形式日益复杂的腐败案件，廉政组织的工作人员也必须掌握与了解大量关于腐败的专业信息、摸清楚腐败活动发生的一般规律、学会鉴别各领域各种类别的腐败表象，在此基础上锻炼如何预防、查处、惩治腐败的反腐败专业工作技能，从而通过一整套专业知识与专业技能的培养来逐步提升工作人员个人的专业素养。只有保证廉政组织工作人员具有一定的反腐败专业技能与素质，才能使整个廉政组织的专业化程度有所提高。

（四）廉洁性

廉政组织必须加强自身廉政建设，确保廉政组织自身的廉洁性。不具备廉洁性的廉政组织，不但不能肩负起反腐败的责任和使命，反而会滋生更多腐败现象，更甚至会打击公众反贪腐的信心。监督不仅是保证其他执行机构不发生腐败的关键，同样也是防止廉政组织不蜕变的必然要求，所以作为控权机构的廉政组织首先就要保证自身所拥有的权力能够时刻得到有效的监督。

能够促进廉政组织廉洁的监督可以分为外部监督与内部监督。可靠的外部监督是有效监督的保障，在维持组织廉洁性方面所能实际发挥的效用与价值是最高的。当然，仅有外部监督并不足以确保廉政组织的廉洁性，还必须进行内部监督制度的设计，因为腐败犯罪具有动态性、复杂性等特征，出于打击犯罪行为的需要，廉政组织的很多信息有时难以做到公开透明，有些信息就要求高度保密，例如廉政组织秘密调查权的行使过程，所以不能忽视廉政组织内部的自我监督。对于廉政组织内部的监督制度而言，其设计原则是能够从组织内部形成一种自制力，以内部规约的方式来推进自身的廉洁自守。这样，就形成一种内外结合的合力作用，对廉政组织自身达成有效监督，保证其自身的廉洁。

四、新中国成立以来廉政组织的演变

新中国成立后很长时期内，承担反腐败职能的廉政组织主要有党内的纪律检查委员会、政府机关的监察部门和预防腐败部门、司法系统的预防职务犯罪和反贪部门等党政机关，各级人民代表大会和政治协商会议等机构也设有具有廉政建设和反腐败职能的廉政组织。党的十八大以后，在党中央的统一领导和部署下，对各部门的廉政组织进行整合，2016 年提出国家监察体制改革并进行试点，2017年党的十九大明确提出将试点工作在全国推开，组建国家、省、市、县监察委员会的战略部署，并于 2019 年 3 月在全国范围内完成各级政府监察委员会的设立及转隶工作，各级监察委员会与同级纪委合署办公，并接受纪委的领导。

（一）中央及各级纪律检查委员会的创立

1949 年 11 月，中共中央做出了《关于成立中央及各级党的纪律检查委员会的决定》（以下简称《决定》），同时成立了中央纪律检查委员会。《决定》规定中央纪委在中央政治局的领导下工作，各中央局、分局、省委等纪律检查委员会在该党委会的指导下工作。1950 年底，全国大部分地委和县委均迅速建立了纪律检查委员会。据统计，在成立起初的 5 年中，中央及各级党的纪律检查委员会共查处各类违法乱纪案件 30 余万起。

1949 年 9 月 29 日，中国人民政治协商会议第一届全体会议通过的《中国人民政治协商会议共同纲领》决定在县市以上人民政府内设人民监察机关。同时通过的《中华人民共和国中央人民政府组织法》决定在政务院设立人民监察委员会，其职能是对我国政府机关及公务人员进行监督检查，监督政府机关和公务人员履行自身职责，检举违法失职的机关人员。1954 年 9 月召开的全国一届人大一次会议决定设立国家监察部。时隔 5 年，1959 年 4 月 28 日全国二届人大一次会议审议通过《第二届全国人民代表大会第一次会议关于撤销司法部监察部的决议》，做出了撤销司法部、监察部的决议。

可见，1949 ~ 1959 年 10 年间，中国共产党的纪律检查委员会着重处理党员违纪案件，行政监察部门着重处理国家机关的工作人员（包括党员）违法渎职案件。

（二）中央及各级监察委员会的设立

1955 年 3 月 31 日，党的全国代表会议通过了《中国共产党全国代表会议关于成立党的中央和地方监察委员会的决议》（以下简称《决议》），将中央纪律检查委员会更名为中央监察委员会，并设立了常务委员会，常设办事机关，进一步健全和完善了党的纪检机构的领导体制和工作机制。1956 年 9 月 15 ~ 27 日在北京召开的中共八届一中全会选举产生了由 21 人组成的新一届中央监察委员会，由董必武任书记。1955 年 12 月，经中央批准，中央监察委员会在中央国家机关和人民团体中均设立了中央监察委员会兼职监察员，在建立党委的工矿企业中也建立了党的监察委员会。党的八大后，各级监察委员会按照党章规定开展工作，同时把工作中探索出的成功经验及遇到的困难问题形成规定、报告、意见，向中央报告，经中共中央批准发布。中共中央也直接向监察委员会颁布有关的通知、决定。由此推动了党的监督的制度化和体系化。

（三）中央及各级监察机关的撤销与重建

"文化大革命"时期，党的组织和纪律遭到严重的冲击和破坏，中央和地方各级监察委员会机构瘫痪、工作停顿。1969 年 4 月召开党的九大，党的九大删除八大党章中所有关于监察委员会的规定。1969 年 7 月党的监察委员会被正式撤销，职权被剥夺。中央监察委员会常委、处级领导干部全部被解职，超过半数的机关干部受到批斗和审查。[①] 1973 年 8 月召开的党的十大，对党内监督机构这个重大问题依然只字未提。

1977 年党的十一届二中全会，新中国元勋、时任中央军委主要领导人叶剑英在党章的修改报告中正式提出恢复中共纪律检查机关的建议。1978 年 12 月 18 日在党的十一届三中全会通过的党章中，规定在党的中央委员会、地方县和县以上、军队团和团以上各级党的委员会，都设立纪律检查委员会。并选举产生了中央纪律检查委员会，陈云任第一书记，邓颖超任第二书记，胡耀邦任第三书记，黄克诚任常务书记，另外还有 100 名委员。1982 年中国共产党第十二次全国代表大会强化了党的纪检工作在党的建设中的重要位置，提高了纪检机关的政治地位，对纪检的权限，纪检机关的产生、领导体制、任务、职权做了新的规定。另外，1983 年 9 月 15 日中华人民共和国审计署正式成立，在反腐败斗争中发挥了特殊的重要作用。

1986 年国家行政监察体制得以恢复并确立，设立了中华人民共和国监察部，任命尉健行为监察部部长。1987 年党的十三大选举乔石为中共中央纪律检查委员会书记。1988 年 3 月，中纪委第二次全体会议对纪检机关的机构改革做了相关部署，到 1988 年底，中央和地方国家机关各部门纪检组撤销基本完成，纪律检查委员会的相关职能也做出了重要调整："党的纪律检查委员会不处理法纪和政纪案件，应当集中力量管好党纪，协助党委管好党风。"

1992 年 9 月，根据党的十四大精神，党的纪律检查机关和国家行政监察机关合署办公。"合署办公"坚持"统一领导、分工负责"的原则，不仅精简机构，提高了办事效率，而且整合了两署的优势资源，是党内监督机构建设的又一次重要创新。2001 年党的十五届六中全会做出"纪律检查机关对派出机构实行统一管理"的决定。从 2003 年 6 月起，中央纪委和中组部联合向全国派出巡视组，重点对省级党政班子进行巡视，专门监督机构的建设得到进一步发展。巡视组针对易发生腐败的领域和专项工程项目进行重点监督检查，是对日常性党内监督工作的重要补充，同时起到震慑腐败分子的作用。

党的十八大以来，党对预防和惩治腐败工作提出了更高的目标和要求。2013 年，党的十八届三中全会提出"两个为主"，即"查办腐败案件以上级纪委领导为主"和"各级纪委书记、副书记的提名和考察以上级纪委会同组织部门为主"。2014 年 3 月，中央纪委成立纪检监察干部监督室，其主要工作职责就是监督执纪问责，不同于中央纪委一至十二室，纪检监察干部监督室着眼于加强对中央纪委机关、中央纪委派驻纪检组、各省区市纪委相关纪检监察领导干部的自我

[①] 《中国共产党组织史资料》第六卷，北京：中共党史出版社 2000 年版，第 62~63 页。

监督。设立纪检监察干部监督室，与内部的监督和过去相比，纪委的自我监督取得了比较好的效果。纪检监察干部真切感受到有了专门机构和人员履行监督职责，接受监督的意识更强了；与之前相比，内部监督标准更高、要求更严；真查真办，对自身问题更是"零容忍"，绝不姑息、毫不手软，坚决清理门户，形成了有力震慑。

（四）组建国家监察委员会

2016 年 11 月 7 日，中共中央办公厅印发《关于在北京市、山西省、浙江省开展国家监察体制改革试点方案》。2016 年 12 月 25 日，全国人大常委会第二十五次会议表决通过了《关于在北京市、山西省、浙江省开展国家监察体制改革试点工作的决定》，将试点地区人民政府的监察厅（局）、预防腐败局及人民检察院查处贪污贿赂、失职渎职以及预防职务犯罪等部门的相关职能整合至监察委员会，建立"党统一领导下的国家反腐败工作机构"。三地试点意味着国家监察体制改革正式启动。习近平强调："要积极稳妥推进国家监察体制改革，加强统筹协调，做好政策把握和工作衔接"①，这为进一步深化改革指明了方向。2017 年11 月 4 日下午，十二届全国人大常委会第三十次会议表决通过全国人大常委会关于在全国各地推开国家监察体系改革试点工作的决定。

2018 年 3 月 20 日，第十三届全国人大一次会议表决通过了《中华人民共和国监察法》。这部法律有力推进了全面依法治国、深入开展反腐败工作，实现国家监察全面覆盖。《中华人民共和国监察法》规定，监察机关应当通过设立内部专门的监督机构等方式，加强对监察人员执行职务和遵守法律情况的监督，建设忠诚、干净、担当的监察队伍。其中，对于监察人员打听案情、过问案件、说情干预的应当及时报告和登记备案。对监察人员的回避，脱密期管理，监察人员辞职、退休后从业限制等进行严格规定，并建立对监察机关及其工作人员不当行为的申诉和责任追究制度。

依据中国共产党的纪检监察组织从创建、破坏、重建、发展、壮大的历史进程来看，其经历了不断的探索与创新。它的经历是与中国共产党所领导的新中国的成立、建设、改革、发展的历史息息相关的。它在新中国成立以来不同的历史时期，都发挥了相应的组织和职能作用。在纪检机构自身建设及其职能转变等方面实现了领导体制及其机构的产生方式的重要突破。党和国家机构改革，根本目的在于坚持和加强党的全面领导、不断提升党的长期执政能力。

---

① 武汉大学党内法规研究中心编：《中国共产党党内法规制度建设年度报告（2017）》，人民出版社2019 年版，第 152 页。

第二节　廉政组织反腐功能

廉政组织反腐败的功能取决于其肩负的使命以及由此获得的授权。其基本功能就是消解腐败现象的存在，最终功能是促进政治生态系统自我免疫机能发挥功效，维持政治系统的良好运作。尽管有研究认为廉政组织具有凝聚功能、协调功能、制约功能和激励功能，但这些只是其作为组织的微观层面功能的呈现①。而廉政组织不仅要解决诸如公职人员不敢腐、不能腐、不想腐等微观层面的问题，更要关注诸如反腐政策与力度、廉洁文化建设、反腐败法规体系建设等宏观层面的问题。那么，廉政组织应该具有教育、监督、阻断和惩处四大功能。

一、教育功能

廉政组织的教育功能是通过教育形塑掌权者的人格，提高其对腐败的免疫力。亦即通过明确教化主体、组织教育活动、执行教育任务、建构教育生态等形式，促成掌权者廉洁行政的自律和自觉。

廉政组织必须具备教育的功能，如我国香港特别行政区廉政公署的社区关系处，其职责就是"教导"。这是因为反腐败不能仅仅停留在只是针对具体存在的腐败现象，而要从深层次上去考虑如何清除滋生腐败的土壤，调动一切可以动员的反腐败资源，完善、强化与创建政治生态各个部分的有机关系，从而建立反腐败协作机制，促进政治生态自我免疫系统发挥功效，消除政治生态内部发生问题的潜在可能。因此，廉政组织不能仅仅局限于从狭隘的局部层面进行功能设置，而是要从政治生态整体协同的角度来建构廉政组织教育生态。廉政组织通过架构设计和制度化传导教育活动，把教育与行政、法律、道德、舆论、媒体、网络等手段结合起来，广泛宣传廉洁价值观、及时提醒谈话"抓早抓小"、严明执政党的组织纪律，充分运用教育与管理、法律与道德、奖励与惩罚的协同机制，使自律与他律、内在约束和外在约束有机统一起来，从而最终形成扶正祛邪、惩恶扬善的良好社会风气，实现廉政组织的教育功能。通过增强社会组织和成员对廉政

---

①　详见第四章第二节。

组织各项反腐败制度和策略的认同和信任感，通过各种贴近社会生活的宣传方式和宣传途径，广泛开展反腐败教育，促使反腐败的自我意识生成并渗透到人们的思想观念和道德标准中，进而成为人们行为准则的一部分，使社会公众自觉遵守制度，按规章办事。

廉政组织通过教化手段培养权力主体的廉政自律来实现其教育功能。一是廉政组织明确公权力主体作为教化主体和对象。廉政组织中的权力主体既是教育者，又是被教育者。廉政组织教育功能的实现是通过对权力主体的教化过程，明确公权力组织化运作过程中权力清单，规范权力主体行使公权力行为，创建健康的权力运行公共空间、人际交往秩序和风清气正的政治生态。二是廉政组织对权力主体展开教育活动。廉政组织反腐败教育功能的发挥有赖于廉政组织在公共权力运行的权力空间、代表公众利益的公众空间等展开的教育活动，使权力主体通过外部教化、警示教育与自我教育等活动，树立正确的人生观、价值观、权力观、道德观等正向价值取向。具体方法主要是在行政化的公共空间开展包括理论宣讲、组织生活、观摩交流、警示教育、榜样示范、自我教育等多种教育活动形式，促使权力主体形成遵纪守法的意识，依法依纪使用公共权力为公众谋求利益而非私利。

廉政组织教育功能的有效性还取决于教育方式的持续改进。廉政教育工作，包括向相关部门或媒体报送纪检监察工作进展材料，对党员领导干部、国家工作人员进行正反面典型教育以及对纪检监察干部进行培训。具体方式有：（1）廉政宣传。主要是与同级党报和电视台、电台联系，建立“廉政专档”对纪检监察理论进行宣传或对纪检监察重点工作如每年的纪委工作全会进行专门报道。近年来，宣传工作更注重在全社会建立廉政文化，开展形式多样的活动，如文艺演出比赛、廉政公益广告等，但需要指出的是我国内地各级纪委的宣传工作针对的对象是党员领导干部和国家工作人员，没有直接面向群众，鼓励群众揭发腐败行为的宣传工作。（2）廉政教育。主要是针对党员领导干部和国家工作人员，利用正反两方面的典型案例进行教育，方式包括组织观看典型教育片、邀请上级领导或专家讲课、组织进行有关党纪条规的知识测试等。（3）纪检监察培训。主要是针对在职的纪检监察干部，培训班分两个层次，上级纪检监察机关组织的培训（一般只针对纪委领导）和本级组织的业务知识培训。

二、监督功能

廉政组织的监督功能就是监督权力主体的行为及权力运行的轨迹与合规性的一致性，从而防止权力运行偏离合规轨道而发生不正当使用。监督的范围主要包括：预防腐败空间的形成、廉政风险点监控以及权力主体个人信息的合规性检查。

（一）预防腐败空间的形成

1. 腐败空间的含义

腐败空间是指嵌入公共权力结构中，通过复杂的社会关系网络构造的，以实现权力货币化为目的的通道和环境。

腐败以窃取公权力支配之下的公共资源作为满足个人私欲给养，但是腐败并不是偶发的、个体化的一种现象，在具有不同历史、文化、经济的社会情境中，腐败更是深层次的社会系统性问题，它植根于综合了传统习俗、经济模式、制度架构、权力结构等多方面要素的社会系统之中。腐败这种深层次的嵌入性特征，使腐败获得了能够维持自我存续与自我发展的生存空间，而且正是通过巨大而复杂的社会关系网络来扩大活动空间，开辟、改造更多的公共空间作为私人领域从而霸占更多的社会资源，以此满足不断扩张的个人利益需要。也就是说腐败并不仅仅局限于在个人与资源之间建立的联系作为活动空间的界限，而是演化为一种以集团参与为基础、分工协作为手段、人际互动为特征、交易互利为目标的社会关系的复杂联结，其中包含了大量经济的、文化的、理性的、情感的人际互动要素。正是因为腐败镶嵌在了社会关系结构之中，才使得腐败作为一种本应立刻予以消除的、违背公理法治的负面现象，还能顽强地存活于社会结构的某个缝隙之中，导致社会肌体不断被腐败溢出的"毒液"所侵蚀，如果不加以有效控制和清理，最终将造成公共资源大量流失、社会公平遭受极大破坏进而威胁到社会安全。

2. 腐败空间的基本属性

第一，腐败空间是以控权失灵为核心的"信息空间"。控权失灵是指权力主体想方设法抵抗或回避对权力的控制，从而使得种种制约和监督权力的举措失去效用[①]。政府以满足公众的需求为目标，承担一切关于公共资源的使用与分配等操作程序上的职责，并凭借行政体系将具体事务交由相关官员（由此而产生"权力主体"，亦称为掌权者）去执行，这些权力主体掌握了最为全面的信息。但因为权力异化产生的推动力，使得他们倾向于利用甚至刻意制造信息链上的"结构洞"[②]，构建有利于腐败的"信息空间"，获得在执行过程之中更为自主的裁量

---

① 参见第三章第二节。

② 结构洞是伯特1992年在《结构洞：竞争的社会结构》一书中提出的，他认为如果A、B两人之间发生信息关联只能通过C来串接起来，那么C作为中间人就处于A、B两者之间的结构洞之中，C就是结构洞的占据者，有A、B都不具备的信息优势与控制利益的机会。

权，为自己谋取不正当的利益创造有利的条件。因为一般公众是很难获知关于公共资源的分配与使用信息，掌权者占据着这些信息链的"结构洞"，从而利用"结构洞"两侧信息交流的非直接性，肆意改变信息走向、改造信息元素甚至刻意造成信息交互不畅，屏蔽控权者与公众对公共资源配置与使用的监控，为谋取私利营造腐败空间。

第二，腐败空间是以经济理性为核心的"交易空间"。经济理性是腐败空间内在运行的基本逻辑，只要腐败主体为腐败活动所要支付的成本小于腐败活动最终可能带来的收益，那么腐败行为的发生机制就被触发。[①] 在腐败成本与腐败收益之间存在多大利润，往往也就决定了腐败能够在多大程度上维持自我的生存与扩张，强调以最小成本换取最大收益。随着社会发展和经济活动的复杂化，各种新的腐败元素不断渗入，腐败呈现出主体多元化、形式多样化的特点，已经不局限于"自给自足"的个体腐败，而是通过彼此之间的交易来实现更具规模效益的群体腐败，因此腐败空间实际上是由众多腐败主体共同开辟创造的一个市场集群。在这里，以公共资源为筹码，在经济理性主导下，各腐败主体通过私相授受的交易行为追逐自身利益的最大化。

第三，腐败空间是以人际理性为核心的"情感空间"。人际理性的实质是注重人与人之间关系，表现为依托于以自身种族传统文化和习俗为主导的人际联结和互动模式。经济理性驱动下的腐败嵌入社会关系结构之中，在人际理性作用下进一步使腐败空间原本单纯的经济交易关系，拓展出了具有情感认知的人际交互，将不稳定的经济行为绑定在了更为稳固的情感依附之上，发展出了包含责任、信诺与义务的情感性、伦理性的社会关系，从而使腐败空间对内更具有稳定性与凝聚力、对外更具有掠夺性与破坏力。中国自古以来就是关系社会，血缘、地缘、趣缘、学缘等人际关系是中国社会运行的重要基础，通过人际理性拓展腐败空间、强化经济理性导致腐败的可能性，在中国表现得尤为突出。

第四，腐败空间是以微型社会秩序为核心的"亚文化空间"。无论对于哪一种社会机体，腐败空间都是一个绝对有害的存在，在公共伦理、社会情感、法治规则上始终无法具备合法性。为了使腐败空间具有"合法性"，就必须制造出一个可以和社会宏观秩序相对抗的另类秩序系统，在作为社会整体的局部区域而存在的腐败空间内部建立一种"秩序"——微型社会秩序，即创制出一套为自己空间成员所认可的秩序规范，整合空间成员的群体感知、规范空间成员的行为指向、界定空间成员的身份认同，以此形成一个类似社会单元常规性系统运作模式又独立于正常社会秩序的"潜规则"，从而构建腐败合法的"亚文化空间"。这

① 参见第三章第一节。

种腐败"亚文化"又以社会关系结构为通路进行传播，潜移默化地影响社会成员对于腐败原先的认知，使其接受腐败是一种习以为常的另类社会现象而获得"合法性"，使腐败空间得以生存甚至获得进一步的扩张。

（二）廉政风险防控

廉政风险防控是指廉政组织针对公权力运行过程中涉及的人、权、事，进行辨别分类、排查评估和科学防控，特别是对重点领域和关键岗位的公职人员存在的潜在风险进行评估、排查和防控，以防止公职人员在权力行使中出现偏离，降低和化解发生利益冲突的风险。主要内容是以廉政组织的使命为依凭制定相关法律和规范，监控公权力运行过程中人、权、事是否存在利益冲突的风险，具体来说有三个方面：风险规避、风险发现和风险纠正。

1. 风险规避是防止利益冲突的制度保障

所谓利益冲突，就是指掌权者的私权与其所掌握的公权的可能冲突，即掌权者以公权力谋取个人或私人团体的私利。防止利益冲突就是要厘清公益与私利的界限，约束公职人员的行为，防止公职人员公权私用、以权谋私。2003 年联合国大会通过的《联合国反腐败公约》对"利益冲突"做了制度性规定；德国专门制定了《公务员兼职法》，对公务人员可以从事和禁止从事的兼职都做出了明确规定；美国国会于 1966 年制定了《情报自由法》，之后又制定了《联邦咨询委员会法》《隐私权法》《阳光中的政府法》以及《电子情报自由法》等。英国于 2000 年 11 月底通过了《信息公开法》。韩国、日本等亚洲国家和地区自 20 世纪 90 年代后开始立法，法律制度数目少但内容较详尽具体，针对性和可操作性强。

2. 风险发现就是要建立健全风险点监控体系

这一体系包括：（1）廉政评估指标体系（IAIS）。查找权力运行风险点、构建廉政评估指标体系，通过廉情分析预测反腐败趋势，利用监测预警信息收集和分析的结果对反腐败措施及时进行调整和完善。（2）统一的权力监控信息平台。以科技手段为支撑，以制度建设为保证，完善权力运行监控机制，把电子监察、风险预警等科技手段融入廉政风险防控、规范权力运行的制度设计和管理流程之中。（3）惩治和预防腐败工程综合效能的保障机制。以科技创新平台为技术支撑，构建立体式惩治和预防腐败体系，带动惩治和预防腐败工程建设整体推进，开辟群众诉求通道，突出促廉惠民，拓宽社会监督面。（4）权力监控的整合机制。构建权力运行全过程的完整监控链条，优化权力运行流程，固化权力运行程序，同时通过建立教育引导、完善制度制约、健全监督检查、案件查处、效能考核等机制，充分发挥惩治和预防腐败工程综合效能，不断提高有效预防腐败的能力。

3. 风险纠正就是要及时解决廉政风险

廉政风险纠正就是建立一个廉政风险防控的体系，这个体系以监控体系的人员为基础，以防治部门、数据监控部门、惩治部门为基本的组织结构，以反腐败的引导与教育、指标数据分析、指标监察管理、腐败异常预警以及政府的总体协调控制为主要职能。风险纠正的核心主体是廉政组织的人员。以廉政文化自查自纠，以廉政制度为依凭强制纠正或惩罚性纠正，以发现和解决廉政风险。

（三）个人信息合规性检查

1. 阳光法案

个人信息合规性检查也就是通常所说的"官员个人财产公开制度"，也称为"阳光法案"，是目前对廉政风险点进行监控的最广泛和最有效的制度和机制。阳光法案（Sunshine Law）又称"信息自由法"、"资讯公开"或"资讯自由"（Freedom of Information）。

广泛意义上的阳光法案包括制定诸如政治献金法、公职人员财产申报法、利益冲突回避法等，一般意义的阳光法案是指官员个人财产申报制度，即要求公职人员向社会公众公布其所拥有的家庭财产并说明其来历，以证明财产合法和为官廉洁。这一法案最早起源于瑞典 1766 年制定的信息自由法（Offentlighetsprincipen，也称为公众使用原则）；美国于 1967 年通过关于联邦政府信息公开化的行政法规《信息自由法》（Freedom of Information Act，FOIA），英国议会于 1883 年通过的《净化选举，防止腐败法》是第一部有关财产申报的法律。

领导干部个人事项申报制度是颇具中国特色的"阳光法案"，2016 年修订的《中国共产党党内监督条例》规定：党组织主要负责人个人有关事项应当在党内一定范围公开，主动接受监督。坚持和完善领导干部个人有关事项报告制度，领导干部应当按规定如实报告个人有关事项，及时报告个人及家庭重大情况，事先请示报告离开岗位或者工作所在地等。

2. 权力清单

所谓权力清单，就是中央和地方各级政府和公共管理部门，按照职权法定原则对其工作部门经过确认的行政职权，除保密事项（如涉及国防安全和国家机密的相关信息）外，要以清单形式将每项职权的名称、编码、类型、依据、行使主体、流程图和监督方式等，及时在政府网站和业务办理窗口进行公布。

制定权力清单，首先，要全面梳理现有行政职权，中央和地方各级政府工作部门要对行使的直接面对公民、法人和其他组织的行政职权，分门别类进行全面彻底梳理，逐项列明设定依据，汇总形成部门行政职权目录。在全面梳理基础上，按照职权法定原则大力清理调整行政职权，即对现有行政职权进行清理、调整。

其次，权力事项确认。中央和地方各级政府按照透明、高效、便民原则，对其工作部门清理后拟保留的行政职权目录，以严密的工作程序和统一的审核标准，依法逐条逐项进行合法性、合理性和必要性审查，对确认的行政职权，制定行政职权运行流程图，切实减少工作环节，规范行政裁量权，明确每个环节的承办机构、办理要求、办理时限等。

最后，公布权力清单并建立健全动态管理机制。权力清单公布后，要按照权责一致的原则，逐一厘清与行政职权相对应的责任事项，建立责任清单，明确责任主体，健全问责机制；要大力推进行政职权网上运行，加大公开透明力度，建立有效的权力运行监督机制，对不按权力清单履行职权的单位和人员，依纪依法追究责任；要根据法律法规立改废释情况、机构和职能调整情况等，及时调整权力清单，并向社会公布，建立权力清单的动态调整和长效管理机制。①

三、阻断功能

廉政组织的阻断功能就是阻止掌权者妄图以处于公权力支配之下的公共资源为目标谋取私利的可能性，切断权力货币化的循环，或者说阻断权力与好处的交易，实现对腐败行为的过程控制。

（一）公权力对公共资源的"占有"

一般来说现代化国家通过宪法确立公共资源为全体公民所有，但是在实际生活中却不能为公民直接占有，而是以缔结社会契约的方式交由国家进行管理，国家通过行政机构内部的层级运行来使用与加工公共资源，或者将资源分配给公民使用，资源成了制度的产物，公共资源被深深嵌入在作为正式制度的国家机构的层级职位之中。因此资源实际上以一种高度组织化的方式被分配，按照从层级结构的顶层职位向下依次递减的规律，公共资源的分布基本呈倒金字塔型。

基于职位所拥有的权力也就表现为对资源的相对控制与获取机会，不同职位依据层级高低对于资源的控制力也表现出差异性。拥有权力的官员（掌权者）被期待能够依据符合公共目的的规则与程序来使用资源，但是"这些代理人被给予了按照他们的念头行动的机会——'适当地'解释和有效地、有创造力地行动的

---

① 中共中央办公厅、国务院办公厅：《关于推行地方各级政府工作部门权力清单制度的指导意见》，中央政府门户网站，2015年3月24日。

能力与意愿。"① 这样，掌权者在他们的解释中可能考虑的不是公共利益，而是故意不遵守规则与程序的不当利益。控制和使用与职位有关的资源是掌权者被赋予的职权，但是当使用资源的目的是谋取私人利益而非公共福祉时，资源最终流向就会因此发生改变，进而职位与权力就演变成为腐败主体汲取公共资源的通道。越高层的掌权者越有机会凭借层级制中职位的优势接触到多样化的优质资源，而且通过层级结构在横向与纵向上的联系，能够获取与使用超出这些职位本身所被分配的资源。正是利用了资源依附在层级结构职位的这一特点，腐败官员以职位为基础、以权力为纽带，通过准确获悉信息来快速地搜寻、汲取为自己谋利所需的资源，谋取个人利益的最大化。

（二）阻断公共资源的私人利用

为了阻断腐败主体吸取公共资源谋取私利的可能，廉政组织应该通过内在的多个职能机构的合力运作，全方位削弱腐败主体攫取公共资源的能力，从而切断腐败主体凭借非法的权力运作而构建吸取公共资源的通道。合力阻断公共利益的私人利用，可以通过规范程序、完善律法和整肃党纪等具体措施来实现。

1. 规范权力运行程序

掌权者控制与使用资源而行使的公权，应建立在严格遵照程序运行的轨道上，一旦公权的运行偏离正常的程序轨道就会为腐败发生埋下隐患。因为一旦掌权者不依据规则程序行使权力，就会使公权脱离束缚而等同于私权，甚至在职权法定合法外衣下构建起获取公共资源的非法通道。廉政组织通过监控行政部门在政策执行过程中各项工作的程序步骤有没有严格按照正常的行政流程进行，一旦发现发生偏离程序的情况，即应启动相关纠偏措施使政策执行回归正常程序，并且依据情节轻重查究相关人员的责任，以儆效尤，达到阻止公共资源的私人利用。

2. 完善权力运行律法

使用与控制资源的职位与权力源自社会契约，使掌权者合法"占有"资源。因此，基于法治化原则需要具体的律法体现社会契约精神，确保职位设置与权力运用始终不背离以公共利益为目的的社会契约的订立初衷。同时，在制定完善保障资源不被私自滥用的律法的前提下，必须保证这些律法得到执行，或者违背这些律法必须受到应有的惩处，这也是廉政组织的使命使然。廉政组织以律法为武器来对各层级机构的职位与权力实施规约和监督，通过调查、惩处相关滥用权力攫取公共资源的腐败案件，不断加大对腐败的打击力度，提高腐败成本和心理惩

---

① ［美］林南著，张磊译：《社会资本——关于社会结构与行动的理论》，上海人民出版社 2005 年版，第 33 页。

恐，对腐败主体产生震慑作用，从而阻断腐败主体妄图吸取资源的可能。

3. 全面整肃党纪

政党政治已成为现代国家普遍的政治框架，政党成为政治活动的组织者和实施者，因此可以通过执政党自身的党规党纪约束掌权者的行为，维护执政党的执政地位。中国共产党是通过全面整肃党纪反腐败的典范。在中国，大多数掌握权力的各层级官员中党员占绝大多数，中国共产党明确规定执政宗旨："立党为公，执政为民"，任何妄图吸取公共资源谋取私利的行为都是党规党纪所不容的。全面整肃党纪首先要从思想上加强对党员干部的廉政教育，同时对于违背党纪党规的党员给予严厉的惩处。许许多多腐败案件表明，腐败的发生往往先是从思想上发生蜕变，继而萌生窃取公共资源的贪念而逐渐堕落的。全面整肃党纪，对这些具有腐败苗头的掌权者施以警醒或惩戒，抓早抓小、防微杜渐，以"零容忍"的坚决行动形成不敢腐的有效机制，从而发挥对腐败主体吸取公共资源的阻断功能。

四、惩处功能

廉政组织的惩处功能是指运用获得的授权对腐败分子进行调查、问询、追责（在我国还包括党纪追责和法律追责）等，实现对腐败的惩治，从而净化和优化政治生态。就惩治腐败来说，应当赋予廉政组织对贪污腐败犯罪案件完全的侦查权，包括秘密侦查权、逮捕权等。只有掌握了足够的权力，廉政组织才能独立、有效地对案件进行侦查和处理。

（一）调查

当廉政组织接到对腐败事件的相关举报信息后，可通过授权对涉案人员进行调查。廉政组织获取腐败案件信息的途径较多，既可以是普通公民的投诉，也可以通过上级或其他部门获取，还有大量信息是通过廉政组织在案件前期调查基础上的信息积累。对于收到的信息，廉政组织通过汇总、整理，即可展开相关调查。

廉政组织对腐败分子开展调查，是发挥其惩处功能的重要形式。在调查过程中，腐败案件被部分曝光，腐败事实逐步明晰，这无疑会对腐败分子形成较大震慑作用。

例如，我国香港特别行政区廉政公署就充分发挥了廉政组织的调查功能来惩治腐败。在香港这个只有 1 100 平方千米的地方，廉政公署就有 8 个举报中心，方便举报者就近前往。如果不愿亲身到场，也可以打电话，举报人无须预约或者填写任何表格，只需要拨打电话即可，而且是 24 小时开通。

近年来，我国内地对廉政组织的调查功能也愈发重视。中国共产党纪律检查机关系统充分利用多种渠道发动群众力量，举报违纪违法案件。大致看来，中纪委受理群众信访举报的主要渠道有群众来信、来访、电话以及网络举报。纪检监察机关信访举报受理范围有：对党组织、党员和行政监察对象违反党纪政纪行为的检举、控告；依法应由纪检监察机关受理的党组织、党员和行政监察对象不服党纪政纪处分和其他处理的申诉；对党风廉政建设和纪检监察工作的意见、建议等。接到举报信息后，不管是以上哪种举报方式，只要在中纪委受理范围之内，都会被认真受理，开展调查。

此外，中国共产党的巡视工作，也是廉政组织充分利用授权对腐败分子进行调查、发挥惩处功能的典型做法。党的十八大以来，中央巡视组已完成了多轮巡视，实现了对地方、部门、企事业单位的巡视全覆盖。巡视发现问题的能力越来越强，发挥了震慑、遏制和治本作用。

（二）问询

廉政组织通过问询涉案人员，可以在一定程度上实现心理上的震慑。对于尚无法确定腐败事实的人员，廉政组织可以通过诫勉谈话、函询提醒等方式，促进其改正；对于已经认定腐败事实的相关人员，问询也即是惩处的一种形式。

如中国纪检监察机关的约谈制度，就是廉政组织发挥问询功能的典型形式。在中国，说到纪委的约谈，很多人觉得很神秘；说到纪委约谈的对象，很多人首先想到的就是腐败败露。事实上，纪委约谈，既可以针对腐败分子，也可以针对普通公职人员。有些约谈，目的在于"拍拍肩膀、拉拉袖子"，有的甚至是拟提拔干部任职前的正常程序，还有的是为有些公职人员提供一个解释举报信息的机会。当然，对于有些个人或单位，如出现苗头性、倾向性问题的，身处特殊时期或面临敏感情形的，或位居腐败风险易发多发重点岗位等情形的，也可能被列为约谈问询对象。

在我国香港特别行政区，廉政公署专门设有 28 间会面室，工作人员会在此与嫌犯展开问询。"你有权保持沉默，但你所说的都可能成为呈堂证供"①，表现的就是廉政公署在行使问询功能之前，对涉案人员的一种告知和提醒。

（三）追责

廉政组织开展调查、问询只是在一定程度上行使了惩处功能，或者说是惩处

---

① 中国香港电影中的经典台词。

功能的预备行使，而追责则是真正实现对腐败分子的惩处。一般情况下，经过了前期的调查、问询，廉政组织即可通过法律手段，实行追责。廉政组织发挥惩处功能的最严厉形式就是追责。例如，我国香港特别行政区廉政公署在经过了前期的调查、问询等环节后，即可由律政司决定是否做出检控，一旦罪名成立，法院即可最终裁决，实现对腐败分子的最终惩治。

在我国内地，廉政组织发挥追责功能不仅包括法律追责，还包括党纪追责。在追责过程中，往往是纪在法前，且纪严于法。所谓"国有国法，党有党规"，对于党员干部来说，党纪国法是从政做人的底线，是不可逾越的红线，也是触碰不得的高压线。党中央要求落实党风廉政建设责任制，党委负主体责任，纪委负监督责任，制定实施切实可行的责任追究制度。各级纪委要履行协助党委加强党风建设和组织协调反腐败工作的职责，加强对同级党委特别是常委会成员的监督，更好发挥党内监督专门机关作用。[1] 2016 年 6 月 28 日，中共中央政治局会议审议通过《中国共产党问责条例》。这是针对执行党的路线方针政策不力，管党治党主体责任缺失、监督责任缺位、给党的事业造成严重损害，'四风'和腐败问题多发频发，选人用人失察、任用干部连续出现问题，巡视整改不落实等问题的条例，以问责倒逼责任落实，推动管党治党从宽松软走向严紧硬。

廉政组织对腐败分子的追责，不仅局限于公职人员任内，还包括离任后的追责。我国香港特别行政区廉政公署曾经耗时将近 3 年对前特首曾某某开展调查、问询和追责。曾某某被指接受富豪款待（搭乘私人飞机及游艇外游）、接受红酒等礼物、在深圳租住商人豪宅，涉嫌利益输送的事件。2017 年 2 月 22 日，曾某某被裁定公职人员行为失当罪成立，在高等法院被判囚 20 个月。2013 年 12 月 9 日中央纪委监察部网站刊发文章指出，"实施责任追究应该终身追究，无论领导干部工作岗位或者职务有什么样的变动，该追究责任的都要追究"。[2] "一朝腐败、终生追责"也成了我国内地追责惩腐的一项重要举措和一大亮点。

第三节　反腐组织的设计与路径

结构功能主义观点认为组织机理是系统的结构、功能和运行机制。系统必须将各个部分整合在一起，协调一致，才能使系统作为一个整体有效地发挥功

---

① 详见党的十八届三中全会审议通过的《中共中央关于全面深化改革若干重大问题的决定》。

② 《三中全会〈决定〉解读之六：进一步落实党风廉政建设责任制》，中央纪委监察部网站，2013 年 12 月 9 日。

能。廉政组织反腐败功能的发挥有赖于廉政组织结构的合理设计、控制系统的健全、信息交互的畅通和运行机制的完善。因此，廉政组织反腐败的运行机理就在于通过合理的组织结构设计，对廉政风险点进行有效监控，保障反腐败信息的畅通共享，以坚强有力的执行体系发挥廉政组织的功能，从而实现廉政组织的使命和任务。

一、廉政组织结构

组织功能的实现受制于其组织架构。廉政组织的架构设计应解决两个问题：一是廉政组织与其他组织之间的逻辑关系及职责权限，解决的是廉政组织的外部结构问题；二是廉政组织内部层级之间的权威性及其相互作用，解决的是廉政组织的内部结构问题。

根据廉政组织的基本特征，其外部组织结构设计包括设计的基本原则、基本要求和基本模式。

（一）廉政组织的外部结构设计

1. 基本原则

独立性是廉政组织的基本特征之一，也是廉政组织外部设计的基本原则。从廉政组织的外部结构来看，保证廉政组织的独立性是充分发挥其反腐败功能的重要保障。《联合国反腐败公约》中明文规定，廉政组织在反腐败的过程中应该保持必要的、高度的独立性，免受任何方面的干预，进而保证廉政组织能够有效履行反腐败职能。这在世界各国和地区的廉政工作中都有突出的表现，正是廉政组织的独立性保证了廉政组织及其附属机构在进行反腐败斗争中独立行使其职权，不受任何外部压力的干预和干扰。国际组织通行认可的廉政组织独立性标准主要有十二条，最为关键的是职责独立、机构独立、人事独立和经费独立。

职责独立，这是廉政组织独立性建设的核心。廉政组织在独立行使职权和履行责任时以法律制度为保障，保证在履行反腐败职能时"手中有实权"，不屈服于外部意志，不惧怕"得罪"违法乱纪的掌权者甚至政府机构、利益集团、社会组织等，保证廉政组织反腐败功能的发挥。机构独立，主要是廉政组织必须与被监督组织或个人在机构设置上相对分离，使督查者和被督查者之间形成平行关系。人事独立，廉政组织应该在人事编制上具有相对独立的权限，在选人和用人方面应该具有决定权，防止其他部门通过人员的调整和变动来干扰廉政组织的反腐败工作。经费独立，廉政组织只有实现经费方面的独立，通过财政预算独立核算、财政拨款直接划拨、薪酬经费使用独立，这样才能够彻底摆脱一切不必要的牵制，真正履行反腐败的职能。如果没有了财政经费的支撑，无论什么组织都无法正常地工作。正如汉密尔顿所说："一般情况而言，对某人的生活有控制权，等于对其意志有控制权。"[①]

2. 基本要求

廉政组织的外部结构设计的基本要求是保证廉政组织的权威性和高效性。廉政组织的权威性要求廉政组织在开展反腐败工作的时候具有绝对的主导权，并且能够在工作领域中产生一定的威慑力。也就是廉政组织在反腐败工作中可以依靠法律和特别授予的权力推动反腐败，敢于碰硬，并且具体工作能够得到国家和社会层面的拥护和推动。例如，我国香港特别行政区廉政公署有详细规定，凡是接到贪污投诉，只要有线索（并非有足够的线索）即可进行调查。在特定情况下，即使未能掌握一定线索，也可以对相关人员进行一定的调查。该过程受法律保护，不受任何人干预。

廉政组织的高效性是指廉政组织在反腐败查处工作中能及时查办腐败案件，突出体现在查处案件的准确率，在司法层面体现在最终起诉率和有罪判决率较高，或者不起诉率较低。新加坡作为当今世界廉政组织发展较为完善的国家，其国家廉政组织——贪污调查局在查案效率方面，一般的贪污贿赂案件必须在3个月内调查完毕。廉政组织并非是查处的案件越多越高效，反腐败的高效性主要是对于宏观层面腐败的控制性和遏制力。

3. 基本模式

廉政组织的基本模式主要有垂直式、派出式和一体式。垂直式具有完全的独立性，这种模式有助于明晰廉政组织获得的反腐败权力，并排除外部权力的干预，能够在短时间内发挥较为明显的效果。像新加坡这样规模不大的国家尤为适用，其廉政组织直接对总理负责、人员精干，无任何地方分支机构，是最为典型的垂直模式。但是对于人口众多和国土面积较大的国家，需要在一定程度上加强横向协作。

派出式是适应不同地区和各层级的实际情况开展反腐败斗争的需要，向被监督机构和部门派出分支机构执行反腐败的功能。这种模式有利于廉政组织整合和合理分配资源，发挥廉政组织最大的反腐败效能，但需要从制度上保障派出机构在人事、经费、责任和职能上的主导权。我国纪检监察部门派驻各部委办局的纪检组即是典型代表；希腊行政监察总局也是典型，该局在中央和地方政府部门设监察员办公室，既向所在部门主管负责，又向总监察长负责，但业务保持独立，

---

① ［美］汉密尔顿、杰伊、麦迪逊著，程逢如译：《联邦党人文集》，商务印书馆1980年版，第396页。

调查工作受总监察长领导。

一体式的独立性较弱，可以看成是垂直式和派出式的混合，例如，我国在党的十八大之前的纪检监察部门，纵向上隶属于同级最高领导机关、业务受上级纪检监察部门指导，在横向上向其他权力机关派出机构（纪检组）执行反腐败职能。其优势是实现了政府组织的集中管理，发挥廉政组织对地方反腐败相关部门的指导和监督作用，最大程度地节约反腐败资源。但缺点也十分明显，如在我国的反腐败实践中出现的"上级监督太远，同级监督太软，下级监督太难"现象。

（二）廉政组织的内部结构设计

1. 组织设计的一般原理

廉政组织的内部结构就是一般意义上的组织结构，也就是关于组织中的人员和任务如何相互联系和依赖的相对稳定的网络结构。制约组织结构设计的因素有：协调机制、正规化、专门化、部门化、管理幅度和管理层次、集权与分权六个方面。组织设计一般有职务设计与分析、部门划分和结构形成三个步骤，其形式有职能式、事业部式、矩阵式、混合式和柔性结构。[①]

罗宾斯（Stephen Robbins）提出三种常用的组织结构：简单结构、官僚结构和矩阵结构。简单结构最重要的特点就是不复杂，部门化程度低，管理幅度宽，权力集中，正规化程度低，是一种"扁平"组织。官僚结构最主要的特点是标准化，依赖标准化的工作程序来进行协调和控制，通过部门化获得十分规范的工作任务，管理幅度比较窄，通过指挥链下达指令，其优势在于能够以高效的方式实施标准化的活动。矩阵结构最大的特点是双重指挥链，通过把不同类型的专业人员进行重新配置，以解决比较复杂但又互为依存的工作任务。[②] 矩阵结构与事业部制相近，都是根据工作任务对组织现有资源进行重新配置，可以实现各资源的优势互补，一般在任务完成后即解体。

2. 我国廉政组织的结构设计

中国共产党历来重视反腐败，自成立就建立起纪检监察部门，专事廉洁性和纯洁性建设。目前，中共中央纪律检查委员会与中华人民共和国国家监察委员会合署办公，是中国最重要的廉政组织。2018 年机构改革前其结构及各部门的职责如表 7-1 所示。

---

① 关培兰：《组织行为学》，中国人民大学出版社 2015 年版，第 263~273 页。

② ［美］罗宾斯、贾奇著，孙健敏、王震、李原译：《组织行为学》（第 16 版），中国人民大学出版社 2016 年版，第 387 页。

表 7 - 1　　　　　　　中共中央纪律检查委员会与监察部部门
设置及职责（2018 年机构改革前）

部门	职责
办公厅	负责处理机关日常事务，筹备组织重要会议、活动；组织起草部委有关文件文稿；督促检查有关工作部署的落实情况；负责机关对外联络工作等
组织部	负责纪检监察系统领导班子建设、干部队伍建设和组织建设的综合规划、政策研究和制度建设；按照干部管理权限承办有关干部人事工作；负责纪检监察系统干部培训工作等
宣传部	组织协调党风廉政建设和反腐败宣传教育以及廉政文化建设工作；归口管理机关承担宣传教育职能的单位；负责机关的新闻事务和有关网络信息工作等
研究室	综合分析党风廉政建设和反腐败工作情况，开展政策理论及重大课题调查研究；起草重要文件文稿等
法规室	负责提出纪检监察法规制度建设规划、计划和立法建设；起草、修订纪检监察法规制度；负责纪检监察法规制度的咨询答复、解释、立法后评估、备案审查、清理、编纂等
党风政风监督室（国务院纠正行业不正之风办公室）	综合协调贯彻执行党的路线方针政策和决议、国家法律法规等情况的监督检查；综合协调党风廉政建设责任制、作风建设规定、廉洁自律规定等制度规定的落实，开展党风政风监督专项检查；履行国务院纠正行业不正之风办公室职能等
信访室	受理对党组织、党员和监察对象违反党纪政纪行为的检举、控告；按照管理权限受理不服党纪政纪处分和其他处理的申诉；处理群众来信来访和电话网络举报事项等
中央巡视工作领导小组办公室	研究提出中央巡视工作规划、计划和方案；负责中央巡视组开展巡视的有关协调工作；向中央巡视工作领导小组报告巡视工作重要情况；承担巡视工作政策研究、制度建设工作等
案件监督管理室	集中管理干部问题线索；统一受理下级纪检监察机关线索处置和案件查办报告；归口管理查办案件工作中与有关部门的联系协调事项；监督检查纪检监察机关依纪依法安全办案情况等

续表

部门	职责	
纪检监察室	监督检查联系单位领导班子及中管干部遵守和执行党章以及其他党内法规，遵守和执行党的路线方针政策和决议、国家法律法规等方面的情况；监督检查联系单位落实全面从严治党主体责任、监督责任的情况；承办联系单位中管干部的违纪违法案件和其他比较重要复杂案件的初核、审查；综合、协调、指导联系单位及其系统的纪检监察工作等	1 室：联系中直、政法和宣传口的单位等
		2 室、3 室：联系国务院部门和其他相关单位等
		4 室：联系金融口的单位等
		5 室：联系国资委和中央企业等
		6 室：联系北京市、天津市、河北省、山西省
		7 室：联系上海市、浙江省、安徽省、福建省、江西省
		8 室：联系湖南省、广东省、广西壮族自治区、海南省、香港特别行政区和澳门特别行政区
		9 室：联系陕西省、甘肃省、青海省、宁夏回族自治区、新疆维吾尔自治区、新疆生产建设兵团
		10 室：联系内蒙古自治区、辽宁省、吉林省、黑龙江省
		11 室：联系重庆市、四川省、贵州省、云南省、西藏自治区
		12 室：联系江苏省、山东省、河南省、湖北省
案件审理室	审理委部直接检查处理和省（部）级党组织、政府（部门）报批或备案的案件；按照管理权限承办党员、监察对象的申诉案件；承担监察部的行政复议工作等	
纪检监察干部监督室	监督检查纪检监察系统干部遵守和执行党章以及其他党内法规，遵守和执行党的路线方针政策和决议、国家法律法规等方面的情况；按照管理权限受理有关纪检监察干部违纪违法问题的举报，负责问题线索初核及案件审查工作等	

建构立体形式反腐败体系研究

部门		职责
国际合作局（国家预防腐败局办公室）		承担国际交流与合作事宜；承担国家预防腐败局办公室的日常工作，组织《联合国反腐败公约》实施工作；归口管理机关外事工作等
其他部门	机关事务管理局	负责机关后勤管理和服务工作；负责机关及直属单位财务、国有资产管理和安全保卫工作等
	机关党委	负责机关党的建设；负责机关日常纪律作风建设和党员思想政治工作；领导相关纪委和工会、共青团、妇委会工作等
	离退休干部局	负责机关离退休干部（职工）的思想政治工作、党组织建设工作以及服务与管理工作等

资料来源：http：//www.ccdi.gov.cn。

2018 年，第十一届全国人民代表大会第一次会议通过《中华人民共和国宪法修正案》，建立了"一府、两院、一委"的具有中国特色的国家政权体系。国家监察委员会与党的纪律检查委员会合署办公，宪法赋予国家监察委员会明确的职能，建立监察委员会与司法机关的协调衔接机制，强化对监察委员会自身的监督制约。国家监察委员会的建立是整合反腐败资源力量，扩大监察范围，丰富监察手段，实现对行使公权力的公职人员监察全面覆盖，建立集中统一、权威高效的监察体系，履行反腐败职责，深入推进党风廉政建设和反腐败斗争，构建不敢腐、不能腐、不想腐的有效机制。

3. 我国香港特别行政区廉政公署（ICAC）的结构设计

香港廉政公署成立于 1974 年 2 月 15 日，现名为中华人民共和国香港特别行政区廉政公署（以下简称"香港廉政公署"），其最高长官是廉政专员，由香港特别行政区行政长官提名，报请中央人民政府任命，并向行政长官负责，以执法、防贪、教育三管齐下打击贪污。行政总部处理廉政公署内部事务，总领廉政公署一般行政工作、招聘工作、人力资源管理、职员关系与福利、职业安全健康、环境管理等事务，并管理廉政公署网上学习中心和廉政建设研究中心。执行处、防止贪污处和社区关系处是廉政公署的三大核心部门。香港廉政公署的组织结构图 7-1 所示。

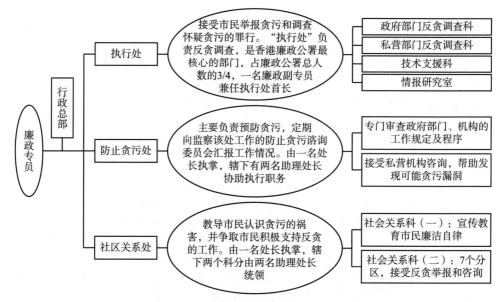

图 7 - 1　香港廉政公署组织结构及职责

二、廉政风险防控

廉政风险防控的核心是建立有效的权力制约和监督机制，其手段包括以权力制约权力、以权利制约权力、以党性制约权力以及构建反腐败国际合作机制。

（一）以权力制约权力

绝对的权力导致绝对的腐败，以权力制约权力的关键是建立民主的政治体制。民主是有效的防腐剂，通过民主政治实现对权力的制约和监督是马克思主义一以贯之的思想。就中国目前的政治体制而言，不仅要健全党内民主制度，也要支持民主党派和无党派人士通过政协会议、委员视察、建议报告等形式更好地履行参政议政、民主监督的职能。健全以权力制约权力的反腐败制度，重点是要深化政治体制改革，具体地说：（1）做好顶层规划设计，在执政的宏观层面和体制架构上设计制约和监督权力运行的制度体系，如大部制改革；（2）做好基层先行实践，从基层开始实践逐步向上推进。在实践中摸索经验、总结教训，为向上层推进提供借鉴。（3）做好中层突破工作，中间层既与基层民众有空间的距离，又缺乏上层变革的自觉，具有惰性，需要上下合力才能激活其参与改革的动机。通过政治体制改革，应健全以权力制约权力的反腐败制度体系：首先，在横向上，将公共权力配置给若干个权力主体，相互制约，防止其中一项权力由于过于强大而被滥用；其次，在纵向上，将权力划分为中央与地方事权，地方服从中央，同时又各司其职、相互配合、相互制约和监督；最后，在中央与地方的几大权力体系内部再设置上下级权力组织之间的相互制约关系，或者在组织内部专门设立一个部门来从事监督制约。

（二）以权利制约权力

以权利制约权力的关键在于建立健全让人民监督权力的通道和平台。具体来说：

（1）健全保障公民及其组织通过检举、控告参与权力监督的制度。根据《中华人民共和国宪法》，公民有权利对国家机关及其工作人员提出批评、建议、申诉、控告或者检举。

（2）健全舆论监督制度。舆论也是管用的防腐剂，特别是新媒体在反腐防腐中发挥着越来越大的作用，但要规范和引导舆论监督，使新闻媒体在党和人民的"喉舌"与权力监督角色之间保持适度的张力。应保护新闻媒体的采访权和舆论监督权，支持新闻媒体披露各种不正之风和党政机关及其工作人员中的违法违纪问题。政务公开也是社会舆论参与反腐败的一个重要方面，有效、有序地推进政务的信息公开，可以建立起群众参与的监督渠道，并且可以督促行政部门在防止腐败行为的同时提升其行政效率。

（3）依法公开政府及权力主体的相关信息。加强反腐倡廉舆情网络信息收集、研判和处置工作，完善举报网站法规制度建设，健全举报网站受理机制及线索运用和反馈制度。借助现代化信息技术及设备可以及时接受各类反腐败行为的举报，及时对社会的情况反映进行反馈。在社会层面，引入社会舆论的参与可以有效构建社会的稳定性基础，使得政府的公信力提升，更加有效推动廉政组织的反腐败工作，实现廉政组织建设与反腐败工作的双赢。

（三）以党性制约权力

以党性制约权力是具有鲜明中国特色的反腐败手段。中国共产党作为执政党始终注重加强自身的建设，增强党性锻炼，坚决与反腐败做斗争。党性是党的性质在党员思想上的体现，以党性制约权力，就是要做到党章规定什么就坚决维护什么，党章禁止什么就坚决纠正什么。[①] 健全以党性制约和监督权力的反腐制度的措施有：

---

① 徐玉生、王方方：《纪法协同：全面从严治党背景下管党治党的机制创新》，载于《贵州社会科学》2016 年第 4 期，第 17 ~ 23 页。

（1）健全党员干部党性定期分析制度，完善民主评议党员干部制度，对于违法违纪、党性缺失的党员，给予相应的处理。

（2）形成制度化的党性修养提升机制，例如，党中央决定 2013 年下半年在全党开展自上而下的"照镜子、正衣冠、洗洗澡、治治病"群众路线教育实践活动。

（3）健全党内巡视制度，党中央和省、自治区、直辖市党委通过建立专门巡视机构按照有关规定对下级党组织领导班子及其成员进行监督的制度。

（4）完善党规党法，2013 年《中国共产党党内法规制定条例》《中国共产党党内法规和规范性文件备案规定》公布，党有了第一部正式、公开的党内"立法法"，为"党要管党、从严治党"奠定坚实的基础。

（四）构建反腐败国际合作机制

当代世界是一个开放的世界，信息技术和交通行业的迅猛发展，推动了廉政组织反腐败顶层设计中反腐败国际合作的完善和升级。在一个日益开放的世界中，任何国家都不可能独立消除腐败，反腐败必须借助国际合作的力量。根据统计，相对比较廉洁的国家，其合作反腐败的程度就相对较高，如北欧国家在此方面就最为突出。芬兰通过加入《打击涉及欧洲共同体官员或欧洲联盟成员国官员的腐败行为公约》《在国际商业交易中反对行贿外国公职人员公约》《联合国反腐败公约》《反腐败刑法公约》《反腐败民法公约》等一系列国家反腐败公约来提升自己的反腐败能力。另外，联合国、世界银行、经济合作与发展组织等国际组织都共同合作搭建基于世界范围内的国际反腐败平台，以此作为国家反腐败合作机制的基础。在国家反腐败合作中，除了以主权国家为主体的反腐败参与者，还包括了各类地区、国际组织、非营利性组织，甚至是一些企业和个人，都参与到国家反腐败合作机制中来，共同与腐败这一人类社会的毒瘤做斗争。

三、廉政信息交互共享

建立廉政信息交互共享的机制有助于挤压腐败空间，实现廉政组织的反腐败功能。从信息传播的一般理论来看，信息的交互共享要解决好信源、信道和信宿三个方面的问题。廉政组织建立廉政信息交互共享机制就是要广开信源、畅通信道，建立廉政组织内部各机构和各部门的信息共享机制。

（一）广开信源

廉政组织获得廉政信息的来源有两个：自获得和外获得。自获得是廉政组织通过廉政风险防控机制自主获得的信息，例如，公务用车的实时定位和行车记录、通过各种合法手段调查获取公职人员不当得益的信息等。外获得是来自廉政组织外部的信息源提供的信息，主要是举报和各种新闻媒体的监督。

媒体之于反腐败的作用众所周知，无须赘述。举报，似乎有打小报告、诬陷、恶意中伤等"小人"之嫌，但毋庸置疑是世界各国（包括中国）获取腐败信息的主要来源，其形式多种多样，如书信、电话、媒体、网络等。举报工作是依靠群众查办职务犯罪的重要环节，也是反腐败斗争的重要组成部分。建立和完善保护、奖励职务犯罪举报人制度，是广开信源的核心和关键。

举报人保护制度不仅是国际上许多国家的通行做法，也被国际上几乎所有与反腐败相关的组织或者协议所提倡。《联合国反腐败公约》第三十三条就明确指出，各缔约国要在其法律制度中纳入举措对举报人进行保护，经济合作与发展组织更是早在 20 世纪末就认识到举报人制度对于反腐倡廉的重要性并在国际上大力提倡。国际上许多国家通过立法确立了保护举报人制度，通过加强对举报人的保护调动社会民众揭发犯罪、维护社会秩序和安全的积极性。例如，英国早在 1892 年就制定了《证人保护法》，充满人文关怀的证人服务制度；美国制定了《被害人和证人保护法》（1982）和《证人安全改革法》（1984），美国各州都将对证人进行打击报复作为犯罪来处罚；南非制定了《证人保护法》（1988），对保护举报人规定得非常具体，共有 26 个条款和 1 个附表；葡萄牙也制定了《证人保护法》（1998），明确规定了证人保护的机构、保护对象、保护程序和保护措施等；日本制定了《公益举报人保护法》（2004），保护揭发和透露公司主管或分管人员违法舞弊行为的举报人。[①] 在中国，举报人制度是建立健全惩治和预防腐败体系的重要内容，有利于更好地调动和保护人民群众的举报积极性，直接关系到在全社会进一步弘扬正气，直接关系到反腐败斗争的深入推进，直接关系到法律尊严以及党和国家的形象。[②]

运行良好的"举报人保护制度"应该有利于在全社会形成一种崇尚、鼓励举报的风气，让每一个公民个体都很清楚自己的举报权利和举报渠道。完善的"举报人保护制度"至少应包括以下五个方面：一是举报的实现，如举报的立法、渠道的畅通、调查的跟进及反馈。二是举报的保障，如对于举报人及亲属利益免受损害的保护。三是举报的激励，包括精神及物质奖励。四是举报的制约，如限制恶意举报、诬告陷害。五是举报的救济，即对举报人权利受损后的补救等。

这些方面形成一个有机整体，连接成一个彼此衔接的锁链，通过互相作用、

[①] 《纪检监察信访举报工作理论研究》，中国方正出版社 2013 年版，第 154～156 页。

[②] 参见《最高人民检察院公安部财政部关于保护、奖励职务犯罪举报人的若干规定》。

互相制约、互相补充，共同形成一种整体合力，进一步做好职务犯罪举报人保护和奖励工作；切实做好举报人保护工作，使得举报人不用担心会因举报受到打击报复，保障举报人及其近亲属的人身、财产安全；要加强对举报人奖励工作的经费保障和支持，加强对举报奖励工作的监督，对截留、侵占、私分、挪用举报奖励资金，或者违反规定发放举报奖励资金的单位和个人，依法追究责任。积极预防和严肃处理对举报人的打击报复行为，一是要注重对举报人的事前保护，二是要严肃处理对举报人的打击报复行为。①

（二）畅通信道

信道是信息传输的通道，即将信息从信源传送到信宿所经过的一条通路。信息可以是抽象的，但传送信息必须通过具体的介质。介质可以是有形的、也可以是无形的，但必须具有物质属性，即是一种客观存在。例如，传送语音信息的电话手机，是有形的；而声波的传送介质——空气、电波等则是无形的。为了信息的传输，一条信道往往被分成信道编码器、信道本身和信道译码器。信道是用来传送信息的，人们可以变更编码器、译码器以获得最佳的信息传输效果，应解决它能无错误地传送的最大信息率，但由于物理介质的干扰和无法避免的噪声，信道的输入和输出之间的差错概率完全取决于信道特性，这就需要信道编码，其作用就在于，一是提高信号能量与噪声能量的比例，减小发生差错的可能性；二是增加纠错能力，使得即便出现差错也能得到纠正。

但是如前所述，腐败的掌权者往往刻意制造信息链上的"结构洞"构建有利于腐败的"信息空间"，实际上就是对信道进行干扰、增加信道的噪声，造成信息失真，使控权者无法掌握权力运行的真实状况。因此，肩负反腐败使命的廉政组织就必须对症下药，维护信道的畅通，减少信息的衰减和噪声。在中国的反腐败实践中，除了媒体、举报、司法调查等世界各国普遍采用的通道外，具有强烈中国特色的就是"信访"。

信访，实质上是具有中国特色的"举报"，故也称为信访举报。信访举报工作直接面向社会公众，具有信息量大、发现问题早的优势，一直是腐败案件线索的重要来源。中国历来重视信访举报工作，"信访部门就是耳朵"，但当前信访举报工作本身还存在一些薄弱环节，如工作程序不够规范、法律法规贯彻执行上不平衡等，这些问题严重制约了信访举报工作。特别是处于大发展大变革的时期，社会问题层出不穷，信访举报总量不断增长，集体访、越级访、重复访，有些还采用过激行为，影响了社会和谐和稳定，解决对策是推进纪检监察信访举报工作

---

① 参见《最高人民检察院公安部财政部关于保护、奖励职务犯罪举报人的若干规定》。

程序化建设，提高信访工作的科学化水平。加强信访举报工作程序化建设符合"程序合法"的法理要求，"公正的法治秩序是正义的基本要求，而法治取决于一定形式的正当过程，正当过程又主要通过程序来体现。"① 也有利于全面推进依法执政、依法行政，有助于有效预防和惩治腐败，推动及时有效地纠正偏差、伸张正义，维护举报人和被举报人的合法利益。信访举报工作程序化建设的前提在于现代法治社会中程序正义优先于实体正义，程序正义具有科学性的特征，表现在程序的完备、清晰和明了。基于程序控权理论②的程序正当原则、程序合法原则和程序公开原则，应把信访举报工作的实施分解成相互联系的几个阶段和具体步骤有序地进行，一般来说，信访举报工作程序也分为受理、办理、反馈和审结四个阶段，每个阶段又分成若干个步骤。例如，把办理来信的程序分为来信签收、分发，来信启封、装订及盖章，来信登记审阅，来信事项办理方式；把接访程序分为登记、接洽、办理、督办、反馈等环节。③

在中国的反腐败实践中，有反腐败机构建立了六大通道的信道：民众网络留言、干群多级视频互动、QQ在线答疑、媒体政风行风热线、12351职工维权热线和网络论坛。"六大通道"的开辟，顺应社会发展和群众的要求，广开渠道，保证群众的诉求表达渠道畅通无阻。第一，实现群众诉求渠道全方位，有助于群众足不出户在最短时间内将问题通过现代传媒手段得到解答。第二，实现网络宣传全知晓。积极开展广泛的宣传活动，真正把"六大通道"建设成信息无障碍通道。第三，实现诉求办理全规范。针对各诉求渠道的不同特点，出台不同的群众投诉处理办法，指定专人负责接待群众来信来访，帮助群众及时反映问题，使群众切身利益经"绿色通道"能快速及时得到解决和答复。第四，实现督查考核全覆盖。廉政组织积极履行监督职能，督促落实办理情况，做到事事有着落、件件有回音。实行严格的通报制度，对于各单位办理群众投诉情况，出台考核办法，并进行严格的检查考核。④

（三）信宿交互共享

信息源失真、信息不完全、信息流阻滞等一系列问题最终为腐败滋生创造了有利的生存环境，廉政信息的信宿——廉政组织就应该主动作为，采取各种有效

① J. Rawls. A Theory of Justice. Cambridge MA：Harvard University Press，1971.
② 所谓程序控权就是通过程序来控制国家权力，它是与实体控权相对应的一种理论构想和实践范式，程序控权与实体控权共同限制国家权力的滥用和保障公民的权利。
③ 本书缩写组：《纪检监察信访举报工作理论研究》，中国方正出版社2013年版，第135~146页。
④ 徐玉生、魏岳：《建构立体式惩防体系的范式创新》，引自丁世明主编：《反腐败研究》第十三集，浙江大学出版社2014年版，第366~372页。

措施实现廉政信息的交互共享。主要从以下几个方面来入手。

1. 建立科学的信息管理系统

任何一个组织或构成组织的各部门都不可能完全占有信息，信息资源不等值地分布在拥有信息的各单元之上。对于一个由诸多部门组成的组织系统来说，组织内部的信息资源的整合难度是巨大的，信息的天然分布使得庞大的信息库最初呈现出杂乱无章的状态，需要进一步的加工与整理来挖掘有价值的信息资源，才能使信息对于组织的功能运作有所裨益。但是组织内部各种信息之间经过彼此交互从而整理优化的过程，需要建立有效的信息管理系统，减少各职能部门在协调时发生的信息摩擦，最大限度地提高信息流通速率，提升在信息交互时集聚的力度从而实现更为流畅的信息流动整合，达成廉政组织内部关于各部门信息运作时的协调性与系统性，实现廉政信息交互共享。

2. 消除"信息孤岛"

廉政组织内部由于部门狭隘的信息独享观念导致了"信息孤岛"等问题，应该及时围绕廉政信息交互进行全盘规划与部署，来协调廉政组织内部信息的合理流动，加强各部门之间的信息流变频率、提高信息输出质量，在此基础上解决各自为政的"信息孤岛"问题。在中国，各级纪委作为指导思想工作的机关，应当主动承担起统一与领导廉政组织内部信息整合的工作。通过纪委牵头来建立一个汇聚各职能部门信息流的信息枢纽中心，借助信息交互中心，这样就能及时监督与掌握政府内部各级官员的具体行为，实现从多方面对腐败的立体式监控，进而粉碎为了持续腐败而刻意制造的信息障碍。通过以纪委为核心的廉政组织信息枢纽中心的建立，内部各职能部门之间的信息交流机制才能得以完善，廉政组织的信息协调能力才能得到提高，最终推进廉政组织在打击腐败时良好地发挥信息交互功能。

3. 建立共享平台

就中国目前的情况来看，应该以中国共产党中央纪律检查委员会和国家监察委员会为中心形成信息交流的共享平台，通过司法、行政、纪委等职能机关的联合运作，推进政府内部的信息公开，使处于静止状态的信息流动起来，以此加强信息交互的功能，构建反腐败工作的信息互动机制。在行政程序、法律规章、党风思想上对官员形成一种多方位的监督，将关于官员的各种信息能够直接摆放于可观察的状态，推动信息持续运转，进而实现信息公开透明、交流互通，最终在信息交互的作用下消解腐败得以隐蔽生存的信息壁垒。

四、廉政组织的风险控制力

按照宏观与微观层面可以将廉政组织对腐败的惩治和预防划分为总体控制和

节点控制。所谓总体控制主要是反腐败制度的顶层设计；节点控制主要是指在反腐败制度顶层设计的框架下相应的反腐败措施的设计与执行。

（一）廉政风险的总体控制

廉政风险的总体控制即廉政组织在反腐败制度顶层设计中，以"国家廉政（反腐败）体系"为中心，将反腐败作为国家和社会的发展战略性工程来推进，将统筹协调思想融入反腐败的顶层设计，明确廉政组织在国家机构中的定位，使除了政府主导的机构之外的其他社会组织、社会团体、舆论媒体和公民个人等各方面都成为廉政组织的组成部分和重要参与者。

将反腐败提升到国家战略的高度，有助于将反腐败的各项措施迅速推广到全国范围，形成全国性的行动。如南非领导人从 1994 年的曼德拉到 1999 年的姆贝基都积极推进反腐败的国家战略化，使南非廉政组织迅速发展，实现了对腐败有效的打击。罗马尼亚政府在 2001 年开展了"国家反腐败战略"（2012～2015），从预防到惩处，从教育到防范等各个方面都进行了细致的设计，如预防公共部门的权力滥用和政治腐败、推行行政手段与司法手段共同打击腐败、推进反腐败教育、建立相应完善的监督体制等。反腐败的顶层设计还包括从法律层面对廉政组织建设进行完善，在国家层面设立专门的反腐败机构，推进反腐败改革和廉政制度的建构。韩国政府和意大利政府也有相同的措施。韩国政府通过完善相关法律体系，从预防腐败的政策到评估反腐败的行动效果，最终形成反腐败的具体程序，并进行相关的社会教育。意大利政府从 1996 年 1 月起成立专门研究反腐败的专门委员会从事顶层设计工作。

（二）廉政风险的节点控制

廉政风险的节点控制就是要抓住反腐败的关键问题和关键环节，包括监督制衡、廉政教育和查处惩治。

首先，监督制衡是实现廉政组织反腐败功能的基点。监督制衡通常是通过法律规范和各项规章制度的形式来执行的，对涉及或可能涉及腐败的行政机构或其他相关机构、部门、组织进行必要的监督，同时对可能涉及腐败的各类权力进行有效的规制，并依靠完备的管理法规和监管机制在最大程度上将腐败发生的概率降至最低，同时将腐败可能发生的场所数量压制到最少。

其次，廉政教育是廉政组织借助道德伦理的教化作用发挥廉政文化的力量，通过对全社会反腐败的普及教育以及行政管理部门的重点教育，营造良好的廉洁环境，树立正确的廉政价值观，从思想上对可能发生或者已经发生的腐败行为进行有效的遏制。

最后，查处惩治是廉政组织反腐败功能实现的最终保证，问责是最有效的教育，通过对已经发生或者即将发生的腐败行为进行有效的惩罚打击，有效地终止腐败行为，遏制腐败再次发生的可能性，并且可以最大限度地挽回腐败造成的损害。

（三）建立节点控制与总体控制的协同机制

建立节点控制与总体控制的协同机制，需要深化廉政组织体系的改革。目前，我国具有反腐败职能的机构主要有中国共产党纪律检查机关、国家监察委员会、国家司法机关和审计机关以及公安、金融等其他有关部门和机构，这些机构在自身职责范围内依法承担反腐败和廉政建设的相关工作。这些机构对监督、查处腐败案件的功能作用发挥比较显著，但也存在职责重叠、条块分割、资源浪费甚至效率低下等问题，需创建更加专门化、专业化的反腐败机构协作体系，实现建立节点控制与总体控制的有机统一。

因此，这个体系中应当有一个高度独立、强大的领导机构，履行反腐败的核心职责，原先分散在各个职能部门中的反腐败机构要大力整合，裁汰不必要的机构设置和人员配备，而在腐败高危部门则应强化或增设反腐败专门机构，作为反腐败领导机关的派出机构独立于派驻机构，实行统一管理，不受职级限制，有权在法律范围内采取一切有效手段询问、调查、监督派驻单位各级领导干部的所有工作问题和个人问题。建立独立的、功能高度整合的反腐败机构，并施行不受地方领导的垂直领导体制是优化我国反腐败组织机构的当然举措。

系统地总结我国反腐败机构设置和运行的经验和教训，借鉴其他国家和地区的先进经验，结合目前新的社会环境和反腐败形势，建立独立的、功能高度整合的反腐败机构及其组织运行不受地方领导的垂直领导体制，应该是我国在设立国家监察委员会之后的重点改革目标。

第八章

CO 协同构建不敢腐惩戒机制

通过发挥廉政组织的教育和惩处功能，始终保持反腐败的高压态势，既打"老虎"也拍"苍蝇"，发现一起，查处一起，绝不姑息；通过发挥廉政文化的导向和警示功能，使权力主体知晓腐败产生的严重后果，培育权力主体廉政价值的理性判断，警钟长鸣、趋利避害，建立起廉政自律机制。组织的强力惩处与文化的自律拒腐形成合力，建构起不敢腐的惩戒机制。[①]

第一节 CO 协同机理

廉政文化不会自动被权力主体认知和接受，必须依赖廉政组织的教育来"输入"、通过惩处来警示；廉政组织惩戒功能的发挥也需要健康的廉政文化生态，否则官官相护甚至共谋、沆瀣一气，廉政组织的反腐败功能就会失效。

一、文化与组织协同的必要性

（一）廉政组织通过廉洁教育养成廉政文化

文化是习得的结果，可以是自主学习，也可以是接受教育的被动学习甚至

[①] 徐玉生：《依法治国背景下反腐败制度创新的基本问题探究》，载于《青海社会科学》2015 年第 1 期，第 34~40 页。

"灌输"。在廉政文化的形成过程中，有些是自身的学习、观察和思考得来的，有些是"家风"熏陶的。但对于廉洁生态的形成，这些自主和自发形成的文化生态，不能为廉洁生态提供足够的支撑，甚至在利益的诱惑下破碎坍塌。因此，建构立体式的反腐败体系，就需要廉政组织的主动作为，建立起廉政文化的"防火墙"和"安全阀"，通过有效的廉洁教育，养成符合社会发展需要的廉政文化。

1. 廉洁教育是构筑"拒腐防变"思想防线的根本途径

廉政教育的基本内涵可以概括为理想信念教育、道德品质教育、传统美德教育、法治意识教育，以及监督意识教育。针对不同的教育对象，廉政教育的内容要有不同层面的侧重，促使社会公民特别是权力主体自觉地依照廉洁道德和行为规范的要求，进行自我反省、自我提高，形成奉公守法、廉政自戒的廉政文化。①

廉政文化教育在反腐败过程中发挥着重要的作用，廉政组织通过开展系列教育活动，从正反两个方面加强对腐败的预警提示，对人们确立反腐倡廉的思想观念起着潜移默化的作用，构筑拒腐防变的廉政文化的思想道德防线。2016年10月17日，由中央纪委宣传部、中央电视台联合制作的大型电视专题片《永远在路上》在中央电视台综合频道首播。该专题片反映了党的十八大以来，以习近平同志为核心的党中央在全面从严治党、高压震慑腐败方面取得了阶段性的胜利，不敢腐的压倒性态势已经形成。专题片一经播出，就引发了社会各界的强烈反响，极大地推动了新形势下中国的廉政教育活动的进一步深入开展。廉政教育作为一种特殊的教育活动，其基本内涵虽然是社会上每一个公民所具有的基本的道德规范和行为准则，但因受教育者或教育对象不同，其侧重的教育内容也应当有所区别，针对不同的教育对象，讲授、传播不同的教育内容。

2. 廉政警示养成"趋利避害"的廉政伦理

廉政警示活动的一个通常做法，是通过对反面典型的宣传，进而倡廉反贪，一旦走上腐败的道路就会有身败名裂的危险。廉政警示效果在多大程度上能够发挥作用，这就依赖于廉政组织要针对不同权力主体、不同人群开展差异化的警示活动。人性是极其复杂的，不同的人性假设，警示教育的效果也大相径庭。

按照"经济人"假设，腐败行为的发生一方面源于人趋利避害的本能，另一方面来源于现实物质利益的驱使，因此人们产生腐败动机是不可避免的。动机能

① 胡杨主编：《反腐败导论》，中共中央党校出版社 2012 年版，第 149 页。

否上升到行动，则要依赖于人们的理性成本核算或功利主义的计算分析，如果发生了腐败行为，受到惩处的概率很低，或者付出的代价很小，那么腐败行为就必然发生；反之，人们则会拒绝腐败行为。因此，对"经济人"来说，警示教育的效果取决于利益的得失。按照"社会人"假设，腐败行为的发生与其所处的社会关系息息相关，如果腐败成为社会普遍现象，甚至"笑贫不笑娼"，以腐败为能事，就会受到潜移默化的影响，进而不知不觉地与腐败同流合污。但是，如果腐败是过街老鼠，人人喊打，如有些国家和地区以贪腐为耻，贪腐之人会被社会鄙视，世界虽大，也无立足之地。因此，对"社会人"来说，警示教育的效果取决于社会的评价。按照"文化人"假设，人们之所以腐败，是因为内心对腐败的高度认同。换句话说，人们受制于文化观念的影响，如果廉政文化占上风，人们就会拒斥腐败；反之，人们则心甘情愿地走上腐败的道路，而毫无道德负罪感和羞耻感。因此，对"文化人"来说，警示教育的效果取决于内心的评判。

因此，廉政伦理的形成是一个极其复杂的过程。通过理想与道德的教育来追求政治的清廉始终是中国古代思想家们的重要目标之一。孟子从人性善的基本立场出发，曾专门强调欲望太多对人行为的不良影响，以此警示人们，要做到清心寡欲，即所谓"养心莫善于寡欲。其为人也寡欲，虽有不存焉者，寡矣；其为人也多欲，虽有存焉者，寡矣。"① 而荀子则从人性恶的视角出发，强调教化与惩罚并行：要让人们都知道礼法，才能自觉遵守礼法，为此就要实行教化；由于不能使人人都自觉遵从礼义，因而还必须用刑罚来保障礼法的实行，二者不可或缺。荀子从物质对人精神的影响谈起，倡导人们志向高远，不贪图物质享受，他劝诫人们说："卑湿、重迟、贪利，则抗之以高志。"② 无论是人性善还是人性恶，按照儒家文化对腐败行为的基本态度，为官者都必须明白一个道理，即腐败是恶的，贪腐不仅会受到刑事处罚，同时还会受到道义的谴责。

（二）坚守廉政文化才能发挥廉政组织的反腐功能

古今中外，无不对腐败深恶痛绝，但腐败仍然是世界各国无法根治的"政治之癌"。其根源之一就在于廉政文化的防线没有筑牢，在腐败产生的绝对收益面前，在"糖衣炮弹"的诱惑和轰炸下，用权者与控权者"共谋"使监督失灵，廉政组织的反腐功能无从发挥。

1. 发挥廉政组织的功能需要坚定的廉政文化守护者

在反腐败过程中，廉政文化承担着树立廉政理念、提倡廉政精神、营造廉政

---

① 《孟子·尽心上》。
② 《荀子·修身》。

环境的重要任务，发挥着激浊扬清、惩恶扬善的独特作用，满足了公众对健康向上的精神文化的需求。廉政文化的坚守者通过教育、说服、感染、渗透被教育者，做到以理服人、以事教人、以情动人，通过营造一个无所不包、无所不在的廉政文化环境，以潜移默化的方式作用于人们的思想观念，传递着廉洁从政的精神追求，引导着社会的道德风尚，达到助廉扬正、扶正祛邪的目的。①

人都有贪图享受的自然属性，只是程度不同而已。对于道德人来说，其高度的自律原则，能够在很大程度上拒斥腐败行为。但对于经济人、社会人、文化人、复杂人来说，拒斥腐败行为离不开外部环境的监督和约束。奥古斯丁（Augustine）曾经提出，一个人的堕落，往往经历了如下过程：首先是来自欲望的自发的暗示；其次是这一暗示带给人们的快乐感受；最后是人们对快乐的认同，即意志的产生。在其经典名著《忏悔录》中，奥古斯丁写道："其实灵魂并不完全愿意，所以发出的命令也不是完全的命令。命令的尺度完全符合愿意的尺度，不执行的尺度也遵照不愿意的尺度，因为意志下令，才有意愿，这意愿并非另外一物，即是意志本身。于此可见，灵魂不是以它的全心全意发出命令，才会令出不行。如果全心全意发出命令，则即无此命令，意愿亦已存在。"② 按照奥古斯丁的观点，腐败动机的产生，实际上也存在着由"欲望暗示"到"快乐感受"再到"腐败认同"的过程。基于此，廉政文化的守护者必须掌控为官掌权者的心理状态，营造有腐必反的氛围，至少有助于中断由"欲望暗示"到"快乐感受"的过渡，进而将"腐败认同"扼杀在摇篮之中。

2. 廉政组织反腐败功能的发挥需要"有腐必反"的文化生态

廉政组织营造一种"有腐必反"的文化氛围，这种高压态势能够对为官者的侥幸心理形成巨大的威慑，使其对廉政组织和廉政制度产生一种敬畏之心，进而遏制贪污腐败的动机。只有真正做到有腐必反，腐败才会真的成为每个人心目中的"恶"，如过街老鼠人人喊打，进而使"有腐必反"成为社会公众内心的价值追求，也就是说，廉政组织反腐败功能的发挥需要一个良好的文化生态。因此：第一，培育公民文化，压缩腐败生存空间。何为公民文化？简单说来就是一种主动地对社会和政治情境进行自我认知和评价的生活方式。也就是说，一旦社会民众具有一种公民意识，那么其认知的理性化和判断的合理化将有助于形成一种反腐败的良性氛围。从公民文化视角来看，培育民众的公民文化能够有效地改善组织运行的生态，减少腐败行为的发生。尤其是培育参与型公民文化，促进社会主义从政文化、廉政文化和法治文化的形成，形成对于遏制权力滥为的基本防线，

① 张国臣：《高校廉政文化建设理论与实践》，人民出版社 2010 年版，第 113～114 页。
② ［古罗马］奥古斯丁著，周世良译：《忏悔录》，商务印书馆 1963 年版，第 162 页。

进而推进廉政组织运行生态的改善，大有裨益。第二，培育核心价值，预防公共权力变异。一个社会的核心价值是维系社会运行的根本性力量，是推动公众形成正确行为准则和健康思维观念的重要推手。值得注意的是，西方人着力建设的民主、法治、市场经济的背后，有着深层次的伦理约束。按照黑格尔的界定，法的发展可以分为抽象法、道德、伦理三个环节，而道德、伦理是现代社会得以稳固的基础。当前中国在大力培育和践行社会主义核心价值观，一方面应以一种"妇孺皆知、通俗易懂"的价值观准则，规范领导干部的为政操守；另一方面要将社会主义核心价值观的灵魂与精髓，深植于广大干部脑海深处，使之内化于心、外化于行，强化到广大干部的思维方式和工作实践当中，不断破除特权思想、官僚意识、等级观念的影响，为可能变异的权力提供更高层次的政治文化导向和思想道德规制。①

（三）廉政组织教化权力主体的文化觉醒

首先，廉政组织明确公权力主体作为教化主体和对象。廉政组织中的权力主体既是教育者，又是被教育者。廉政组织的教育功能实现是通过对权力主体的教化过程，明确公权力组织化运作过程中权力主体的责任清单，规范权力主体行使公权力行为，创建健康的权力运行公共空间、人际交往秩序和风清气正的政治生态。

其次，组织对权力主体展开教育活动。廉政组织反腐败功能的发挥有赖于廉政组织在公共权力运行的权力空间、代表公众利益的公众空间等展开的教育活动，使权力主体通过外部教化、警示教育与自我教育等活动，树立正确的人生观、价值观、权力观、道德观等正向价值取向。具体方法主要是通过在行政化的公共空间开展包括理论宣讲、组织生活、观摩交流、警示教育、榜样示范、自我教育等多种教育活动形式展开，促使权力主体形成遵纪守法的意识，依法依纪执行使用公共权力为公众谋求利益而非私利。

二、文化与组织协同的效能

C（廉政文化）与O（廉政组织）在功能上的协同，是形成不敢腐的惩戒机制的基础。两者是如何协同形成反腐败的惩戒机制的？如图8-1所示，通过发挥廉政组织的教育功能和廉政文化的导向功能，树立廉荣贪耻的内心伦理评判和趋利避害的理性判断，建立起不敢腐的内在警戒机制，拒腐防变；通过发挥廉政组织的惩处功能和廉政文化的警示功能，防微杜渐，虎蝇共打，传导组织"有腐必反"的决心，形成不敢腐的外在惩处的高压态势。

① 朱联平：《治理腐败的文化路径》，载于《学习时报》2015年9月4日。

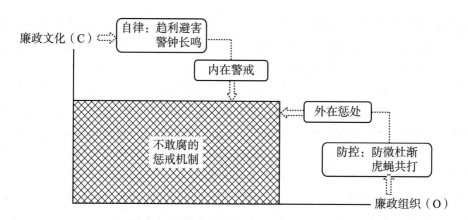

图 8 - 1　不敢腐的惩戒机制剖面

注：同图 4 - 9（b）。

　　廉政组织通过营造高压反腐的氛围，和事实上的"发现一起，查处一起""没有铁帽子王"等强力反腐的行动，通过廉政文化的警示功能呈现出腐败所带来的人生代价、社会影响以及可能遭受的行为代价，来实现价值教化作用，使权力主体警钟长鸣、趋利避害，建立廉政自律机制。进而与廉政组织营造的"有腐必反"预期，共同形成不敢腐的惩戒机制。

（一）利弊权衡以廉政自戒

　　廉政组织通过强力反腐败行动营造高压反腐败的氛围并通过廉政文化警示使权力主体知晓贪污腐败导致的严重后果，使得行政权力主体"趋利避害"，权力主体吸取经验教训和采取相应的自我禁戒方法，避免此类贪污腐败事件的再次发生。廉政组织以"零容忍"坚决惩治腐败，在"既打'老虎'也拍'苍蝇'，发现一起，查处一起，绝不姑息"的高压态势下，构筑不敢腐的惩戒机制，廉政文化作为腐败行为警示，有着腐败成本收益的价值权衡功能。实际上，影响权力主体腐败行为产生的最初动机与权力主体的腐败成本收益价值权衡息息相关。腐败成本[①]是腐败者在腐败过程中所付出的机会成本，即正常经济收入、政治前途、心理压力、道德名誉等成本要素，一旦被抓，则全部丧失，而腐败收益则是通过权力主体的腐败行为非法获取的权、钱、色、物等的利益。如果腐败所付出的经济成本、政治成本、心理道德精神名誉成本低，而所获得的权、钱、色、物等的利益收益大，就自然使得权力主体对腐败行为麻木不仁、心存侥幸，甘愿铤而走险；反之，如果腐败成本高、收益小，则权力主体对腐败行为心存芥蒂、战战兢兢，不

---

　　① 参见第三章第一节。

愿轻易以身试法。权力主体是否决定腐败背后必有着腐败成本收益的价值权衡。

显然，腐败者的腐败行为选择是一种腐败成本收益的价值权衡的决策行为，当收益大于成本时，就可能发生腐败行为，反之则不会。按美国学者马克（Mark J. Ruzel）的观点，腐败者的不道德行为实际上是腐败者自身对得失权衡考量的结果，当他们觉得走这一步是收益胜过代价时，他们往往就会损害集体和公众利益，追逐个人以及自身小集团的利益，如果不贪腐的收益小于贪污腐化的收益减掉被抓获处罚的概率乘上付出的腐败成本之积（除了腐败成本，还有腐败风险的问题），那么这个官员就大多会铤而走险，不做清官而去贪污腐化了。腐败行为警示就是通过告诫和震慑性地提醒权力主体：如经不住诱惑贪得无厌，到头来锒铛入狱，前程尽毁、名誉扫地、家破人亡；反之，则经济收入可观、政治前途光明，强化对贪污腐败付出成本和风险代价的认识，促使权力主体做出成本收益的正确价值权衡而"趋利避害"。

（二）理性认知与廉政律尺自立

廉政组织通过强力反腐败行动营造高压反腐的氛围并通过廉政文化警示，使对违背坚定理想信念、清廉的社会风尚和优良作风、共同体认可的价值观和高尚道德品格的耻感，对违反破坏廉政的各种制度规则的后果认知以及腐败警示和反省，形成正反两面的廉政整体理性认知，构筑约束权力主体一切行为的廉政律尺准绳，自主将自己的行为规约在廉政的道德伦理和法律制度所界定的可以怎样行为（可为）的范围内。自觉地遵从廉政律尺，从内心深处认识到执行廉政制度的重要性，把廉政制度的执行当成应当和必然，而非当作束缚和负担，在行动未发生时在思想意识上前馈调控，自觉趋向廉政可以做、应该做或必须做的行为，而抑制住应为而不为或不该为而为的行为的发生，权力主体的行为自觉遵守党纪国法，而非消极应付甚至阳奉阴违，防范和管控贪污腐败等行为的显现。对违反制度的行为坚决反对，不仅深化了自我前馈调控的作用，而且作为他者的外部的坚决批判和斗争的力量，对权力主体所在环境中那些应该或必须做而不做、不得做却大胆做的行为也有着前馈调控的作用，使得这些权力主体迫于反对和斗争的压力而放弃或打消自己可能产生的腐败念头和想法。

尤其是不拘泥于特定的时间、场所、形式，从政治学习到个体反思，从党政例会到日常生活，从横向警示到纵向灌输等腐败行为警示，通过以往腐败事件发生的原因及其带来的成本收益的展示与教育，以告诫和警醒行政权力主体吸取经验教训，形成对腐败的理性认知。腐败行为警示，着重讲清腐败发生的原因、影响和成本收益及其规避的方法。腐败行为警示通过客观交代清楚腐败案件的事实，科学分析腐败事情发生的客观原因和主观原因，尤其是深入分析腐败案件可能在本部门本单位身边发生的原因，用受警示者可接受和易于接受的方式来反思和自省己身是否具有这些易于发生腐败的因子，让受警示者从灵魂深处真正有触动，认识到个人自觉抵制腐败思想侵蚀的不足和现实管理中的漏洞以及行政行为中存在的隐患，注意防微杜渐。腐败行为警示通过对腐败者和腐败行为的成本收益的深入比较分析，让受警示者清楚知道腐败所带来的物质和精神收益远远小于成本，使受警示者警醒不要心存任何通过贪污腐败而获得物质和精神收益而承担微小的成本的侥幸，以使得警示者在今后的权力运行中不敢乱伸手。

（三）结果预知与腐败动机自遏

廉政组织通过强力反腐败行动营造高压反腐的氛围并通过廉政文化警示以清醒、明确、强烈的行为结果预知以警戒和震慑从政者，让党员干部明确预知到腐败收获的利益收益远远小于付出的代价，使党员干部强烈感受到不要心存幻想可以通过腐败以最微小的成本投入而获取更大的利益收益。清醒、明确、强烈的行为结果预知使得党员干部对贪腐成本和风险的认知强化，将增强党员干部"趋利避害"成本收益理性价值权衡能力，使党员干部从行为动机上对自身的行政行为得以管控和遏制：没有贪腐的人没胆去贪、已经有贪腐行为的人不敢再去贪、悬崖勒马。使权力主体认识到一旦被抓政治前途尽毁、经济上"竹篮打水"、精神道德一切尽丧，在价值权衡上自觉意识到腐败不划算。

正是在这个意义上，腐败行为利弊权衡中腐败行为的风险权衡也是不可忽视的关键性因素，腐败风险系数是左右党员干部是否决定腐败的关键性的客观因素，党员干部是否决定腐败不得不考虑腐败风险这一关键性要素。腐败风险系数，是指一个国家或地区在一定时期被查处的腐败案件与发生腐败事件总次数的比率。腐败风险系数越大，腐败行为被发现被查处的概率越大，则行政权力主体更不敢以身涉险。腐败行为警示，让权力主体意识到腐败是种高风险行为，伸手被抓是必然，不被抓是偶然，进而强化权力主体的腐败风险意识，促使权力主体心存敬畏，不要心存侥幸。廉政文化警示正是通过这样一种清醒、明确、强烈的行为结果预知，自律权力主体行为以趋向廉洁从政可以做、应该做或必须做的行为，时时提醒和警醒自己那些不应该去做而往往去做的行为产生的危险，抵挡住那些应该去做而没有去做或不应该去做而又做了的行为的发生，权力主体一切行为以可以做、应该做或必须做的行为为准绳而自律拒腐防变，将自己的行为规约在廉洁从政可以做、应该做或必须做的行为范围内。

（四）危害规避与腐败行为自控

廉政组织通过强力反腐败行动营造高压反腐的氛围并通过廉政文化警示，

尤其是对典型重大案件的分析和反面腐败行为警示，要求权力主体到监狱身临其境地去体验腐败人员因金钱利益而失去人身自由和家庭亲情的可悲，亲耳亲眼去听去看被判处极刑执行枪决的罪犯的绝望的心态和表情，感悟生命的宝贵，亲身感受失去自由、失去地位、失去生命的切肤之痛，深化权力主体对贪污腐败付出成本和风险代价的认识，以达到令其震惊，促其惊醒，以告诫和警醒行政权力主体吸取经验教训和采取相应的规避方法，避免此类贪污腐败事件的再次发生。使未腐败者不敢去腐，已腐败和有腐败行为的人痛改前非、悬崖勒马。危害规避主要是从利益考量和价值权衡来做反向的震慑和戒除，要求权力主体不断提高"莫伸手，伸手必被抓"的腐败风险意识，增强主动规避风险的意识和能力，使受警示者在腐败事例的经验教训的剖析和当事人的思想蜕化演变过程中观照自己、反思自己、约束自己、纠正自己，从而通过成本收益价值权衡而"趋利避害"的反向自律，约束和调控自我行政行为不趋向贪污腐败一面，自觉提醒自己不要重蹈当事人的覆辙，避免工作一生最后落个身败名裂的沉重代价。[①]

第二节　典型国家不敢腐的惩戒机制解析

借鉴世界各国的反腐败经验，我们分别选取了西方主要国家和亚洲有关国家的惩戒机制予以介绍。纵观人类社会发展史，大多数国家在崛起过程中都遇到过棘手的腐败问题。美国在经济高速发展的 19 世纪末，腐败极度猖獗，历史学家霍布斯鲍姆（Hobsbovwm）称当时的美国为世界上最无法无天的地方；英国在工业高速化发展的 19 世纪，政治领域内的腐败也极为严重，甚至连议员的资格都可以用金钱购买；日本在明治维新开始后的很长一段时间内，官商勾结成风。[②]这些国家或地区后来都在治理腐败的斗争中取得了明显的成效。

一、欧美主要国家的惩戒机制

西方发达国家受基督教文化影响，往往都是典型的资本主义国家。客观地

---

① 陈志宏：《廉政文化对政治生态的修复功能探究》，载于《河南社会科学》2016 年第 3 期，第 45 ~ 49 页。

② 张维为：《中国震撼》，上海人民出版社 2011 年版，第 10 页。

看，资本主义国家由于不同的政治文化背景，其反腐败经验往往无法直接照搬到中国，但如果认真分析这些国家的廉政组织与廉政文化的协同配合，不难发现，其惩戒贪腐的机制设计还是值得借鉴的。

（一）美国的不敢腐惩戒机制

在2016年"透明国际"公布的最新全球各国清廉指数排名中，美国排在第十八位[①]。尽管从排名来看，美国的清廉指数并不是最靠前的，但作为当今世界的超级大国，美国的反腐败治理经验无疑值得中国这个最大的发展中国家借鉴。

美国是典型的联邦制国家，联邦与州之间并不存在隶属关系，因此反腐败的协同配合至关重要。从反腐败的组织架构设计来看，美国并没有专门设立全国性的最高反腐败机构。美国的反腐败机构分布于联邦政府的各个执法部门，如监察长办公室、司法部刑事局、联邦调查局、联邦税务局犯罪调查办公室等。美国反腐败组织设计充分结合美国本土文化，发挥了组织与文化的合力。

第一，独立专业的机构设置。美国各级政府和各部门的监察机构都具有相对的独立性，并且工作人员都具有较高的专业素质，这为监察工作的开展奠定了良好的组织基础。如美国联邦政府道德办公室（以下简称"道德办"）是独立于其他行政部门的专业部门，负责人虽然由总统提名，但要经参议院通过，且任期为5年，长于总统和其他行政长官的任期，道德办的其他75名职员基本上都是美国民法方面的专家。又如，华盛顿特区政府监察长办公室是独立于特区政府的特殊部门，监察长由总统提名，国会通过，职能相对独立；办公室的其他职员须有财务专业、法律专业或行政管理学的学士学位和在政府部门有15年以上工作经历，其中许多岗位要求具有双学位或博士学位。再如，旧金山市道德委员会由1名顾问和4位律师组成，全部是义务兼职人员，只能当选一次，与政府部门保持独立；委员会的24名工作人员是公务员，他们只是委员会决策的执行者。[②]

第二，前置心理惩戒预防腐败。美国为了查处贪腐案，政府往往会不惜血本。在新泽西州腐败窝案中，3名市长总共受贿4.5万美元，而FBI居然卧底10年，花费了2 000万美元。[③] 美国的传统观念认为，人性的本身是懒惰和贪婪，只有靠合理的制度才能使其变得勤奋和无私。道德办是专门研究和制定政府雇员道德规范、指导和监测政府雇员行为的联邦政府部门。该署根据联邦相关法律制

---

① 2021年这一排名为第二十七位。
② 陈则孚：《美国防治腐败的一些做法》，载于《学习时报》2009年12月1日。
③ 许春华：《美国官场如何反腐败？》，载于《南风窗》2014年2月19日。

定了全面详细的《行政部门雇员道德行为准则》，不仅全国350万名政府雇员必须遵守，还要求一切与政府有往来的其他私人部门或企业都要熟悉了解并认真遵守。道德办还负责检查所有联邦政府雇员，主要是25 000名高级官员（包括总统、副总统）每年的财产申报。道德办还免费对政府雇员的道德和从政行为进行培训、提供法律咨询。联邦各部门和各州、郡、市政府都有相应的负责指导、保护和监察政府雇员从政行为的专门机构。[①]

（二）加拿大的不敢腐惩戒机制

2016年，"透明国际"公布的最新全球各国清廉指数排名中，加拿大排在第九位[②]，是北美洲中唯一一个进入前十名的国家。加强反腐败机构建设是加拿大的反腐败治理的成功经验。

加拿大审计署负责对腐败的监管、打击，由议会设立并向议会负责，其领导人一般由反对党代表担任。据新华社2014年4月7日的报道，每年三四月份是加拿大的报税和审计季。每当这个时候，审计人员都会在公务员队伍中挖出一些蛀虫来。2014年3月19日，艾伯塔省省长艾莉森·雷德福德在省议会宣布辞职，原因是2013年12月出席南非前总统曼德拉葬礼时，坐了头等舱，还带了几个随从，此外，出公差时多次带上女儿，并由公家支付女儿的机票。事情曝光后，她不但退赔了公款，而且辞职以谢国民。

（三）德国不敢腐惩戒机制

在2016年"透明国际"公布的最新全球各国清廉指数排名中，德国与英国、卢森堡并列排在第十位[③]。

1. 独特的社会文化环境

德国人以严谨、遵守规则著称于世，这一独特的社会文化特征一定程度上影响了德国的反腐败机制。首先，德国的家庭和各级学校都很重视道德品格的教育，对学生品格的塑造是教育的重中之重。德国的道德教育培养学生的社会责任感、公民意识、规则意识，引导学生养成公正、诚实的美德。这种教育有助于培养未成年人今后自觉远离腐败，自觉抵制腐败。德国人重视宗教道德和宗教对人格的完善在道德教育中的作用，强调个人品质的塑造和个人的自我完善。在德国学校中，宗教课程实际上承担的就是专门德育课程的任务，还通过宗教教义来潜

[①] 陈则孚：《美国防治腐败的一些做法》，载于《学习时报》2009年12月1日。
[②] 2021年这一排名为第十三位。
[③] 2021年这一排名为第十位。

移默化地塑造人们心灵中正直善良的一面。在德国的家庭教育中强调培养子女的生活能力、履行义务的能力、行动的能力以及批判能力。要求孩子们具有知识、诚实、勤奋、秩序、公正、正直、团结、容忍、认真等品格，这些后天的塑造对德国人形成了民族整体上严谨、认真、守法的性格，从而在一定程度上有利于抑制腐败思想的滋长。其次，从宗教和历史影响来看，德国有近2/3的人信仰基督教。尽管宗教组织的影响在近一两个世纪以来一直处在不断衰退之中，但是基督教精神依然深深扎根于人们的日常观念和行为之中。德国在宗教改革之后，新教的勤俭、简朴的精神对德国的发展产生了重要的影响，受到宗教意识影响的人会对自己的犯罪行为和腐败行为产生愧疚和负罪感。两次世界大战使德国人在处理政治机构和机制、历史、文化、意识形态方面问题时格外谨慎，以防止悲剧重演。纳粹统治时期是德国历史上最为黑暗、最为专制的时期，也是腐败横行的时期，对德国人的精神世界、民族传统造成了深刻的伤害。第二次世界大战后德国追求政治生活的朴素和务实，对行政、立法和司法分权制度的建设，以及由此而形成的政治结构和政治生活，不仅使德国的政治多年来比较稳定，同时也形成了比较廉政的政治社会风气。

2. 反腐败的法治文化基础

"文化是制度之母"，德国的法治文化为其建立不敢腐的惩戒机制提供了坚实的基础。《德国刑法典》是反腐败的主要法律依据，尤其是其中有关贿赂罪的条款。1997年8月，德国的《反腐败法》颁布。《反腐败法》提高了贿赂罪的量刑幅度，对公职贿赂罪从重处理的情形做出了明确规定。通常情况下，刑法对贿赂等涉及腐败行为的制裁有两个：有期徒刑和罚金。有期徒刑最短3个月，最长10年，对法官的处罚重于对一般公务员的处罚。对于罚金的规定更体现了可操作性的特点。如把受贿处罚金额定为5欧元，连续三次受贿5欧元就要开除公职，并且对行贿与受贿者的处罚是对等的。

1998年德国联邦政府颁布了《联邦政府关于联邦管理部门反腐败的行政条例》，对联邦公务部门制定反腐败措施进行了指导性的规定。2004年联邦内政部颁布了新的《联邦政府关于在联邦行政机构防范腐败行为的条例》。在条例的附件中将可能发生腐败的迹象概括为中性迹象和报警性迹象两类。中性迹象包括：公务员有不合理的高水准生活；对变换职务或者调动工作表示出令人费解的抵制；在未获得批准或未进行说明的情况下从事其他兼职工作；出现酗酒、吸毒或赌博等社会问题；同一些企业之间有不同寻常的私人交往；特别夸奖和照顾一些企业以及获得企业方面的慷慨赞助等现象。报警性迹象包括：公务员无视有关规定；不断发生"小过错"；做出不同寻常且令人费解的决定；滥用裁量空间；有意回避检查；隐瞒某些事件和情况；试图对不属于自己管辖范畴的决策施加影响；以沉默的方式容忍违法行为；对可疑的现象或事件没有反应等现象。[①]

3. 反腐败机制机构建设

德国的反腐败机构建设，相对比较健全。首先，联邦议院及其调查委员会。德国联邦议院是重要的反腐败机构，联邦议院不但有立法权和重大决策的审批权，还对政府和官员有监督的职能。德国联邦议院通过行使其监督职能，对政府官员、行政机构进行制衡和监督来防止权力被滥用，减少腐败行为的发生。联邦议院中如果有1/4的议员要求对联邦政府在行政管理中产生的官僚主义、贪污腐化、行贿受贿或公众十分关注的问题进行调查，联邦议院有权利和义务成立一个调查委员会，调查委员会一直是监督政府工作的一个"锐利的武器"，还负责处理官员受贿案。调查委员会与联邦检察院共同调查和审理这类案件。调查委员会经过长期、周密的调查后，写出报告，上报联邦议院，议院经过辩论最后交法院处理。[②] 其次，政府各部门和各州的反腐败机构。德国各级政府都设有内部监督机构和廉政专员。一旦发现腐败苗头，廉政专员会及时向上级报告，并及时封存工作档案，然后转交检察院。审计机构是德国廉政建设的一个不可忽视的力量。一般来说，德国审计机构分三级，联邦、州和市均设有审计局。根据德国法律，审计机关独立于立法、行政、司法之外，不受任何诉讼程序的限制，可以随时开展审计工作。作为联邦制国家，德国没有统一的反腐败机构，16个联邦自治州在反腐败上有充分的自主权。有的州设置反贪中心，如柏林市（州），属市议会领导；有的设监察专员，如北威州，属内政部国务秘书（副部长）领导。还有些联邦州成立腐败案件清理中心，作为州检察院的一个部门，隶属州司法部。

4. 社会舆论的广泛监督

舆论媒体监督是防止腐败的一种行之有效的形式。德国的舆论监督力量非常大，被称为"第四种权力"。根据法律规定，检察院发现有腐败方面的报道，有义务进行调查。德国拥有100多家电台、25家电视台、27家通讯社、380多种报纸和9 000多种期刊。德国的舆论媒体大都是独资或合资的股份制企业，以营利为目的，依法享有高度的自由。为了占有读者，它们一般都雇有耳目，专门收集政府要员和公务员的政治丑闻和绯闻。德国实行新闻自由，报刊、电台、电视台可以报道政府、政党内部的情况，只要内容属实，不泄露国家机密，即属合法，而消息来源受法律保护，任何人不能对消息来源进行调查。政府官员和公务员的腐败丑闻和绯闻一旦曝光，就要引咎辞职。原则上，德国政府不能干预新闻媒体

[①] 郭强华：《国家公职人员腐败预警指标体系的构建》，载于《统计与决策》2007年第7期，第61～62页。

[②] 杨解朴：《德国的反腐败机制》，载于《党建》2006年第1期，第46页。

的活动，因而一些新闻媒体依法对政府实施监督。① 德国于1995年成立透明国际组织，有300多位成员，主要任务是防止德国对外经贸活动中腐败问题的出现。② 德国的透明国际组织提出，应建立反腐败的"机能整合系统"。仅靠立法不能完全解决腐败问题，而应积极整合各方面能够有效遏制腐败的力量。例如，发挥媒体舆论监督的功能，落实审计署的监督职责，强化司法部的反腐败职能，将个人和社会组织充分调动起来。

（四）英国的不敢腐惩戒机制

英国从19世纪开始对公务员制度进行了大刀阔斧的改革，收效显著。在"透明国际"公布的2016年廉政排行榜中，英国与德国、卢森堡并列排名第十位③。在英国"腐败"一词的使用频率很低，更多的是使用"欺诈"一词，后者包括的范围要比前者广得多，不仅包括一般意义上的腐败（贪污、受贿、滥用职权等），而且还包括诸如不作为、失职、渎职等种种不良行政行为。英国反腐败的不敢腐机制主要由以下几个方面构成。

1. 道德文化教育

英国道德教育中一项非常重要的内容就是守法。具体教育方式：借助宗教教育进行道德教育；直接开设道德教育课程；注重礼仪、仪表、个人品行的教育；通过其他学科和活动来进行。最通常的是将道德品质教育蕴含在文学、艺术、历史、健康教育及为人父母和家庭生活的准备教育等课程中，帮助学生了解社会的发展以及人在社会发展中的作用。此外，英国还比较注重课外活动中的德育功能。除学校教育外，走上工作岗位的英国人仍要继续接受各种道德教育，尤其是职业道德教育，这也是英国公务员制度的一个重要组成部分。在"公共生活标准委员会"1995年发表的报告中，提出了"公共生活七原则"，即无私、正直、客观、负责任、公开、诚实和发挥典范作用。除了自律之外，英国还形成了一套用以规范公务员行为的法律规范。④ 此外，一些特殊的行业还有专门的行为规范守则，如《检察官准则》等，从而对公务员的行为形成了严格的约束机制。

2. 反腐机构的设置

英国没有专门的和单一的反腐败机构，负责反腐败的机构分散于议会、司法部门、审计部门以及政府部门内部，从而形成了广泛的反腐败网络。第一，审计机构。英国是世界上最早设立审计机构的国家，早在13世纪就建立了王室财政

---

① ② 杨解朴：《德国的反腐败机制》，载于《党建》2006年第1期，第46页。
③ 2021年这一排名为第十一位。
④ 李靖堃：《英国的反腐败机制》，载于《学习时报》2005年11月7日。

审计制度。英国审计机构主要包括以下几个部分：国家审计署、公共账目委员会、审计委员会、地方审计机构。第二，政府内部监督。英国有多个政府部门设有内部监督机制，其中财政部、国家保健署、国内税收署、工作与养老金署、国防部5个部门的反腐败最有特色，对腐败行为的管理也最直接。第三，监察员。英国的监察员分为三种，即议会监察员、地方政府监察员和国家卫生署监察员。议会监察员是一个独立机构，负责对政府官员（尤其是高级公务员）的行为进行监督；国家卫生署监察员负责监督国家卫生署系统的不良行政行为，调查结果将公开发表；地方监察专员的管辖范围包括地方议会和议员、地方政府有关机构及官员等不良行政行为造成的侵害公民利益的事件。第四，舆论和媒体监督。在英国，舆论和新闻媒体素有对政府进行监督和批评的传统权利，是对政府滥用职权的一种有效制约，使权钱交易实际上对当事人来说变成了一种困难的行为。①

二、亚洲有关国家的不敢腐惩戒机制

（一）新加坡的不敢腐惩戒机制

在"透明国际"公布的2016年廉政排行榜中，新加坡排名第七，在亚洲国家中排名第一②。作为后发型国家的典型代表，新加坡并没有直接照搬西方式的民主制，反而是从儒家文化中寻找思想资源，进而建构出一套适合本国发展的独特的反腐败模式。

1. 总理公署贪污调查局的设置

新加坡总理公署贪污调查局独立行使国家肃贪职能，由总统任命、向总理负责，可以行使刑事诉讼法赋予的一切与调查相关的特别权力，无须逮捕证即可先行逮捕任何涉嫌贪污受贿的人。如前助理司长杨少雄因挪用176万新元公款被判刑十年，局长陈宗宪连带被撤；2013年初，新加坡中央肃毒局前局长黄文艺因涉贪而被捕，他被指控向徐秀兰索取性贿赂，在肃毒局的采购合约上给予这名女子所在公司好处，尽管他予以否认，但随着案件进入庭审阶段，两人的各种隐私被层层曝光。

2. 对贪腐采取严惩

"让腐败者在政治上身败名裂，让腐败者在经济上倾家荡产。"是新加坡的反腐口号。新加坡一度也曾贪污横行，1959年李光耀开始担任总理，立志打造一

---

① 李靖堃：《英国的反腐败机制》，载于《学习时报》2005年11月7日。
② 2021年这一排名为第四位，在亚洲国家中排名第一。

个清廉国度。他推动通过《反贪污法令》，规定极为严厉和详细的惩罚措施，将贪污调查局变为总理公署直属机构，同时建立起一套确保公共财政廉政的制度。"从1959年6月执政第一天起，我们就确保税收的每一块钱怎么花都要有适当的交代，到达基层受益人手上时，一块钱照旧是一块钱，中途没有被抽掉一部分。"① 根据规定，公务员要申报财产，包括个人不动产、银行存款、法律允许的股票和债券投资、达到一定价值的珠宝首饰、家用设备、古玩等。配偶等家庭成员的财产状况也需要申报。入职时需签署声明，宣示自己在财务上没有困难。如有未担保的债务超过其3个月薪资或面临破产程序，需立即报告。总之，需要最高领导层保持绝对清廉，并且能够以令人信服的方式，向外界展示这种清廉。

3. 自律与他律结合，高薪养廉

新加坡的公务员，尤其是中高层公务员收入很高，这样会使贪污得不偿失。李光耀认为要让他们在保证廉政的情况下拥有与自己身份相称的尊严。新加坡对于公职人员接受礼品有非常严格的限制，具体到可接受的礼品种类、最高金额、申报时限和处理办法等。对公务人员可接受的款待也有明确规定。如果使用公车，必须说明从哪一段到哪一段是公务，为避免麻烦，有些人宁可自己驾车。高层招待宾客，如果难以分清公私，也会选择自掏腰包，以避滥用公款之嫌。

（二）日本的不敢腐惩戒机制

2016年在"透明国际"公布的廉政排行榜中，日本清廉指数排名第二十位②，在亚洲各国和地区中名列前茅。日本的反腐败经验主要体现在以下三个方面：加大惩治力度，保持高压态势；重视廉政教育，培养廉洁品格；健全监督机制，加强预防监控。这与我们之前在第一节当中的分析思路，基本吻合。

1. 加大惩治力度，保持高压态势

日本坚持司法独立，无论是何种类型的腐败案件，无论涉案者具有什么样的地位，一律严肃追查，严惩不贷。1976年，前首相田中角荣在一桩飞机采购交易中收受了5亿日元的贿赂，在位时即被东京地方检察厅逮捕，并最终获刑4年。日本检察当局就连接受请客吃饭等看上去微不足道的小案件也高度重视。例如，1998年，日本检察当局注意到日本央行营业局证券科长吉泽保幸经常同兴业、三和等银行的人士打高尔夫球，并一起在高级餐厅用餐，进而根据这一线索

---

① 《经济腾飞路 李光耀回忆录 1965～2000》（下卷），中国外文出版社和新加坡联合早报及联邦出版私人有限公司，1998年版，第154页。
② 2021年这一排名为第十八位。

展开调查，结果发现，这名科长曾向这些银行人士透露要对其进行不良资产突击检查的消息。检察当局立即以涉嫌受贿罪，逮捕并起诉了这名科长。日本法律对于贪污受贿等腐败行为的处罚非常严厉。此外，还制定了严格的腐败认定标准，从而将腐败问题消除在萌芽状态。

2. 重视廉政教育，培养廉洁品格

日本民族一直就有维护公益、崇尚集体主义的文化传统，因而在文化心理上对损公肥私的腐败行为十分抵制。从日本人的价值观来看，腐败严重违反了社会公德，是绝对不能容许的。一个人存在的价值依赖于他人和社会的承认，如果通过牺牲公共利益来谋取私利，就会招致外界的强烈批评和孤立。因此，日本具有一个追求廉洁、反对腐败的文化氛围，这样的氛围无形中会促使每个人都要注意约束自己的行为。为了维护这种廉政文化，日本非常重视对青少年进行廉洁教育。例如，在幼儿园，老师会给孩子讲"金钱买不到的东西"的故事；开展义捐活动，鼓励儿童奉献爱心、服务社会；教会学生垃圾如何分类，培养他们的节俭意识和社会责任感。同时，日本也很注重对官员的廉洁教育。日本人事院以及地方政府每年都会制订计划，定期对公务员进行道德培训，塑造和强化其清廉奉公思想，不仅使其清楚了解反腐败的法律规定，而且更强调培养其自律意识。

3. 健全监督机制，加强预防监控

日本设立了强大的监察监督机构，并赋予其相当大的职责和权威，主要有立法机关（如议会）、司法检察机构（如检察厅）、监察机关（如监察局）、专门会计组织（如会计检查院）、反腐败协调组织（如政治伦理审查会）等，此外还成立了许多民间反腐败组织。经过多年的配合，日本的这些监督机构及反腐败组织之间已经形成了既有分工、又有合作的严密监察监督体系，真正实现了互相监督、协作防控。日本新闻媒体和社会舆论的监督对预防和惩治腐败发挥了重要作用。日本法律明文规定新闻享有独立、自由的原则，确保了新闻记者采访报道和批评的权利不受侵犯。利用媒体的新闻敏锐性，对已经发生或正在发生的腐败行为进行曝光，从而促成法律调查介入，迫使腐败中止的案例不胜枚举。此外，从1994年起，日本全国各地陆续建立起了民间行政观察员制度。民众自发成立了"全国公民权利代言人联络会议"，对政府行为进行日常性监督。在媒体和民众舆论的双重监督之下，许多腐败问题得以被及时发现并处理。

（三）亚洲其他国家的不敢腐惩戒机制

从"透明国际"的数据来看，韩国并非是高度清廉的国家，近年来总体上处于 4～7 分，排名多在 40～50 位，属于中等程度腐败国家，而且有朝廉政国家发展的趋势。① 当然，这并不排除韩国反腐败治理经验也有值得学习借鉴之处。从 1993 年起，韩国开始实行公务员财产公示制度。由公务员伦理委员会负责监督公布。每逢公务员的财产比上年有明显增加或者反常增加，就会引起公务员伦理委员会高度关注。韩国历届政府都注意对公务员转岗就业或退休后工作的限制。如禁止因腐败而被处罚免职的公务员到相关企业就业。对正常退休或转岗的高层公务员和国会议员任期结束后，到相关领域的企业任职和就业也有限制。近些年来，韩国不断完善反腐败相关机构，以此来遏制腐败蔓延。2002 年建立了直属于总统府的反腐败委员会，2004 年在反腐败委员会下面另设"高级公务员腐败调查处"，专司调查总统亲属、国会议员、高级检察官、大法官和国家情报院高级官员的贪腐情况。2004 年底，反腐败委员会改名为"国家清廉委员会"，每年颁布"韩国社会清廉指数"。2008 年韩国政府颁布了《腐败公务员处罚强化对策》，规定并公布了腐败量刑标准。还通过《特定经济犯罪加重处罚法》，对利用职务便利贪污公款或收受贿赂的公务员、国有企业干部、金融机构的干部、职员在受到刑事处罚被关押的同时，还要被追讨贪污受贿金额 2 ~ 5 倍的罚金！韩国也针对各种选举时的拉拢选民的买票卖票的贿选行为制定了相关法律，选举委员会还向媒体公开接受财物的选民名单，通过这些手段，来确立"在选举时接受钱财或向别人要钱，就会被社会抛弃"的法律意识。② 韩国在严惩贪腐的同时，大力奖励举报，对举报腐败的奖励上限超过了举报敌谍（1.5 亿韩元）和逃税犯（1 亿韩元）的奖励。

2016 年越南"清廉指数"排名第 113 位，算是腐败较为严重的国家。各种腐败现象也被老百姓称为是考验越南共产党和政府的最大"国难"和"内寇"。自 1986 年越南共产党提出革新开放路线以来，越南经济持续高速发展，然而腐败现象也开始滋生、蔓延。2005 年，香港政治和经济风险咨询公司曾将越南评为排在印度尼西亚和菲律宾之后的"亚洲第三腐败国家"。2006 年，时任越南总理潘文凯曾在国会讲话中为越南出现的严重贪污腐败问题道歉，并正式请求国会接受他的辞职要求。2009 年时越南政府在修改刑法时，曾有人认为应取消对贪污罪的死刑惩罚。然而投票表决几乎一致同意继续维持对贪腐罪最高判处死刑的法律，以确保法律的公正和反贪工作的执行。对于越南反腐败工作的前景，越南原副总检察长陈德亮称，"我们看到不仅在越南和中国，而是世界各国都有贪污腐败现象。贪腐不仅仅关系一个国家和政治体制的存亡，而且它还遏制社会进步和发展。这个工作，每个国家都必须做好。"③

---

① 2021 年这一排名为第三十二位。
② 杜林致：《腐败文化和心理：中韩比较》，中国社会科学出版社 2015 年版，第 100 页。
③ 《谈反腐，越南官员常提中国》，载于《环球时报》2013 年 2 月 6 日。

第三节　建构不敢腐惩戒机制

发挥廉政组织和廉政文化的反腐败功能，协同建构不敢腐的惩戒机制的路径有：始终保持零容忍的高压反腐态势，把作风建设作为治本之策，消除不健康的心理认同，加强新时代廉政文化建设，动员人民参与反腐败斗争，建立健全覆盖全社会的纪检举报平台，使腐败置于全体人民雪亮眼睛的监督之下。

一、始终保持零容忍反腐败高压态势

中国自党的十八大以来反腐败取得显著成就的经验，就是坚持"零容忍"的反腐败高压态势。

（一）始终发挥廉政组织零容忍反腐的威慑作用

习近平总书记在十八届中央纪委五次全会上强调，零容忍是依法治国、依规治党的应有之义，"必须坚持零容忍的态度不变、猛药去疴的决心不减、刮骨疗毒的勇气不泄、严厉惩处的尺度不松"[①]。对于腐败分子，无论其身份有多特殊、地位有多高，都不姑息和手软。对于那些已经不在领导岗位的，也必须严格取证其在位时的过失，坚决查处。对于寻求海外庇护的腐败分子，要通过有效的国际合作，将其缉拿归案。2014年，中国首次以国际文件的形式通过了《北京反腐败宣言》，表明了海外反腐和追赃的决心和力度。2016年9月5日，G20杭州峰会将反腐败的国际合作作为重要议题，并通过了《二十国集团反腐败追逃追赃高级原则》《二十国集团2017~2018年反腐败行动计划》。与此同时，G20反腐败追逃追赃研究中心在北京师范大学成立。

自党的十八大以来进行的反腐败斗争，快节奏、高强度令人振奋，取得了十分明显的成效。就目前来看，零容忍惩治腐败的行动已成常态之势。正风反腐必将如秋风扫落叶一般，席卷滋生腐败的各个领域，贪官的"落马"只是时间问题。2014~2015年一批党内高级领导干部严重违纪违法案件的查处，都在向全党全社会表明：党纪国法面前绝对没有什么特殊人物、特殊领域，更没有什么不能

[①]　《习近平在中央纪委五次全会上谈查处腐败问题时强调　零容忍的态度不变　猛药去疴决心不减　刮骨疗毒勇气不泄　严厉惩处尺度不松》，载于《人民日报》（海外版）2015年1月14日。

打的"老虎"、不能查的部门。零容忍也是我们党有力量的体现，也是党心民心所向。党的十九大以来，新一轮正风反腐不断突破所谓的禁区，向世人表明中国共产党敢于壮士断腕、刮骨疗毒。形势当前，只有坚持零容忍的态度不变，才能避免"破窗效应"，彻底打消个别人的侥幸心理。中国共产党进行的党风廉政建设和反腐败斗争有立场、有目标，立场是坚持有腐必反、有贪必肃，"老虎""苍蝇"一起打；目标是坚决遏制腐败蔓延势头，纠正"四风"、防止反弹。目标既定、号令既出，自然不会动摇，也不容动摇。腐败一日不除，反腐一日不止，"上无禁区、下无死角"的零容忍反腐常态都将毫无悬念地继续下去。习近平在党的二十大报告中指出：腐败是危害党的生命力和战斗力的最大毒瘤，反腐败是最彻底的自我革命。全面从严治党永远在路上，党的自我革命永远在路上，决不能有松劲歇脚、疲劳厌战的情绪，只要存在腐败问题产生的土壤和条件，反腐败斗争就一刻不能停，必须永远吹冲锋号，以零容忍态度反腐惩恶，更加有力遏制增量，更加有效清除存量。

（二）充分调动人民群众的反腐热情

开展反腐败斗争，不仅来自党的决心，也来自广大人民群众的意志。人民群众痛恨腐败，因为腐败行径往往侵犯了人民群众的利益。我们的党坚持不懈地开展反腐败斗争，其实质是在于维护人民群众的利益。因此，开展反腐败斗争必须要有党的坚强领导，发动人民群众积极支持和参与，两者缺一不可。深入开展反腐败斗争，要牢固树立群众路线观念和群众意识，做到紧紧依靠人民群众，对腐败行为和"四风"问题布下监督的天罗地网。要依靠群众提供的举报线索，还应该对大案、要案、串案举报有功者实行必要的资助或奖励，从而进一步激发群众参与的积极性。有了更多的人民群众参与反腐，那些"老虎""苍蝇"就没法猖獗。

历史上看，仅有"青天"并不能遏制腐败。无论是历史的横截面还是纵截面，依靠人民反对腐败是最有效的途径。千百年来，包拯、海瑞等清官深受百姓爱戴，但"青天大老爷"的"个例"抵挡不了汹涌的腐败暗流，甚至重典反腐也不能防止腐败的蔓延。国际上看，"民主"也不是反腐败的灵丹妙药。20世纪初期，美国的托拉斯横行无阻，他们与政府官员、司法人员、国会议员相互勾结，串通作弊，以致行贿受贿等腐败现象层出不穷，美国社会各界掀起了著名的"扒粪运动"（也称为"黑幕揭发运动"）。据有关资料反映，在当时的90位议员中，有75个收受大量贿赂。美国官场腐败案的社会影响恶劣，导致了公众对政府及政界人物的不信任。2010年4月皮尤研究中心发布的民调显示，近80%的民众不信任政府，政府甚至与华尔街、国会、媒体并列为民众厌恶的"四大恶人"。2011 年，占领华尔街运动爆发之际，民众更是宣称"我们代表社会的99%，我们不再忍受那 1% 的贪婪与腐败"。国际反腐组织"透明国际"最新的调查报告显示，全球最为腐败的 10 个国家，都是实行多党制和所谓"议会民主"的国家。

中国共产党自成立之日起，就一直高度重视反腐倡廉工作，并且始终强调人民群众是基本的反腐力量。在井冈山根据地与苏区的反腐败斗争中，我党动员群众广泛参与；在延安时期，普通工农和士兵委员会成为监督腐败与反对腐败的主体。美国驻延安考察组都承认，当时延安政权是世界上最清廉的政权，1945 年 7 月，毛泽东在延安与民主人士黄炎培谈话时自信地说："只有让人民来监督政府，政府才不敢松懈。只有人人起来负责，才不会人亡政息。"[①] 近年来，全国检察机关立案侦查案件中，70% 来自群众举报，许多大案要案的侦破也离不开群众参与。既要充分调动和保护广大群众参与的积极性，又要规范群众参与的操作程序，使广大群众能够真正依法有序地行使好自己的监督力[②]，理智、理性地打一场反腐败的"人民战争"，以取得反腐败斗争的更大胜利。

（三）坚持用群众路线构筑反腐防腐堡垒

坚持反腐败斗争，是密切党同人民群众联系的一个重大政治问题。在反腐败斗争中必须依靠群众的支持和参与，坚持用群众路线构筑反腐防腐堡垒，真正使腐败得到有效惩治。

群众路线首要的一条就是一切为了群众，这与反腐倡廉工作的根本目标和价值取向是一致的。"对贪污、行贿、盗窃以及其它乌七八糟的东西，人民是非常反感的，我们依靠人民的力量，一定能够逐步加以克服。"[③] 在反腐败斗争中，坚持群众路线不是权宜之计，反腐败斗争的整个过程都要坚持群众路线。背离群众路线必然导致腐败，腐败又造成更加严重地脱离群众。新中国成立以来的大量事实表明，反腐败与坚持群众路线是辩证统一的。一方面，坚持群众路线，相信群众、依靠群众，有助于不断推进反腐败斗争和党风廉政建设；另一方面，抓好反腐败斗争，加强廉政建设，其目的正是更好地为群众服务，为群众谋利益。

深入推进反腐倡廉建设，是密切联系群众的重要保证，也是坚持群众路线的重要体现。在一个权力腐败的社会里，党群、干群之间不可能形成相互信任、相互支持关系。实践表明，腐败必然导致脱离群众。腐败者侵害人民群众的切身利益，群众极其反对和痛恨腐败。在反腐败的斗争中，群众是不可忽视的重要力

---

① ②　李殿仁：《依靠人民反对腐败　跳出腐败周期律的根本途径》，载于《人民论坛》2013 年第 31 期。
③　《邓小平文选》第三卷，人民出版社 1993 年版，第 156 页。

量。反腐败作为一场长期、艰巨而复杂的斗争，离不开人民群众的大力支持和广泛参与。因此，我们要积极采取措施，健全体制机制，拓宽群众参与反腐防腐的渠道，充分发挥群众参与反腐败斗争的积极性和聪明才智，从而汇聚起反腐败的强大力量。

二、把党的作风建设作为治本之策

不正之风是腐败滋生蔓延的温床和土壤，加强党的作风建设是反腐败的治本之策。党的十八大以来，全党在开展群众路线教育实践活动中，以集中解决"四风"为目标任务，取得了让群众满意的成效。但作风问题具有顽固性和反复性，不能简单地靠一两次教育活动，也不能时紧时松，要健全改进作风常态化机制，消除不健康作风的社会心理认同。

（一）党的作风建设始终在路上

新时期弘扬党的密切联系群众优良作风，不仅仅依靠领导干部的党性、觉悟程度，更为重要的是通过建立完善具有约束力的机制制度来保障，为此，各地建立了领导干部深入基层调查研究、直接联系和服务群众等制度。目前，关键是通过落实这些机制制度，使领导干部能够真正深入基层、深入群众，认真听取群众的意见和建议，按照群众意愿改进工作，着力解决人民群众反映强烈的突出问题，实现干部联系群众的常态化，防止干部滋生官僚主义进而腐化堕落。

党风也通过文风集中反映出来。对一个执政党而言，文风的问题不仅决定其影响力、号召力，甚至还决定党的执政力和凝聚力。"党的历史经验证明，文风不正，危害极大。它严重影响真抓实干、影响执政成效，耗费大量时间和精力，耽误实际矛盾和问题的研究解决。不良文风蔓延开来，不仅损害讲话者、为文者自身形象，也降低党的威信，导致干部脱离群众，群众疏远干部，使党的理论和路线方针政策在群众中失去吸引力、感召力、亲和力。"[1] 文风从本质上看是党政机关干部工作作风和思想作风的集中反映，现实中出现了大量以文件落实文件、以会议落实会议、以讲话落实讲话的新形式主义现象，既降耗执政效能、增加执政成本，也严重损害了党和政府的形象。习近平同志强调指出，"文风问题，是党的作风建设的一个重大问题，必须引起全党的高度重视"[2]。党的各级领导干部都应该率先垂范、勉力而为，克服"长、空、假"的不良文风，弘扬"短、实、新"的优良文风。

① ② 习近平：《势力克服不良文风　积极倡导优良文风》，载于《求是》2010 年第 5 期。

党风还表现在领导干部生活作风上。若想从本质上解决党内腐败现象，将作风建设做到底才是根本大计。无论是上级机关，还是下级村部，唯有作风过硬，方能让百姓看到廉政，方能真正赢得民心，方能让各项工作得到更好地开展。狠刹形式主义、官僚主义、享乐主义和奢靡主义"四风"。一些地方和部门的领导干部在工作生活待遇上追求奢靡、享受特权，这既与我国目前经济发展水平相悖，也腐蚀着人们的精神情操。党的十八大以来，对于领导干部在办公用房、住房、配车、公务接待等工作生活待遇方面制定出台了一系列规章制度标准，并进行了清理和整顿，取得了显著效果。今后要进一步完善领导干部工作生活待遇标准，并通过对照待遇标准、逐项治理，消除领导干部职务消费过高、享受待遇过多过高等特权作风。

反对腐败，建设廉政政治，是我们党鲜明的政治立场，是中国共产党人永恒的使命担当。以零容忍态度惩治腐败，各级各部门首先要常抓不懈、警钟长鸣，要以猛药去疴、重典治乱的决心，以刮骨疗毒、壮士断腕的勇气，坚决落实党要管党、从严治党要求，保持惩治腐败的高压态势，坚决把党风廉政建设和反腐败斗争进行到底。

（二）消除不健康风气的社会心理认知

建构不敢腐的惩戒机制，必须消除在政治生活中的不健康风气，以及由此而产生的升官发财、攀比、侥幸、法不责众等社会心理认知[①]。

1. 升官发财心理

中国是一个文化古国，同时也是一个受封建思想影响根深蒂固的国度。一些国家公务人员的价值观发生了扭曲，将升官发财作为人生的终极目标，将职务的升迁视作其谋取私利的资本，目无法纪，大搞权钱交易、权色交易、权权交易。党的十八大之后，习近平总书记更是多次告诫党员领导干部要警惕"官本位"心理作祟，他严厉告诫"如果觉得当干部不合算，可以辞职去经商搞实业，但千万不要既想当官又想发财"[②]，叮嘱县委书记们"当官就不要发财，发财就不要当官。清清爽爽、义无反顾地去当官。不要把当官作为一个满足无穷贪欲、获得无限私利的捷径，那样迟早要完蛋"[③]。

2. 攀比心理

中国没有像新加坡实行"高薪养廉"，公务员自称属于"工薪阶层"。不少从政人员如果"立党为公，执政为民"的信念不坚定，看到身边的人待遇好、升

[①] 几种心理状态根据杜林致：《腐败文化和心理》，中国社会科学出版社 2015 年版；熊小伟：《新形势下行政腐败的心理诱因及防治对策》，载于《人民论坛》2013 年第 2 期中的相关内容整理。

[②] 《习近平的反腐观：不要既想当官又想发财》，人民网－中国共产党新闻网，2012 年 12 月 26 日。

[③] 《"当官就不要发财，发财就不要当官"》，人民网，2015 年 1 月 27 日。

迁快，就会产生一种攀比心理，久而久之甚至发生心理失衡。不少腐败堕落的官员在悔过的时候，都谈到了这种心理对其走上腐败道路的影响。安徽省原副省长倪某某就认为是自己的攀比心理、享乐主义心态不断滋长，最终导致心理防线彻底崩溃；南京市原市长季某某的回答则更是"精彩"，他说之所以会走上腐败的犯罪之路，一个重要的原因就在于看到那些行贿者过着如此奢华的生活自己心里不平衡；原贵州省委常委、遵义市委书记廖某某深刻剖析了自己攀比心理背后的深层次原因，那就是市场经济对人们道德的巨大冲击，导致内心难以平静。[①] 落马官员们的悔过陈述从一个侧面也在警示官员，要厘清一个最基本的价值坐标，那就是"选择从政就不要在从政中发财，选择发财就去合法发财"。

3. 侥幸心理

心理学研究表明，侥幸心理属于人的本能意识范畴。但侥幸心理并非显意识，而是潜意识，只有当人无法自控时，潜意识才会支配人的行为。犯罪心理学研究表明，权力主体在作案前，常常是心理斗争最激烈的时期，既想"伸手"满足个人私欲，又恐"被捉"而身败名裂。在腐败行为的发生过程中，贪腐行为主体往往心存贪腐行为不会被发现，或者认为即便被发现也可以通过"公关"得以解决的侥幸。在侥幸心理的驱使下，畏惧心理逐渐减弱，贪腐欲望逐渐增强，腐败心理滋生蔓延。"侥幸心理"的行为表象，体现了不良作风的顽固性、反复性：从私用公车到公款吃喝，各地违反中央八项规定精神的现象仍然存在。

4. 法不责众心理

法不责众的基本逻辑是：如果大量腐败分子得不到及时惩处，就会导致更多的人铤而走险，因为腐败慢慢成了集体行为，而法律往往不会惩处所有的人。针对这样的心理状态，反腐败必须从高压震慑、零容忍，发现一起惩处一起，广度上全覆盖，力度上不松懈。反腐败指标上不封顶，不要以为已经处理了一批高级领导干部就该收一收了，反腐败斗争没有完成时、没有铁帽子王，打击团团伙伙、腐败窝案没有休止符。

5. "臭豆腐心理"

有一些公职人员，说到别人的腐败行为时，深恶痛绝；但一旦自己有徇私舞弊的机会，又会不假思索投身腐败，纵容自己。这也是所谓的"臭豆腐心理"。其本质是双重标准或者不讲标准，明明是恶的行为，到了自己身上，就成了"善"。在这些人眼里，不折不扣的腐败俨然成了"臭豆腐"，闻起来臭，吃起来香。

6. 从众心理

也就是"随大流"，是人的普遍心理状态，当人的行为与环境一致时，会获

---

① 资料来源：根据中纪委网站相关资料整理。

得更多的安全感；反之，则会感受到一种无形的压力，进而自觉或不自觉地改变自己的行为，适应环境。人的个性会随着在群体的适应而不断消失，最终群体的意识成了主导。从众心理会对某些不良社会现象起到"催化剂"的作用，当前有些腐败现象在相当大程度上就是由团体压力所引发的从众心理造成的。从众心理进一步发展就会变成趋同心理，即对腐败表现为趋向和认同，由此引发团体窝案、串案。

7. 合理化心理

合理化，又被称为文饰作用，是一种常见的心理防御机制，意思是说，当人们无法满足自己的诉求时，会有意识或无意识地找各种有利于自己的理由来为自己辩解，将面临的窘迫处境加以文饰，以隐瞒自己的真实动机或愿望，以获得合理化或合法化的论证，从而为自己进行解脱的一种心理防御机制。腐败无疑是一种恶的行为，但时常有一种声音试图为腐败行为开脱。有的认为腐败是经济增长的"润滑剂"，有的认为腐败会减少社会摩擦，也有一些人尝试用功过相抵来为腐败分子求情。这些实际上就是合理化心理的表现，这种心理机制为贪腐行为的发生提供了心理上的支撑。

8. 过期作废心理

"有权不用，过期作废"是不少公职人员时常伴随的一种心理状态。这种心理会误导人们充分利用自己在位掌权时大搞权钱交易，因为一旦失去位置，再想捞一把就再无机会。2014年中国社科院发布的《法治蓝皮书》曾经披露的官场"59岁现象"就是这一心理的典型写照，据称有些领导干部在即将退休之际，往往加大了贪污受贿的力度，有统计表明51~60岁年龄段人数曾占被查处的腐败分子总数的53.7%。

9. 低成本风险心理

所谓低成本风险心理是指贪腐人员的腐败所得比起对他们贪腐行为的惩罚力度要小得多，也就是说，腐败的成本和收益相比，成本小得多。例如，贪污或受贿几百万，并不会判处死刑，还能够造福子孙，可能几年之后还会被保释出狱。低成本风险心理的产生，主要源于对腐败行为的惩处力度不够。目前因为腐败问题处以极刑的先例少之又少，也导致一些人认为腐败比较"划算"，甚至导致社会上产生了"崇腐""尚腐""羡腐"的风气。

三、建立健全覆盖全社会的纪检举报平台

建设覆盖纪检监察系统的检举举报平台，是党的十九大提出的重要任务，也是我国当前深化纪检监察体制改革、取得反腐败斗争压倒性胜利的需要，特别是

建构不敢腐惩戒机制的需要，只有人民群众擦亮眼睛、举报有门顺畅，腐败分子就不敢肆意妄为。

（一）建设覆盖纪检监察系统检举举报平台的理论应然性

首先，建设检举举报平台是实现权力监督与制约的实然要求。马克思和恩格斯非常注重群众对国家权力运行的监督，在总结巴黎公社运动时高度赞扬了公社采取的清除国家等级制度，认为那些由人民选出来的政府勤务员只有在社会公众的监督下，才没有可能变公仆为主人。① 在列宁看来，人民群众才是真正的监督主体，而不是司法机关或检察机关等权力部门，这不仅是由社会主义国家是由人民当家作主的性质决定的，而且是由人民群众对监督工作的有效性所决定的。毛泽东"让人民起来监督政府"的监督思想与马克思列宁主义的民主监督理论一脉相承，即都认为在实现无产阶级专政的条件下，必须保证劳动人民对国家政治权力运行的监督权，也只有通过自下而上的人民群众对国家公权力的监督，人民的利益才能得到根本保证。

其次，建设检举举报平台是保障公民行使政治权利的必然要求。卢梭用"社会契约"来形容公民和国家的关系，全体公民是他们所组成的国家的主权者，政府"仅仅是主权者的官吏，是以主权者的名义在行使着主权者所托付给他们的权力"②。举报作为一种与社会公共利益密切相关的权利，因举报的成本和举报所带来的风险使得不少公民更倾向于放弃行使举报权。建设检举举报平台，改善检举举报环境，从制度保护、激励等多方面促进群众自觉监督国家公共事务，无疑给公民的权利行使增加了砝码。

最后，建设检举举报平台是"公私合作"治理的必然要求。从公共管理学角度看，公私合作或公私协力泛指所有公部门和私部门共同处理事务的情形，公私合作行为可以运用在政府执行行政任务的多个领域中，"涵盖了国家的任务责任与私人的任务执行之间融合的多种可选方式，创造了给付行政或者服务行政的多种形式，为服务保障行政或者担保给付行政的发展开辟了道路"③。在信息化时代，行政机关实际上只是出于规范信息的优势地位，而越来越多的信息掌握在媒体或社会公众手中。检举举报作为一种公私合作的新型表现方式，既不会损害行政机关的行政权，也有助于行政机关发动更多社会力量发现更多腐败线索，大大降低腐败黑数。

---

① 《马克思恩格斯选集》第三卷，人民出版社 1995 年版，第 96 页。
② ［法］卢梭著，何兆武译：《社会契约论》，商务印书馆 1997 年版，第 23～77 页。
③ ［德］汉斯·J. 沃尔夫著，高家伟译：《行政法》第 3 卷，商务印书馆 2007 年版，第 371～453 页。

（二）建设覆盖纪检监察系统检举举报平台的实践当然性

通过对检举举报信息及时系统地梳理和筛查，查找问题、发现线索，抓早抓小、防微杜渐，老虎苍蝇一起打，腐败分子无处遁形。

首先，建设检举举报平台是提升纪检监察工作整体成效的当然要求。我党历来重视群众举报工作，在各级政府和党政机关设立专门机构——信访部门受理人民群众举报，倾听人民群众意见，接受人民群众监督。党的十八大以来，随着党风廉政建设和反腐败斗争的持续深入，习近平总书记强调，各级党委、政府和领导干部要切实依法及时就地解决群众合理诉求，注重源头预防，夯实基层基础，加强法治建设，健全化解机制，不断增强工作的前瞻性、系统性、针对性，真正把解决信访问题的过程作为践行党的群众路线、做好群众工作的过程。① 这些都对建设新时代检举举报平台提出了迫切要求。

其次，建设检举举报平台是建设廉洁政治的当然要求。建设覆盖纪检监察系统的检举举报平台有助于检举举报工作更科学化、规范化，使反腐工作更具有目的性和针对性。国家监察委员会的设立，实现了对所有公职人员监督的全覆盖，特别是消除了非党公职人员的监督盲区，建立起所有公职人员"全心全意为人民服务"的自我监督，与纪检监察的"外部监督"协同建设廉洁政治的有效机制。此外，纪检监察干部身处反腐败斗争的第一线，纪检监察系统内部也存在着顶风违纪违法问题，要严防"灯下黑"。检举举报平台的建设使纪检监察的各项举措如虎添翼，成为建设廉洁政治的强大动力。

最后，建设检举举报平台是充分利用信息技术反腐败的当然要求。纪检监察机关利用新媒体技术搭建纪检举报平台，收集腐败线索并及时给予回应，鼓励更多公民揭发腐败行为。2016 年中央纪委监察部主动适应网络新媒体发展趋势，推出举报曝光专区、"四风"监督哨等栏目，集中通报"四风"问题 1 892 起、2 662 人。各级政府部门相继开通政务微博，畅通举报途径，劳民伤财的"信访"逐渐被新媒体新技术取代。越来越多的政府部门利用微博建立公众监督举报平台，官微之间的联动和协调合作能力也逐渐增强。除官方网络举报平台以外，个人也可以利用新媒体技术通过网站、微博、微信、QQ、跟帖等方式举报腐败行径、揭露腐败现象，"舆论监督"突破了传统媒体的堡垒，人民真正成为监督的主力军。

---

① 中共中央文献研究室：《习近平关于社会主义社会建设论述摘编》，中央文献出版社 2017 年版，第 163 页。

（三）发挥检举举报的监督功能

举报权是公民所享有的一项宪法性权利，我国《宪法》第四十一条规定了中华人民共和国的公民都有权对国家机关和国家工作人员提出批评和建议；也有权就国家机关及其工作人员存在的违法失职行为向有关国家机关进行举报。除了《宪法》以外，我国《刑事诉讼法》中也对公安机关、检察机关等对举报人的保护、保密做出了相应规定。然而这些规定都较为笼统、分散，看似法规众多却容易造成实践中的无法可依，既不利于举报受理工作的全面展开，也大大降低了群众的检举举报热情和信心。因此，现阶段应当对各法律法规中关于检举举报的相关规定进行整合，提高举报制度的立法层级，完善立法体系。一方面，需要制定出一部"举报法"，该法律作为检举举报的核心法，应当对受理举报机构、范围、原则、程序等做出具体明确的规定，为群众举报提供一个更加良好的法律保护环境，实现群众监督的法制化管理；另一方面，要加强对网络反腐的制度建设，由于检举举报平台建设与网络反腐息息相关，传统规范检举举报的法律法规并不完全适用于网络反腐，因此应当尽快建立健全相关法律法规。

纪检监察系统内部的各项工作机制是否完善影响着检举举报平台能否顺利运转，因此要根据纪检监察举报工作的客观规律和实际流程，建立有效的工作机制，并且狠抓落实。第一，要科学开展检举举报信息的审查工作。对举报信息的甄别和审查是举报工作的首要任务，只有审查工作做好了，才能确保接下来的案件侦查得以顺利进行。这就要求健全相关工作机制，加快检举举报平台对于举报信息的处理速度，一方面减少举报信息的堆积，另一方面保障移交线索的质量。第二，要健全岗位责任体系，切实加强领导干部对重要岗位和关键环节的监督。[1]各级领导干部作为检举举报工作的重要协调者，要确保对重要的举报线索给予必要的关注和重视，在向上级机关报送重要信息的时候，绝不能报喜不报忧，更不能限制、打击报复职能部门反映的真实情况，对于一些失职行为要落实责任到人制度。第三，要建立定期分析举报信息机制，对一定时期的举报情况进行定性、定量、对比等统计分析，或是重点针对一些典型案例进行特点、原因、对策分析等，全面及时地掌握平台的信息动态。最后，要建立科学合理的人员考评机制，根据纪检监察举报工作的实际情况设立考评项目，定期对业务能力突出的工作人员予以嘉奖。

检举举报平台建设是一个长期、庞大的工程，不仅需要有政策、制度上的保障，更需要国家及社会各界为其提供的人力、物力和财力。国家的制度和相关部

---

① 徐玉生、徐莴：《中国反腐败与执政党建设研究》，中国社会科学出版社 2017 年版，第 16 页。

门的政策支持仅仅为检举举报平台建设顺利开展提供了法律依据,更多的需要一定的物质基础和技术保障作为支撑。因此,必要的人力、物力、财力投入是其能得以长久发展的必备条件。我国要进一步加大平台的多样化建设,均衡地区、级别和各方面工作的开展,不仅要确保平台确实开通,还要保证平台能够有效、常态化运行。针对平台运行不畅,应着力于提升平台运行的稳定性,要做到平台全天候可以顺畅登陆,并提高平台应对网络攻击、网络病毒和系统故障等防御风险的能力,构筑安全、便捷、高效的公开平台。

第九章

OS 协同构建不能腐防范机制

在 CSO 体系中，廉政制度与廉政组织协同建构起不能腐的防范机制。廉政组织（O）对反腐败具有教育、监督、阻断和惩处的功能，廉政制度（S）对于反腐败具有指引、规范和评价的功能。OS 协同挤压腐败空间，使权力在阳光下运行，腐败行径就暴露在众目睽睽之下，从而阻断权力货币化的循环，打破腐败的发生机制，消解腐败的动力源。

第一节 OS 协同机理

制度是人的产物，不是与生俱来的，也不是自然界的自在物。在文明社会中，廉政制度需要权力机关经过一定的程序来制定，而且也必须经由廉政组织的执行，廉政制度才能发挥其反腐败的功能。廉政组织也必须在一定的制度环境中运行，运用廉政制度对监督对象是否发生腐败行为进行评价和处置。

一、组织与制度协同的必要性

廉政组织是各项反腐败措施的执行主体，是提高制度执行力、避免各项制度"墙上挂挂"的关键所在。廉政制度需要廉政组织来建立健全和加以运用，廉政组织是廉政制度的制定者、完善者；廉政组织自身的运行需要相应的制度保证，廉政制度规范着廉政组织的权力边界和正常运行。

（一）制度需要组织的协同

1. 制度的建立健全需要组织

建立健全廉政制度的组织一般又称为廉政建设主体。就世界范围看，当今世界廉政建设的主体包括立法机构、司法机构、政党、审计机关等。相应地，建立健全廉政制度的组织也包括以上几种类型。

从立法机构看，在西方资本主义国家，议会一般是最高层次的国家权力机关，它具有立法权，可以制定修改涉及政府及其工作人员廉政方面的法律；还可以通过质询权、弹劾权、重要领导职务任免权、重大决策权以及议会设置的专门监督机构发挥监督政府、促进廉政建设的功能。

从司法检察机构看，许多国家的司法机构负有对违法官员进行调查、取证，直至公诉的职权。从监察机关看，包括议会监察机关和行政监察机关。自 1809 年瑞典设立第一个议会监察专员公署至今，世界上已有 70 多个国家建立了监察制度。20 世纪 80 年代以来，许多国家的监察机关在监督国家公务员依法行政和反腐败斗争中已发挥了重要作用。[1]

从政党方面看，"包括执政党在内的支持性政党和政府的关系发生在以下三个方面：人事任命、政策制定和隐蔽性公共资源分配。"[2] 当政党通过公开或隐蔽的方式使政策制定对政府发挥影响时，就在一定程度上体现了对其政府任命官员的监督，发挥着廉政建设的功能。

从审计机关看，世界大部分国家和地区都建立了审计监督制度。审计机关是公正客观的财政监察甚至问责机构。各国审计机关的主要工作包括财政审计、效能审计、专项审计。

在我国，制定廉政制度者主要涉及政党以及立法、司法、政府部门。其中，中国共产党和人大在廉政制度建设上最为重要，一方面是因为中国共产党是唯一执政党，执政党通过一系列党内法规加强党员干部廉政建设；另一方面是因为人大作为立法机构承担制定系统地惩治贪腐法规体系的职责。

廉政制度的建立健全离不开廉政组织的协同：一方面，廉政组织是廉政制度的制定者。廉政组织作为以廉政建设为重要职责的组织，理所当然，制定廉政制度是其重要职责。廉政组织制定廉政制度具有职责对口、工作熟稔的优势，能够一定程度地避免个人有限的智慧和理性，同时能够制定或参与制定廉政制度的组织都是涉及公共权力的部门，因此制定的廉政制度具有强制性和权威性，更能够

---

[1] 于涛：《我国十大行业职务犯罪防控理论与实践》，中国检察出版社 2008 年版，第 35 页。

[2] 倪邦文、石国亮、刘晶：《国外廉政建设制度与操作》，中国言实出版社 2013 年版，第 23 页。

为廉政对象所接受。另一方面，廉政组织是廉政制度的健全者。根据马克思主义认识论的观点分析，现有的廉政制度是基于对廉政实践的当前认识、对廉政建设规律的把握以及对未来廉政实践预见的认识而制定的，而廉政建设是随着客观形势的发展变化而不断发展变化的，并且作为廉政建设对象的权力主体也在极力挖空心思寻求制度漏洞，甚至是不计个人风险地直接突破制度寻求和满足个人私利，这就要求廉政组织从实际出发不断健全廉政制度，及时调整自己的行动，选择最佳行为方式遏制腐败。

2. 制度的生命力在于组织的有效执行

"再好的制度如果人不去执行，制度就形同虚设。因此，制度只有执行起来才能起到制度的规范和引导作用，只有提升制度执行力才能使我们的治理能力有所展示。"① 制度的制定和执行本属于一个不可分割、前后相续的命题，两者相辅相成，不可偏废。不制定制度，执行就没有依据；没有执行力，制定的制度就没有生命力，就失去了存在价值。反腐倡廉工作的成效不仅取决于制度的制定，更取决于制度的执行。廉政组织不仅要在制定和健全廉政制度方面有所作为，更要坚决有效地执行廉政制度。就世界范围看，各国廉政组织运用廉政制度主要具有以下情形：

一是专门组织与非专门组织的结合。反腐败是一项系统工程，单凭一个机构难以完成，纵观世界各国的廉政建设机构设置和运行无不是靠多个组织间的协同合作。近年来，伴随腐败问题的复杂化以及腐败问题的隐蔽化，各国在逐步建立专业化、适应新特点的反腐败机构，或者是在权力机构内建立相应的反腐败部门，并通过多机构、多部门的合作及其对廉政制度的运用实现有效治理腐败。

二是上下监督与水平监督的结合。在传统的层级性监督中，上级对下级的监督仍然在监督中发挥着重要作用。例如，行政首长对下属的监督、上级行政组织对下级组织的监督、中央专门监督机构对地方各级行政机构的监督。另外，多元主体间的水平监督和问责也成为国家廉政建设体系的重要组成部分，水平的行政机关、独立设置的监督机构、审计机关等对同级权力运行主体通过运用廉政制度形成监督。同级水平监督与上下垂直监督的结合能够更好地惩治和预防腐败。

三是内部监督与外部监督的结合。内外部监督有两种理解，一种是以行政系统为参照系，行政系统内的监督机构与行政系统外的监督机构运用廉政制度相互结合开展监督；另一种以国家机器为参照系，国家机器内的立法、司法、行政等部门通过廉政制度监督权力主体并与其他监督相结合。

四是预防腐败与惩处腐败的结合。惩治和预防是反腐败的两个重要方面，各

① 李拓：《制度执行力是治理现代化的关键》，载于《国家行政学院学报》2014 年第 6 期，第 91～95 页。

建构立体形式反腐败体系研究

国从机构设置和制度设计上进行了结合。一方面，一些国家突破了单一机构设置，实行了预防与惩治分设的反腐败机构。另一方面，建立了相应的制度设计，例如，在预防上实行官员公开选拔制度、官员财产公开制度等；在惩治上有相应惩治法律以及严格的连坐制度、引咎辞职制度等，通过相应组织实行相应的制度来有效发挥遏制腐败的功能。

（二）组织需要制度协同

1. 廉政组织的合法性需要制度保证

组织合法性概念是 20 世纪 60 年代帕森斯（Parsons）在研究制度经济学时提出的，而其思想源头同政治合法性一样可追溯到古希腊的哲学思维。

我国有学者认为："组织合法性是权威结构的被承认、支持和服从。'承认、支持和服从'来自两个显然不同的领域：一个是组织内的组织成员对组织权威结构的承认、支持和服从；另一个是组织外的社会成员对组织权威结构的承认、支持和服从。"[①] 不同的研究者往往根据自己的研究需要对合法性进行划分，所以对合法性的构成维度并没有统一的标准。美国学者斯科特将组织合法性分为规制合法性、规范合法性和认知合法性。规制合法性是指组织行为须与社会规制相一致，否则将受到惩罚和制裁；组织可以通过遵纪守法、遵守规章制度等对法律法规的服从获得社会认可。基于此，廉政组织可以通过规制确立自己的合法性。

2. 廉政组织的有效运行需要制度保障

廉政组织自身的运行需要相应的制度保障。廉政制度规范着廉政组织的权力边界和正常运行。综观各国不同廉政建设主体，组织间并不是相互隔绝、缺乏联系的，而是在反腐败实践中相互协作、共同发力的。同时，为加强廉政建设各国会制定一系列廉政制度，从而形成廉政制度体系。这些制度对权力主体的行为做出明确的、具体的规定，是廉政组织用以检查被检查对象是否发生腐败行为的依凭和量尺。没有健全的廉政制度体系，廉政组织要么随性而为甚至肆意妄为；要么无所事事，任由腐败泛滥而不能为。

廉政组织也在制定执行制度中得到社会认可。廉政组织是否坚决执行廉政制度、是否严格遵循廉政制度对于社会的认可具有直接重要的影响。不执行制度或在执行制度上打折扣、不严格执行，必然导致腐败现象严重，由此带来的是人民对政府的不满，廉政组织也会饱受指责和质疑。如果能够制定科学合理的制度并严格执行制度，随之而来的风清气正、廉洁政府，老百姓交口称赞、普遍认同，

---

① 赵孟营：《组织合法性：在组织理性与事实的社会组织之间》，载于《北京师范大学学报》（社会科学版）2005 年第 2 期，第 119～125 页。

政府合法性和廉政组织合法性就会大大提升，这也有助于进一步做好廉政工作。以党的十八大以来我国反腐倡廉建设为例，党中央不断加强反腐败体制机制创新，坚持以零容忍态度惩治腐败，取得了人民的信任。

3. 廉政组织的行为受廉政制度规制

廉政组织的行为当然与社会规制相一致。各国都具有自己的宪法。宪法是一个国家的根本大法，它规定了社会制度、国家制度的原则和国家政权的组织以及公民的基本权利义务等内容。一个国家社会制度、国家制度的原则和国家政权的组织都按宪法的规定运行实施。根据宪法，国家制度和国家政权组织又有具体实施的原则和制度。这里包括廉政组织和廉政制度以及与之相关的法律。毫无疑问，这些原则和制度不能与宪法相抵触。当然，宪法也是社会规制的根本依据和基本遵循。而具体的廉政组织和廉政制度也是建立在一国的现实国情、历史文化、社会发展、政治制度基础上的，广义上讲，它是一国社会规制的重要内容，理所当然要与社会规制相一致。廉政制度之中包含规范廉政组织自身运行的制度，因为作为监督者也需要接受监督。制定廉政制度执行主体的运行规范是为了制约和监督监督者，防止"灯下黑"现象，使得廉政组织的运行具备制度保证。

二、组织与制度协同的效能

通过健全的廉政制度体系挤压腐败空间，对权力运行进行监督和控制，把权力涂上防腐剂。同时，发挥廉政组织的反腐功能，对权力主体和权力的运行进行全方位透视，及时发现和纠正权力主体偏离制度轨道失当行为。因此，可以通过廉政制度和廉政组织的协同，建构不能腐的防范机制，如图9-1所示。

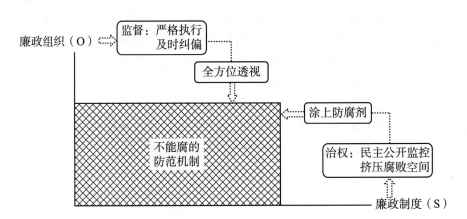

图9-1　不能腐的防范机制剖面

注：同图4-9（c）。

（一）挤压腐败空间把权力涂上防腐剂

"腐败的基本成因是公共权力没有得到有效的制约，掌握权力者用社会赋予他们的权力谋取私利。"[1]。廉政组织与廉政制度通过协同审视和发现来实现监督功能，廉政组织利用廉政制度监督权力的运行，当发现权力的运行偏离了正常轨道，未能正常行驶时，廉政组织会按照组织原则和相应制度规定对发现问题进行分析，从而挤压腐败空间[2]，把权力涂上防腐剂，防止权力主体滥用权力，遏制腐败的发生。

1. 健全信息交互挤压"信息空间"

建立健全权力运行的信息交互机制，打破掌权者把持的信息壁垒，消解信息链上的"结构洞"，使一切有关使用与操作公共资源的详细情况与执行程序能够公开、完全地为公众或控权者知晓，实现相关信息的自由流动和透明化，解决信息不对称导致的信息障碍，从而挤压滋生腐败的"信息空间"，使得掌权者在合乎规则的前提下用权，权力在合法的轨道上运行，刻意隐藏腐败的意图只能赤裸裸地暴露于阳光之下。

健全信息交互机制需要构建廉政风险点监控的反腐制度体系：（1）构建廉政评估指标体系（IAIS）。查找权力运行风险点、构建廉政评估指标体系，通过廉情分析预测反腐趋势，利用监测预警信息收集和分析的结果对反腐败措施及时进行调整和完善。（2）构建统一的权力监控信息平台。以科技手段为支撑，以制度建设为保证，完善权力运行监控机制，把电子监察、风险预警等科技手段融入廉政风险防控、规范权力运行的制度设计和管理流程。（3）构建发挥惩防工程综合效能的保障机制。以科技创新平台为技术支撑，构建立体模式惩防体系，带动惩防工程建设整体推进，开辟群众诉求通道，突出促廉惠民，拓宽了社会监督面。（4）构建权力监控的整合机制。构建权力运行全过程的完整监控链条，优化权力运行流程，固化权力运行程序，同时通过建立教育引导，完善制度制约，健全监督检查，案件查处，效能考核等机制，充分发挥惩防工程综合效能，不断提高有效预防腐败的能力。

2. 提高腐败成本挤压"交易空间"

廉政组织对于腐败行为应施以多方位的处罚来提升腐败成本，压缩腐败收益与腐败成本之间的利润空间，当腐败主体无法通过腐败活动获得利润时，经济理性将会自动挤压"交易空间"。而且采取有效措施提高案发率，不仅对已经发生

---

[1] 王沪宁：《中国抑制腐败的体制选择》，载于《政治学研究》1995 年第 1 期，第 7～15 页。

[2] 关于"腐败空间"的探讨参见第七章第二节。

的腐败行为进行严厉的处罚，对那些准备谋划中未发生的可能腐败也带来震慑，在腐败活动的发生成本日益攀高、腐败收益日益缩减的前提下，腐败活动的预期利润不断减少进而使腐败的生存空间不断萎缩，腐败的"交易空间"被逐步挤压直至最终消除。

3. 规范权力运行挤压"情感空间"

腐败的"情感空间"借助关系理性的人情法则和情感互动，将私人目的掩藏在社会关系结构内部并在人际互动中不断散播，使得交互双方达成互惠，进而在反复交易的基础上巩固情感关系，最终实现腐败收益的持续增长。要从根本上破除以关系理性为核心的"情感空间"，必须从完善法律规则、加强法律条款的执行力度等多方面来提升法制规则对于掌权者的约束，以法治的理性精神来对抗人情法则；提倡现代公共精神，通过强化制度刚性来制约基于人情法则的社会关系结构的不良影响，减弱关系理性对掌权者行为的负面影响，确保公共权力的运行按照合理的程序开展，杜绝掌权者在互动中萌发对于彼此以私人身份而存在的情感注入，切断社会成员通过长期的工作或生活上的互动形成个体之间的情感联结；最终消除社会关系的人情法则对掌权者处置公共资源的影响，黏合在社会关系结构上进行生长的情感空间被破坏，从而挤压以关系理性搭建的"交易空间"。

4. 消除潜规则挤压"亚文化空间"

强化社会普遍道德秩序的唯一合法性，对以微型社会秩序为合法性基础的"亚文化空间"进行挤压。社会普遍的道德秩序是为社会成员普遍承认与遵从的准则，其合法性植根于社会成员的普遍利益，也是社会成员之间各种利益经过长期博弈、互动从而逐渐形成的最终结果。腐败空间的微型社会秩序构成的"亚文化空间"颠覆了以社会普遍利益为基础的构建原则，它以腐败空间自身为界，追求一种只为少数存在于腐败空间活动的个体所享有的异化利益。

廉政组织借助在全社会范围内广泛开展对腐败现象的整治，禁止公共资源处置中以潜规则来替代正式规则和程序，激发社会成员对腐败现象的清醒认识，不断强化政府对腐败现象的否定性并引领社会对此形成一致性的认知，尤其是对于腐败现象自身依据特殊利益所形成的一套逻辑坚决地予以抨击，消解微型社会秩序的合法性基础，扩大社会普遍秩序的唯一合法性认同，从根本上破除腐败现象所要构建的合法性假象，从而挤压依靠微型社会秩序支撑的"亚文化空间"。

总之，廉政组织可以通过廉政制度影响权力主体产生行为前预期引导行为主体从事相关的准备工作，以更好保障权力顺畅运行，并防止权力不当使用。以中国共产党巡视制度为例，中国共产党在巡视过程中发现早期性、苗头性问题，表明一些领导干部在用权过程中已经出现问题，但并未造成严重后果，纪委监委可以通过诚勉谈话等方式"治病救人"，使其走向用权的正确轨道，这既能挽救一名干部，也有助于规范其用权。这既表现在廉政组织可以通过制定相应制度，也可以通过执行宣传相应制度影响行为主体行为前预期。例如，新加坡公务员日记制度，公务员日记定期由主管领导审核，并接受反贪污调查局监督，使得公务员不敢贪污腐败、不敢虚假记录。又如，中央巡视组依据巡视制度开展的巡视，使得被巡视对象产生行为前预期，忌惮被发现问题，不敢轻举妄动、滥用公权。

（二）对权力行动进行全方位透视

廉政组织强化制度的执行力，对权力运行进行全方位透视，及时发现权力偏离轨道的可能并采取对应措施，充分发挥其阻断功能纠正权力的非正常使用，使其回归正常轨道上来，斩断权力货币化的循环，筑牢权力主体"不能腐"的防范机制。例如，新加坡严禁公务人员社会兼职，不得向下属借款，政府官员不得购买与本单位有业务关系的公司的股票，购买国营和外资股票须经本单位长官批准等。

1. 常态化治理下提升执行力

提升廉政组织执行力的常态化机制，就是要在有效的组织架构设计下，打造一支使命感强、自身素质高、廉洁自律的专业化反腐败队伍。廉政组织肩负的反腐败使命，是维护社会公平正义的事业。反腐败是治愈社会政治生态艰巨而光荣的工作，作为廉政组织中一员，实际上是社会政治生态的"清道夫"。廉政组织可以从营造组织自身的文化和意识着手，强化反腐败之于社会重要意义的认识，牢固树立打击腐败的信念和决心，从而增强反腐败的使命感。

廉政组织成员自身的素质是完成反腐败使命的前提。廉政组织成员素质包括政治素质、文化素质以及专业素质。政治素质体现在廉政人员对腐败行为的敏锐性和坚定性；文化素质是廉政人员的科学文化知识；专业素质是廉政人员掌握的调查、询问、审计等某一或几个方面的专业能力。廉政组织成员的廉洁自律一方面需要通过教育来实现，从自身开始推进廉政教育，培养社会的正义感和正直性；另一方面需要建立健全监督机制，提升监督"刚性"。如可以采取日常检查与专项检查相结合、定期检查与临时抽查相结合等方式，并充分发挥社会的监督力量，让社会监督得到充分的落实，设立举报热线、信箱等，对执行人员执行不力的现象进行揭发和检举，成为真正的监督"刚性"有机组成部分。

从中国反腐败的实践经验来看，提升执行力的常态化机制的主要举措有：（1）顶层设计、严密布局。我国自党的十八大以来，坚持问题导向，递进展开，从治理"四风"到强力惩治腐败，从群众路线教育实践活动到"三严三实"再到"两学一做"，环环相扣，节节推进，前一环节贯穿后面所有环节，后一环节都是前面环节的巩固和深化，既坚持了整风精神和从严治党的一贯方针，又体现了明晰思路和严密布局。（2）持之以恒、驰而不息。党的十八大以来反腐败斗争经历了从集中发力到长期坚持，从突击战到持久战，从首先形成"不敢"的震慑效果到建设廉洁生态，努力形成"不能""不想"长效机制的发展过程。（3）重典治乱、猛药去疴。在思想建设上继承和发扬了马克思主义政党的教化功能，组织建设上严肃党内政治生活，整顿软弱涣散的基层党组织，营造风清气正的政治生态，把权力关进制度的笼子，从单项整治到综合治理、形成反腐败严抓严管的体系。（4）多年来始终保持治标"力度不减，节奏不变、尺度不松"，努力遏制"四风"蔓延的势头。另外，坚持制度化治本，依法依纪治党。中央2013～2017年出台或修订党内法规50多部，超过现行中央党内法规的1/3。将法治理念引入管党治党实践，这是对传统的运动治党、权力反腐的一个重大突破①。

2. 集中性整治提升执行力

集中性提升执行力机制就是在某一段时期针对突出的腐败问题进行大规模的集中整治。自党的十八大以来中国共产党领导中国特色反腐败，"治标为治本赢得时间"就是集中性机制的写照。集中性整治反腐败的基本机制是：通过广泛发动、层层动员，能够在短时间内集中人力物力和组织资源解决突出问题；通过组织大范围的集中学习和教育实践活动，统一思想，整顿作风，加强纪律，纯洁组织。具体来说：在组织体系内，沿着"中央号召—层层动员—党员干部带头执行"的路径展开，这是一个自上而下的压力传导机制，一级管一级、一级带一级；在组织体系外，注重发挥党的群众路线的作用，沿着"发现典型案例—总结宣传教训和启示—从点到面全面展开—组织全国性的学习教育活动"的路径展开，这是一个自下而上的动员机制，少数带动多数、先进带动后进，最终全面落实正风肃纪、反腐倡廉的目标。集中整治，俗称"运动式反腐"。运动式反腐采用的组织动员方式并非固定不变，而是在不同历史时期针对具体问题和矛盾的性质特点而发展变化，基本特点是由政权结构的顶层推动、自上而下地开展反腐败斗争。运动式反腐有间歇性的弊端，一阵风过后又恢复旧态。但也有其优势，往往能够在短期内整合执政资源，提升组织执行力，阶段性地解决突出的腐败问题：

（1）全党动员，集中整治，专项治理，打攻坚战。中央把整治"四风"和反对腐败视为"一场输不起的斗争"，体现出了"猛药去疴、重典治乱的决心，以刮骨疗毒、壮士断腕的勇气"和"以踏石留印、抓铁有痕的劲头"，在短期内

---

① 章兴鸣等：《从善管到善治：全面从严治党与治理能力现代化转型》，载于《学海》2017年第3期，第208～213页。

达到了明显的效果。(2) 坚持以点带面，以上率下，层层示范，传导压力。全面从严从"少数关键"抓起，首先要求领导干部特别是高级干部必须自觉增强自律意识、标杆意识、表率意识，带头执行中央规定，处处严要求，发挥示范作用，带领其他党员，从而全面推进，全面落实从严治党要求。(3) 坚持惩治与教化并重的一贯方针。通过对违纪违法人员的惩处，对腐败分子起到了一定的震慑作用，我国纪委监督检查工作程序一般分为案源搜索—调查取证—立案—查处—结案五个步骤。在坚持以零容忍的态度严抓作风建设和反腐败工作的同时，注重惩前毖后、治病救人，通过教育实践活动对党员干部进行思想"补钙"，医治腐蚀先进性和纯洁性的病症，加强党的先进性和纯洁性。[①]

第二节　典型国家不能腐的防范机制解析

清廉国家是透明国际清廉指数前列的国家，如瑞典、芬兰、美国、英国、日本以及新加坡，这些国家政治体制尽管不同，但政治生活普遍清廉。他山之石，可以攻玉。借鉴它们的成功经验建构我国有效的不能腐防范机制是有效路径。

一、典型国家构建不能腐防范机制的主要做法

(一) 瑞典

在"透明国际"的清廉指数排名中，瑞典一直名列前茅。瑞典是君主立宪制国家，国王是作为国家的象征仅履行代表性或礼仪性的职责，不干预议会和政府的任何工作。全国 200 多个部门，大部分都有相应的监督机构和监督制度，实施对本部门的监督，构建起不能腐的防范机制。具体措施有以下几点。

1. 完善的反腐败立法体系

瑞典在建构不能腐的防范机制方面制定了系统的法律体系，很少发生行贿受贿的事情，重大行贿受贿案件更是少见。早在 20 世纪初，瑞典就开始着手制定反腐败法律，注重预防和惩治两种手段的结合治理腐败，在《反行贿受贿法》《行政法》等法律制度中，对政府行政和公务员行为都做了相应规定，政府和公

---

① 章兴鸣等:《从善管到善治: 全面从严治党与治理能力现代化转型》，载于《学海》2017 年第 3 期，第 208～213 页。

务员该做什么、不该做什么，能做什么、不能做什么，这些法律都有涉及。对政府、公司、公务员在行贿受贿方面既有质的界定，也有量的规定。大的节日，公司给合作伙伴、雇主给雇员送礼品，不准超过审计署建议的指数。超过规定的数量，即按行贿受贿论处。

2. 推行权力公开运行

1766 年瑞典议会就确立了信息公开原则。当时瑞典议会通过一项重要条款就是"公开所有非涉密的公共文件"。现在瑞典制定的《保密法》极为详细地列出了哪些信息属于国家机密，哪些信息不属于国家机密，只要不涉及国家机密的，都必须向公众和媒体开放。例如，实行信息公开、官员财产申报制度以及金融实名制度，瑞典公民可以查阅任何官员、企业高层管理人员甚至王室成员纳税及财产情况，可以查阅任何一个政府部门的所有文件及包括财务的相关政务信息。在瑞典，举报人信息得到很好的保护，任何部门或个人都无权调查举报来源。

3. 系统的权力监督体系

瑞典权力监督主要包括议会监督、政府内部监督、审计监督、司法监督和社会舆论监督等几个方面。瑞典议会监督体系中的监察专员制度最受人关注，不仅因为瑞典是议会监察专员制度的先行探索者，而且也因为这一制度目前已在世界多个国家如丹麦、新西兰、英国生根发芽。议会监察专员制度主要监督中央和地方的行政、司法活动，享有调查权、视察权、建议权和起诉权。瑞典还设立了许多行业监察专员，大部分公务员参加了蓝领、白领及高级公务员工会。非官方的反腐败机构参与监督也是瑞典的一大特色，如斯德哥尔摩的反贿赂事务所，这是一个由市商会、商人协会和工业协会联合建立的，负责监督、检举政府机关、公务人员及商人不良行为的非官方廉政组织。

4. 以社会诚信建设营造良好廉政氛围

在瑞典，一个人在任何时期、任何领域违纪违法的不良行为，都会被记录在案。这种记录在就业、晋升时都会有极大的影响。[①] 通过这种诚信体系建设以及由此形成的视诚信为生命的社会氛围，公职人员倍加重视诚信，以致以议会监察专员为主的监督机构对违反相关规定的政府公职人员并不需要诉诸法律，完全可以通过批评、建议的方式"治病救人"。因为，被批评或被建议的部门和个人一旦留下污点，法律上虽然并无明文规定不允许再找工作，但现实中将被社会唾弃。

---

① 郑德涛、欧真志主编：《法制建设与和谐社会治理的完善》，中山大学出版社 2013 年版，第 151 页。

（二）芬兰

芬兰也是"透明国际"清廉指数前三的常客。芬兰是总统共和制国家，议会是国家最高权力机关和立法机关，实行一院制，最高司法机关是最高法院和最高行政法院。最高法院和最高行政法院的院长、法官以及最高检察长均由总统任命。[①] 另设有国家法律监察官，有权出席内阁会议，监督总统、内阁和政府各部门的决定是否符合宪法规定，检察机关是反腐利剑。在芬兰刑法中没有腐败一词，代之的是行贿受贿，也没有制定专门的反腐败法律和设置专门的反腐败机构，腐败被视为刑事犯罪的一种，是政府无能或政治腐化的显现。行贿受贿在芬兰受到的惩罚是以罪行严重程度来进行划分的，从一般性罚款到最高四年监禁，没有死刑。

1. 奉行透明政治

芬兰宪法规定，公众有权利接受合理决定，但政府必须给予一定理由，让公众理解、明白；对于政府部门采取的任何决定公众都有权进行申诉。芬兰总统府并不是戒备森严，门口没有警卫，只有一个秘书负责接待。任何公民都可以同总统应约随时进行平等交谈。议会全体大会及其辩论过程向公众开放，公众不论身份、年龄、国籍等均可自由出入大会现场，随意观摩、记录大会情况。芬兰不允许公民开设匿名账户，税收部门有权了解全国所有账户的情况，公民及其团体每年都要在纳税表上公布，且人们皆可赴税务部门查询。总之，民主、公开、透明的理念渗入芬兰社会生活的方方面面。

2. 有效制约监督权力

在芬兰，议会主要职能是立法、监督政府和财政，政府的采购合同、工程合同须得到议会的批准。议会设立监察专员署，通过弹劾制度和问责制对行政权力进行制约，监督法院、行政机构、公共团体工作人员的奉公守法情况。芬兰行政监察专员公署是芬兰人的又一反腐败法宝，受理任何芬兰公民对于违法违纪官员的举报。芬兰政府的各个机构都设有审查官，尽管级别不高，但职权重要。行政首长在决策过程中，审查官可以对决策提出质疑并展开独立调查。行政首长可以不顾审查官的异议强行通过某项决策，不过，该决策将会因为没有审查官签字而缺乏法律保护。芬兰政府为公民提供了各种机会，任何公民都有权自由地检举和揭发违法的政府官员。

3. 制定完备廉政制度

20 世纪 20 年代芬兰就制定了《公务员刑法》且之后根据情况变化不断加以

[①] 倪星、程宇、揭建明：《芬兰的廉政建设及其对中国的启示》，载于《湖北行政学院学报》2008年第1期，第 22～26 页。

修订和完善，对公务员行贿受贿犯罪的性质和惩处做出了明确规定。《公务员刑法》与后来制定的《审计法》《政府采购法》《工程招投标法》四部法典成为芬兰反腐败的基本法律依据。[①] 芬兰法律规定，任何贿赂犯罪均可成为洗钱的上游犯罪，即便行为人在国外实施的犯罪。芬兰刑事司法系统的突出特点是入罪门槛低，重在定罪，刑罚较为轻缓，强调罚金刑的广泛适用。

4. 严格而具体的公务员管理制度

芬兰对公务员管理十分严格和具体。例如，在公务接待上，政府制定了全国统一的招待标准，每顿饭一律为一菜一汤一饭，除此之外加菜或烟酒的费用通过电脑网络列出清单，点了什么菜、招待了什么人、花了多少钱都一清二楚。不允许计划外的出访，更不允许利用考察的名义出国游玩，对方出钱也不行。除总统外，芬兰整个公务员系统中只有总理、外交部长、内务部长和国防部长4人享有固定的专用公车待遇，且只能在上班时使用。

5. 适当的高薪养廉与符合实际的廉政文化

芬兰是高税收、高福利国家。一般居民生活水平较高，而公职人员的工资福利要更高一些。相对的高薪使得公职人员认识到腐败犯罪代价高昂，贪污腐败就如同偷盗抢劫一样卑鄙肮脏也成为社会共识，送礼会被官员视为对其人格的侮辱。公务员若被证实腐败，不仅会丢官而且还可能入狱。由于芬兰人口不多、社会圈子较小，贪腐者一旦曝光，将背负一生耻辱，私营部门都不愿雇用。

（三）美国

美国并没有设立专门的廉政机构。在国家机器内对政府官员实施监督的主要有政府问责局、联邦检察长、特别检察官、督察长以及巡视官等。构建不能腐防范机制的举措主要有以下几点。

1. 系统的反腐败法律体系

美国以《彭德尔顿法》为基准确立了现代文官制度，摆脱了"政党分赃制"的困扰，一定程度上治理了美国政府腐败及其蔓延；以《政府道德法》为准绳，确立了行政伦理法律体系，成为包括国会议员、法官及其政府工作人员在内的所有公务人员的行为标准；建立了预防和惩治官员腐败三项法律制度：官员财产申报制度、防止利益冲突制度和违法惩罚制度；以《联邦选举法》为核心建立防止选举腐败的法律体系，对竞选财政状况、竞选基金筹集、竞选经费使用等进行了细致而明确的规范，尽量避免政治与金钱交易的可能。

---

① 倪星、程宇、揭建明：《芬兰的廉政建设及其对中国的启示》，载于《湖北行政学院学报》2008年第1期，第22~26页。

2. 建立紧盯"人"的约束机制

美国联邦调查员是独立于行政机构的执法部门，它的调查行动无须向政府做任何请示。"死叮"即英语单词"sting"，就是联邦调查局紧盯某一个公务人员。联邦调查局特工人员可以采取"钓鱼"方式，行贿送礼引诱可能腐败的嫌疑人上钩，录音、录像等可以作为证据。因为美国严禁刑讯逼供，仅靠揭发举报，贪腐者并不畏惧。即使有行贿人做证，也只是一面之词，在美国仅靠举报人的举报是不能给官员立案定罪的，这样贪腐者难以得到应有惩罚，"钓鱼"执法应运而生。

3. 严把公职人员的"入口关"

美国也有"公务员热"，报考公务员的数量庞大，一旦录用就难以淘汰，是事实上的"铁饭碗"，因为涉及公务员处分需要和工会进行沟通协商。美国联邦政府和各州对公务员的选拔任用都非常严格，选拔任用的程序方法与我国招考公务员基本相同，遵循公开、平等竞争、择优的原则。除选举、任命以外的，其他人员都要经过笔试、面试，录用者也有试用期的规定，人事部门对报考者的经历真伪、职业化程度、能力素质、工作态度、离职信息、行为风格等 9 个方面的背景要进行调查，对选准配强人员起到了重要作用。[①]

4. 构建权力制约和监督体系

议会拥有弹劾权和调查权，国会有权对犯叛国罪、贿赂或其他重罪和轻罪的总统、副总统和合众国的所有文职官员进行弹劾[②]，如被弹劾者被判有罪，会被惩罚免除职务和今后不得再担任联邦职务。司法机构具有审判权和审查权，法官地位独立，其职业实行终身制，待遇优厚，法官能够不易受其他部门干扰独立进行审理、审判案件。制定《政府阳光法案》，要求行政机构的会议除特殊情况外，应公开进行。普通公民可以查询政府文件，参加旁听议会的相关会议，举报政府官员违法。非营利组织是美国社会监督政府官员的又一股重要力量，形形色色的以监督政府为己任的非营利组织达 100 多个。

（四）英国

英国实行君主立宪制。在英国，"腐败"是一个广泛的概念，它包括滥用职权、种族歧视等。没有全国统一的反腐败领导协调机构，相关机构条块分割、互不隶属。构建不能腐防范机制的举措有以下几点。

1. 建立反腐法律体系

1889 年英国就颁布了首部反腐败法《公共机构反腐行为法》。2003 年，英国

---

① 宋作勇：《美国廉政建设的经验及启示》，载于《江淮论坛》2011 年第 1 期，第 45~48 页。

② 孙大雄主编：《外国宪法》，知识产权出版社 2014 年版，第 63 页。

政府在综合整理以往各种反腐败法律条文基础上颁布了新的《反腐败法》。2010年又颁布了十分严厉的《反贿赂法》。《反贿赂法》被称为"世界上最严厉的反腐败法",因为几乎所有与"英国"有关联的个人或者公司都在该法案的约束之下。按照该法案,在英国开展业务的公司等组织,一旦被发现与其有关联的任何个人为了该组织获得某种业务或者为了在其业务经营中获得某种优势而支付贿金,那么该组织即构成"商业组织防止贿赂失职罪"。该法案不仅约束在英国注册的公司,也约束在英国"从事业务"的公司,同时覆盖了这些公司在海外的业务活动。

2. 全面的监督体系

一是议会监督。英国下院设立了与政府部委对口的专门委员会,负责对政府相关部门的监督。二是政府内部监督。英国是近代审计制度的发源地,形成了国家与地方、宏观与微观、内部与外部的审计网络。政府内部的监督分为一般性监督和专门机构监督两个方面。三是司法监督。皇家检察院负责受理所有的由英格兰和威尔士警察机关提交的刑事诉讼案。英国的司法机构独立于政府,不受政府管辖。四是监察专员监督。议会行政监察专员监察范围限于中央政府部门和议员,不接收公民直接投诉。公民必须先将投诉递交下院议员,议员认为自己解决不了时转交议会监察专员署处理。地方建有监察专员公署,监察专员受理各地方不良行政引起的申诉,监察范围是地方政府及其官员、地方议会及议员。五是社会舆论监督。公众有权按照合法的程序要求政府公开信息,官员发生腐败将成为媒体追逐焦点。

3. 严格管理公务员队伍

英国不仅建立了近代文官制度,而且对文官实行严格管理。一是官吏分流。即实行"政务官"与"事务官"相分离。政务官随内阁变更而进退,事务官不与内阁共进退。二是精选人才。确定了招收文官一律采取公开平等竞争、择优录取的原则,并明文规定了用人条件(如年龄、学历)和考试程序等。英国的考试工作由文官委员会主持,按照枢密院令行事,直接对国王/女王负责。三是监察考核。英国坚持每年对文官进行一次严格的年度考核,考核影响着每个文官的等级升降和薪金增减,促进了文官勤奋工作、廉政有位。四是自律与他律结合。文官一旦被开除公职,出狱后很难找到工作。政府官员必须定期填写收入申请,申报单由廉政办公室负责审查,且申报单可供公众查阅,逾期不报者,将被司法部起诉。

(五) 日本

日本设立了强大的监察监督机构,并赋予其较大职责和权威,以预防和打击腐败主要有立法机关（如议会）、司法检察机构（如检察厅）、行政监察机关（如监察局）、专门会计组织（如会计检查院）、反腐败协调组织（如政治伦理审查会）等，此外还成立了许多民间反腐败组织。[①] 检察厅特别搜查部，是日本打击贪污腐败案件的专门刑事机构。

日本通过法律方式对公务员的腐败行为进行严格限制，对容易出现腐败行为的领域有详尽的法律法规。例如，公务员在参加饭局时，有义务承担自己用餐的费用，在去企业或下属机构视察时，不能随意接受礼品。日本法律对政治献金的募集、管理和使用都进行了严格规定。

日本实施"行政透明制度"与"阳光法案"，明确了六大类不宜公开的机密信息，其他行政工作信息都必须公开。法律明文规定新闻享有独立自由原则，媒体对腐败行为的曝光促使腐败中止和查处的案例不胜枚举。建立了民间行政观察员制度，对政府行为进行日常性监督。为鼓励全社会监督腐败行为特别是为防止商业贿赂，特别制定了《公益举报人保护法》。

（六）新加坡

长期以来，新加坡排名长期在清廉国家最前列，在亚洲一直名列前茅。新加坡作为能够从独立之初的一个贫穷落后、民生凋敝的蕞尔小国一跃成为位居世界前列的新兴工业化国家，与其政府廉洁高效密不可分。在建构不能腐防范机制方面的举措主要有以下几点。

1. 严谨而规范的法律体系

新加坡建立了一整套严谨而规范的法律体系，立法严密是新加坡反腐败立法的突出特征。新加坡把反腐肃贪的各项工作都纳入了法治范围，反腐败立法周全、规定明确具体。新加坡司法独立保证了法律独立行使，法官依法独立行使裁判权，只服从法律，不服从任何其他权威。

2. 独立而权威的反腐机构

新加坡成立了直接隶属于总理公署的反贪调查局。反贪调查局由局长、副局长和局长助理组成，由总统任命，对总理负责，不受任何其他部门的管辖和制约。其主要任务是调查和处理公共服务部门和政府机构中涉嫌贪污腐败的人员和案件。贪污调查局具有高权威性和高独立性。作为新加坡专门的反贪污执法机构，被国家法律赋予了广泛的职权，可以对所有政府公务员特别是新参加工作的公务员进行相关行为跟踪，暗中监视、跟踪和调查他们的日常活动是否正当、合法，并搜集相关证据。另外，贪污调查局也受外部权力的监督和制约，对腐败犯

---

① 陈松友：《廉政中国》，吉林大学出版社 2014 年版，第 117 页。

罪进行追诉必须经过检察官同意，在行使财产调查权时必须要有检察官的书面命令。贪污调查局在接到民众的举报和投诉时必须迅速回应，正式立案并启动侦查程序之后，必须在48小时内对案件展开调查，一般的贪污贿赂犯罪案必须在3个月之内查证并结案。[①]

3. 严格管理公务员队伍

新加坡公务员有着严格的选拔和录用程序，除了政务官公务员是通过选举产生之外，其他的公务员必须通过考试、平等竞争和择优录用的办法招聘。建立了公务员日记制度，考核日常个人品行，与之相配套，实行主管检查官员与其所辖政府公务员品德考核连坐制，即如果主管检查官员对其所辖政府公务员品行疏于管束或主管官员检查时没能及时发现问题或故意帮助隐瞒问题，一旦被反贪调查局通过其他途径调查核实，则会被与违纪公务员一并处罚。新加坡严禁公务人员收受礼品，除个人私交外，任何政府公务人员均不得收受下级相关企业或个人赠予的任何礼品。严禁公务人员社会兼职，不得向下属借款，不得购买与本单位有业务关系的公司的股票。

4. 加强权力制约监督

所有公务员必须定期申报家庭财产情况，包括银行存款、各类证券等，使公务员的个人财务公开化，处于公众的监督之下，已婚人员必须将其配偶的财产予以申报。个人申报财产后还必须由贪污调查局审查核实[②]。若发现公务员私人财产剧增，又不能说明其合法来源者，将以其不当获利的嫌疑而受到审查追究。新加坡建立了一系列监督机构，主要有反贪污调查局、公共服务委员会、审计署等。

二、典型国家构建不能腐防范机制的经验

综上所述，清廉国家构建不能腐防范机制的主要经验有以下几点。

1. 建立独立权威的廉政组织

《联合国反腐败公约》规定，反腐败机构应有必要的独立性，能免受任何不当影响，有效履行职能。通过上述清廉国家和地区廉政建设主要做法可以看出，上述国家的廉政组织都具有明显独立性。独立权威是反腐败专门机构建设的根本要求，直接关系到反腐败工作的力度与实效。独立指的是反腐机构直接隶属于最高行政首脑、议会或者国家司法部门，具有法律赋予的独立行使职权的权威，能

---

① 新加坡预防腐败法编写组编，王君祥译：《新加坡预防腐败法》，中国方正出版社2013年版。
② 严实编著：《新加坡的廉政与社会管理》，华夏出版社1993年版，第26页。

够避免外部政治压力和不当干预的影响。机构独立、人事独立、经费独立、职权独立是这一独立性的应有内涵。反腐败工作是否能够独立运行，职权独立是关键，机构独立、人事独立和经费独立是重要保障。只有职权独立，反腐败机构才能独立行使职权，公正无私地办案，做到无惧"长官意志"；只有人事独立，才能防止监督者的官帽为被监督者所掌控，因自身职务行为遭受职务影响；只有经费独立，才能保证反腐败机构预算独立、薪金独立，不受金钱所左右；只有机构独立，才能摆脱对被监督者的从属地位或依赖关系。

2. 制定严密具体的反腐败制度法规

内容严密具体、富有操作性、具有针对性是清廉国家制定反腐败法规的鲜明特点。如美国《政府道德法》对换届、官员任命、选举、募捐、游说、经济活动中的各种政府行为以及离职后的行为限制进行了规范。法律条文具体详细，操作性强，从实体制度到程序制度，从机构设置到执法监督，逻辑严谨、环环相扣[1]。又如，瑞典《反行贿受贿法》对政府、公司、公务员在行贿受贿方面既有质的界定，也有量的规定。大的节日，公司给合作伙伴、雇主给雇员送礼品，不准超过审计署建议的指数（一般为 400 瑞典克朗）。超过规定的数量，即按行贿受贿论处。

3. 实行财产申报与阳光政务

从上述清廉国家来看，它们普遍实行财产申报制度。财产申报公开制度的主要特点：一是制度法律化。以法律的形式确定本国的官员财产申报制度。二是主体全面化。申报主体要求非常全面，既包括公职人员也包括其家庭成员。三是内容广泛化。申报内容都比较广泛，一般包括家庭成员所拥有的薪金收入、劳务收入、存款、动产和不动产、有价证券、无形财产权甚至债务等。四是负责机构规范化，对于财产申报的受理机构是专设还是兼理，虽然各国的规定不同，人数也不一样，但都非常规范化。如新加坡是内阁廉政署、美国是政府道德署。五是时限固定化。这些国家对于申报时间有明确规定，时间规定大致有就职申报、定期申报、离职申报三种。六是方式公开化。财产申报只有公开才便于监督，世界各国对申报方式基本上都采取公开的方式。有的采取全公开原则，有的采取的是有限制的公开原则。七是重核查与严追责。对公职人员不履行财产申报义务、不真实申报，这些国家都有相应的严厉制裁措施。八是保障措施到位。公职人员申报财产需要多种配套制度，如金融实名制等，这些国家都建立了比较完善的配套制度。廉洁国家实行政务公开是普遍，不公开是个例，政府信息公开可以在实践中

---

① 沈蓓绯等：《美国联邦政府制度反腐设计中的法律建设》，载于《理论视野》2014 年第 9 期，第 66～69 页。

表现出来，也可以用政策和法律形式表现出来。例如，英国 1994 年生效的《获得政府信息实用守则》，该守则是英国制定《信息自由法》前调整政府信息公开的行政政策。作为瑞典宪法性法律的《出版自由法》对信息自由做了非常详细的规定，宪法确认公众获得政府信息的权利，是政府信息公开法律体系的基础。

4. 良好规范的权力制约监督

通过以上清廉国家建构不能腐防范机制的主要做法可以看出，清廉国家对权力的制约监督机制比较健全。一是以权力制约权力，如美国注重各个权力系统间的相互独立和牵制，这种权力分置与制约有助于监督权力腐败。政府、议会等各部门内部也设置权力监督，如前面提及的瑞典政府部门内部的监察员制度。二是以权利制约权力。这首先要求政府能够公开权力运行，便于群众监督。从清廉国家来看，值得一提的是，保障新闻舆论的监督权利，注重民间社会组织参与反腐，用"第四权力"形容大众传媒的地位和作用。由于媒体具有广泛的社会性和国民性，与行政监督相比较，它通常更有效、更快捷、也更有威力，清廉国家都十分重视舆论力量，纷纷运用这一力量来监督公共权力。清廉国家也很重视民间力量的培育和作用发挥，发挥他们的力量投入反腐。

5. 严格管理权力主体

清廉国家对于权力主体都有严格的监管。一方面表现在严把"入口关"。上述清廉国家的官员一般分为两种即政务官和事务官。政务官是指民选的或随执政党上台而被任命的官员。由于政务官大多是由选民选举出来的，所以理应直接对选民负责。事务官是指职业性的、处理具体事务的公务员。事务官通常在一个系统长期工作，不受执政党变化的影响，且一般不牵涉或加入党派，也就是所谓的"文官中立"。在事务官选拔方面，清廉国家也十分注重把好入口关，挑选素质高、修养好的人才进入公务员队伍，如新加坡、日本的高薪吸引公务员，在公务员考试录用后会给予一定的试用期和相应的考察。另一方面是注重日常管理。如新加坡建立了公务员日记制度，这就保证了有问题早发现、早治疗，做到事前防范。

三、典型国家构建不能腐防范机制的重要启示

1. 改革创新廉政组织并尽可能保障其独立性

曾几何时，我国反腐败机构众多。横向上看，大有九龙治水的局面，难以形成合力，导致反腐败效能不高。2016～2018 年完成国家监察委员会的组建和转隶，切实转变了这一状况。纵向上看，反腐败机构又存在上下隶属关系，而且有时是双重隶属，这就导致处于隶属地位的反腐败机构或部门，缺乏办案的独立自

主性，容易受到上级机构或部门领导意志的影响。因此，可以考虑省级及省级以下纪检监察机构独立出来，变目前的双重领导为垂直领导，下一级为上一级的派出机构，主要领导成员由上级主管部门直接任命，不受同级党政领导节制，从制度上解决"同体监督"的难题。

2. 发挥人民代表大会在反腐败中的作用

国外的议会作为民意机关在反腐败工作中发挥着十分重要且实实在在的作用。我国人民代表大会（以下简称"人大"）虽不同于议会，但作为中国特色的民意机关和最高权力机关，也应在反腐败工作中发挥作用。第一，推进反腐败国家立法，研究修订完善《中华人民共和国监察法》，为反腐败提供法制保障。第二，严把人事任命关，预防腐败。人大的任免权，是宪法和法律赋予人大或其常委会依照法定的权限和程序，对国家权力机关的常设机关或机构和国家行政机关、军事机关、审判机关、检察机关等的组成人员及有关人员的选举、任命和去职的权力。第三，发挥人大监督作用。建立和强化人大常委的责任制；改进人大监督工作方式，把对"人"的监督与对"事"的监督有机结合起来，听取和审议专项工作报告，进行专题监督、深入监督、反复监督，真正实践质询、询问、特定问题调查、撤职案等监督方式。

3. 制定具体和操作性强的反腐败法规

清廉国家对于公务员的行为有着十分具体的规定，而且可操作性很强。我国虽然也有一些防贪、惩贪、治腐的法律制度，但不少属于一般的原则性规定，缺乏可操作性；或属于党的内部文件和约束性规定，缺乏法律所应有的强制性；或属于单纯的部门法，约束力有限；或因各种反腐败规定互不联通，而缺乏整体合力，或在执行时存在着以罚代刑、以党纪代国法以及有法不依、执法不严等问题，这些极大地制约着我国廉政建设。因此，我国现阶段防腐治贪当务之急是要尽快制定出一套能有效整合各种反腐败法律法规且科学、全面、系统、执行有力、可操作性强、涵盖事前预防、事中管理、事后惩治的治腐防贪的法律法规体系。

4. 以发展社会主义民主政治加强廉政建设

通过社会主义选举民主和协商民主发展推进廉政建设。一方面，发挥选举民主的反腐功能。通过实行真正的差额选举，完善候选人的提名、介绍方式，提高和扩大直接选举的层级和范围，人民能够真正监督代表的产生和履责情况，真正让人民一起来监督政府。另一方面，发挥协商民主的防腐功能。基层协商治理的方式之一是纯粹的群众自我式管理，这种管理由基层权力部门、群众自治组织等组织引导，通过群众及其代表就域内或部门涉及自身利益的公共事务、公共决策进行协商讨论并直接做出决定。这种由群众行使权力通过协商讨论直接做出决定的管理方式，真正体现了人民主权，实现了人民当家作主，降低了基层干部权力腐败的可能。另一种方式是间接的群众自我式管理。群众及其代表参与公共事务和公共决策的协商讨论但并不直接做出决定，他们的意见和建议只是作为咨询和参考。显然，这种管理方式中群众的自治性较前者要弱，领导干部仍然掌握着最后决定权，因此存在着公权腐败的可能。尽管如此，但由于群众参与了权力运行过程，因此或多或少地会对权力主体及其权力行使产生一定程度的制约和监督。

5. 健全权力运行与制约监督体系

一是查找廉政风险高发的重点领域、重点岗位、重点人员，深入探讨廉政风险特征、成因、发展趋势及防范路径，建立廉政风险预警防控机制。二是不断完善与利益冲突相关的礼品登记、回避以及离职后从业限制等制度，着力解决领导干部利用职务便利为本人或特定关系人员谋取不正当利益等问题。三是发挥新闻传播媒介的监督。既要杜绝不良传媒新闻媒体的不正规、不道德报道行为，也要赋予其相应的自由和权利去揭露贪腐丑恶现象。四是要推进政务公开。除国家保密项目外，一律公开。五是积极引导群众有效参与到反腐败工作中来，使反腐败工作获得最深厚的群众基础。六是推动领导干部个人重大事项申报和公开制度共同发展。当前，我国已经建立了领导干部个人重大事项申报制度，除了按一定的比例进行抽查外，"逢提必查"，对党员干部起到了很好的监督和约束作用，也取得了一些成功的经验，为建立适合中国国情的"阳光法案"奠定了基础。

6. 建立领导干部不必腐的物质保障机制

强调不能、不敢、不想腐，也要为领导干部提供必要的生活保障，让他们有尊严地工作和生活，使他们不必腐。现在，一些领导干部特别是经济欠发达地区的基层领导干部承担着发展经济的繁重任务，但收入却很低，与他们的付出极不对称。领导干部收入低，在现实面前，特别是在同企业家接触时难免会有心理落差，导致一些领导干部铤而走险以权谋私。我国现在的收入分配制度也有待完善，反映在领导干部身上，一些部门行业没有什么付出却拿着不菲收入，而一些基层领导干部付出辛苦努力却收入微薄。因此，建立科学合理的收入分配机制以及与经济增幅相对应的公务员收入增长机制十分必要。我国很多地方和部门已经建立根据贡献给予公务员相应奖励的规定，但遗憾的是现实中并未严格执行。①

7. 将权力主体与权力运行的监督结合起来

公共权力是把"双刃剑"。就负面效应而言，公共权力的支配性为腐败提供了手段支撑，公共权力的扩张性使得遏制腐败成为与权力共生的任务，公共权力

---

① 刘俊杰等：《全面从严治党背景下构建政商关系新生态探讨》，载于《河南社会科学》2016 年第5 期。

的可交换性使得腐败具有了滋生的温床。所以各国都建立监督权力运行的制度并规范了运用制度的组织。其目的旨在规范权力运行、防范公权私用。而"人"对于权力的合规性运用具有直接和根本的影响。进一步说，对权力制约监督不仅要对权力运行过程进行制约监督，还要对权力的一般运行主体即领导干部进行制约监督。对此，马克思指出"决定了国家必须受社会的监督和制约，决定了社会必须充分利用其公共权力所有者的身份，通过多种途径来监督、制约国家，使国家真正成为为自己服务的工具。而公共权力所有者的社会对国家实行监督和制约，其实质是人民群众对国家及其代理人的监督。"① 作为以马克思主义为指导的社会主义国家，中国共产党也一直强调党的干部是人民公仆，应全心全意为人民服务，接受人民群众监督。

第三节　构建不能腐防范机制

廉政组织通过制定或参与制定廉政制度使得廉政建设有了依凭和抓手，廉政制度通过廉政组织的运用和发展成为鲜活有用的制度，而不再是"墙上挂挂"。针对中国当前反腐败斗争的需要和实际情况，廉政制度与廉政组织协同构建不能腐的防范机制，应着重把"人"管好，不能僭越党纪国法的红线；把"权"管住，使权力在制度的笼子里运行。

一、抓住"关键少数"把"人"管好

"伟大的斗争，宏伟的事业，需要高素质干部。我们要坚持德才兼备、以德为先，坚持五湖四海、任人唯贤，坚持事业为上、公道正派，坚决防止和纠正选人用人上的不正之风，把党和人民需要的好干部精心培养起来、及时发现出来、合理使用起来。"② 搞好中国的事情关键在党，实现党的历史使命关键在"人"。建构不能腐的防范机制，首先在于优化、落实选人用人制度，OS协同抓住"关键少数"，具体措施有以下几点。

1. 树立正确的价值导向

价值是一种关系范畴，它体现的是主体人的需要与客体物满足这种需要之间

---

① 邬思源：《论马克思恩格斯权力监督与制约思想》，载于《求实》2008年第6期，第22~25页。
② 习近平：《在庆祝中国共产党成立95周年大会上的讲话》，载于《人民日报》2016年7月2日。

的关系。价值观是指人们在对周围事物能否满足个人或社会某种需要进行评判时所持的观点。① "价值观和价值体系是决定人们期望、态度和行为的心理基础""价值观的最终点便是理想"。② 因此，价值观是评判客体（包括他人、事件和各种事物）是非善恶的心理倾向体系，并决定自身的欲求、行为和奋斗目标。每个人的价值观都是在家庭和社会的影响下逐渐形成的，实际上是受制于主体——自己习得的世界观和客体——自身得以生存的环境和条件。在同样的客观条件下，不同价值观的人会产生不同的态度和行动。例如，同样面对市场经济和对外开放的考验，有些官员能够不为所动，有些则被糖衣炮弹击倒、成为贪官污吏。如何抵御客体对主体进行价值判断的干扰，关键在于主体的世界观。党员干部有了马克思主义的世界观，有了为人的全面解放而奋斗的使命感和责任感，才有"生命诚可贵，爱情价更高；若为自由故，两者皆可抛"之绝唱，任何的干扰都不能动摇共产党人的价值判断；反之，如果丧失正确的理想信念，"不信马列信鬼神"，必然被客体牵着鼻子走，成为金钱美色和功名利禄的奴隶，最终成为执纪审查、法律制裁的客体。因此，建立正确的世界观和坚定的理想信念，才能使广大党员干部心存敬畏而"不敢腐""不能腐"，志存高远而"不想腐"。

2. 建立适宜的容错纠错机制

党的十八大以来，从细微处着手零容忍惩治腐败形成的高压态势，使腐败分子无时无刻不感受到压抑和恐惧。经过多年的努力，以"干部清正，政府清廉，政治清明"为基本特征的政治生态气息扑面而来。然而，所谓"祸兮福之所倚，福兮祸之所伏"，有些领导干部面对如此大好形势，却迷失了正确方向，陷入"为官不为"消极腐败的泥潭。如何让这些干部走出思想上的误区，"撸起袖子"敢闯敢试，一方面要加强理想信念教育和工作绩效考核，另一方面也必须贯彻习近平总书记指出的"要把严格管理干部和热情关心干部结合起来，推动广大干部心情舒畅、充满信心，积极作为、敢于担当。"③ 事实上，人非圣贤孰能无过？建立容错纠错机制，把为推动发展的无意过失，同谋取私利的违纪违法行为区分开来，最大限度调动广大干部干事创业的积极性、主动性、创造性。恰当的容错，是因为创新意味着求新求变，也就意味着可能会犯错，社会的创新发展需要给决策者宽松的行动空间，正如邓小平曾告诫全党的："改革开放的胆子要大一些"，看准了的，就大胆地试，大胆地闯，"对的就坚持，不

---

① 教育部社会科学研究与思想政治工作司：《思想政治教育学原理》，高等教育出版社1999年版，第197页。

② 苏东水：《管理心理学》，复旦大学出版社2005年版，第155、157页。

③ 习近平：《在省部级主要领导干部学习贯彻党的十八届五中全会精神专题研讨班上的讲话》，载于《人民日报》2016年5月10日。

对的赶快改，新问题出来抓紧解决"。① 但是，建立容错纠错机制，并不是放松对党员干部的管理，恰恰相反，而是坚持把纪律挺在法律前面，正确运用监督执纪"四种形态"，更加严格地管理党员干部，真正保护"走得端、行得正"的干部，而不是成为"谋取私利"的庇护伞，从而把反腐败的标本兼治推向深入。

3. 制定合理的薪酬体系

众所周知，"天下熙熙皆为利来，天下攘攘皆为利往"，利益对芸芸众生是最有效甚至是终极指令。但作为共产党干部的"人"，无疑是芸芸众生的佼佼者、先进模范，不可混同于一般群众，应该为党和人民的事业无私奉献，这是对党员干部的高标准、严要求。同时，当下特别是在社会主义市场经济条件下，党员干部的"岗位"仍然是一种职业，是其获取收入和生活资料的源头，应该按照社会主义"按劳分配"的原则给予其合理的报酬。况且，"仓廪实而知礼节，衣食足而知荣辱"，建立合理的党政干部薪酬体系也是激励广大干部拒腐奉廉长效机制的重要内容。允许党员干部获得合理的利益，既是对其体力和智力付出的尊重、认可和评价，也是提高腐败成本从而减少腐败发生的有效手段，新加坡高薪养廉的经验也许并不具备普遍性，但也证明了合理的较为丰厚的薪酬对其增强抵御腐败侵蚀"免疫力"的意义。

4. 确立选贤任能的用人机制

最大的腐败莫过于用人腐败，奸佞当道，轻则揭竿而起，重则颠覆政权。"所任者得其人，则国家治、上下和、群臣亲、百姓附；所任者非其人，则国家危、上下乖、群臣怨、百姓乱。"（《淮南子·主术训》）营造风清气正政治生态的成败在于"关键少数"的选拔任用，用人导向正确、用人机制科学健康，选贤任能，风才能清、气才能正。目前，"实际上存在的任人唯亲、任人唯钱、任人唯吹，代替了任人唯贤，甚至出现了'逆淘汰'现象"②，例如，某些权极一时的高级干部党性尽失、贪污腐化无以复加，甚至明码标价卖官鬻爵。某地区在选举全国人大代表时，拉票贿选，严重破坏党的干部任用规则，损害了我党选人用人的公信力，玷污了干部选拔任用的组织生态。面对如此触目惊心的用人腐败，党中央一方面严惩不贷抓"治标"，狠刹用人歪风邪气，清除"潜规则"、根治"逆淘汰"；另一方面健全制度抓"治本"，"强调坚持正确选人用人导向是严肃党内政治生活的组织保证。必须严格标准、健全制度、完善政策、规范程序，使选出来的干部组织放心、群众满意、干部服气，形成能者上、庸者下、劣者汰的

---

① 《邓小平文选》第三卷，人民出版社 1993 年版，第 372 页。
② 邵景均：《坚持正确选人用人导向》，载于《中国机构改革与管理》2016 年第 11 期，第 1 页。

选人用人导向。"① 选贤任能、留住清官、拒绝平庸，是推进标本兼治反腐败的"核动力"。②

5. 坚决杜绝"带病提拔"

所谓"带病提拔"是指：组织在考察干部时未发现或发现了而被忽略甚至隐藏被考察对象违纪、违法或与党员干部要求不相称的言行，被考察对象得到提拔任用的现象。从党的十八大以来中央巡视的结果来看，几乎每一轮对每一个单位的巡视都发现存在选人用人问题，被查处的高级领导干部中不少存在"带病提拔"问题。当前"带病提拔"问题呈现三种类型：一是交易型。其主要表现是卖官鬻爵，"不跑不送，原地不动；光跑不送，暂缓使用；又跑又送，提拔调动"一度成为任用干部的潜规则。二是期权型。其主要表现是：考察者并不想从被用者那里获得直接好处和短期回报，希望得到被提拔者的效忠和感恩，建立起自己的"圈子"和"关系网"，在未来获得更大的政治或经济利益回报。三是误用型。其主要表现是：选人用人制度自身存在的问题或组织在考察时没有很好地执行选人用人制度，而导致"带病"考察对象得到提拔。

杜绝"带病提拔"，首先，要充分发挥廉政组织的作用，对"有病"考察对象实行一票否决。2015年1月起开始对提拔或转任副处级以上干部实行"'凡提必查'制度"③，重点对拟任人选的基本资格、基本条件、选拔任用程序及党风廉政情况进行细致审查。其次，改进干部提名制度。一直以来在选人用人上的一个突出问题就是选谁用谁由少数人说了算，"干部选拔初始提名权集中在'一把手'手中"④。革除这一弊端，必须坚持民主集中制原则，充分听取民意、经由民主推荐，组织部门严格把关、全面了解，为党委做出决策提供科学依据。最后，加强终身追责。依据《中国共产党问责条例》明确选人用人环节的各责任主体及其相应责任，对选人用人的过程应有全程的记录，全程署名确认，参与相关过程的人员都要在相应的环节上签字，整理好相关档案并存档，以便为追究责任提供事实依据。

二、用好巡视利剑把"权"管住

权力是否在应该的轨道上运行，不仅取决于制度是否健全。事实上，腐败行

① 陈希：《坚持正确选人用人导向》，载于《人民日报》2016年11月24日。

② 徐玉生等：《党的十八大以来标本兼治反腐败战略之解析》，载于《青海社会科学》2017年第6期，第113~119页。

③ 何勇等：《干部选任全程都严》，载于《人民日报》2015年7月6日。

④ 中央组织部党建研究所课题组：《提高选人用人公信度问题研究》，载于《当代世界与社会主义》2014年第4期，第110~116页。

为的发生取决于腐败成本与腐败收益的比较，在后者大于前者时发生；腐败增量的发生则取决于边际腐败成本与边际腐败收益的比较，也是在后者大于前者时发生。对腐败成本和边际腐败成本最有决定意义的是案发率①，案发率固然与制度有关，制度越健全，案发率越高。但"墙上挂挂"的制度并不能使腐败行径大白天下，只有靠"人"去维护制度，靠"人"去执行制度，靠"人"把违背制度的"蛀虫"挖出来，这些制度才能发挥预防和惩治腐败的作用。② 因此，只有廉政组织与廉政制度协同发力，也就是廉政组织使用廉政制度去检查权力的使用，才能发现、纠正和惩治权力的不当运行。

（一） 推进巡视工作法治化有效监督权力运行

巡视制度作为党内监督的重要抓手，推进巡视工作法治化，把法治精神融入巡视工作，建立巡视长效机制，用法治力量保障巡视工作的科学运行。巡视制度的权威性主要来自上级机关，其工作的重要性也主要取决于上级机关的态度。为避免巡视工作的重点和成效很可能会因为个别领导人注意力的改变而改变，必须推进巡视工作法治化，提高党员干部法治思维和依法办事能力，"注重党内法规同国家法律的衔接和协调，提高党内法规执行力，运用党内法规把党要管党、从严治党落到实处，促进党员、干部带头遵守国家法律法规。"③ 通过行之有效的共产党巡视制度纳入国家法律体系，推进巡视工作法治化，有助于保持巡视工作持续效力。

建立完善巡视工作激励奖惩机制，为巡视组开展工作提供机制保证。目前巡视制度缺乏相应的责任追究机制和绩效考评机制。一方面，2015 年新修订的《中国共产党巡视工作条例》（以下简称《巡视条例》）明确提出，"派出巡视组的党组织和巡视工作领导小组应当加强对巡视工作的领导。对领导巡视工作不力，发生严重问题的，依据有关规定追究相关责任人员的责任"④，但是，对于"有关规定""领导不力""严重问题"，缺乏明确的界定和实施细则，这就使得相关的责任认定和追究相应变得困难。可以依据《中国共产党问责条例》制定巡视工作的问责条例。另一方面，要建立巡视工作的考核评价体制和长效工作动力机制。目前巡视人员的年度考核、竞争上岗、评优评先、干部交流、干部培训、

---

① 徐玉生等：《腐败与反腐败及其经济学发生机制分析》，载于《河南社会科学》2016 年第 10 期，第 19～25 页。

② 徐玉生等：《党的十八大以来标本兼治反腐败战略之解析》，载于《青海社会科学》2017 年第 6期，第 113～119 页。

③ 《中共中央关于全面推进依法治国若干重大问题的决定》，载于《人民日报》2014 年 10 月 29 日。

④ 《中共中央印发〈中国共产党巡视工作条例〉》，中央政府门户网站，2015 年 8 月 13 日。

组织生活等仍然要按照行政隶属关系各自回原单位参加。但由于巡视人员被抽调到巡视组后长期在外，久而久之原单位对其工作表现没有直接感知，甚至人事关系也日渐疏远，对抽调巡视人员的考核、竞争上岗、评优评先等产生不利影响，造成了对身份与个人前途的困惑，一定程度上会影响巡视人员的工作积极性。目前，一些地方在暂行办法中有"在巡视机构工作满两年以上可有计划地交流回原单位"的规定，并提出"该提拔的要提拔，该重用的要重用，不合适的要调整"，但基本没有执行。因此，建立并严格执行党的巡视工作评价激励机制迫在眉睫，需要制定切实可行的巡视工作奖励办法，包括授予荣誉、颁发奖金、提拔晋升等。对于表现优秀的巡视干部，可制定实施巡视干部的专业技术等级，通过技术级别的逐步晋升，随之提高其工资、奖金、职务补贴或福利[1]，在职务晋升上所在原单位应优先提拔晋升。让巡视组工作人员树立绩效观念，明确责权利效之间的关系，避免产生"只巡不视、只视不查、只查不报"等问题。

党的十八届三中全会提出，"改进中央和省区市巡视制度，做到对地方、部门、企事业单位全覆盖"。探索市县巡察制度，巡视工作进一步下移，实现与中央、省级党委巡视工作的对接，推动巡视监督向基层延伸、向纵深发展，把全面从严治党要求落实到基层，形成巡视工作网络格局。探索市县巡察有助于推动基层党组织建设，改善基层治理，获得老百姓的认可。特别是在党的十八大高压反腐形势下，党中央坚持"老虎""苍蝇"一起打，但反映较大的是"打老虎"，而与老百姓密切联系的"苍蝇"们并没有得到大力的惩治。基层"苍蝇"式腐败发生在老百姓身边，最直接地影响到老百姓的利益，最为老百姓所憎恶。探索市县党委巡察制度，注重把握以下几个方面：一是明确责任和职能分工。主要包括市县党委的主体责任；巡察机构的监督责任；纪委、组织部等相关部门支持巡察的配合责任以及被巡查对象的配合责任。二是明确检查对象和检查内容。按照党中央和中纪委相关要求，制订好检查计划、检查对象以及检查的主要内容，将有限的物力、人力用在"刀刃上"。三是考虑市县两级特点，制定科学合理的巡查制度和方法。市县特别是县一级圈子较小，人情关系复杂，做到真巡敢巡有时比较困难。可采用交叉巡视的机制，一市县巡视另一市县，或者从另一市县抽调人员和本市县巡视人员组成巡察组，巡视组组长和副组长也可以通过建立组长库的方式进行选拔。

（二）发挥巡视利剑威慑力加大监督力度

巡视组灵活运用巡视制度以提升制度效力，一方面，应推进阶段性巡视和常

---

① 任建明等：《巡视制度及其可持续发展研究》，载于《广州大学学报》（社会科学版）2009年第10期，第14~18页。

规性巡视相结合，如果没有平时的关注仅仅集中一段时间的巡视不利于深入了解情况，有必要将阶段性集中巡视与常规性巡视结合起来。具体地讲，一是巡视组应开展日常性巡视，开通巡视工作网站和巡视热线电话，日常性地接受群众的意见和建议。二是积极与信访、组织、媒体等部门沟通共享，日常就关注了解下辖地区存在的突出问题，做到既能对巡视对象存在的突出问题有动态了解，也可协同相关部门促成问题的解决。

另一方面，将常规性巡视和专项巡视结合起来。专项巡视是指主要针对特定事项或问题开展的巡视，是巡视工作组织制度和方式方法的创新，是确保巡视工作形成更大震慑力的重要举措。和常规巡视的全面"政治体检"不同，专项巡视要目标清晰，循着问题线索而去，聚焦问题、突出重点、挖深吃透，不求面面俱到。专项巡视工作重点是"1+1"，即重点了解党风廉政建设情况和专项问题，不搞一般性检查。完成中央一级的巡视全覆盖，需要巡视280多家地方、部门和企事业单位。① 专项巡视也有助于实现巡视全覆盖。此外，可推行实行省（自治区、直辖市）巡视组异地交叉巡视，有必要在中央巡视领导小组领导下开展跨省异地巡视。

被巡视单位或地区要加强巡视成果运用。从中央巡视组巡视来看，巡视组基本做到及时公开地反馈巡视情况，巡视情况在中央纪委国家监委网站巡视工作专栏公布。当前，省区市巡视成果运用不足，对于巡视组提出发现的问题，被巡视党组织整改不够积极、避重就轻、敷衍了事，对巡视移交问题线索轻易查否、处理偏轻、久拖不办等现象仍然不同程度存在；对涉及普遍性、倾向性问题重视不够、关注不够、分析不够，在"抓早抓小"方面还存在明显不足。例如，2014年3月30日至5月25日，中央第十一巡视组对某省进行了巡视，及时反馈了巡视发现的问题，但2016年2月27日至4月28日，中央第三巡视组对该省开展了巡视"回头看"，也就是杀了个"回马枪"，看到巡视发现的问题并没有很好地解决，而且还出现了一些新问题。因此，应在第一次巡视时规定针对巡视发现的问题整改的时间，在"回头看"时，看问题是否解决，如未解决应按照相应责任进行问责，"回头看"巡视不宜随意换掉原巡视组组长和副组长，至少不全换，这是因为前期巡视组花费大量精力对被巡视对象已经有了一定的了解。

（三）严防"灯下黑" 推动监督职责正当履行

打铁还需自身硬。履行监督职责，离不开一支政治坚定、公正清廉、业务精

---

① 《张军接受人民日报专访：普遍开展专项巡视 剑指突出问题》，载于《人民日报》2014年11月18日。

通、作风优良、纪律严明的巡视干部队伍，严防"灯下黑"。

选好配强巡视干部。其中，配备好巡视组组长最关键，配备好巡视组联络员最重要。除了坚持少数巡视组组长从经验丰富的老同志中间选任以外，考虑到巡视工作任务的艰巨繁重，部分巡视组组长还可以从现职优秀领导干部中选任，并可以根据实际工作需要，建立巡视组组长库，中央巡视组组长为省部级干部，既有退出领导岗位的老同志，也有现职的年富力强的领导干部。通过采取"三个不固定、一次一授权"的新模式，最大限度地淡化巡视组组长和巡视对象之间的联系，保证了巡视工作的公正性。

加强对巡视干部的管理。在这方面，江苏省进行了一些有益的探索，探索构建"一制三库"兼职巡视干部管理制度体系。"三库"指的是巡视组兼任副组长库、巡视机构特聘巡视专员库和专业人才库，"一制"指的是以"三库"为平台的一套准建制兼职巡视干部管理制度体系。通过这样的制度体系，江苏省培育起一支 500 人的兼职巡视干部队伍，每年轮换履职 200 个工作岗位，他们与专职巡视干部一起开展巡视工作。[1] 另外，加强巡视干部的教育和培训，打造专业巡视队伍。加强专业培训，促使广大巡视干部增强危机感和紧迫感，自觉把学习作为一种责任、一种精神追求和一种生活方式，刻苦学习巡视工作业务和相关知识，注重实践锻炼，善于总结积累，不断提高业务素质和履职能力。

加强对巡视干部的监督。监督者更要受监督，在确定巡视组的巡视对象时，要严格执行回避制度，保证巡视组的每一名工作人员及其近亲属都不存在与被巡视地区或单位具有利害关系的情况。作为监督者，在履行监督职责的同时，巡视干部必须主动接受监督，树立责任意识、使命意识、忧患意识和大局意识，主动接受巡视工作领导小组的监督，党组织的内部监督、舆论监督以及其他各方面的监督，以严明的纪律、严格的要求和优良的作风自觉树立和维护巡视干部的良好形象。[2]

三、推进"阳光法案"强化源头治理

从源头治理腐败，就是要提高腐败成本或降低腐败收益。提高腐败成本关键在"惩治"，依靠的是有效的不敢腐惩戒机制。降低腐败收益，就要建立不能腐的防范机制，使可能贪腐人员的不当得益大白于天下，无处遁形。被誉为反腐败"阳光法案"的官员财产公开制度能够很好地起到这一作用，其运行需要廉政组

---

① 申琳：《涵养巡视人才"蓄水池"》，载于《人民日报》2016 年 1 月 5 日。
② 扬鹏：《做好新形势下的巡视工作要抓好四个着力点》，载于《中国党政干部论坛》2014 年第 3 期。

织（O）与廉政制度（S）的协同治理，既要建立健全相关法律规范，也要社会公众或相关机构进行监督直至惩治。

（一）中国特色的"阳光法案"

中国的"阳光法案"肇始于 1987 年首次提出的"官员财产申报制度"，1988 年全国人大起草发布了《国家行政工作人员报告财产和收入的规定草案》，1995 年《关于党政机关县（处）级以上领导干部收入申报的规定》出台，2010 年《关于领导干部报告个人有关事项的规定》颁布。此外，2001 年中纪委、中组部联合发布了《关于省部级现职领导干部报告家庭财产的规定（试行）》。这些规定初步确立了我国公职人员财产申报及相关信息公开的基本框架。2013 年党的十八届三中全会提出"推行新提任领导干部有关事项公开制度试点"，中共中央《建立健全惩治和预防腐败体系 2013—2017 年工作规划》再次明确①。"官员财产申报制度"颇具中国特色，可称为中国特色的"阳光法案"，各地的实践探索又各不相同。

从江苏省试点情况来看，试点工作得到了所在地区党委特别是一把手的支持，具体实施则是由纪委承担。试点地区结合《廉洁从政若干准则》《关于领导干部报告个人有关事项的规定》等相关规定，明确了财产申报主体与内容、公示途径、调查核实、责任追究及舆情应对和处置等关键环节的工作要求和具体措施。在申报主体上，淮安市规定所有新提任干部，无论是县处级还是乡科级，无论是机关事业单位还是国有企业管理人员，无论是领导职务还是非领导职务，凡是市委、市直单位党组（党委）、县（区）委、经济技术开发区党工委、工业园区党工委研究的拟提拔干部，都必须申报公示财产。徐州市贾汪区规定全区科级干部包括新提任干部一律财产申报公开。无锡市梁溪区（原北塘区）规定副科级新提任干部需要财产申报公布公开。盐城市响水县规定拟提任副科级（职）或正科级（职）的考察对象需要财产申报公开。在公示途径上，徐州市贾汪区规定财产公示依托勤廉评价系统，在互联网上全面推开。盐城响水县则是在干部考察公示期间，本单位党委（党组）将《财产报告公示表》张贴在本单位醒目处和干部本人所居住的小区进行公示，公示时间不少于 7 天，在公示期间，由县纪委、县委组织部牵头组织县人行、公安、房产、工商、民政等相关部门对财产申报内容的真实性进行核查，同时提出综合评估意见，等等。

从试点的效果来看，一是促进了干部廉洁自律。作为一项预防腐败的约束性

---

① 陈志宏等：《推动领导干部财产公开制度试点之解析》，载于《理论探讨》2015 年第 3 期，第 124 ~ 127 页。

制度，其威慑力已经显现。对刚上任的领导干部实施财产公开，既是教育监督，也是心灵洗礼，对他们以后在领导岗位上秉公用权、遵章守纪是一种提醒，促使他们认识到更高的领导岗位意味着更多的监督，需要更强的自律，帮助他们在思想上筑牢防线，迈好从政第一步。二是拓宽了群众监督渠道。提供了一个方便监督、有效监督的平台，维护了群众的知情权、参与权和监督权，激发了群众参与社会主义民主政治的积极性。三是提供了一种发现机制。对拟提拔干部财产进行公示，逐步建立完善领导干部的财产情况信息库，通过分析不同领域、不同行业、不同层次、不同结构的领导干部财产变动情况，不仅可以为分配制度改革等提供参考，还可以从中发现腐败的苗头，真正做到"早发现、早提醒、早纠正、早查处"①。有的拟提拔干部财产已经备过案了，如果提拔以后财产与收入明显不符，那么就有腐败之嫌。四是助推领导班子党风廉政建设。通过新提任副科级以上领导干部财产在一定范围内的公开，有利于发挥"鲶鱼效应"，有利于增强认同、消除顾虑、减轻阻力，对整个领导班子的党风廉政建设形成激励。五是探索了干部监督管理新路。试点为深化干部的分类分层教育监督找到了新的切入点，也有利于纪检部门更全面动态地掌握官员财产变动情况，为考察使用提供更有说服力的依据，一定程度上有助于防止干部"带病"提拔。

（二）协同改进财产申报公开制度

试点中也发现了一些需要解决的问题：（1）缺乏相应的法律保障。申报公开的主体是什么，怎么公开，多大程度公开，公开发现问题后如何处置，如何处理个人事项公开与个人隐私权之间的关系等，缺乏国家层面的法律支持。（2）申报主体的内心排斥。一是申报人认为，共产党特别强调以上率下、领导干部躬亲示范，申报主体就应该是自上而下带头申报，试点中是从"下"开始的，一时间他们思想上想不通，内心不服。二是申报人认为公布个人事项会暴露他们的个人隐私，为他们的生活带来困扰甚至是安全风险。三是有些领导干部本身可能已经存在一些不明财产，担心财产申报公示会让自己"露出狐狸尾巴"。（3）社会环境的复杂性。这一制度探索本身充满敏感性、复杂性，涉及的利益、交织的问题错综复杂，如果步伐迈得太快，全部公开，有可能会引起很多官员的抵制，带来官场动荡，这样最后也势必会影响主要领导的政治前途。（4）核查申报事项较难。这种核实难度主要有几个方面原因：一是试点地区的纪委人员数量有限，难以保证有足够的人手来进行核实工作；二是财产本身难以核查，如申报人拥有的珠宝、古董、字画的估价，申报人将个人财产转移至父母、亲戚名下，在国外、境

---

① 本书编写组：《十八届中央纪委历次全会文件资料汇编》，中国方正出版社 2017 年版，第 177 页。

外购置房产等，这些隐性收入难以核查。（5）公开对象较难确定。社会舆论期待公开的理想状态是所有公务员全面公开，但这样必然阻力重重、成本巨大，甚至可能导致以前的探索成果毁于一旦，今后重启改革必定难上加难。（6）缺乏干部财产信息资源共享平台。干部财产信息查询还未实现数字网络化和档案资源的信息共享，不能提供高效、快捷的信息查询服务，存在技术方面的困难，从而导致干部财产统计难、核查难。（7）缺乏有效的推进机制。财产公示是一项涉及面广、工作量大、较为复杂的工作，只有多个部门齐抓共管、有效配合，才能取得明显成效。（8）新闻媒体期望值过高。财产公示是个敏感话题，由于处在探索阶段，面临诸多问题，媒体和网民对此项工作关注度较高是一件好事，有助于发挥群众监督，但同时也给所在地区推动这项工作带来一定的压力。

如何解决这些问题，"需要通过顶层设计，在方向、目标、原则上引导基层运作，为地方提供支持和动力，基层和地方为全国性制度构建提供经验，形成中央和地方上下互动。"[①] 实行财产申报公示是一项探索性的工作，没有固定的模式可言，应该出台一个相应的规范、指导性文件，明确财产申报的范围、内容、期限，设置财产申报登记及核查的专门机构，充分赋予其调查权和处分权。建立健全相应制度的配套支持，房产、金融等行业和部门都建有内部或半公开的数字化管理信息系统，这是建立财产信息统计体系的基础，可以在国家和省级的支持指导下建立由纪检监察部门牵头的各相关部门参与的个人财产信息共享机制，畅通财产核查取证渠道。实行金融实名制，逐步建立个人终身独立的银行账户制度，限制大额现金的流动，全面实行信用卡支付和银行转账支付制度，强化金融机构对公民个人资产的监管作用，保障官员财产申报制度的可行性和可检验性。

对申报内容公示的范围，大多局限于本单位，社会上大多数群众往往不知情。鉴于现在一些干部跨地区经商、购房、存款等现象比较多，群众监督鞭长莫及，应扩大财产公示的范围和时间，但也不宜面向全社会全部公开，以免带来"认知变异"[②]，可以在新提任干部现在工作单位、原工作单位进行网内公布，或者是以相关的文件公告形式公布，也可以在新提任干部生活的社区进行公布，特别是农村基层干部，"朝夕相处"的同事和邻居对公示对象较为熟悉，能够发挥监督作用。

另外，可以采取例行常规申报、离职申报、升职申报、个人事项发生重大变化临时申报相结合的方式。

① 肖金明：《通过完善官员财产申报制度治理腐败——兼论利益冲突、财产申报、官员伦理的关联及其意义》，载于《甘肃社会科学》2014 年第 5 期，第 109～113 页。

② 徐玉生：《论十八大以来反腐败的标本兼治战略及理路》，载于《北京航空航天大学学报》（社会科学版）2016 年第 1 期，第 23～28 页。

（三） 建立申报抽查制度保障申报的有效性

对新提任干部进行财产申报公示，是一项较强的系统工程，涉及组织人事、监察、公安、金融、房产、工商、民政、审计等部门，需要多部门协作配合。有时缺少一个部门，此项工作就难以有效开展。在实际工作中，一些部门往往碍于情面或借口有内部规定，不愿提供情况，不愿出具证明，导致纪检监察机关对申报内容的真实性无法做出准确判断。因此，应建立统一的财产核查机制，成立由纪检监察牵头，涵盖银保监会、审计、住建、公安、工商等相关部门组成的申报核查领导小组，加强协作联动，推动试点制度真正落实。

申报抽查的基本问题有两个：（1）确定恰当的核查比例。理想状态核查全覆盖，但这是不可能实现的，核查需要大量的投入，需要多个部门的协同配合，也就是通常所说的"高成本"，并且各地对于党员干部报告事项进行抽查核实的手段也很不完备。抽查比例太低不行，缺乏震慑力。目前控制在10%～20%较为适宜，既有一定震慑力也不至于造成抽查部门负担太重。（2）应该采取随机抽查。在某人不存在贪腐嫌疑的情况下，不应该直接针对某人开展抽查，更不能把抽查作为打击报复的手段。可以根据不同类型的标准设定，随机抽查，以保证抽取的公正性、科学性以及覆盖面。

在推进这一制度时应注意：（1）建立合理分工又互相制约的运行机制。各级抽查领导小组在抽查工作中既要分工协助，各司其职，又要层层指导和督促。（2）初步实行有限、逐步、区别公开。现在领导干部个人事项申报并不公开，可以在试点取得经验的基础上，逐步公开领导干部的个人有关事项，组织纪检部门可按一定程序做技术性处理，注重保护其隐私和安全。（3）可以选取一些腐败高发、易发的领域先行试点，如国土、财政、交通等权力大、资源多的关键领域和关键岗位等地带重点推进。可以鼓励试点部门率先公开并制定相应的激励措施。比如有领导干部本不在申报公开之列，但主动愿意公开，经核查属实没有问题的，可以在干部提拔任用上给予相应考虑。（4）可以考虑组织部门负责申报公开、纪检监察部门主要负责监督问责，这样分工比较符合实际，因为纪检监察部门的主要职责就是监督问责，这样也可以避免既当运动员又当裁判员的情况。

第十章

SC 协同构建不想腐保障机制

坚持"有贪必反、有腐必惩",真正实现"干部清正、政府清廉、政治清明"。既要发挥制度反腐的强制震慑,"收复失地",赢得民心,同时也不能忽视中国国情特有的廉政文化生态下的伦理道德对权力的正本清源作用。需要廉政制度(S)的刚性约束,同时辅以廉政文化(C)的"软约束",权力主体将外在的价值规范内化为自身的价值追求,在道德认知、道德素养及道德意志、道德信念得到强化之后,形成权力主体的廉洁自觉,建构起不想腐的保障机制。

第一节 SC 协同机理

权力的恰当运行除了要有制度的合法性来保障,还需要有道德合理性即廉政文化作为其支撑。如果违背了正当原则运用公权力谋取个人私利,那么将受到法律惩治和道德舆论的双重谴责。从腐败行为发生来看,良好的道德伦理意见可以使权力主体树立一种自我约束的职业伦理和道德规范,是权力主体廉洁从政的内省抑制机制。

一、制度与文化协同的必要性

在加强和完善廉政法律制度建设的同时,有必要把治身与治心、治标与治本、惩恶与扬善、打击与防范结合起来，实现廉政制度与廉政伦理的相辅相成。

（一）廉政制度反腐的"失灵"

廉政制度的功能主要有指引、规范和评价三个方面，能够分别从事前、事中、事后对权力主体的行为进行规制，以期实现预防和惩治腐败。但是，腐败作为政治之癌，并不只发生在那些非欠发达国家，也不是只有工作制度存在漏洞的机构与部门的官员才会腐败。廉政制度自身不可避免的缺陷，造成廉政制度的反腐功能不能得到有效发挥，称之为制度"失灵"。

1. 制度体系不完善

中国改革开放 40 多年来，已经建构起党内监督的制度体系、深化重点领域关键环节的反腐败制度体系、加强党风建设方面的制度体系、查办惩处违纪违法案件的制度体系等制度化建设，呈现制度体系建设日益完善与创新发展的特征。但在社会转型过程中，制约和监督权力运行的法律制度体系，特别是防止利益冲突的相关法律体系建设还存在漏洞，部分反腐败制度没有得到充分运用而形同虚设。党的十八大以来不断修订或制定《中国共产党党内监督条例（试行）》《十八届中央政治局关于改进工作作风、密切联系群众的八项规定》《关于进一步规范党政领导干部在企业兼职（任职）问题的意见》等党风廉政建设和反腐败法规制度，但存在体系性、系统性缺陷，当一个制度出了毛病，总是用另一个制度来弥补它，长此以往将造成越来越累赘的制度堆积甚至相互冲突，严重削弱制度的效能。

2. 制度效益不高

在制度制定过程中，可考察执行性方面的严谨性、系统性、科学性和合法性检验有没有真正落实，或者停留在口头。一是部分制度体系质量不高。一些反腐败制度出台没有经过深入调研论证，甚至出现抄袭拼凑、形式主义和随意应付等问题，导致要么有漏洞，要么执行操作有难度。二是制度执行不到位。实际工作中一些领导干部受现实利益驱动，认为执行制度会损害其既得利益，对制度执行缺少主动性和积极性。三是制度监督乏力。一些地方部门对惩治和预防腐败体系制度执行的监督检查大多靠开会、听汇报等形式，监督实效和监督反馈不足，导致制度执行与制度反腐权威的弱化。四是廉政制度体系内的冲突。由于反腐败制度制定主体不同导致在政策与法律层面、中央与地方层面的冲突，制度之间缺乏协调性、制度合力不强等问题突出，影响制度执行效率。

3. 制度运行障碍

制度效能的发挥需要一定的社会基础和价值认同。"人们却总是试图寻找制度缺陷，寻求制度外活动空间，比如上有政策，下有对策。"① 制度背后，是否能形成遵守制度的契约精神，执行时是否理解制度背后的价值，对统一的规则有否共识，会极大地影响制度的施行。党的十八大以前一直沿用的纪委"双重领导体制"，即受同级党委和上级纪委的双重领导，但以同级党委领导为主。这种体制下，纪检干部的人事关系、工资待遇、职务升迁掌握在同级党委手中，纪委对同级党委的监督缺乏自主权、决断权和强制性，导致对同级监督特别是对"一把手"的监督不力。部分廉政制度体系功能"失位"，要么有漏洞，要么执行操作有难度，这种"制度离散"现象严重影响制度的运行，更难以形成协同聚合效应。

4. 制度权威弱化

制度在推行过程中，会不可避免地与人们的传统习惯冲突。例如，"人情世故""熟人社会"往往成为制度反腐的阻力，许多制度执行过程中，执法者正是因为抹不开人情面子，或帮忙疏通关系弱化制度约束，甚至是灵活利用制度的弹性为熟人谋取利益。托人找关系办事，已经成为人们的行为习惯；甚至认为法不外乎人情，一切制度都有可能变通。在此情况下，正常的制度自然得不到应有的重视，制度的执行就要打折扣，制度作用迷失，所谓"迷失"是指在反腐败过程中制度无法有效地发挥遏制腐败的作用。其原因有多方面，混淆了制度与规则的区别是其中重要的原因之一。规则与制度相比并不具备强制力，以往我们很多的制度创新流于形式，实际上制定的仅仅是规则；规则是可以灵活执行的，这就给某些人留下了可乘之机，加之当前制度建设还不够完善，很多地方还存在制度空白，甚至不同部门制定的制度法规之间存在冲突，从而使官员和普通民众都对制度缺乏信任，认为制度只是"挂在墙上的东西"，对突破甚至违反制度规定的做法反而习以为常。"软弱的制度不仅放任公民和官员寻求非法利益、逍遥法外，而当人们在一个不确定的环境中寻求保护时，这种制度刺激了更多的腐败。"②

（二）廉政文化反腐的"失效"

廉政文化应该具有形塑廉洁价值观的导向、激励、约束和警示功能，但文化系统中存在的一些亚文化会消解廉政文化功能的充分发挥，从而使得廉政文化的功能失效。

---

① 吴家庆、罗凌波：《论中国共产党在和谐社会构建中社会整合机制的完善》，载于《湖南师范大学社会科学学报》2010 年第 2 期，第 68 ~ 74 页。

② ［美］约翰斯顿著，袁建华译：《腐败征候群：财富、权力和民主》，上海人民出版社 2009 年版，第 39 页。

1. "人情关系"对执政宗旨的侵蚀

由于人情、面子、关系等因素影响，人情化社会结构与权力规范运行存在张力，中国社会运作的核心概念就是"关系"，以及由此延伸出来的人情、面子与权力运作等。关系是每个中国人必须懂的事，是他们每天必须应对的：迎来送往、请客送礼、应酬打点、八面玲珑、溜须拍马、拉帮结伙、处心积虑、阳奉阴违、勾心斗角等，当然也有同舟共济、雪中送炭、侠肝义胆、感恩戴德、荣辱与共等。"关系"文化对制约权力的制度规约有解构作用。"作为一名亲情关系网络中的村民，又习惯于按照血缘亲疏与感情深浅作出有差别的不同处理。"① "人情与面子"的理论模型②将互动的双方界定为"请托者"及"资源支配者"。当"请托者"请求"资源支配者"，将他掌握的资源做有利于"请托者"的分配时，"资源支配者"心中所做的第一件事是"关系判断"：他和我之间有什么样的关系？中国社会中个人可能拥有三大类人际关系：情感关系、混合性关系和工具关系。中国人非常讲究社会关系中的"差序格局"，他们常常用不同的标准来对待和自己关系不同的人③，"家庭血缘关系"居于绝对优先地位，这是现代中国的文化共相，家族本位被当作中国传统文化的根基，家庭依然是最坚固的文化堡垒。④ 当中国人在一些事务运作中发现自己无论如何都没有"关系"时，那些压根儿就不懂社会学的人们都能意识到：他的生活道路面临着严重的问题。从近年来被查处的腐败官员行为中，家人参与腐败的方式主要有三种："一是作为收受贿赂直接对象；二是作为牵线人，充当中间人的角色，利用亲属官员的权势积极寻找'客户'；三是借用亲属官员的职权为自己经商等牟利。"⑤ 在人情至上的文化体系中，一切在其他社会本应作为制度性的功能，在中国都可以让位给关系来运转，"人情关系"超越党纪国法，侵蚀"立党为公，执政为民"的执政宗旨。

2. "圈子"文化屏蔽文化的反腐功能

"圈子"可以认为是具有相似习性与知识的人聚集而成的场域。在每一个社会系统中，都有资源的支配者与被支配者。为了争取资源，不同场域之间进行争取权力和排斥他人的斗争。某种场域中的行动者掌握有较为丰富的资源，他们的权力运作可能造成其他场域的屈服，也可能迫使其他场域调整其运作逻辑，使其变得跟权力中枢的运作逻辑大同小异。人们从其生活世界分化出各种不同的社

---

① 曹锦清：《黄河岸边的中国》，上海文艺出版社2001年版，第454页。

② 黄光国、胡先缙等：《人情与面子：中国人的权力游戏》，中国人民大学出版社2010年版。

③ 费孝通：《乡土中国 生育制度 乡土重建》，商务印书馆2011年版，第10页。

④ 樊浩：《伦理道德现代转型的文化轨迹及其精神图像》，载于《哲学研究》2015年第1期，第106～113页。

⑤ 斯阳：《反腐倡廉新思考——制度·科技·文化》，法律出版社2014年版，第41页。

会系统，结合成形形色色的社会组织，各种新生的社会系统都有自己运作的逻辑，但是金钱和权力则是大多数社会系统运作的主要媒介。在中国随着市场经济成为经济活动的"主战场"，个人可能掌握的资源趋向多元化，同时归属于某个场域，如果制度规则不健全或不能得到有效执行，活动的边界就可以肆无忌惮地扩张，代表自己所属的场域——"圈子"，用自己所掌控的资源与其他场域进行交换，利用公权力为自己的"圈子"服务。党的十八大以来发现的"窝案""串案""塌方式腐败"等皆是如此。一些党员干部的理想信念动摇，"唯利是图"，一切向钱看，是非标准错乱、价值判断沦丧、道德伦理失防。

3. 廉政文化教育的空转

社会转型与体制转轨必然会带来社会心理的震荡与人们价值观念的调整变化。一方面，经济体制在计划经济向市场经济转轨变形的时期，经济行为不规范，法制不健全，管理上还存在很多漏洞。一些党政领导干部，片面地认识和理解党的路线、方针、政策，把经济建设这一中心工作当成唯一工作，轻视自我教育、接受思想教育和抓思想教育，对待上级党组织开展的防腐拒变思想文化建设，自己采取关门主义的态度，拒绝接受洗礼，放弃自我改造提高；组织党员干部学习时，则采取形式主义的态度，"摆花架子""走过场"，不从根本上提高党员干部的思想政治觉悟和理论水平，不在抵制各种腐朽文化的侵蚀上下功夫。其结果是思想防线虚弱，文化免疫力下降，意识形态领域内的思想、文化观念、权力观念等变质。另一方面，商品经济的诸如利益法则、竞争法则、等价交换法则，引起人们追求目标的变化、人与人相互关系的变化以及生活方式的变化等，旧的价值体系、道德观念、行为模式被否定和抛弃，而新的标准尚未形成或尚未被普遍接受；各种边缘政治文化的扩散和异质意识形态的蔓延，使得廉政文化的主导力和整合力出现一定程度的淡化和弱化。廉政文化的建设"空转"，使得一些领导干部在价值观上发生了扭曲，蜕变成利己主义、拜金主义、享乐主义、极端个人主义等盛行，不择手段地获取个人私利，成为他们的价值选择和价值取向。

（三）廉政制度与廉政文化组合矩阵

建构不想腐的保障机制，就是要把廉政制度和廉政文化有机结合，扬长避短、取长补短，实现从"廉政无为"到"廉政自律"，在权力主体内心形成不想腐的约束机制，如图 10 - 1 所示。

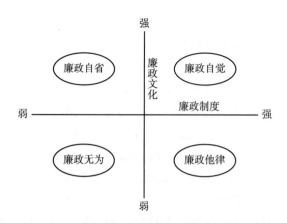

图 10 – 1　廉政制度与廉政文化协同四象限图

1. 廉政无为：廉政制度与廉政文化均缺位的无约束

廉政无为主要是指在廉政制度、廉政文化建构缺位情况下，由于缺乏权力制约和监督的约束机制，"敢腐能腐想腐"的腐败生态成常态，对社会政治文化产生极为负面的后果。其作用机理表现为：由于廉政制度建设和廉政文化建设的缺位，"廉荣贪耻"廉洁价值观和德法兼治基础尚未形成，权力主体的惩戒警示作用、权力运行的制度规约作用、合法利益的文化保证作用缺位，导致权力主体运用公权力时缺乏外在他律和内在自律作用机制，公权力运行不符合道德规范和法治要求，容易导致权力主体利用公权力为个人谋取私利，权力腐败在社会的蔓延程度空前。

2. 廉政他律：廉政制度合理与廉政文化缺位的正式约束

廉政他律是指在廉政制度建构合理，廉政文化建构不合理的情况下，营造"不敢腐"的高压态势，扎紧"不能腐"的制度笼子，但缺乏形成"不想腐"的自律机制。其作用机理表现为：建构科学合理的廉政制度，打造反腐败高压态势形成惩戒效应，发挥对权力主体的警示作用，形成"不敢腐"的社会氛围和个体从政心理，反腐惩戒警示作用明显；通过廉政制度建设扎紧"不能腐"的制度笼子，发挥对权力运行的制度规约作用，以反腐败的正式约束机制遏制腐败行为的发生。在这种状态下，权力腐败虽然在一定时间内得到遏制，由于廉政文化建设不到位，社会上缺乏"廉荣贪耻"廉洁价值观和道德基础，使得不想腐的内在自律机制缺乏，只有对腐败行为刚性的"硬"约束，缺乏权力制约的"软"约束，惩治腐败的成效并不稳固。如果外在的正式约束机制稍有松懈，腐败行为将死灰复燃甚至会出现更严重的反弹。

3. 廉政自省：廉政制度弱与廉政文化强的非正式约束

廉洁自省是指在廉政制度不够完善以致约束力较弱、廉政文化约束力较强的情况下，仅仅依靠权力主体"不想腐"的廉政自省形成的非正式机制来约束腐败行为。其作用机理表现为：廉政制度建设缺位，缺乏对权力腐败行为的健全有效的正式约束，使公权力运行的社会公共空间中缺乏"不敢腐"的高压态势形成的惩戒警示作用，"不能腐"的制度规约效应不足，导致仅凭权力主体主观的廉洁自省和价值追求遏制权力腐败。这样，在公权力运行外在他律机制不足、但"廉荣贪耻"价值观已经形成并占主导地位的社会生态中，权利主体在行使公权力时就凭借内在廉洁从政的非正式约束发挥作用，做到"权为民所用，利为民所谋"，使公权力真正为公共利益服务。但是，也因为制度的"硬约束"不健全，依靠内心强大的"包青天"防腐拒变，难以建立起廉政的长效机制，必须采取有效措施使廉政制度与廉政文化同频共振。

4. 廉政自觉：廉政制度与廉政文化的协同发力

廉政自觉是指在廉政制度健全、廉政文化健康的情况下，形成"不想腐"的公共政治文化生态。其作用机理是：建构科学合理的廉政制度和廉政文化，形成廉政文化生态，发挥对权力主体的导向和激励功能，形成"不想腐"的非正式约束；通过廉政制度建设扎紧制度笼子，挤压腐败空间，发挥对权力主体的导引和规范功能；通过廉政文化建设，形成"廉荣贪耻"廉洁价值观和道德基础，发挥对权力主体的道德教化和社会心理的舆论引领作用，使权力主体形成廉洁从政和遵纪守法的信念，自觉将掌握的公权力运行合乎道德规范和法治要求，进而为社会大众谋取公共利益，而不是利用公权力为个人谋取私利。在这种廉政文化生态中，外在他律机制和权力主体的自律机制共同发挥作用[1]，制约权力的正式约束和非正式约束机制同时发力，规制权力主体廉洁从政，引导公权力在阳光下运行，合乎社会公共利益，从而建构起不想腐的保障机制。

二、制度文化协同的效能

廉政制度的核心是"规范行为"，廉政文化的核心是"塑造灵魂"，二者在演进方式、约束功能、作用发挥等方面存在差异：演进方式的"渐变"与"突变"之别、约束功能的"柔性"与"刚性"之别、价值取向的"高位"与"底线"之别、作用发挥的"自律"与"他律"之别、规范形式的"有形"与"无形"之别、适用范围的"特殊"与"普遍"之别，二者相互作用，共同推进廉政建设。[2] 廉政制度的规范功能与廉政文化的导向功能的协同形成不想腐的正式

---

① 侯勇：《廉政新常态的阐释与展望》，载于《河南社会科学》2015年第6期，第7~9页。

② 魏燕、崔利民：《推进廉政精神文化与廉政制度文化"神形合一"》，载于《中国纪检监察报》2010年10月26日。

约束机制，廉政制度的指引功能与廉政文化的激励功能的协同形成不想腐的非正式约束机制，如图 10 - 2 所示。

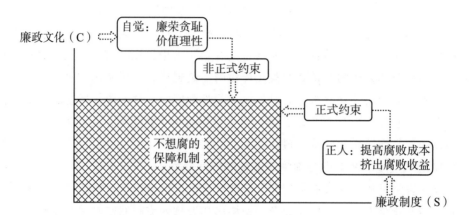

图 10 - 2 不想腐的保障机制剖面

注：同图 4 - 9（a）。

（一）SC 协同形成正式约束实现廉政自省

廉政制度与廉政文化的协同，首要是以廉政制度强化权力主体廉洁价值观、规范用权、权益保障，形成不想腐的正式约束，实现廉政自省。

1. 以廉政制度强化权力主体廉洁价值观

党的十八大以来的反腐败实践中，"老虎""苍蝇"一起打，以坚决的行动、高压的态势，遏制腐败蔓延的趋势。通过大案震慑、纪委巡视、内部审计、司法衔接等，做到有腐必反、有案必查，"以治标为治本赢得时间"，在高压之下逐渐树立起新的党风政风，在理顺诸多体制性及非体制性障碍后，转换权力结构和监督模式，最终建章立制，通过党内制度的健全、行政体制、司法制度等的改革，"把权力关进制度的笼子"，通过一系列的规章制度来规范、约束人们的行为，同时通过廉政文化的激励功能来引导、影响人们的行为，将规范的要求变成人们自觉的行为，促进党员干部廉洁自律。

孟德斯鸠（Montesquieu）认为，法律是基本的道德，道德是最高的法律。廉政文化不同于一般的社会文化，是一种文化体系、一种廉政理念，它倡导人们以廉为荣，以贪为耻，给有腐败行为者造成巨大的舆论与心理压力。同时也能使全体社会成员尤其是广大党员干部在同一类型和模式的文化氛围中得到教化、培养，从而以相同的价值观念、思维模式、行为方式在不同层次上联系起来、聚集起来，使整个队伍因同一的文化渊源而形成一种强大的凝聚力量。廉政制度告诉广大的权力主体什么该做、什么不该做，做了不该做的将会面临什么样的惩罚，触碰甚至逾越党纪国法的红线必须付出一定的成本甚至悔恨终身的代价；反之，则受到党纪国法的保护和赞誉，权力主体基于廉政文化的激励，牢固树立"廉荣贪耻"的内心价值追求，强化权力主体的廉洁价值观。

2. 以廉政制度强化权力主体规范用权

当下，越来越多的学者从西方政治思想和反腐败理论出发，研究权力制约和监督，强调对权力制约的是宪法和法律，而不是伦理。实际上，通过廉政制度的强制力使权力主体主观上建立起自觉的制度权威意识、制度执行意识和制度维护意识等文化认知，使法规制度得到有效遵守和执行，实现权力主体规范用权。

廉政文化是从思想政治、情操修养、行为规范、价值观念等各个方面，来调整和导引着人们的态度、行为和意志。廉政文化导向功能主要通过社会舆论、风俗习惯和内心信仰来发挥作用，但这种作用发挥对权力主体的素质和能力具有一定的依赖性，具有不稳定性。而廉政制度的权威性，使得权力主体以廉政制度为准绳和规约，在用权行为未发生时即有自我前控的行为自觉，以规章制度为不可逾越的底线标杆，自觉将自己的行为前控在党的组织原则、党内政治生活纪律和国家法律法规所界定的可以做、应该做或必须做的范围内，并因对应为而不为或不该为而为的惩罚和罪责的预知，从思想意识上抵制这些违规行为的发生。[①]

通过廉政制度将廉政文化所倡导的要求以制度的形式固定下来，使廉政文化的价值观和内心要求能够通过一系列的规章制度规范、约束领导干部的行为，要求领导干部依照规章制度和法律法规行使手中的权力，以维护权力的公共性和廉洁性。使权力在规范的轨道上运行，具体表现为：从道德上进行规范，追求的是陶冶情操的过程中心灵得到净化；从思想上进行规范，以其灵活多样的形式对先进的政治思想进行广泛传播，不断给广大党员干部和职工群众灌输先进的思想和理念，以先进的思想培养人，以正确的舆论引导人；从制度上进行规范，广大党员干部通过各项制度的学习，使其言行被约束在价值准则内，从而促进党员干部的廉洁自律。[②]

3. 以廉政制度强化权力主体权益保障

廉政文化在教育对象上不仅是党员干部，而且是全体社会成员，它通过各种教育方式和途径，用先进的文化、先进的理念、先进的思想教育、熏陶、激励、鼓舞着全体社会成员，在社会层面大力倡导和树立廉政文化的意识、价值理念和行为方式，并且让广大人民群众充分认清腐败的影响和危害，为反对和抵制腐败

---

① 陈志宏：《廉政文化对政治生态的修复功能探究》，载于《河南社会科学》2016 年第 3 期，第 7 ~ 9 页。

② 张杰：《科学治理腐败论》，中国检察出版社 2012 年版，第 226 页。

文化、形成崇廉尚廉的文化氛围①。廉政文化所包含的价值理念、道德准则在社会上的广泛传播，潜移默化地熏陶社会公众，从而发挥对社会心理的舆论引领作用和对正当利益的道义保证作用。

但是，道义上的评价在物质利益面前终究要败下阵来。如果廉洁奉公除了内心的自我安慰，而不能得到社会的广泛认可和实际上的权益保障，迟早会发生动摇。这就需要强大的制度执行力，让那些违背制度规约者受到应有惩罚，甚至身陷囹圄、倾家荡产，实现廉洁自省，从而强固权力主体对廉洁价值观的坚守。

（二）SC 协同提供非正式约束实现廉政他律

廉政文化与廉政制度的协同还表现在，通过廉政文化强化廉政制度的指引、规训和评价功能，形成不想腐的非正式约束，实现廉政他律。

1. 以廉政文化强化廉政制度的指引

发挥廉政制度在防治腐败中的作用，需要一个讲究诚信、崇尚廉洁、尊重法治的社会文化环境。廉政文化"戒贪禁腐"的导向和激励功能是对廉政制度体系所规定的可为模式、勿为模式、应为模式、行为预知模式的敬畏、尊重、遵守、维护。以崇尚廉洁、鄙弃贪腐的廉政理念为价值取向和精神导引，以宣传培植廉政理念和形塑廉政作风的廉政介质为载体，以公正廉洁、淡泊名利、廉洁从政的作风为行为方式作用于廉政制度，强化廉政制度的指引功能。

廉政文化建立起对廉政制度的权威意识，强调国家的廉政法律法规必须得到所有权力主体无一例外的尊重敬畏，制度规范权威不可侵犯，权力主体明确在权力运行中哪些可以做、哪些应该做或必须做、哪些不得做，这些规范的界限不可逾越，并清晰违背制度后带来的惩罚和罪责，这样的制度具有约束力和惩罚性，就能从思想意识上树立权力主体对制度真正的敬畏感②，实现廉政他律。

发挥廉政文化潜在的熏陶、引导、渗透、影响力量，从而为廉政制度发挥其正式约束的功能营造一种廉洁的文化氛围。一是创新廉洁教育方式，形成"廉荣贪耻"廉洁价值观和社会舆论道德基础，抑制腐败动机的产生，实现廉洁的内化；二是通过优化廉洁教育内容体系、目标原则、方法载体、评估反馈、条件保障等把握和了解与廉政相关的法律法规，形成"廉荣贪耻"的观念；三是通过廉洁警示教育，建立廉洁教育的涵化机制、教化机制、内化机制、外化机制及强化机制等，彰显廉政文化的先进性，激发廉政自觉，营造权力规范运行的社会氛

---

① 周袁准、曾仁忠主编：《领导作风与社会和谐》，湖南师范大学出版社 2008 年版，第 130 页。
② 陈志宏：《廉政文化对政治生态的修复功能探究》，载于《河南社会科学》2016 年第 3 期，第 7～9 页。

围，提高党员干部拒腐防变能力、从源头上预防和减少腐败。

2. 以廉政文化强化廉政制度的规训

缪尔达尔（Myrdal）在研究南亚的腐败现象时提出"腐败民俗学"概念，认为掌握权力的人利用公权力谋取个人私利，腐败成为一种习惯、风俗，"掌握权力的每一个人都可以为了自己的利益、他家庭的利益或他觉得应当忠于的社会集团的利益来利用权力"①，民众对腐败的态度，不是反对而是默许、宽容、参与。可见，腐败民俗化是腐败的一种极端现象，意味着腐败已经成为一种信念、道德和文化，它深入人们的社会生活，会导致整个社会对腐败行为的默认，在社会上产生一种"文化不抵抗"的效应，使得腐败行为缺乏必要的道德约束。

权力主体走上腐败之路不能不说作为外因的"文化"起着不可小觑的催化作用。并不是所有腐败分子从一开始就受贿的，也有一个心惊肉跳、瞻前顾后的"推辞阶段"，但是在"下级给上级送礼"被视为"天经地义"的腐败文化影响下，就顶不住、不想顶，也根本不能顶了。清正廉洁的人如果触动了看不见的"权势阶层"的利益，触犯了官场的"潜规则"而与形成的腐败文化格格不入，反而会犯"众怒"成为众矢之的。在一些地方、一些部门和单位形成了腐败分子的小圈子，他们团团伙伙，紧密勾结，不以党的政策纪律和国家法律法规为办事原则，而是以他们的腐败利益为行为原则，以所谓的官场"潜规则"为行为准则，并形成"贪官踞高位，廉吏沉下僚"的可怕局面。②

因此，廉政制度的"刚性约束"，需要对廉政制度坚定维护和尊重执行的廉政文化环境。对廉政制度的坚定维护，强调突出权力主体一定要自觉遵守廉政的相关制度规范，自觉按照党的组织原则、党内政治生活纪律和国家法律法规办事，任何人都不能凌驾于法规制度之上，自觉地按照制度规则办可以办、应该办或必须办的事，而不办不可办的事；廉政制度的坚决执行，就是使廉政制度的执行成为一种自觉和习惯，制度规范得到所有行政权力主体切实的遵守和落实，对违反制度的行为坚决反对，对那些常常应该做或必须做而不做、不该做却大胆做的人敢于直言和斗争，对违反制度、侵犯制度权威的行为敢于揭露和批判，③ 坚决抵制"腐败民俗化"的危险倾向，强化廉政制度的规训，以"他律"建立起廉政制度对腐败的正式约束。

3. 以廉政文化强化廉政制度的评价

制度反腐败实践过程也是廉政文化价值体系建立的过程。如果制度反腐败缺

---

① ［瑞典］缪尔达尔著，谭力文、张卫东译：《亚洲的戏剧：对一些国家贫困问题的研究》，北京经济学院出版社 1992 年版，第 144 页。

② 沈其新主编：《中华廉洁文化与中国共产党先进性建设》，湖南大学出版社 2008 年版，第 329 页。

③ 陈志宏：《廉政文化对政治生态的修复功能探究》，载于《河南社会科学》2016 年第 3 期，第 7 ~ 9 页。

少廉洁价值体系的引导，那么必然会导致制度反腐败的基石不牢。从本质上来讲，制度是一种理性工具，但在这种工具的背后起支持作用的是我们想要追求的价值理念。腐败虽然是一种行为，但行为来源于个人所崇尚的价值引导。当前，拜金主义、享乐主义、奢靡主义等消极价值观对人们产生了巨大冲击，不断加强制度的严密性、科学性、程序性、系统性，要提高和拓展制度显性控制的力度和广度。同时，要使人们把"强制"当作一种自觉的"应当"，内化为义务感，行为从"他律"转变为"自律"，切实遵守法规制度。这就要深入开展中国特色社会主义理想信念和宗旨教育、社会主义核心价值观体系教育，从道德上、思想信念上筑起防线，将法律、制度的外在、有形的"硬"约束上升为内化于心的自我"软"约束。

在市场经济条件下，人们纷纷从曾将他们约束其内的单位集体中走出来，在市场中追求自身的利益，除了用法律的形式将个人权利与个人利益密切结合起来，借以减少人们之间的利益纷争和维持竞争秩序外，还必须弘扬谦让、克己、利他、服从的传统道德。[①] 只有将"硬约束"的正式制度与"软调控"的价值观、伦理道德和风俗习惯等结合起来，把依法治国和以德治国结合起来，培育社会的廉洁精神，才能形成公职人员不想腐的保障机制。

（三）SC 同频共振实现"不想腐"的廉政自觉

1. 廉政文化与廉政制度具有内在统一性

在理论研究中，为了理论分析的方便和研究假设的前提反思，常常将廉政制度与廉政文化区隔开来，而在实际生活中廉政制度与廉政文化对权力运行制约和监督的作用具有内在统一性，二者共同作用于权力运行过程之中，对于形成"干部清正、政府清明、政治清廉"的廉洁政治生态具有关键性作用。从广义的廉政文化来看，以党政机关和领导干部为重点，以"干部清正、政府清廉、政治清明"为目标，以培育廉洁价值理念为根本，以群众广泛参与的廉政文化创建活动和丰富多彩的廉政文化产品为载体，形成权力主体道德教化、公共利益的文化引领的社会生态系统。廉政文化在预防和惩治腐败体系中处于基础地位，把教育、制度、监督三者衔接成为一个有机整体。廉政制度实际上是广义的廉政文化规范性的呈现，是廉政文化的核心理论的表现，系列廉政制度的建构本身就是在廉政风俗、廉政理念、廉政价值观等廉政文化生态中逐渐形成并有效运转的。当廉政制度体现为规则时必然反映一定时期廉政文化精神，并通过一定时期廉政文化的理念、价值等呈现出来；当廉政文化体现为规则时，必然采取廉政制度的形式呈现。廉政

---

① 曹锦清：《如何研究中国》，上海人民出版社 2010 年版，第 190 页。

文化是廉政制度得以认同并执行的文化生态，廉政制度是确定廉政文化发挥功能的条件支撑和制度保障。没有廉政文化的认同与支撑，廉政制度就难以取得很好的效果；没有廉政制度的保证和支持，廉政文化最终也难以起到教化和激励作用。

2. 廉政文化与廉政制度功能耦合互构

道德教化和个人自律看起来是一种理想的制约权力方式，但不具有强制性，恰恰还有很大的或然性，这使得其作用的发挥受到了极大的限制。"从制约腐败的角度上看，廉政文化是反腐的第一道关口，这道关口是建立在人们理性之上的自律意识，是一道抵制腐朽思想侵蚀的思想道德防线。而当人一旦产生贪欲之心，思想道德防线无法控制这种贪欲的冲动时，那么设置于其身之外的制度防线将发挥强大的制约作用，无论人的贪欲来得多么凶猛，它都无法冲破这最后的一道坚固屏障。应该说，人内心的自律与外在制度的他律，构成了防止腐败的'双保险'。"① 因此，在价值日益多元化的今天，以道德这种软约束工具来防止权力腐败，首先面临的一个重大困难就是很难构建起一套行之有效的道德考核和激励办法，导致以道德制约权力的成本很高，而权力冲破道德底线产生的后果将十分严重，因此，有学者提出，要实现道德制约的可行之道就是道德法治化。但是，这在很大程度上已经不属于道德制约，而属于权力制约权力，诸如一部分国家出台的"公务员道德法"实质已是权力与权力的制衡了。"克服特权现象，要解决思想问题，也要解决制度问题。""制度好可以使坏人无法任意横行，制度不好可以使好人无法充分做好事，甚至会走向反面。"② 所以，由于权力的强制性，仅仅依靠道德软约束是不够的，廉政建设离不开制度的保证。

我们不能否认道德制约权力所具有的独特价值及其必要性，因为目前世界上还找不到没有任何漏洞的制度安排，在权力规范还不周全的环节上，仍然要靠权力主体日常的道德修养和意识形态立场来进行自我约束。正确的文化导向、积极的舆论监督、个体努力向上的道德修养，相互告诫机制的形成、良好的社会价值观念和价值取向的形成等，都对廉政文化的提高和完善以及廉政建设具有直接的正向作用。要以廉政法治为核心，建立和完善违法必究、违制必罚的制度和机制，把廉政从单纯的道德提倡，变为法治与德治、他律与自律相结合。从廉政制度建设来看，就是要建立健全反腐倡廉基本制度、推进从源头防治腐败的制度创新、提高制度执行力。从廉政文化教育来看，就是要以权力主体为重点，面向全社会进行反腐倡廉教育，形成"廉荣贪耻"的社会风尚，形成对腐败"零容忍"的社会环境和政治生态。

---

① 田湘波：《廉政文化与廉政制度关系辨析》，载于《廉政文化研究》2010年第4期，第26～32页。
② 《邓小平文选》第二卷，人民出版社1994年版，第333页。

311

第二节 典型国家不想腐的保障机制解析

一、典型国家不想腐保障机制

（一）美国不想腐保障机制

20 世纪 60 年代初，美国社会引发了一场强烈的要求政治公开化、透明化的政治民主化运动。这场民主化运动为官员、民众及整个社会做了重要的文化心理铺垫。1965 年，美国发布《行政官员道德纲要》，要求各行政部门均需制定出针对本部门行政人员的道德准则，高级政府官员定期非公开地上报本人家庭财产和各项收入及来源情况，但该项规定并没有得到落实。政治民主化运动开始向社会廉政文化建设转变，"公共财产理论""玻璃缸理论"等各种廉政理论和廉政文化观风行一时，气势磅礴。美国官方在这场文化运动中也不断深化认识，这场长达 16 年的社会廉政文化建设，最终导致了 1975～1978 年美国的《情报自由法》《监察长法》《阳光下的联邦政府法》《九条文官制度改革法》《财产申报法》等一系列重要"阳光法案"的出台，其中最重要的是 1978 年颁布的《政府道德法》。[1]

值得注意的是，面对腐败问题，美国除了法律约束的不断加强和政府的不断改革外，舆论和道德约束也彰显出巨大的力量。舆论在美国号称"第四权"，对信息交流有着极为重要的作用，对于反腐败来说更是一股巨大的社会力量。正是由于这种强大的舆论监督，直接或间接地推动着政府改革运动。"受新教伦理的影响，当代美国人特别强调对正面典型的宣传，对于建树较多、清正廉洁、道德高尚的人物，树碑立传、歌功颂德，在美国人看来，一切组织的防范措施最终取决于个人的道德品质。"[2]

经过多年的努力，美国社会逐渐形成以廉洁从政为荣的文化氛围。美国长达 18 年的廉政立法过程，没有国家与社会公众文化上的共识和社会心理准备，制度法律难以建立，即使建立起来也难以执行与实施。因此，要想逐步甚至全面推

---

① 张旭东：《对美国廉政文化"三步运用法"的现实思考》，载于《中共中央党校学报》2010 年第 10 期，第 84～86 页。

② 孙晓莉：《国外廉政文化概略》，中国方正出版社 2011 年版，第 101～102 页。

进官员个人财产申报制度，必须得有文化环境的营造和社会心理的充分准备。对此必须从廉政文化建设入手，营造推进官员个人财产申报的社会文化环境，为官员和社会公众提供心理准备。

（二）英国不想腐保障机制

英国受到传统的政治哲学的影响，尤其是孟德斯鸠"三权分立"的思想，全国没有统一的反腐败领导机构，而是由英国议会下属的专门委员会、政府各部门的反欺诈部门、各种监督机构以及各类监察专员署乃至司法机关等，组成了一个反腐败机制中多层面、多渠道的职能机构。一是国家审计署。1861年英国议会下院设立决算审查委员会，根据1866年、1921年《国库审计部法》、1983年《国家审计法》以及2000年《政府资源与账目法》四部法律，国家审计署完全独立于政府之外，主要审计公共资金的绩效审计，即对公共资金使用上的经济性、效率和效果进行审计。二是议会行政检查专员和地方行政监察专员。议会监察专员的职责是：监督政府机构及其工作人员，保证他们依法、合理地履行公务，防止不当活动侵害公民的正当权益，保护因政府不当活动而受到侵害的公民。

英国的立法之严密、执法之严格都是我国在反腐败方面要学习的地方，既有分散式的立法也有专门的立法，各种法律定位不一，但是目标确是相同的。"英国是世界上第一个制度反腐败的国家，迄今为止，已经通过了一系列与反腐败有关或者包含反腐败内容的立法。1889年，英国颁布了第一部反腐败法，即《公共机构腐败行为法》。1906年颁布了《防治腐败法》将《公共机构腐败行为法》的范围扩大到了不仅包括公共机构的工作人员，而且包括公共机构本身"。① 如同上文所说，无论廉政建设的指导思想多么伟大，多么公正，离开了具体的制度，只是一纸具文。同样地，无论立法有多么完备、全面，立法的价值倾向有多么理性自然，没有严格的执法，也不过是一纸具文而已。

（三）新加坡不想腐保障机制

新加坡在廉政文化建设方面的成功，很重要的一个方面就是提倡"廉"是立国之本，执政之根，是为官的基本道德规范。1990年2月，新加坡国会批准的《共同价值观白皮书》提出了五大共同价值观：国家至上、社会为先；家庭为根，社会为本；关怀扶持，同舟共济；求同存异，协商共识；种族和谐，宗教宽容。

---

① 杨卫军：《把权力关进制度的笼子里——国外经验及其对我国廉政建设的启示》，载于《理论导刊》2014年第8期，第32~34页。

共同价值观使新加坡国民在思想上达成共识，增强了对国家、社会的政治认同感。新加坡政府特别重视用儒家传统文化精华"忠孝仁爱礼义廉耻"和"共同价值观"教育公务员，营造廉政从政文化氛围的积极作用，提升了新加坡廉政建设的文化软实力。

人民行动党领袖以身作则、率先垂范，坚决反对腐败，保持政府及其官员廉洁形象，体现出良好的职业道德操守，对待腐败行为绝不容忍。李光耀执政40多年，其本人的言行就是一部廉政活教材，对于新加坡的廉政建设起到了很大的推动作用。人民行动党执政伊始，就明确提出"打倒贪污"的口号，旗帜鲜明地反对腐败，不但长期坚持不懈，而且主张法律面前人人平等。任何人，不论身份贵贱、地位高低和职位大小，只要贪赃枉法，必定严惩不贷。执政党及其领导人以身作则，为国家公务员队伍树立了良好榜样。李光耀在退位之后，仍然保持着廉洁奉公的形象，是新加坡人民公仆的楷模。

新加坡实行以俸养廉制度。新加坡政府认为，低收入是贪污的重要因素，一个收入少的公务员会以辅助收入为理由来辩护其贪污行为。因此，政府有责任确保公务员有高收入，以此来减少贪腐行为。一旦公务员工资低于私营企业人员时，就给公务员提高工资，政府也借此与私营企业争夺人才，促进私营企业提高工资水平，促进社会稳定。以俸养廉制度使得新加坡的公务员对待腐败的态度是不必贪污、不想贪污。同时，与以俸养廉制度相结合的是中央公积金制度。这项制度规定每一名在职人员每月必须拿出22%的薪金储蓄起来，国家补贴薪金数额的18%，共计薪金总额的40%存入在职人员名下，作为在职人员的公积金。其目的是为解决在职人员购买住房、医疗保险、养老金等问题。存入年头越久，公积金数额就越高。但当公务员违法贪污后，他的全部公积金或养老金就会自动取消，如数上缴国库。这对于试图贪污受贿的公务人员有较强的心理抑制作用。

二、典型国家不想腐保障机制的建设经验

（一）通过廉政制度推进廉政文化建设，形成廉洁从政的道德约束

美国、新加坡、英国等许多国家都非常重视提高公职人员的道德修养，他们建立了完善的教育培训机构和制度，制定出严格的教育计划和培训章程，持续不断地对公职人员进行道德教育。美国政府非常重视以教育的手段提高公职人员的道德修养，为强化道德教化的效果，甚至不惜采用道德立法的形式。美国设立了多层级的道德教育培训机构，为公职人员提供道德咨询。道德署作为整个美国联

邦政府道德建设的指导机关发挥统领作用，联邦政府、各州、市同样设立了道德官员办公室、道德署或道德委员会负责具体的道德教育工作；新加坡政府重视专门人才的培养，实行政治精英育人模式，注重选拔有政治特质的青年进行能力及道德培养，使廉政风气平稳延续；芬兰政府同样在基础教育阶段进行廉洁教育，培养青年人养成廉洁自律的习惯；韩国政府在中小学课程中便设有反腐内容。同时，新加坡政府非常重视完善公职人员的道德考核机制，采用日常个人品德的考核和个人行为跟踪考核两种方式。日常个人品德考核方式是政府每年会发给公职人员一个记录本，公职人员必须每天携带并记录自己的日常活动，每周交给主管领导检阅、签字。个人行为跟踪考核是指反贪局具有对公职人员进行行为跟踪、暗中考察的特权，以此和日常个人品德考核相对照，保障公职人员的道德行为符合相关标准。

（二）通过廉洁文化与廉政制度建设的协同建设，形成廉洁从政的社会氛围

新加坡结合自身多民族、宗教信仰情况，实施国家一体化建设，宣扬"不分种族，都要在国旗下效忠"，使民族意识统一于国家意识。新加坡积极运用传统文化资源，尤其是其中关于廉政文化的精华，建立起符合本国特色、能触及民众内心的廉政文化，通过长期的廉政文化教育，逐渐形成了社会廉政风尚。每年新加坡反腐败部门都会组织一些活动，对公民进行廉洁教育。北欧国家同样通过长期教育，形成了浓重的社会廉政氛围，腐败行为被视为不义之举，腐败不仅面临着法律的惩戒，更面临着来自社会舆论的广泛压力。瑞典前议会监察总长克劳兹·埃克伦德曾介绍说，受历史及教化的影响，腐败行为在其国家被视为伤天害理、非常羞耻之事。芬兰非常重视基础教育阶段的廉洁教育，确立公民遵纪守法的观念，以形成社会遵纪守法的习惯。营造良好的社会风气，使贪腐不廉成为人人喊打的"过街老鼠"，是世界上一些清廉指数较高的国家进行廉政文化建设普遍采用的手段。

（三）通过廉政法治建设为廉政文化提供保障，塑造廉洁从政的行为规范

可以看出，美国、英国、新加坡等国家以制度建设保障或促进廉政文化建设的主要方式是建立权力制衡机制、监督机制以降低腐败风险。一方面，通过透明化政治运作，强化权力运行的社会监督。美国建立起以国会、司法、政党、廉政公署、审计总署、新闻、非政府组织等为主体的权力监督体系对公职人员权力的

使用进行全方位的监督。公民不仅可以查询政府文件，旁听议会的相关会议，投诉有关问题，对政府官员违法情况的举报也都是署名的。政府重大事项都要公之于众，特别是税收和预算。透明化管理，有效防范了"暗箱操作"。美国联邦政府及地方规定，公务员的个人财产都要公开，需要申报财产的人主要有两类：一是自愿参加公职人员竞选的人员；二是掌握政府合同项目人员以及拥有发包权的人员。另一方面，注重用法律规范公务员行为，采用法律的形式保障廉政文化建设也成为各国廉政文化建设的重要手段。美国对于规范公职人员行为，制定了大量的法律规范，并且非常细致具体。这些法律规范对公务员的道德要求、行为规范都有极其详细的规定。由于规范公务员权力行为的法律规范太多，很多公务员很有可能无意间违法。因此，负责行政监察工作的机构，会对公务员进行指导和咨询，让公务员在行使公共权力、进行社会活动中明白什么不可以做，违反规定将受到什么惩处等，以防止无意识违法。与此相关的是，对公职人员的所有处分，都纳入国家司法体系，不存在垂直的行政人员处分机构①。美国用了300年的时间不断完善法律体系，主张以法律调节各方关系，法律精神也随时间逐渐渗透到人民心中，形成了法治至上的观念，也为其法治型廉政文化建设提供了文化基础，自20世纪70年代起，美国联邦政府不断进行道德立法。各国在廉政文化建设中，普遍形成了"道德立法"的共识，这对我国公职人员"道德立法"提供了经验借鉴。

三、典型国家不想腐保障机制建设的启示

（一）必须从党员领导干部抓起，提高党员干部思想道德素质

领导干部以身作则，带头遵纪守法，严格执行有关规定，真正做到在法律面前人人平等，以实际行动反腐、倡廉、兴廉，这是反腐败取得实效的重要保证。如果党员干部违法乱纪，那么其后果往往更加严重，因此，反腐败必须把重点放在党员干部身上，这是保证绝大多数党员干部健康成长的一个根本前提，也是反权力腐败必须加快实施的一项基础性工程，正如毛泽东指出："掌握思想教育，是团结全党进行伟大政治斗争的中心环节。如果这个任务不解决，党的一切政治任务是不能完成的。"② 必须加强完善和健全领导干部选拔任用标准和程序，强化对党员干部选拔及教育培训，提高领导干部的思想道德素质，教育党员干部树

---

① 宋作勇：《美国廉政建设的经验及启示》，载于《江淮论坛》2011年第1期，第45~48页。
② 《毛泽东选集》第三卷，人民出版社1991年版，第1094页。

建构立体形式反腐败体系研究

立正确的权力观，增强党员干部廉洁自律的能力，筑牢拒腐防变的思想道德防线，从源头上预防腐败。

（二）必须完善法律法规体系，运用法治治理腐败

对公职人员提出具体的行为规范。美国对预防和减少公职人员职务犯罪形成了一套比较完备的规章制度。其廉政立法对各类事项规定具体，可操作性和适用性强，重视用法律来规范公职人员的行为。相反，我国在反腐败立法方面则明显不足，现有的预防性规定以政府的文件形式发文，还没有上升到法律层面，操作弹性较大。加强反腐败立法和制度建设工作，特别是建立具体同时又带有强制性的公职人员行为守则、财产申报等制度。坚持走法制化的道路，必须切实加强法治，"以法律来规范国家的治理，以法律来限制、控制权力的运作和操作，以法律来监督统治者，以法律来界定其权限和职责"①，不断完善权力监督制约制度与反腐败的预防惩治制度，提高立法的质量和反腐败法的效力，规范权力设置，公开权力运行，形成按制度办事、靠制度管人、用制度规范权力的机制，发挥制度反腐的制度规约作用。

（三）必须不断完善反腐败制度，形成政党、国家、社会三元反腐败体系

从权力腐败行为现象分析可以看出，权力拥有者是腐败的主体，权力是腐败行为的载体，权力主体对权力的追求是为了掌握对社会资源、财富、价值和权力的分配权益，可以说党员干部的腐败行为都离不开权力这个因素，在权力运作方式上，政治权力自上而下运作，在逐级管制中如果对其缺乏有效监督和制约就容易导致和产生权力腐败行为。中国反腐败体系的表现形式必然是一套制度网络的建设，这一网络应有以下三个层面：一是党内制度体系层面；二是监督制度体系层面；三是管理制度体系层面。加强对权力的制约和监督。我们不难看出，从当前我国的国情出发单一的制度建设、民主建设、高薪养廉、教育、监督等措施都不能对腐败起到有效的遏制作用，于是多管齐下，齐头并进对腐败进行综合治理的战略就必然会产生。还要创新社会参与机制，积极地鼓励公众的参与，发挥民众、非政府组织、网络新媒体力量等多元社会主体性作用。注意把党内监督同其他各个方面的监督结合起来，加强廉政文化建设，营造反腐败的社会文化大环境；主动培育社会组织的社会监督能力，重视新兴媒体如网络反腐败作用的发

---

① 何勤华：《西方法学史》，中国政法大学出版社 2003 年版，第 26 页。

挥，把自下而上的政府监督和自上而下的社会监督结合起来。

（四）必须从腐败行为的经济本质入手，建立健全正确的利益导向机制

物质利益是驱动人们行为的原初动机，"人们首先必须吃、喝、住、穿，然后才能从事政治、科学、艺术、宗教等等"[①]，"私人利益几乎是孤立的个人惟一的行为动机"[②]，这种"伊壁鸠鲁主义"成为腐败的真正原始冲动。从权力腐败现象的主要表现形式来看，作为腐败行为活动主体的领导干部依靠人民赋予的公权力通过权物交易、权钱交易、权色交易、权权交易等权力的商品化、资本化和市场化形式，把人民的利益、整体的利益、集体的利益部分转化成个人、小团体的利益，在这一过程中，公权力逐渐异化为领导干部腐化者为自己和他人谋取私利的工具。可见，依靠公权力异化谋取私利是领导干部腐败行为发生的原动力，是腐败行为的经济本质。因此，必须深入探讨新形势下社会主义市场经济条件下权力腐败的新形式和新特点，建立健全正当的利益导向机制。

第三节　建构不想腐保障机制

建构不想腐的保障机制，关键也在于把"人"管住，从源头上科学有效地防治腐败。围绕"人"构建反腐败保障机制的设计，主要有权力主体的行为及其对权力的运用两个方面，所以建构保障机制的路径也有两条：一是加强反腐败制度建设建立外部控制机制实现他律；二是加强廉政文化建设和创新廉洁教育，构筑权力主体的廉洁从政的内省自觉机制实现自律；三是完善个人信息合规性检查，实现"正人治权"。

一、SC 协同加强源头治理

建构不想腐保障机制，必须从源头上加以治理。SC 协同治理的措施有：建构 SC 协同的制度规训机制、权力监督机制和责任追究机制。

---

① 《马克思恩格斯选集》第三卷，人民出版社 1995 年版，第 776 页。
② ［法］古斯塔夫·勒庞著，冯克利译：《乌合之众》，中央编译出版社 2005 年版，第 39 页。

（一）建构 SC 协同的制度规训机制

1. 着眼于养成廉政文化健全廉政制度

从源头治理腐败，健全廉政制度建设应着眼于"正人"，通过形塑、规制掌握和行使权力的主体——"人"，养成"崇廉拒贪"、敬畏制度的廉政文化，是健全廉政制度体系的归依。为此，应整合既有的规范体系，总结经验教训，并吸收其他国家的立法成果，以公职人员伦理、防范利益冲突对权力行使者进行全面规制，强化有公众参与的立体形式的反腐败监控，形成全面规制与重点防控并举的全方位反腐败法制体系，并完善执行与惩戒机制，有腐必惩、有贪必肃，提高腐败成本[1]、挤出腐败收益，改变腐败高危人群对违法成本收益的心理预期，形成"不想腐"的正式约束机制。

通过廉政制度建设，防止利益冲突以减少权力主体腐败动因的产生、挤压权力空间以防止权力的恣意滥用、提升腐败成本以挤压腐败利益。对于当下中国的反腐败斗争，需要着重解决以下两个问题：

（1）建立健全防止利益冲突法。所谓公职人员利益冲突，是指公职人员在履行职责时其所代表的公共利益与其作为私人所具有的私主体身份利益发生冲突，从而其公务主体身份有可能不当地受到影响。现有法律法规就利益冲突问题进行了一些初步的规制，如公务员法对任职回避的规定等，应进一步扩展、完善，针对公职人员及其近亲属经商等问题吸取现有规范执行中的经验教训，健全公职人员及其直系亲属竞业禁止规范的相关立法。建立科学有效的防范利益冲突执法工作机制。

（2）建立健全廉洁从政行为规范体系。重点厘清公职人员正常人际交往与利益冲突行为的界限，平衡公职人员日常交际与拒腐防变要求之间的关系，设计原则性与灵活性相统一的行为规范，如对公职人员收受礼品等行为设置具体、明确的标准，防止利益交换。加强公职人员信息公开法制建设，以个人财产合法合规性检查为中心，兼及其他对履职行为廉洁性有重大影响的事项，对申报主体的范围、申报的内容与事项、申报类别及公示、申报的受理机构及信息库建设、信息申报不实的查证与惩戒机制等要从当前的党内法规上升到国家法律层面。

2. 纪法协同加强制度规训

如果没有强有力的国家制度的介入，即国家政策法律的介入，没有强大的文化建设，廉政建设共同体组织就不可能维系。把权力关进制度的笼子，"制度笼

---

① 徐玉生：《依法治国背景下反腐败制度创新的基本问题探究》，载于《青海社会科学》2015 年第 1 期，第 34~40 页。

子"就包括国家法律制度和党内规章制度两个笼子，即所谓"双笼关虎"①。纪法协同制度规训是颇具中国特色的反腐败方案，是指党纪国法相互衔接并协同管党治党的过程或能力。纪法协同管党治党的前提是纪法分开、条件是纪法的作用力方向一致。机理在于：党纪国法对于管党治党的功能衔接、执纪主体和执法主体在党的领导下同心协力、建构反腐败协调小组消弭可能存在的背向因子等。当前，可以从强化各级党委主体责任担当、纪检监察机关进一步聚焦主业、坚决维护纪律刚性和法律尊严、严肃党内政治生活炼体补"钙"四个方面充分发挥纪法协同的"增强效应"，全面推进从严治党。②

制度的生命力在于执行。加强制度规训，必须提升制度的执行力，防止制度成为"稻草人"。第一，加大中央巡视的力度，积极创造条件建立常态化巡视制度，健全纪检监察制度，实现纪检监察全覆盖。第二，探索党政纪检、监察体制改革的新途径，实行省级以下的垂直管理，打破地方纪检、监察机关与地方政府之间的利益关系，确保监督的独立性和有效性。第三，克服司法机关地方化、行政化的倾向，进行人民法院和人民检察院省级以下垂直管理体制新探索，打破地方保护主义倾向，避免过多的地方党委和政府的干预。第四，建立和完善对决策权实施监督的制度。各级党委和政府领导干部在重大项目安排特别是重要人事任免事项的决策过程中，要建立一套科学、民主、行之有效以及可操作的制度，保证决策的科学化、民主化和透明度。第五，健全领导特别是"一把手"权力的制约制度，使领导者逐渐养成遵守规则的习惯，把制度的约束化作内心的操守，从而培植规则至上、敬畏法律的法治观念。

（二）建构 SC 协同的权力监督机制

阳光是最好的防腐剂，建构 CS 协同的权力监督机制，就是不仅要对"权"进行监督，还要对"人"进行监督，后者甚至比前者更重要。

1. 强化权力互制

权力系统中的每个人应该既是监督的主体又是监督的客体，在监督别人的同时又接受别人的监督，这才是合理的监督机制。但事实上，在一个地方、部门和单位，由于主要领导掌握了决策权，可以通过制定内部监督程序和内容等方法，使监督沿着个人意志方向实施，掌权者掌握了决策权也就掌握了内部监督权，掌权者不仅可以让监督向着有利于自己的方向发展，而且还使得监督者慑于自己的

---

① 虞崇胜：《国法与党纪："双笼关虎"的制度逻辑》，载于《探索》2015 年第 2 期，第 59~67 页。
② 徐玉生、王方方：《纪法协同：全面从严治党背景下管党治党的机制创新》，载于《贵州社会科学》2016 年第 4 期，第 17~23 页。

建构立体形式反腐败体系研究

权威不敢进行监督，实际上利用"内部人陷阱"① 脱离了监督的控制。因此，权力的过分集中极易导致对权力的滥用，对权力进行适度分解和互制是保障权力合规运行的必然要求。即在不影响主要领导正确行使其领导权的前提下，根据党委集体领导与个人分工负责相结合的原则，将主要领导拥有的过分集中的权力适当分散，坚持重大问题集体讨论，"一把手"最后发言，形成决议后由分工领导组织实施。建立工作流程和结果通报制度，领导班子成员，特别是主要领导要定期向党组织报告工作。

2. 强化党内监督

一些党员领导干部对党内监督的作用和认识不到位，认为监督就是与人过不去，对人不尊重、不信任，思想顾虑多，监督上级怕被穿"小鞋"，监督同级怕伤"和气"，监督下级怕丢"选票"，造成忽视监督、不善于监督，甚至是不敢监督。因此，加强对党员特别是党员干部的党内监督、党性检验显得尤为必要。新时期要重点强化执纪问责工作，对再监督再检查中发现的工作不力、违反纪律问题，严格按照有关问责制度和纪律规定，运用执纪审查理念和方式，从严从快进行查处，将执纪问责的效果转化为推动责任落实的成果。一是注重抓早抓小，扭住"常态"不放。坚持把严明纪律贯穿于日常教育监督管理中，严在平时、严在经常，使党内生活正常化。二是坚持挺纪在前，推进工作转型。三是严惩"极极少数"，发挥震慑作用。以零容忍的态度惩治腐败，对严重违纪的"极极少数"发现一起查处一起。坚持标本兼治作为基本方针，深化党内监督，不断提高党员干部纪律规矩意识。

3. 强化法治监督

依法治国，是我国的基本方略。运用法治思维强化权力运行的制约和监督，一是理顺监督体制。一方面，对现行的监督职能机关即党的各级纪律检查委员会和国家监察委员会的领导体制实行必要的改革，进一步加强垂直领导的力度，对党政机关的监督要全覆盖；另一方面，通过立法保证监督机关有一个良好的执法环境，树立党内监督权威，扩展监督机关的权限，尤其是对同级党委重大决策的参与权、建议权、批评权，对党的干部任免的提议权、考核权、弹劾权和质询权，对违法违纪案件的立案权、检查权和处分权。二是完善党内法规。对权力的约束必须以法治为基础，建立和完善党内法规尤为迫切和必要。包括党的领导制度、民主集中制度、干部管理制度、廉洁从政制度等一系列规范，形成严密、互补、科学的体系，并使之具有明晰、具体、可操作的特点②。三是强化党内民主。

---

① 参见本书第三章第二节。

② 李业杰、王荣栓：《马克思主义建党思想研究：一种新的理论视角》，武汉大学出版社 2015 年版，第 115 页。

民主是法治的基础，也是实现权力约束的前提，没有广泛的党内民主，便没有健全的党内监督。强化党内民主必须进一步公开党内事务，自上而下的监督与自下而上的监督同时推进，拓宽党员检举、揭发、申诉、控告等监督渠道，防止少数人操纵弄权，真正体现党内的民主监督。

4. 强化社会监督

"把权力关进制度的笼子里，首先要建好笼子。笼子太松了，或者笼子很好但门没关住，进出自由，那是起不了什么作用的"[①]。这就强调把权力关进制度的笼子，一要强化权力公开运行。阳光是最好的防腐剂，让权力在阳光下运行是反腐败的根本路径，也是防止权力异化的重要手段。"政府开放、公民参与、社会公开是层层递进的关系，政府开放是参与的前提，唯有开放才能实现公民的参与；参与是社会公开的条件，公民的参与才能带来阳光，真正落实社会开放"[②]。二要让人民监督权力。健全公民及其组织通过检举、控告参与反腐败的制度。公民对国家机关和国家工作人员提出批评、建议、申诉、控告或者检举，是宪法赋予公民的监督权利。三要健全舆论监督制度。应保护新闻媒体的采访权和舆论监督权，支持新闻媒体披露各种不正之风和党政机关及其工作人员的违法违纪问题，加强反腐倡廉舆情网络信息收集、研判和处置工作，完善举报网站法规制度建设，健全举报网站受理机制及线索运用和反馈制度。四要加快反腐败相关配套基础条件保障，依靠科学技术制约监督权力。推进社会诚信体系建设，将住房、汽车、证券、基金、存款、税收、出入境、治安、工商等信息共享。要通过组织领导干部公开述职、开展民主测评和走访座谈、公布举报电话等形式，收集群众的意见和反映，切实提高群众的参与程度和监督质量。同时要注意整合各方监督的综合优势，形成全方位、多层次的监督体系，使主要领导事事、处处感受到监督的存在。

（三）建构 SC 协同的责任追究机制

健全问责机制，坚持有责必问、问责必严，把监督检查、目标考核、责任追究有机结合起来，形成法规制度执行强大推动力。通过严肃追究主体责任、监督责任、领导责任，让法规制度的力量在反腐倡廉建设中得到充分释放。

1. 健全党风廉政责任追究的"良制规约"机制

要完善监督制度，注重运用法规制度固化全面从严治党实践成果。从顶层设

---

① 《习近平关于严明党的纪律和规矩论述摘编》，中央文献出版社 2016 年版，第 50 页。
② 李和中、邓明辉：《政府廉政生态的建构与策略选择》，载于《中国行政管理》2014 年第 4 期，第 31～34 页。

计和科层层级健全党风廉政责任制规训机制，继续加强对责任不落实、履职不到位、造成不良后果等需要问责的情形进行清楚界定，对问责责任边界、责任主体、责任清单、追究方式、追责执行、追责反馈等要素的科学化厘定，做到"六个明确"。

一是明确责任追究的边界，指党委（党组）对党风廉政建设所负的主体责任、纪委（纪检组）所负的监督责任和领导干部所负的领导责任。

二是明确责任追究的领导主体，责任追究工作由党委（党组）统一领导，按照干部管理权限分级负责。明确正职领导干部对职责范围内的党风廉政建设负总的责任，副职根据分工，对职责范围内的党风廉政建设负领导责任，各所属单位负责人是本单位党风廉政建设第一责任人，负责本单位党风廉政建设工作。各级落实党风廉政建设责任制领导小组办公室负责综合协调，督促相关部门根据职责权限实施责任追究。

三是明确责任追究的责任清单，从制度设计层面明确党风廉政主体责任、监督责任、领导责任的追责对象、责任清单、追责形式、豁免情形等。

四是明确责任追究的追责形式，即明确不履行党风廉政主体责任、监督责任、领导责任的后果责任、惩罚结果。

五是明确责任追究的执行主体。违反党风廉政建设责任制权力清单的行为，根据具体情况，由党风廉政建设责任制领导小组办公室负责协调，需要追究党纪政纪责任的，由纪检监察机关按党纪政纪查处程序办理；需要给予组织处理的，由组织人事部门或者负责调查的纪检监察机关会同组织人事部门查处；涉嫌犯罪的，移送司法机关依法处理。

六是明确责任追究情况反馈，围绕党委机关内部、政权机关内部、政府机关内部和外部社会责任追究反馈沟通制度，健全情况汇报制、定期通报制、第三方评价制度等工作机制。

2. 健全党风廉政责任追究的主体认同机制

党风廉政建设责任追究的前提是党委书记、纪委书记、领导班子的党性观念、责任意识要强，这样主体责任就容易落实，最忌讳的是"嘴上喊得好、口号喊得响"，但实际上是不重视。因此需要做到以下几个方面。

一是正确认识与处理主体责任、监督责任与领导责任的关系。为了避免在无意识的懵懂中步入"雷区"，有必要对党委（党组）对党风廉政建设所负的主体责任、纪委（纪检组）所负的监督责任和领导干部所负的领导责任进行认知了解，党委主体责任是前提，解决"决心和工作目标"；纪委监督责任是保障，解决"担当精神和有效方法"；领导责任是补充，解决"执行落实与主体依托"。违反党风廉政建设责任制规定，追究党委（党组）主体责任、纪委（纪检组）

监督责任时，主要负责人和直接主管的领导干部承担主要领导责任，参与决策的其他领导干部承担重要领导责任。

二是强化宣传教育厘清责任追究的内涵和政策界限。围绕贯彻落实党风廉政责任制度和全面从严治党制度为主要内容，通过日常行政管理修订汇编相关制度，编制落实党风廉政建设责任制工作手册。

三是充分发挥平台载体的传播作用，编发廉政传真、廉政短信、廉政专栏、廉政汇编，用好用活廉政文化墙、电子屏、公示栏、网站、QQ 工作群、微信群等，动态宣传落实党风廉政责任制的权威文件、政策、讲话、案例，增强落实党风廉政建设责任的思想自觉和行动自觉。

四是对党内法规和文件精神，要纳入中心组及领导干部教育培训的重要内容，编入各级党校和干部培训机构的教学规划纲要，作为领导干部平时学习的重要素材。

五是建立贯彻落实党风廉政责任制相关制度数据库，将党风廉政责任制相关党内法规和文件精神纳入中心组及领导干部教育培训的重要内容，编入各级党校和干部培训机构的教学规划纲要。

3. 健全党风廉政责任追究的程序执行机制

一是严格执行"上位追究"。责任追究最好的办法是自上而下地追究示范效应，因而要健全责任追究的上级监督机制，依据问题的严重程度，细化为处分、降级、降职、撤职等实质性责任追究，在责任追究形式上，可以采取党纪政纪处分和依法追究刑事责任等多种形式，发挥自上而下追究的上位追究的示范效应。

二是规范责任追究程序。严格按立案、检查、处理程序进行，正确区分责任追究与一般违纪的关系，分清集体责任和个人责任的界限。

三是发挥各级党风廉政建设责任制领导小组对本区域党风廉政建设及领导干部作风建设的执行组织协调作用，负责对本区域党风廉政建设及领导干部作风建设工作的督办、协调、组织，按职责范围请示、解答党风廉政建设和领导干部作风建设适用问题，指导下级党风廉政建设领导小组开展工作。

4. 健全党风廉政责任追究的协商共治机制

一是健全责任追究组织领导。各级党委（党组）要带头学习，亲自抓好推动和执行工作。责任追究思想觉悟来自上层，既要求一把手对此重视，还要求班子成员将更多日常工作融入班子业务工作，领导班子其他成员要抓好分管范围内工作落实，形成齐抓共管的领导体制。

二是健全责任追究信息沟通协同。根据责任追究行为进行信息沟通协同处理，建立纪检监察机关与组织人事部门以及其他有关部门之间的情况通报制度，或定期召开联席会议等方式沟通情况，掌握、分析、筛选案源线索。完善信息网络，拓宽信息渠道。

三是健全责任追究协同治理。党委主体责任、纪委监督责任和领导干部领导责任三者有重叠或者涉及协商时，由党委（党组）统一领导，各级落实党风廉政建设责任制领导小组办公室负责综合协调，督促相关机关或部门根据职责和权限实施责任追究。问责结果的公正性应由纪委相关处室或有关部门扎口管理：需要追究党纪政纪责任的，由纪检监察机关按照党纪政纪案件查处；涉嫌犯罪的，移送司法机关依法处理。

5. 健全党风廉政责任追究的考核反馈机制

一是主体责任评价指标科学化的前提性澄清。围绕宣传教育、制度规训、责任追查、监督考核等方面指标，设计科学化操作性考核监督反馈指标体系，解决有没有开展经常性的党风党纪教育、有没有抓制度建设、有没有抓"一把手"、有没有抓查处、有没有抓检查等问题。

二是紧扣责任追究监督考核重点，加大对领导干部特别是主要领导干部、人财物管理使用、关键岗位的监督，健全问责、经济责任审计等制度，以及解决群众反映强烈的突出问题等情况，作为监督考核的重点。

三是整合权力机关内部与社会监督资源，引入外部责任追究监督。发挥人大和政协监督作用，采取组织检查、专项检查、突击抽查等多种形式，强化政府专门机关监督和司法监督，拓展社会监督和舆论监督。加强责任追究工作的透明度和群众参与度，对应当问责但未问责的情况建立相应的监督机制特别是外部监督机制：建立责任追究信息公开网络平台，对党员干部违法违纪问题的调查和处理情况进行监督与质询，引入第三方测评、增加群众测评比重等方式切实发挥社会监督和舆论引领作用。建议编制《廉政监督公民参与办法》，让群众代表全程参与监督。明确党风廉政建设依靠群众的支持和参与的具体形式，强化群众举报、新闻媒体的监督等方式进行。

四是建立全面从严治党主体责任追究信息发布平台，健全纪委责任追究新闻发言人制度，健全责任追究案件情况季度报告制度和典型案件通报曝光制度。各级纪委每年年初要以书面形式，向同级党委和上级纪委报告履行监督责任情况。

五是建立党风廉政责任追究"一票否决制"，领导干部责任追究情况与晋升、待遇挂钩，由各级责任追究领导小组按照干部管理权限及时移送对接相应组织人事部门，对收到责任追究的单位和领导干部的追责形式、权责利等进行明确规定，作为党委（党组）主要责任人、纪检组织及其主要负责人年度评先评优和干部提拔任用的依据。

二、SC 协同健全廉政自觉

我国传统社会廉政建设并非没有制度制约，早在先秦时期就已经有了监察制度的萌芽，秦汉时期以来建立了完备的监察制度。对官吏的督察与整饬历来都是吏治的核心。明朝曾建制：国家立三大府，中书总政事，都督掌军旅，御史掌纠察，朝廷纪纲尽系于此，而台察之任尤清要。在建构 SC 协同的廉政他律机制之后，还要建构 SC 协同的廉政自律机制，实现他律和自律的内在统一，共同作用于权力运行制约和监督过程之中，实现廉政自觉。

（一）建构 SC 协同的立规为戒机制

党员领导干部拒腐防变不仅需要不断完善外在社会监督制度、体制，而且应加强领导干部的思想道德教育，强化其内心信仰，提高其自律能力。通过反腐倡廉教育建设廉政文化，为制度的制定、执行和监督的有效开展奠定了思想基础和自律，营造和建立权力主体的职业道德和廉洁自觉。

一是健全党员干部党性定期分析制度，完善民主评议党员干部制度和党代会常任制度，对于违法违纪、党性缺失的党员，予以相应的处理，强化党代会的日常监督作用。

二是加强领导干部特别是"一把手"的监督。进一步完善巡视监督制度建设，健全党内巡视制度，党中央和省、自治区、直辖市党委通过建立专门的巡视机构按照有关规定对下级党组织领导班子及其成员进行监督的制度；进一步完善党风廉政建设责任制，严格责任追究，一级抓一级，一级带一级，层层抓落实，维护党风廉政责任追究的严肃性。

三是完善党规党法，发挥党纪党规制约权力腐败的"前馈控制"作用。随着《中国共产党党内法规制定条例》《中国共产党党内法规和规范性文件备案规定》的公布，党有了第一部正式、公开的党内"立法法"。《中国共产党纪律处分条例》《中国共产党廉洁自律准则》《中国共产党问责条例》为"党要管党、从严治党"奠定了坚实的基础。

四是继续完善制度化的党性修养提升机制，从"思想圈""工作圈""生活圈"和"社交圈"的情况入手，及时了解监督对象的思想动态和工作生活动态，加强党员的纪律修养，积极参加党组织生活，自觉接受党组织的教育、管理和监督，把自己的思想和行动纳入党的组织纪律轨道。

（二）建构 SC 协同的立德为范机制

建构 SC 协同的立德为范机制就是强调形塑权力主体人格，权力主体要将外在的价值规范内化为自身的价值追求和道德自律。社会转型时期，道德主体的自主意识凸显，而道德自律精神却相对薄弱。道德主体的自主意识主要是指选择行为具有自觉性、不受外在意志支配。

道德主体的自主意识主要是指选择行为具有自觉性、不受外在意志支配。道德自律则是在自我价值判断的基础上对一定道德价值的自觉认同，并确立一定的道德规则，形成对自我的约束和命令。由于长期以来处在外在强制性制约和人的依赖性长期存在，加上社会转型带来的道德失范现象，使得人的精神自主意识本身并不完全，自律精神深化与培育更是存在不足。社会对人们的道德约束力的弱化，使现实生活中仍然存在着"人与法""权与法""情与法""钱与法""色与法"的矛盾和纠结。树立法律的权威和"法律至上"的理念，排除形形色色"以法治国"的干扰，创建名副其实的法治国家，还要付出长期艰苦的努力。在片面强调社会利益而抹杀个人利益的历史时期，道德对人的约束主要来自社会和他人，而现在，统一的道德标准对人的制约开始减弱，道德的约束力主要来自道德主体的内心，而不再是外部。人的自觉与良心起决定性作用。政治信念与忠诚转换成自我的价值认同感。[①]

另外，社会政治领域及其他领域对道德领域的干预弱化，社会约束力下降，社会道德从他律性强制向自律性转化。在道德认知、道德素养以及道德意志得到培养和强化之后，权力主体对于自我的权力约束及监督能力和意愿会得到极大提升，从而实现对权力的制约，防止权力腐败。

（三）建构 SC 协同的利益保障机制

1. 挤出腐败收益与保障合法利益的结合

公共权力从社会中产生而又自居于社会之上，履行着政治统治与管理社会事务的双重职能。正是由于公共权力凌驾于社会之上而又有这样的双重职能，决定了公共权力对于权力行使人员所具有的诱惑性、扩张性、侵犯性和排他性等腐蚀性。权力运用的过程也就是社会价值和社会资源的分配过程，因而权力关系也体现为经济关系，这种条件决定了谋取权力的直接的经济意义。对于每一个行使公共权力的人来说，都潜在地有将权力的运用所达到的公共目的或利益转化为他自己个人的目的和利益的可能。[②] 对于公共权力的这种腐蚀性，如果没有有效的制约或不加制约，有权就意味着享有个人的特殊利益，权力越大攫取的特殊利益也就越多，公共权力也就必然走向异化。因此，通过加大惩处挤出领导干部腐败收

---

① 龚群：《社会伦理十讲》，中国人民大学出版社 2010 年版，第 5 页。
② ［德］康德著，沈叔平译：《法的形而上学原理》，商务印书馆 1991 年版，第 357 页。

益的同时，还要加速公职人员工资制度改革保障他们的合法权益。

腐败现象大多表现为领导干部利用公共权力谋取金钱和物质利益。当个人有限的工资福利待遇达不到家庭和个人开销时，势必会铤而走险利用手中的权力进行寻租谋取私利。如果从经济上给予国家公务员以较好的待遇，使其不为生活所累，消除他们冒险以权谋私的机会。公职人员基于长期教育和训练成本获得国家录用，给予较高的合法收入保障符合市场人才竞争的公平原则。同时，国家为避免公权力介入经济市场，禁止公职人员从事营利活动，也应进行补偿。虽然高薪并不必然养廉，但公务人员工资过低，分配不合理，则很可能难以保廉。加快改革公职人员工资制度，打破平均主义，分配方式要变实物发放为货币发放，变隐形福利为公开合法货币分配方式，即使公务员工资得到提升，个人价值在经济上得以体现，又可以减少财政开支，利于廉政建设，激励公务人员的廉洁从政行为。

2. 消除公私关系对公共利益的僭越

传统的"潜规则"是以血缘、姻缘、乡缘、学缘、业缘为基础的亲情和人情网络为依托的规范体系，其根本指向是权力和利益。以权谋私在许多人的眼里已经没有了罪恶感，而是成了攀比、炫耀的一种资本，成了衡量一些人政治经营能力的标志。"自古恶人皆智者""见利不取是为愚""慕腐"心理成了一种比较普遍的社会心态。特别是当有的人滥用职权谋得了金钱、权力、地位等利益，另外一些人发现了其中的"奥妙"，便会寻找机会，仿效前者实施腐败行为。[①]

如果这个模仿"成功者"的链条不断加长，腐败群体也就得以形成，腐败文化就会得以广泛传播。不少腐败分子走上违法犯罪的道路，是从收受小额礼品礼金开始发展到欲壑难填的地步，许多人"礼尚往来"只不过是他们利用职务便利替人办事，为己谋利的借口而已，他们把别人是否送礼甚至送礼多少作为是否替人办事的参考标准。这种轻视公德、重视私人关系及"人性大于法"的状况在相当程度上得到人们的认可或默许。加上自古就有"官不打送礼人"的说法，行贿违法而不罚的观念形成气候，使得人们失去畏惧感，送礼、行贿自然而然成为普遍现象。糖衣裹挟着的炮弹轻而易举地击垮了人们的思想道德防线。[②]

3. 培育"廉荣贪耻"的廉政价值观

亨廷顿认为：现代化开辟了新的财富和权力来源，从而进一步助长了腐化行为……一方用政治权力去换取金钱，另一方则用金钱换取政治权力……腐化的形式大都涉及政治行为和经济财富之间的交易。可见腐败是以政治权力谋取财富，

---

① 唐晓清、牟广东、段冰冰：《执政党拒腐防变机制研究》，辽宁人民出版社 2007 年版，第 209 页。
② 中央纪委研究室编：《中国反腐倡廉理论》，中国方正出版社 2006 年版，第 387 页。

或者是以财富谋取政治权力。

现代化涉及价值观、态度和期望的根本转变，腐败与迅速发展的社会经济现代化有着密切的关系：现代准则与传统准则的冲突导致社会失范，使个人的行为既不必遵循现代准则，又可不受制于传统准则。一些意志不坚定者就容易被利己主义、拜金主义、享乐主义所俘虏，崇尚"人无横财不富，马无夜草不肥"①"有权不用，过期作废""有钱能使鬼推磨"等信条，利用职权，索取回扣，接受贿赂，贪污、挪用公款或滥用职权，营私舞弊，非法经商，逃避国家监督。

制度设计往往从反面认识权力的消极作用，对人性做悲观的估计，即对权力主体的品格不应该百分之百地信赖，应该做必要的防范，以便在这些人不够清正廉明或者不再清正廉明时有反向的抑制，对权力主体进行强制性的制约，由于这是一种外在的"硬约束"，不管是"好人"还是"坏人"均能受其制约。正如卡尔·波普所说："我们渴望得到好的统治者，但历史的经验向我们表明，我们不可能找到这样的人。正因为这样，设计使坏的统治者也不会造成太大损害的制度是十分重要的。"② 因此，要通过廉政文化的建设培育"廉荣贪耻"的廉政价值观，遏制资本权力媾和的"恶果"。一方面，要在教育对象上分类分层。廉政教育的对象依权力和责任不同，可分为党员领导干部、一般党员干部、普通党员、公职人员、社会公众等层次，廉政教育应据此有针对性地开展。另一方面，要在教育内容上分类分层。廉政教育内容很多，包括理想信念教育、反腐倡廉形势任务教育、职业道德教育、公仆意识和权力观教育以及党纪政纪、法律法规教育等，在实施过程中既要考虑普遍适用性，又要注意区分不同对象，体现针对性。

三、完善个人信息合规性检查

个人信息合规性检查制度，也就是通常所说的"阳光法案"，在许多国家和地区也称为官员财产公开制度。推出并完善个人信息合规性检查制度有利于阻断权力货币化，挤出腐败收益，从而削减腐败动机，建立起"不想腐"的保障机制。

（一）建立个人信息合规性检查制度的必要性

个人信息的不公开刺激利益冲突中腐败行为的发生。公职人员在追求个人利

---

① 牟广东等：《廉政文化：从源头上预防和治理腐败的重要途径》，载于《求实》2008年第8期，第66~69页。

② ［英］卡尔·波普尔著，傅季重等译：《猜想与反驳》，上海译文出版社1986年版，第491页。

益的过程中，易于导致利益冲突现象的发生，而公职人员个人财产信息的不公开状况，则反向刺激或引诱了利益冲突下的腐败行为。公职人员的个人信息公开是世界多国的通行做法，但在我国当前并没有得到有效实施；公职人员的个人信息事项与公职人员的营利行为并无直接联系，但客观上却诱使利益冲突下的腐败发生，原因如下：第一，使权力的运行缺乏有效的监督。公职人员的个人信息事项公开，就可以使得各级组织、监察机关和广大社会公众对公职人员的财产、经营、家庭情况进行有效的监督，促使公权力的规范行使；这种舆论的压力、社会公众的监督，对于防止权力运行异化、权力出错的及时纠正都有极其重要的作用。第二，不能对腐败行为进行及时打击。公职人员个人信息的不公开，则意味着不但不能对权力进行有效监督，也意味着对腐败行为的发现、查处都较为不易。当腐败的查处比例较低、查处时间较长时，公职人员在利益冲突过程中实施腐败的动因就更加强烈。反之，个人信息的公开，则可以使社会很容易掌握公职人员的不当财产状况，进而予以惩处。第三，不利于权力规范机制的完善。公职人员个人财产信息的公开，可以知晓在哪些部门、哪些行业、哪些地区中，易于发生利益冲突的行为，如此就可以更有针对性地加以规范，并构建更为完善的廉政制度。反之，信息公开的缺乏，则不利于制度的完善，放纵了利益冲突中腐败现象的发生。

（二）个人信息公开制度的推行有助于阻断权力货币化

腐败的实质是权力的货币化，即权力可以与一切货币相交换，这个交换过程包括权力流和货币流构成的闭环，反腐败所有措施的成效实际上就在于能否阻断这一循环。[①] 官员的财产公开制度之所以被称为"阳光法案"，正在于这一制度使官员的所有"好处"都被监督，不当得益无处藏身。当然，对公职人员的信息公开涉及公权力与私权利的冲突问题，而之所以要对公职人员的个人信息予以公开，其理论依据在于"公职人员的私权有限原则"。公职人员的私有权利应当受到一定的限制，这已经成为西方法治国家共同奉行的准则。从表面上看，公职人员在从事公务活动之外也具有普通社会公民的身份，其似乎也应当享有同其他社会公众同等的私有权利。但根据权利义务相对等的原则，公权力人员享有了更多的权利（这种权利因公权力而衍生，包括特定事项的支配权、享有较高的名誉、地位等），其自然也应当承担更多的社会义务。正因如此，对公职人员的私有权利进行适当的限制是必要的，尤其是当该私有权利影响到公权力的正当行使时。权利义务平等原则是近代法制发展的基本原则，我国的法治现代化过程虽然肇始

---

① 参见第三章第二节。

于法制的西化过程,但权利义务平等的基本理念与中国传统的文化也是相契合的。因此,脱胎于此的公职人员私权有限原则同样在我国也应适用。

制定防止利益冲突的法律,可以有效地对公职人员的腐败行为从源头加以预防,但该法律规范是从正面加以规范的;而公职人员在现实中的谋利行为往往表现多样又较为隐蔽,实践中大多难以查处打击。如果一项制度规定缺少了有效的惩处机制,则其社会效果必然不好。对此,有必要建立起一套有效的监督、查处机制。根据西方发达国家惩处犯罪的先进经验,对公职人员的个人信息状况加以公开势在必行。将公职人员的个人信息进行公开,就可以让公职人员的财产状况置于社会公众的监督之下,让腐败利益无处可藏,从而切断腐败的动力,使其行为人不敢腐。我国从 1987 年提出官员财产申报公开的相关问题,社会公众对此制度一直寄予热切期望。党的十八届三中全会提出推行新提任领导干部财产公开制度试点工作,2014 年广东省委提出稳步开展试点工作、陕西省委通过《关于对新提拔领导干部实行个人重大事项和家庭财产申报备案的意见》。当前,我国推行领导干部家庭财产及其他重大事项公开制度条件基本成熟,应尽快建立我国的"阳光法案"①。

(三) 逐步建立中国特色的个人信息合规性检查制度

经过 30 年的摸索前行,当前推行领导干部财产公开制度试点的条件基本成熟,主要表现在:中央有部署、公众有期待、反腐有必要、理论有支撑、基层有实践、社会有包容、改革有支持、技术有保障。特别是近 5 年来社会经济的发展、信息技术的日新月异,党风廉政建设以及反腐败斗争的发展,领导干部财产公开制度的试点已经从"条件不太成熟,还在等待时机出台该项制度",走到了条件的基本成熟。推进干部财产公开制度无疑会在一定程度上有益于开展反腐败斗争,但干部财产公开只是作为反腐败的一个途径和手段,适当范围的公开会推进反腐败的进程,但并不意味着公开一定会遏制甚至消除腐败。一些国外的经验也表明,尽管早已推行了干部财产公开,但其腐败的程度依然十分严重,俄罗斯就是其中的典型代表。切忌从理想主义的视角出发,对干部财产公开的实际功效寄予过高期望。②

应当看到,领导干部财产公开制度的推进,离不开顶层设计,但就具体实施而言,自上而下的推进思路显然不符合当前中国的反腐败斗争实际。关于财产公示过于激进主义的做法,新疆维吾尔自治区阿勒泰地区的"有限"官员财产公示

---

①② 陈志宏、徐玉生:《推动领导干部财产公开制度试点之解析》,载于《理论探讨》2015 年第 3 期,第 124 ~ 127 页。

就是这方面的典型代表。在学者与民众的一片叫好声中，阿勒泰地区的干部财产公示却戛然而止。一个重要原因无疑在于，其做法过于激进，导致遭受的阻力过多，难以继续开展。"人们常说：阳光是最好的消毒剂；但也应注意的是，过度暴晒也可能灼伤正常皮肤，甚至引发皮肤癌等恶性后果。"[①] 因此，在建立公职人员个人信息公开制度时，应尤其注意以下几点：

1. 顶层设计

对公职人员的个体信息进行公开关涉公职人员的私有权利界限，是一个十分重大的事项，单靠部门规章或某些地方的规定是难以有效执行的，因此必须通过立法的方式加以规定，以基本法的方式加以推进。

2. 公开的方式和范围

公开的方式是采用由下而上还是自上而下的信息公开，要根据我国的具体国情来选择。从公开主体的范围来看，公职人员谋取私利的行为往往较为隐蔽，且通常会借助家庭其他成员来进行间接谋利，特别在我国呈现出家庭腐败的整体性特征。若限定于公职人员本人，则难以起到防范、监督的效果，应以家庭为单位公开。

3. 检查监督的主体

一方面，我国公职人员是一个十分庞大的群体，而谋取、转移、隐藏财产的手段又十分多样、隐蔽，因此若将公开事项仅仅面向特定的监察机关、党委等内部部门，则难以真正发挥监督的作用；另一方面，如果让每一个普通社会公众都可以对公职人员的个人信息事项进行查阅，也许能起到更好的监督作用，但社会公众的法治意识和认知水平良莠不齐，难免人多嘴杂，甚至沦为街头巷尾茶余饭后的谈资笑料，实际效果很可能适得其反。

---

① 高波：《走出腐败高发期——大国兴亡的三个样本》，新华出版社 2012 年版，第 468 页。

第十一章

CSO 一体推进"三不"机制的中国实践

世界上不乏在反腐败和廉政建设中取得卓越成效的国家和地区，也积累了具有极其重要参考甚至借鉴价值的有益经验和举措。但是，"鞋子是否舒服，只有脚知道"，中国的反腐败斗争必须从中国的国情出发，走自己的路。中国特色的反腐败机制就是立足于中国国情，管权管事管人"三管齐下"立体式综合治理腐败，建构 CSO 反腐败体系，一体推进"不敢腐不能腐不想腐"权力制约和监督机制的建立和完善。具体表现在：在廉政文化（C）的建设上，以执政党的政治文化为引领，以党风带动社风民风家风的建设；在廉政制度（S）的建设上，党纪国法双轮驱动，加强政治建设以党性制约权力，重构和优化政治生态；在廉政组织（O）的建设上，深化具有中国特色的纪检监察体制改革，形成反腐败和廉政建设的合力，建立健全覆盖全社会的纪检举报平台，同时，加强反腐败国际合作，阻断腐败的溢出效应。

第一节　建设中国特色廉政文化

"公生明，廉生威"。廉政文化是建构中国特色反腐败体系的关键点，"要坚持治标不松劲，不断以治标促进治本，既猛药去疴、重典治乱，也正心修身、涵养文化，守住为政之本。"① 党的十八大以来，中国共产党高度重视廉政文化对腐败的治本作用，开创出了一条新路，其鲜明特色就是以加强政治建设引领廉政文化建设，形成全社会崇廉拒腐的文化氛围和为建设廉洁社会献智献力的价值旨义，通过端正检举举报文化激发人民监督、社会反腐的无穷潜力。

一、新时代持续推进廉政文化建设

1. 倡导公私分明的社会主流价值观

人们的行动与其持有的观念密切相关。有什么样的观念，就有什么样的行动。不同于西方"个人本位"的社会，中国自古就具有"家庭伦理本位"的社会结构，重血缘、分亲疏的家族主义是这种社会结构的价值底色。家族主义强调重视家庭及成员的利益，具有加强家庭团结和睦的一面，但其负面影响明显，即容易导致公私不分。针对这种情况，习近平总书记指出："作为党的干部，就是要讲大公无私、公私分明、先公后私、公而忘私，只有一心为公、事事出于公心，才能坦荡做人、谨慎用权，才能光明正大、堂堂正正。""公款姓公，一分一厘都不能乱花；公权为民，一丝一毫都不能私用。领导干部必须时刻清楚这一点，做到公私分明、克己奉公、严格自律。"②

2. 培育现代优良家风

注重家庭、注重家教、注重家风是中华民族历经千年的价值共识。2016 年 12 月 12 日，习近平在会见第一届全国文明家庭代表时的讲话中指出："要继承和弘扬中华优秀传统文化，继承和弘扬革命前辈的红色家风，向焦裕禄、谷文昌、杨善洲等同志学习，做家风建设的表率，把修身、齐家落到实处。"③ 众所周知，中国古代先贤在践行修身齐家治国平天下的传统理念中留下许多治家智慧。例如，宋代清官包拯生前立下家规，严厉要求后代不犯脏滥，不违其志，否则就不是包氏子孙，死了不可葬在包家祖坟；清代名臣林则徐给后人的家训说："子孙若如我，留钱做什么？贤而多财，则损其志；子孙不如我，留钱做什么？愚而多财，益增其过。"④老一辈革命家在长期革命和建设实践中始终以身作则，严厉治家，树立了很好的榜样。例如，伟大领袖毛泽东在家风建设上坚持"三原则"：一是恋亲不为亲徇私；

---

① 《习近平在十八届中央纪委七次全会上发表重要讲话》，中华人民共和国中央人民政府网站，2017 年 1 月 6 日。

② 《习近平关于党风廉政建设和反腐败斗争论述摘编》，中央文献出版社、中国方正出版社 2015 年版，第 79 页。

③ 《习近平谈治国理政》第二卷，外文出版社 2017 年版，第 355～356 页。

④ 刘建武主编，伍新林等著：《廉洁从政：中华传统清廉文化与当代共产党人的廉洁操守》，人民出版社 2018 年版，第 183 页。

二是念旧不为旧谋利；三是济亲不为亲撑腰。毛泽东对待子女总是要求他们与老百姓一样，不允许搞特殊化，他常说的一句话是："谁叫你是毛泽东的儿女呢？"周恩来曾专门召开家庭会议，定下不谋私利、不搞特殊化等"十条家规"。

事实上，无论是传统良好家风还是红色家风，都有一个鲜明特征，那就是正确处理了权与利、情与法、公与私、是与非、群与己的关系。当前要认真汲取中华优秀传统文化和红色家风中的精华，推动观念更新与重塑，积极倡导和培育现代优良家风，为深入开展腐败问题治理凝聚更多正确的价值共识。

3. 摒弃社会盛行的不良习俗

秩序的维系，有正式制度和非正式制度。正式制度特指成文规定或规范，如法律、法规、政策、规章、契约等，这容易为人所理解。但在现实生活中，伴随正式制度的还有非正式制度。所谓非正式制度，是指在正式制度规定或允许的工作程序、方式、惯例、规则之外，另外有一套工作程序、方式、惯例、规则在起实际作用。它利用正式制度提供的资源、条件、机会，又在无形中取代了正式制度。作为一种非正式制度，不良潜规则对正式制度的伤害极大。确切地说，当前中国家族式腐败的生成，与"党内和社会上潜规则越来越盛行，政治生态和社会环境受到污染"① 关系密切。例如，随着改革开放的推进和社会主义市场经济的发展，商品交换原则渗透到政治生活、社会生活领域中来，一些领导干部经受不住社会上各种各样的诱惑，将党和人民赋予的公共权力当成可以交换的商品，肆意搞权钱交易、权权交易、权色交易，由此封建社会那种"封妻荫子""一人得道，鸡犬升天"等的家族式腐败大行其道。再如，中国"是个人情社会，人们的社会联系广泛，上下级、亲戚朋友、老战友、老同事、老同学关系比较融洽，逢事喜欢讲个熟门熟道"②，这样就形成一张巨大的人情关系网，"既有形又无形，把很多干部群众都网在里面"，"逢年过节、生日纪念、婚丧嫁娶，你来我往，永无休止，还不清的人情债；你有圈子，我有圈子，大家竞相找圈子、入圈子、织圈子，把人际关系搞得越来越庸俗"，"这些不良习俗根深蒂固、无孔不入，很容易给党员、干部带来不良影响"，③ 都应该予以摒弃。

二、加强党内政治文化建设

党内政治文化是党的政治建设的"导航仪"，是廉政文化建设的"定盘星"。

---

① 《十八大以来重要文献选编》（中），中央文献出版社2016年版，第92页。
② 《十八大以来重要文献选编》（上），中央文献出版社2014年版，第721页。
③ 《习近平关于党风廉政建设和反腐败斗争论述摘编》，中央文献出版社、中国方正出版社2015年版，第81~82页。

"政治文化是政治生活的灵魂,对政治生态具有潜移默化的影响。"① 要加强党内政治文化建设,严肃党内政治生活、治理不健康的党内政治文化、优化党内政治文化。

(一) 严肃党内政治生活

严肃党内政治生活,深入开展理想信念和宗旨教育,筑牢思想上拒腐防变的堤坝,"要炼就'金刚不坏之身',必须用科学理论武装头脑,不断培植我们的精神家园。"② 为此,应该大胆创新采用"刮骨疗毒"式的强力行动提升党员教育的效果,党内政治生活要动真格,大胆使用、经常使用批评和自我批评这个武器,"使之越用越灵、越用越有效,以此促进民主集中制的贯彻执行,促进党内生活的严格规范"③,进行积极健康的思想教育,敢于负责担当、敢于动真较真、敢于指出问题,促使党员领导干部的思想认识得到提高,存在的问题得到切实解决。④

在全面从严治党新形势下,要通过抓思想教育,持续用科学理论武装头脑,不断培植共产党人的精神家园,强化政治意识、大局意识、核心意识、看齐意识,在思想和灵魂上下功夫,往思想熔炉中添薪柴,打好信念之铁、炼就意志之钢,拧紧理想信念的"总开关",营造良好的政治文化和政治生态。

(二) 治理不健康的党内政治文化

不健康的政治文化,表现为腐败"泛化"⑤。可以从两个层面去观察这一现象:从物理层面看,表现为腐败易发多发的程度和性质,观察指标有腐败的发案率、涉案金额、涉案人数、腐败高发的领域、部门等;从心理层面看,产生了"无官不贪,无事不腐"的消极情绪和负面态度。如果说腐败泛化心理是一个"畸形儿",那么,社会不公、道德沦丧等则是助产士。腐败泛化的发生与延续,和所谓"圈子"文化息息相关。圈子文化在现实中主要表现为拉帮结派、漠视法治、利益输送等。因此,治理不健康的政治文化,首先,要发挥廉政组织"清道夫"作用,敢于壮士断腕,立明规矩破"潜规则",对不正当的"朋友圈"坚决加以清理;其次,在当今信息时代要特别注重发挥新闻舆论的监督作用。新闻舆论监督是一种自下而上的民主监督,嗅觉敏锐,监督无处不在、无时不在。应抓

---

① 《习近平谈治国理政》第二卷,外文出版社 2017 年版,第 181 页。
② 《习近平总书记系列重要讲话读本》,学习出版社 2014 年版,第 161 页。
③ 习近平:《批评和自我批评是解决党内矛盾的有力武器》,载于《党建》2013 年第 10 期,第 1 页。
④ 李章军:《严督实导确保开出高质量民主生活会》,载于《人民日报》2014 年 11 月 25 日。
⑤ 高波:《走出腐败高发期》,新华出版社 2012 年版,第 274～275 页。

紧制定有关舆论监督的法规，明确规定新闻媒体的权利、责任和义务，使新闻媒体能依法履行其监督职能，切实成为促进公共权力规范运作、遏制腐败现象滋生蔓延、反映人民心声的有力工具；还必须尽快制定和完善网络反腐的相关法律规范，建立相应的体制机制，把网络反腐纳入法治化的范围内。①

（三）推进健康的党内政治文化建设

"要注重加强党内政治文化建设，倡导和弘扬忠诚老实、光明坦荡、公道正派、实事求是、艰苦奋斗、清正廉洁等价值观，旗帜鲜明抵制和反对关系学、厚黑学、官场术、'潜规则'等庸俗腐朽的政治文化，不断培厚良好政治生态的土壤。"② 党的十八大以来破立并举重塑党内政治文化，坚持以党内政治文化建设引领廉政文化。

1. 正视党内政治文化建设存在的突出问题

党内政治文化的主流是好的，但确实也面临着一些突出问题亟待破解。例如，"在一些党员、干部包括高级干部中，理想信念不坚定、对党不忠诚、纪律松弛、脱离群众、独断专行、弄虚作假、慵懒无为，个人主义、分散主义、自由主义、好人主义、宗派主义、山头主义、拜金主义不同程度存在，形式主义、官僚主义、享乐主义和奢靡之风问题突出，任人唯亲、跑官要官、买官卖官、拉票贿选现象屡禁不止，滥用权力、贪污受贿、腐化堕落、违法乱纪等现象滋生蔓延。特别是高级干部中极少数人政治野心膨胀、权欲熏心，搞阳奉阴违、结党营私、团团伙伙、拉帮结派、谋取权位等政治阴谋活动。"③ 因此，重塑党内政治文化已是势所必然，是坚持以党内政治文化建设引领廉政文化的不二路径。

2. 坚持抵制和反对庸俗腐朽的政治文化

古人曰："风俗既正，中人以下，皆自勉以为善；风俗一败，中人以上，皆自弃而为恶。"④ 庸俗腐朽的政治文化，对党员个体而言，是弱化党性修养的大染缸，使一些党员干部迷失政治信仰，最终陷入贪污腐败的泥潭；对党来说，是恶化政治生态的腐蚀剂，会导致党的肌体弊病丛生，丧失号召力、凝聚力和战斗力；对社会来讲，是毒化社会风气的污染源，如果任其肆意蔓延，社会将"乌烟瘴气"，人人受害。对于庸俗腐朽的政治文化，需要破字当头，以破促立，实现激浊扬清、扶正祛邪。彻底清除庸俗腐朽的政治文化流毒，绝非一朝一夕之劳，

---

① 李殿仁：《依靠人民反对腐败 跳出腐败周期律的根本途径》，载于《人民论坛》2013 年第 31 期，第 50～51 页。

② 《习近平关于全面从严治党论述摘编》，中央文献出版社 2016 年版，第 74 页。

③ 《关于新形势下党内政治生活的若干准则》，载于《人民日报》2016 年 11 月 3 日。

④ 桑学成等：《全面从严治党的难点及对策研究》，人民出版社 2020 年版，第 128 页。

需要久久为功、驰而不息。

3. 确立党内政治文化的核心价值规范

中国共产党的党内政治文化,是以马克思主义为指导、以中华优秀传统文化为基础、以革命文化为源头、以社会主义先进文化为主体、充分体现党性的文化。它蕴含着共产党人丰富的价值观内涵。"大力弘扬忠诚老实、光明坦荡、公道正派、实事求是、艰苦奋斗、清正廉洁等共产党人价值观"。[①] 在此基础上,党的十九大报告将新时代党内政治文化建设的核心价值规范浓缩为"16"字,即"忠诚老实、公道正派、实事求是、清正廉洁"。这为新时代共产党人不忘政治初心、永葆政治本色提供了根本遵循。

三、营造风清气正的检举文化生态

新中国成立前,毛泽东自信地回答黄炎培先生关于历史周期律的发问,其解决方案是:让人民起来监督政府。新中国成立后,毛泽东也在践行这一设想,以"公仆"精神要求广大党员干部,广泛发动人民群众对干部进行监督。但是实践效果差强人意,甚至事与愿违地走向了政治灾难。

(一) 正确对待"举报"

1. 举报释义及正确认知

当前进入中国特色社会主义新时代,"建设覆盖纪检监察系统的检举举报平台"[②],是营造社会监督文化氛围的当务之急,也是实现"让人民起来监督政府"的有效路径。

检举举报是同义词的叠加,亦即"举报"[③],是指举报人自愿向司法机关或其他具有相应职能的权力机关报告、揭发被举报人不当言行的行为。可见,"举报"的构成有三要素:举报主体,即举报人;举报客体或者说举报对象,即被举报人;举报内容,即"不当言行",这里的不当首先是举报人的主观认定,是否确实"不当",需要权力机关和相应职能部门通过合法的程序加以认定。"举报"一定是在自愿基础上的,不是被逼迫或诱导的行为。

长期以来特别是改革开放以来,社会大众对告密者、揭发者的鄙视和不耻在

---

① 《关于推进"两学一做"学习教育常态化制度化的意见》,载于《人民日报》2017年3月29日。

② 习近平:《决胜全面建成小康社会 夺取新时代中国特色社会主义伟大胜利——在中国共产党第十九次全国代表大会上的报告》,人民出版社2017年版,第73页。

③ 出自清·黄六鸿:《福惠全书·教养·礼耆德》"择本乡年八十以上,素有德行,从公确实举报。"本意就是检举、控告的意思。

一定程度上将"检举揭发"推置于道德与法规的两难之地，鼓励检举，但稍有不慎便会由举报沦为告密，引发全社会道德伦理的崩溃。厘清"举报"与"告密"的区别，鼓励社会公众鄙视"告密"的同时勇于"举报"，积极同腐败现象作斗争，并给予高度的社会评价。[①]

2. 检举举报的功能及其边界

检举举报作为维护秩序的一种有效路径，具有制约功能、发现功能、保障功能和化解功能。

举报的制约功能是指举报对权力的运行进行制约和监督，使掌权者不能肆意使用手中的权力，对腐败具有预防的作用。以不阻碍权力的正常运行和合理运用为其边界。举报的发现功能是指通过举报能够更广泛地发现腐败线索，校正权力运行轨迹的偏差。举报发现功能的边界应当符合法律规定和程序正义。举报的保障功能是指通过举报表达人民群众的迫切需求，保障人民群众的根本利益。举报从一定程度上来说是一种自下而上的需求，而这种需求从本质来看，正是公众为了维护和保障自身合法权益的动机。举报保障功能的边界是正当和合法利益，对一些非正当甚至无理要求绝不"保障"。举报的化解功能是指通过举报能够化解社会矛盾和冲突，消除人民群众对党和国家的政策以及党政机关工作人员的误解和误会。公众参与检举举报的"开门反腐"是进行反腐败斗争的全新方式，让人民群众感受到党和政府反腐败的决心和成效，有利于维护社会的稳定，增强党和政府的公信力。其边界在于维护公平正义、关爱弱势群体。

（二）检举举报法治化

营造风清气正的检举举报生态需要从两个方面着手，一是健全相关法制法规，完善举报人保护制度；二是加大恶意举报的惩罚力度，预防和遏制不正当甚至恶意举报。

1. 完善检举人保护制度

对领导干部的检举举报是宪法赋予广大人民群众的一项民主权利。但检举人被打击报复的案件依然屡见不鲜，其原因就在于对检举人保护制度的严重缺失。而在一些"清廉指数"较高的国家和地区，检举受理机关高度重视检举人的保护工作。目前我国检举人保护制度仍存在对检举保密的程度、方式规定过于笼

[①] 2016 年 4 月 8 日，最高检、公安部、财政部联合印发《关于保护、奖励职务犯罪举报人的若干规定》。各级地方政府也出台了奖励政策，《广东省扫黑除恶专项斗争群众举报奖励办法》于 2018 年 7 月 5 日起施行，举报者最高可奖励人民币 50 万元。

统、对检举泄密后的补救措施缺乏应急预案、对检举人保护范围比较狭窄等问题。解决这些问题，首先，要建立健全保密制度，相关制度设计应尽可能减少接触检举信息的经手人数量，简化检举材料交接流程；其次，为了降低检举人作证而暴露身份的危险性，检举人应当享有作证豁免权或出庭作证部分不予以公开，对于可能暴露真实身份的提问，检举人有权拒绝回答；最后，还应当从细化检举人保护程序、明确检举人保护机构、扩大检举保护范围、防范检举人举报风险等方面加强立法。

"法律应尽少促成犯罪同伙之间可能的团结"①，引入辩诉交易制度就有助于打破行受贿双方的信任关系，鼓励一方与司法机关合作，起到分化瓦解行受贿方之间利益共同体的作用。辩诉交易制度尽管在我国目前的相关法律中还没有正式规定下来，但在司法实践中已被侦查机关广泛应用。在《中华人民共和国刑法》和《最高人民法院、最高人民检察院关于办理行贿刑事案件具体应用法律若干问题的解释》中都规定了行贿人或者介绍贿赂人在被检察机关刑事立案前因主动交代行贿行为或者介绍贿赂行为而破获相关受贿案件的，可以减轻或者免除处罚。在我国贿赂犯罪案件侦查中，主要依据上述规定处理行贿人或者介绍贿赂人。但是这些规定对行贿人、介绍贿赂人的从宽处理只有到法庭审判阶段才有实现的可能，在调查阶段还不能充分鼓励贿赂犯罪案件涉案者放弃顾虑，充当污点证人检举举报其他涉案人员，因此我国有必要以这些规定作为立法基础建立起科学严谨的辩诉交易制度。

2. 预防和遏制恶意举报

恶意举报的行为不当对被举报人的合法权益造成了伤害，也严重干扰了国家的正常监管秩序。从恶意举报行为的发生机制来看，通常表现为具有人格缺陷的行为人在外部诱因的刺激下，实施了侵害他人的不正当举报行为。所谓人格缺陷，通常表现为行为人对他人的优点不能秉持客观公正的态度，或当遇到自身权益受到伤害时，采取不正当的方法来维护自己的权益。恶意举报危害极大，主要表现为：一方面恶意举报者的违法成本较低。主要体现为对恶意举报的认知存在分歧，对举报者的发现也较为困难，即使能够查处，被害人维权的成本也较高，导致许多恶意举报虽被证伪，但往往也不了了之。另一方面，恶意举报者对被害人造成的侵害则往往较大。尤其在当前自媒体网络较为发达的环境下，恶意举报行为可轻易对被害人进行抹黑，对其人身、名誉、正常的晋升、考核都会造成严重影响，而被害人要想自证清白却极为困难。为有效遏制恶意举报行为，可从以下几个方面着手：

---

① ［意］切萨雷·贝卡里亚著，钟书峰译：《论犯罪与刑罚》，法律出版社 2021 年版，第 34～37 页。

（1）进一步明确恶意举报的内涵。为了更有效地打击违法违纪行为，国家需要积极借助全社会的力量，现有的法律也鼓励广大公民积极对公职人员的越轨失职行为进行举报。在举报过程中，由于信息不对称等原因的客观存在，举报失实的情况也是难免的。为了消除举报人的顾虑，现行法律对举报失实的行为并不会追究责任。但是，也应当注意到某些人利用社会对举报不实的宽容态度，实施恶意举报的行为。对此，应进一步明确恶意举报的内涵，明确恶意举报与举报不实的边界。实践中尤其应从行为人实施举报的动机、是否谋取了个人私利、举报信息是否已经得到了反馈等多方面进行综合认定。总之，对于举报失实的行为应当宽容，对于恶意举报的行为则应严惩。

（2）加大对恶意举报惩处的严厉性和及时性。应进一步明确恶意举报与举报不实的边界。实践中尤其应从行为人实施举报的动机、是否谋取了个人私利、举报信息是否已经得到了反馈等多方面进行综合认定。对于恶意举报的行为，现行法律实际上规定了较为全面的惩处。恶意举报对他人人身、名誉造成侵害的，需要"停止侵害、恢复名誉、赔礼道歉"，还可能承担一定的精神损害赔偿；对于"捏造事实诽谤他人"或"诬告陷害他人"的，则可能要承担拘留、罚款等行政处罚的后果；而恶意举报他人情节严重的，则有可能构成"诽谤罪""诬告陷害罪""打击报复会计、统计人员罪"等犯罪，需要接受刑罚制裁。从更有效抑制恶意举报的角度来看，可进一步加大对该类行为的惩处力度；同时，注重法律惩处的及时性，更紧密建立起恶意举报与法律制裁两者间的关系。

（3）削减恶意举报的外部诱因。根据现行法律的规定，恶意举报者应当要承担一定的法律责任。但在实践中，对于恶意举报者的责任追究往往停留于个人层面，即多将其视为涉事主体相互之间的矛盾。行为人实施恶意举报往往与外部因素的诱导密切相关。这种外部诱因一个重要方面是举报行为的隐蔽性，即行为人实施恶意举报后往往很难被及时发现。对此，有必要将新型的网络技术、监控技术运用到举报监督体系中来。在确保举报者个人隐私、人身安全得到保障的同时，也能够让接受举报的主管部门对举报者的人身信息有一定的掌握，避免举报者滥用其举报权。

（4）加大社会诚信体系建设。从深层次上看，恶意举报行为的发生与社会诚信体系建设不健全存在较大的关系。恶意举报者对自身行为缺乏"可耻"的认知，而社会道德观念的评价也较为漠视。对此，在注重经济发展的同时，社会也应加强道德诚信体系的建设，塑造风清气正的社会环境，让每一个公民都切身参与到社会诚信体系的建设中来。每个公民都应当充分意识到自己权利行使的边界，在面对他人的违法违纪行为时，应当通过正当的诉求来解决，而不应通过恶意举报的方式来满足个人的私利。

第二节　完善中国特色廉政制度

新时代廉政制度建设，核心就在于加强执政党的规矩、行为准则等党规党纪的建设，以及对全体社会公民都具有强制约束力的法治建设，也就是说，党纪国法是我国廉政制度的主要内容。

一、新时代中国廉政制度建设的特色

（一）用制度管根本和长远

用制度管根本、用制度管长远，切实做到制度制定和制度执行同步实施。2016 年 12 月，在全国党内法规工作会议上，习近平强调，"加强党内法规制度建设是全面从严治党的长远之策、根本之策"。① 全面从严治党推进到什么阶段，法规制度短板就要补齐到什么阶段，执纪从严就要跟进到什么阶段，唯有如此才能真正树立起党规党纪不可触碰的权威性。党的十八大以来，党中央坚持依法治国和依规治党统筹推进、一体建设，先后制定或修订了《中国共产党廉洁自律准则》《关于新形势下党内政治生活的若干准则》《中国共产党巡视工作条例》《中国共产党纪律处分条例》《中国共产党党内监督条例》等党内法规，党内法规制度体系不断健全，制度笼子越织越紧。制度的生命力在于执行，只有长期抓、坚持不懈抓，才能打破"一百多个文件管不住一张嘴"的怪圈。要用制度管好党风这个根本，抓住领导干部这个"关键少数"，刹风肃纪，动真碰硬，不放过每一件小事，做到执行制度没有例外、没有禁区，让违纪必查、违规必究成为常态，切实强化制度的刚性约束和惩戒警示作用。

（二）用制度管权

用制度管权、用制度纠偏，着力促进党内民主与党内监督双向互动。我们党长期执政，最大的挑战就是权力的有效监督，只有破解这一难题，党才能永葆先进性纯洁性。《中国共产党党内监督条例》从宏观层面对加强党内监督进一步做

① 《习近平法治思想学习纲要》，人民出版社、学习出版社 2021 年版，第 92 页。

出顶层设计，克服党内存在的集中不够和民主不够的双重问题，把民主基础上的集中和集中指导下的民主有机结合起来，把上级对下级、同级之间以及下级对上级的监督充分调动起来，细化了党委全面监督、纪委专责监督、党的工作部门职能监督、基层党组织日常监督、党员民主监督的具体内容和要求，探索自我监督的有效途径。落实《中国共产党党内监督条例》，强化党内监督要从三个维度发力：一是在纵向上，要做实自上而下的巡视巡察监督、派驻监督和自下而上的民主监督；二是在横向上，要充分发挥党委的监督作用和同级纪委的监督作用；三是在日常监督上，要坚持民主集中制，严格党内政治生活，用好批评和自我批评武器，让普通党员能够以平等主体地位和主人翁身份参与党内事务，从而把党内监督与党内民主有机结合起来，把发现问题及时处置的工作见诸日常，形成发现问题、纠正偏差的有效机制，健全治理体系，提升治理能力。

（三）用制度管吏

用制度把关、用制度治吏，扎实推动干部培养选拔与从严管理共同发力。党要管党，首先要管好干部，从严治党，关键是从严治吏。党的十八大以来，党政领导干部选拔任用工作条例、问责条例、党内监督条例等党内法规相继修订完善或制定施行，从严选拔、从严管理、从严监督干部的制度体系基本成型。制度治党，必须从严治吏，必须突出管好领导干部这个"关键少数"，把好选人用人的入口关，上好日常监督的必修课，念好党规党纪紧箍咒，用好惩治腐败杀威棒，坚决纠正"劣币驱逐良币"的逆淘汰现象，确保党内政治生态正能量充沛，为改革者、实干家加油鼓劲。建设良好政治生态，领导干部应当率先垂范，自觉担当作为，党组织应恪尽管党治党的政治责任，坚持从严治吏，强化管理监督，让各级党组织和广大党员干部特别是领导干部养成在法治轨道上、在监督氛围下谋划和推进工作的良好习惯。[①]

二、建立健全党纪国法协同反腐的制度体系

（一）纪法协同管党治党的机理

在我国，党纪国法协同反腐败是通过纪法协同管党治党实现的，其机理在于：党纪国法对于管党治党的功能衔接、执纪主体和执法主体在党的领导下目标

---

① 刘海涛：《以制度建设助推管党治党常态长效》，载于《中国纪检监察报》2017年4月26日，第6版。

一致、反腐败协调小组能够消弭纪法协同可能存在的背向因子。

1. 功能衔接：纪在法前，法为纪基

如前所述，党纪和国法在其场域上的异同为其"衔接和协调"准备了足够的空间，正是两者在管党治党功能上的这种衔接，从而能够协同管党治党，推进全面从严治党。具体来说就是把纪律挺在法律的前面，法律是管党治党的底线和坚强保证。

因此，全面从严治党背景下，普通公民可以在国法许可的范围内活动，而党员还必须遵循党规党纪的约束。用数学的语言来说，党员可以做的只是"党纪可为"与"国法可为"的交集（见图11-1（a）中的阴影部分），比普通公民可以做得要少；另外，党员不可以做的却是"党纪不可为"与"国法不可为"的并集（见图11-1（b）中阴影部分全部），比普通公民不可以做得要多。

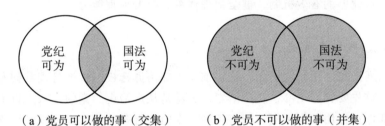

（a）党员可以做的事（交集）　　　（b）党员不可以做的事（并集）

图 11-1　党纪国法协同推进党风廉政建设示意图

也就是说，纪法协同推进党风廉政建设，党员实际上只可以在党纪允许的范围内活动，如图11-2左上边阴影部分。D_y 不能越出 L_y 的边界，充分说明了"党规党纪严于国法"。

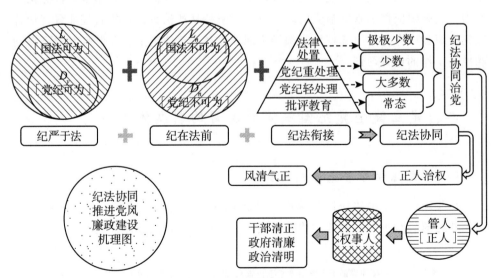

图 11-2　纪法协同推进党风廉政建设机理

2. 主体协同：执纪主体和执法主体在党的领导下同心协力

中国共产党自成立以来就始终注重加强自身建设，把纪律建设放在首位。党的一大通过的党纲明确规定在全党建立统一的组织和严格的纪律，延安时期毛泽东强调，"闹独立性、不服从决议、没有纪律的现象，必须整顿。"① "身为党员，铁的纪律就非执行不可"②。党的十八大以来，党内法规制度建设步入"快车道"。党内法规体系不断完善，党内法规制度建设不断提速。③

在党领导下制定的党纪和国法，绝不应是墙上挂挂做些表面文章，党的十八大以来以"八项规定"为突破口，狠抓党内各项规章制度的贯彻执行，加大依法惩治腐败的力度，强调各级领导干部特别是高级干部要牢固树立纪律和规矩意识，在守纪律、讲规矩上做表率，要求任何组织和个人必须在宪法和法律范围内活动，依照宪法和法律行使权利或权力、履行义务或职责。党纪和国法共同构成全面从严治党、深入推进党风廉政建设和反腐败斗争的制度体系和锋利武器。

3. 组织协调：借力反腐败协调小组消弭背向因子

当前由于社会主义民主政治发展还不完善、权力制约和监督机制还不健全等种种原因，党纪国法在协同管党治党上还存在着某些不协调因素，也就是作用力的背向因子。例如，在制定环节上的不协调，导致党纪与国法在某些问题上衔接断层甚至向背，存在"以党代政"甚至"以权代法"的现象；在处罚上的不协调，存在以党纪处分代替法律惩处，变"紧箍咒"为"防弹衣""护身符"，而且党纪处分五档的自由裁量权明显高于法律；在处置上的不协调，执纪主体与执法主体缺乏有效沟通，以前执法主体不仅执纪而且查办，导致"种了别人的地荒了自家的田"，现在执纪主体的快审快结制度能够避免这种现象，但又难免挂一漏万，给执法主体增加难度、贪腐分子得不到及时惩治。④

消弭纪法协同的背向因子，实现纪法无缝衔接，应"坚持以党内执纪为先导，以国家司法为保障，实行党内执纪与国家司法的有机衔接和协同作战。"⑤ 一是厘清纪法边界。在党纪党规的修订制定上与国家宪法法律分开，纪律的归纪律，法律的归法律，不能交叉混淆、界限模糊；在执行上涉及党规党纪的由执纪主体依规处理，涉及法律的由执法主体依法处理，"上帝的归上帝，恺撒的归恺撒"，使执纪主体和执法主体职责明确、各负其责。二是加强纪法衔接。纪法分开绝不是把纪律和法律完全割裂开来，"铁路警察各管一段"，而是要在内容上相

---

① 《毛泽东文集》第二卷，人民出版社 1993 年版，第 374 页。

② 《毛泽东文集》第二卷，人民出版社 1993 年版，第 416 页。

③ 《习近平总书记系列重要讲话读本》，学习出版社 2014 年版。

④ 徐玉生、王方方：《纪法协同：全面从严治党背景下管党治党的机制创新》，载于《贵州社会科学》2016 年第 4 期，第 17～23 页。

⑤ 吴建雄：《论党纪反腐与司法反腐》，载于《中共中央党校学报》2015 年第 2 期，第 20～24 页。

互衔接，在执行上相互协同，"注重党内法规同国家法律的衔接和协调，提高党内法规执行力，运用党内法规把党要管党、从严治党落到实处，促进党员、干部带头遵守国家法律法规"①。三是念好"紧箍咒"。把纪律挺在法律前面，首先是"严"字当头，对于普通民众而言仅仅是受法律的约束，但党员却受到法律和党纪的双重约束，应施行叠加惩处，即党纪处分与法律制裁不是选择或替代而是"数罪并罚"；其次违纪查处在"先"，与违法比较起来，违纪的行为更细小、更容易被发现，因此在一般情况下要先对违纪行为进行查处，而且也可以防止小错酿成大错、违纪走向违法、丧失"治病救人"的良机。四是深化反腐倡廉体制机制改革。党的十八大以来，为适应新形势党风廉政建设和反腐败斗争的需要，党对纪律检查体制进行了大刀阔斧的改革，抓主业、促"三转"，落实"两个责任"，"一岗双责"，领导体制上实行双重领导、纪委书记提名以上级为主，等等，带来了管党治党和党风廉政建设的新气象。

三、加强党的政治建设以党性制约权力

党的政治建设是党的十八大以来全面从严治党的主线和主基调。"实践使我们深刻认识到，党的政治建设决定党的建设方向和效果，不抓党的政治建设或背离党的政治建设指引的方向，党的其他建设就难以取得预期成效。"②

（一）加强党的政治建设的逻辑理据

1. 马克思主义政党的根本要求

政治属性是政党的第一属性，讲政治是政党的天然本性和内在需要。任何政党都必须加强自身政治建设，无论是资产阶级政党还是马克思主义政党，都是如此，否则就会失去其固有本性和存在价值。旗帜鲜明讲政治，始终不渝加强自身政治建设是马克思主义政党的根本要求，是攸关马克思主义政党安身立命的首要问题。

在国际共运史上，对于马克思主义政党而言，重视自身政治建设与否，结局不同。越南共产党和古巴共产党始终重视自身政治建设。越南共产党在党章中就明确规定，党员要"严格执行党的政治纲领、党章、党的各项决议、指示"；古巴共产党明确要求"每位党员必须在政治上与党的最高机构和组织保持一致，接

---

① 《中共中央关于全面推进依法治国若干重大问题的决定》，载于《人民日报》2014年10月29日。
② 《把党的政治建设作为党的根本性建设为党不断从胜利走向胜利提供重要保证》，载于《人民日报》2018年7月1日。

受党章规定，履行党的决议和规定"。相反，不重视自身政治建设，就会带来灭顶之灾。客观地说，苏联解体的原因有很多，但致命的是苏共的政治建设长期以来遭到破坏。在所谓"公开性""民主化"的口号下，"苏共放弃了民主集中制原则，允许党员公开发表与组织决议不同的意见，实行所谓各级党组织自治原则，一些苏共党员甚至领导层成员成了否定苏共历史、否定社会主义的急先锋，成了传播西方意识形态的大喇叭，苏共党内从思想混乱演变到组织混乱"①，最后哗啦啦轰然倒塌，教训深刻。

2. 中国共产党一以贯之的优良传统

重视加强党的政治建设是中国共产党长期以来的优良传统和突出优势。革命战争时期，党的五大在《组织问题决议案》中明确提出"政治纪律"的概念，要求党员必须接受政治纪律约束；毛泽东在《〈共产党人〉发刊词》中第一次提出推进党的建设要同党的政治建设密切联系的论断。新中国成立初期，中国共产党高度重视维护党中央的权威。改革开放新时期，中国共产党一如既往地重视加强党的政治建设。进入中国特色社会主义新时代，习近平总书记将加强党的政治建设推到一个新的高度，强调"党的政治建设是党的根本性建设，决定党的建设方向和效果"②，实现了对党的优良传统的继承和发扬。

3. 化解党内突出矛盾和问题的成功之道

党的十八大以来，以习近平同志为核心的党中央直面重大风险考验，将全面从严治党作为管党治党的主基调总要求，严字当头、严以贯之，推动新时代党的建设取得重大历史性成就。但同时必须清醒认识到，党内仍然存在许多突出矛盾和问题需要从根本上化解。如有的党员、干部对中央和上级决策贯彻落实不到位，搞阳奉阴违；有的不讲政治纪律和政治规矩，口无遮拦，妄议中央；有的在大是大非和各种社会思潮面前缺乏政治警觉性和政治辨别力，政治立场不稳；有的基层党组织政治功能弱化，个人主义、分散主义、自由主义和好人主义滋生蔓延，等等。这些突出矛盾和问题，归根结底都属于党内存在的政治问题，都是因为党的政治建设没有得到根本解决所致。历史和现实经验表明，政治上的问题，终究需要通过加强党的政治建设破解。

（二）加强党的政治建设的路径

当前党风廉政建设和反腐败斗争形势依然严峻复杂，滋生腐败的土壤依然存

---

① 《十八大以来重要文选选编》（上），中央文献出版社 2014 年版，第 133 ~ 134 页。

② 《决胜全面建成小康社会，夺取新时代中国特色社会主义伟大胜利》，人民出版社 2017 年版，第 62 ~ 63 页。

在，对腐败现象的高压态势只能增不能减。减少腐败存量、遏制腐败增量、重构政治生态的工作依然艰巨繁重。

1. 各级党委主体责任落地生根，重构政治生态勇担当

落实全面从严治党主体责任，一是要落实从严管理干部的各项要求。习近平提出了"管理要全面、标准要严格、环节要衔接、措施要配套、责任要分明"的五要求，以及"要求严、措施严，对上严、对下严，对事严、对人严"的六个严①。二是必须把"好干部"标准落实到选人用人的各个环节。"任贤必治，任不肖必乱。"各级党委要全面贯彻习近平提出的"信念坚定、为民服务、勤政务实、敢于担当、清正廉洁"②的20字好干部标准，严把用人标准关、识别考察关、选人用人关、培养锻炼关，真正把干部选准、用好，匡正选人用人的风气，为好干部打开广阔成长空间。三是充分认识党风廉政建设和反腐败斗争永远在路上。对腐败现象的高压态势只能增不能减、"紧箍咒"只能紧不能松，习近平强调，"零容忍的态度不变、猛药去疴的决心不减、刮骨疗毒的勇气不泄、严厉惩处的尺度不松"③。四是加强党内法规制度建设。对党员干部有着比国家法律法规更为严格的要求，各级党委和纪委要在政治纪律、组织纪律、工作纪律、财经纪律、生活纪律及作风建设等方面，在国家法律的基础上，提出更高要求，制定更严格、更具体的纪律规范④。

2. 党的纪检监察机关进一步聚焦主业，正风肃纪不放松

党的纪律审查是政治任务，必须讲政治、顾大局、守纪律。第一，要充分发挥反腐败协调小组作用，完善查办违纪案件组织协调机制，加强对下级纪委、派驻机构纪律审查工作的领导，健全重大案件督办机制。第二，提高监督审查质量和效率，强化问题线索管理，按照拟立案、初核、谈话函询、暂存、了结五类标准分类处置，定期清理、规范管理。加强案件审理工作，认真履行审核把关和监督制约职责，严格执行初核、立案请示报批制度，遵守审查纪律，依规依纪进行审查。规范涉案资料和款物管理，决不允许泄露秘密、以案谋私，对纪律审查安全事故要严肃追究直接责任和领导责任。

3. 坚决维护纪律刚性和法律尊严，惩治腐败零容忍

各级党委和纪委要切实肩负起党要管党、从严治党的主体责任和监督责任，以严的标准要求党员、严的措施管住干部，党员干部应率先带头严格执行党的各

---

① 《习近平关于全面以严治党论述摘编》，中央文献出版社2016年版，第13页。
② 王勇主编：《全面从严治党》，人民出版社2016年版，第206页。
③ 中共中央党史和文献研究院，中央"不忘初心、牢记使命"主题教育领导小组办公室编：《习近平关于"不忘初心、牢记使命"论述摘编》，党建读物出版社；中央文献出版社2019年版，第160页。
④ 徐玉生、王方方：《纪法协同：全面从严治党背景下管党治党的机制创新》，载于《贵州社会科学》2016年第4期，第17~23页。

项纪律、做好表率，确保党的纪律成为刚性约束。坚决维护纪律刚性和法律尊严，必须建立科学的淘汰机制，疏通党员队伍的"出口"，坚决把不合格党员清除出党的队伍。制定科学合理、操作性强的判断不合格党员的标准。

4. 严肃党内政治生活炼体补"钙"，咬耳扯袖红脸出汗成常态

习近平强调，"严肃党内政治生活是每个党员、干部的事，大家都要增强角色意识和政治担当"①。坚持纪法协同管党治党，广大党员干部要以爱党、忧党、兴党、护党的政治担当，按照习近平"分清是非、辨别真假，坚持真理、修正错误，统一意志、增进团结"②的要求，严肃党内政治生活。回顾历史，鉴于王明时期的"残酷斗争，无情打击"和"文化大革命"十年的创伤以及苏联斯大林时期"清党"的惨痛教训，改革开放伊始我党坚决摒弃了大搞群众运动、疾风暴雨式的"斗争"方式。但矫枉过正，近年来对"斗争"唯恐避之不及，竭力回避思想的正面交锋，"批评和自我批评这个'利器'在很多地方变成了'钝器'，锈迹斑斑，对问题触及不到、触及不深，就像鸡毛掸子打屁股不痛不痒，有的甚至把自我批评变成了自我表扬，相互批评变成了相互吹捧"③，党内民主生活从而逐渐成为茶话会，某些党员的思想中"一些未必成文却很有约束力的规矩"④取代了党纪国法。面对新时期世情国情党情民情的新变化、新特点，不采取强有力的"斗争"难以解决某些党员思想深处的潜规则、无规则，更难把那些混进党内的投机钻营之徒、腐化蜕变分子清除出党，全面从严治党的任务也就无从实现。

（三）运用"四种形态"优化政治生态

党的十八大以来，习近平总书记高度重视政治生态问题，提出了一系列意蕴深刻的"促进政治生态不断改善"的思想和举措，为塑造执政党的健康肌体、营造风清气正的政治生态奠定了理论基础。以习近平关于政治生态重要论述为指导重构政治生态，各级党委书记"要对本地区本单位的政治生态负责"⑤，坚持三项基本原则用好"四种形态"。这三项基本原则就是：正风肃纪不松懈，党纪处分不怜悯，法律处置不手软。

首先，正风肃纪不松懈。"各级党委要在思想认识、方法措施上跟上全面从严治党战略部署，把纪律挺在前面，发现问题就要提提领子、扯扯袖子，使红红

---

① ② 习近平：《在党的群众路线教育实践活动总结大会上的讲话》，载于《人民日报》2014年10月9日。

③ 《十八大以来重要文献选编》（上），中央文献出版社2014年版，第316~317页。

④ 吴思先生称之为潜规则。参见吴思：《潜规则：中国历史中的真实游戏》，复旦大学出版社2011年版，第12页。

⑤②④ 《习近平在第十八届中央纪律检查委员会第六次全体会议上的讲话》，载于《人民日报》2016年5月3日。

脸、出出汗成为常态"②，党委书记要作为管党治党、净化政治生态的第一责任人，必须把监督干部健康成长、提领扯袖防微杜渐、红脸出汗敢于较真当作分内之事、必须担当的职责，用好纪法"牛鞭子"管好党员干部，就是抓住了重构政治生态的"牛鼻子"③。正风肃纪不松懈，严密监控廉政风险点，盯住领导干部的"8小时外"和"朋友圈"，敢于负责担当、敢于动真较真、敢于指出问题，体现组织的严格要求，切实关心爱护自己的同志，绝不能错误地"包容""宽容"，以致"好同志"在错误的道路上越滑越远，变成"阶下囚"。

其次，党纪处分不怜悯。批评教育成为管党治党重构政治生态的常态化工作，并不是对违纪视而不见或者"从轻发落"。恰恰相反，"对问题严重的，就要打手板、敲警钟，该组织处理的组织处理，该纪律处分的纪律处分""问责不能感情用事，不能有怜悯之心，要'较真''叫板'，发挥震慑效应。"④以问责常态化促进党委的主体责任和纪委的监督责任切实履行，促进党的纪律执行到位，用铁的纪律整治各种违纪行为，有多少就处理多少，提高纪律执行力，维护纪律严肃性。当然，要把"无意过失"与谋取私利的违法违纪行为区分开来，为敢担当干部营造干事创业的良好氛围⑤。

最后，法律处置不手软。"法律处置"是"四种形态"中的极极少数，但绝不是为党员干部戴上三道"护身符"而网开一面。"惩治腐败这一手必须紧抓不放、利剑高悬，坚持无禁区、全覆盖、零容忍。"⑥对于党员来说不可为之事包括违纪和违法行为，只要违法就应该受到法律的处罚，不允许"法外开恩"。除恶务尽，否则"一有风吹草动就会死灰复燃、卷土重来，不仅恶化政治生态，更会严重损害党心民心"⑦。当前，减少腐败存量、遏制腐败增量的任务依然艰巨，全面从严治党任务依然艰巨，必须持续保持高压态势。只有依法治腐，发现一起、查处一起，才能清除政治生态的霉菌、病菌，才能保持党的肌体健康，才能净化政治生态。

第三节　优化中国特色廉政组织

党的十八大以来，以习近平同志为核心的党中央，着眼于党风廉政建设和反

---

③　徐玉生：《中国共产党延安时期政治生态建设及其当代价值》，载于《河南社会科学》2015年第12期，第20~25页。

⑤　徐玉生：《为敢担当干部营造干事创业的良好氛围》，载于《人民日报》2016年4月25日。

⑥⑦　《习近平在第十八届中央纪律检查委员会第六次全体会议上的讲话》，载于《人民日报》2016年5月3日。

腐败工作的新形势、新任务，深入推进党的纪律检查机关的改革与创新，激发体制机制活力。纪律检查机关一系列改革措施和创新方式迸发出全面从严治党的巨大正能量，不断释放出推进正风反腐正向信号。

一、党的十八大以来中国廉政组织的改革创新

监察体制改革根本目的就在于加强党对反腐败工作的统一领导，通过整合行政监察、预防腐败和检察机关查处贪污贿赂、失职渎职以及预防职务犯罪等工作力量，建立集中统一、权威高效的国家监察体系，实现对所有行使公权力的公职人员监察全覆盖。

（一）纪检监察机构设置的历史回顾

改革开放以来至党的十八大召开，纪检监察机关的机构设置经历了三个阶段：一是纪律检查机关的恢复重建；二是行政监察机关的设立和恢复；三是纪检监察机关合署办公。第一个阶段，党的十一届三中全会提出恢复重建党的纪律检查机关，党的十二大后县级以上地区和单位基本都建立了纪检机构。第二个阶段，为填补行政监察工作的长期空白，1986年12月第六届全国人民代表大会常务委员会决定恢复重建国家行政监察体制，到1988年，县以上大多数地方组建了行政监察机关。第三个阶段，针对纪检和监察监督对象高度重合的实际情况，为集中力量抓好党风廉政建设，避免工作交叉和重复，1993年1月，中共中央、国务院决定中央纪委与监察部合署办公，各地纪委、监察部门随之合署办公，履行党的纪律检查和行政监察两项职能。

党的十八大以后，适应全面从严治党新任务新要求，为进一步整合反腐败资源力量，形成集中统一、权威高效的反腐败体制，党中央决定推进国家监察体制改革，探索对所有行使公权力的公职人员监察全覆盖。党的十九大后，国家监察体制改革试点工作在全国推开，国家、省、市、县四级监察委员会相继组建。通过深化监察体制改革，实行纪委监委合署办公，实现了党内监督和国家机关监督、党的纪律检查和国家监察有机统一，进一步加强了党对反腐败工作的集中统一领导，推动了治理体系和治理能力现代化。

（二）纪检监察机构的职责定位

定位准才能责任清。以党章为根本遵循，转职能转方式转作风，聚焦主业主责，切实履行监督责任。纪检机关监督的功能、监督范围，是随着党的中心任务

的变化而有所变化，这是党的自身建设规律的反映。

党的十一届三中全会以来，随着反腐败斗争形势任务的变化发展，纪检监察工作职能也在调整和深化。邓小平在党的十一届三中全会上指出："各级纪律检查委员会和组织部门的任务不只是处理案件，更重要的是维护党规党法，切实把我们的党风搞好。"① 党的十二大通过的党章规定，党的各级纪律检查委员会的主要任务是：维护党的章程和其他重要的规章制度，协助党的委员会整顿党风，检查党的路线、方针、政策和决议的执行情况。党的十四大修订的党章对纪律检查机关的任务有所修改，将"维护党的章程和其他重要的规章制度"改为"维护党的章程和其他党内法规"。党的十六大对党章再作修改，增加"协助党的委员会加强党风建设和组织协调反腐败工作"。

党的十八大之后，习近平从党和国家事业全局出发，把党章赋予纪委的职责高度凝练成"监督执纪问责"六个字，各级纪检监察机关回归党章，从"包打天下"到聚焦主业主责，着力推进转职能、转方式、转作风。

改革开放40多年来，伴随经济社会发展，党风廉政建设和反腐败工作不断深入。特别是党的十八大以来，各级纪检监察机关全面履行党章赋予的职责，以顽强的意志品质正风肃纪、反腐惩恶，同时以深化改革为动力，坚定不移全面从严治党，推进纪律检查体制和国家监察体制改革，着力完善反腐败体制机制，实现"形"的重塑、"神"的重铸，为开创中国特色社会主义事业新局面做出重要贡献。

（三）纪检监察机关的反腐败策略

反腐败工作是一项复杂的系统工程，必须正确处理好治标与治本的关系，既要坚决惩治腐败，着力解决当下面临的实际问题，有效遏制腐败现象蔓延势头，也要科学把握治标与治本，一体推进不敢腐、不能腐、不想腐的有效机制，系统推进反腐败。1978～1992年，反腐败以"遏制"为主要内容，重点是针对当时群众反映强烈的"三招三转一住"问题，开展了扎实有效的纠风治理工作；针对经济领域的严重犯罪活动，集中力量严惩走私贩私、违反财经纪律、投机倒把、诈骗等严重犯罪行为。1992～2002年，党中央提出标本兼治的概念，1993年中央纪委二次全会提出领导干部廉洁自律、查办违纪违法案件、纠正部门和行业不正之风三项工作格局。党的十五大以后，各级纪检监察机关在坚持三项工作格局的基础上，反腐败斗争逐步从侧重遏制转到标本兼治、加大治本力度的轨道上来。2002～2012年，针对党的建设和反腐败面临的新形势，全党继续深入推进党

---

① 《邓小平文选》第二卷，人民出版社1994年版，第146～147页。

风廉政建设和反腐败斗争，确立了标本兼治、综合治理、惩防并举、注重预防的方针，提出建立健全惩治和预防腐败体系的目标。

党的十八大以来，巡视工作不断创新，通过明确职能定位、强化政治巡视，以及实行"三个不固定"、探索专项巡视、采取"点穴式""巡查式""回访式"等一系列创新机制和制度，既为实现全覆盖目标提供重要保证，又助推巡视的震慑、遏制和治本作用得到有效发挥。

二、加强纪检监察队伍建设

坚持打铁必须自身硬，严管和厚爱相结合，打造忠诚干净担当的纪检监察干部队伍。各级纪检监察机关继续把加强自身建设摆在重要位置，建立纪检监察干部打听案情、过问案件、说情干预登记备案制度等内控机制，在受到监督和约束的条件下开展工作成为常态，确保党和人民赋予的权力不被滥用、惩恶扬善的利剑永不蒙尘。[1]

（一）监督者也应该被监督

强化纪委的自我监督，树立"自我监督是拒腐防变的第一道防线"意识。党的十八大以来，习近平多次对纪委自身建设做出重要指示，要求解决好"谁来监督纪委"的问题。随着国家监察体制改革深入推进，纪委监委合署办公，监督范围扩大了、权限丰富了，经受的考验也更加严峻，对纪检监察机关自身建设提出了新的更高要求。十九届中央纪委二次全会上，习近平指出，"纪检机关必须坚守职责定位，强化监督、铁面执纪、严肃问责。执纪者必先守纪，律人者必先律己。各级纪检监察机关要以更高的标准、更严的纪律要求自己，提高自身免疫力。广大纪检监察干部要做到忠诚坚定、担当尽责、遵纪守法、清正廉洁，确保党和人民赋予的权力不被滥用、惩恶扬善的利剑永不蒙尘。"[2]

对待纪律检查机关及其人员自身，加强"严管"方针。一以贯之将"严"字长期坚持下去，并且今后将会执纪愈发从严。第一，在从严从实上狠下功夫，严格要求、严格教育、严格管理、严格监督队伍；第二，在监督中更好地体现厚爱，给予纪检监察干部有原则的厚爱，为担当者担当，为负责者负责。让监督对

① 刘海涛：《改革开放以来党的纪律检查工作特点》，载于《中国纪检监察报》2018年12月6日，第6版。

② 中央纪委国家监委新闻传播中心主编：《全面从严治党职责与实践探索》（理论卷），人民出版社2020年版，第253页。

象切实感受到组织的信任和关心，深刻体会到组织监督的出发点是爱护，更加自觉主动地乐于接受监督。

（二）健全多层监督体系

凡事都有从量变到质变的过程，腐败的发生也是如此。从查处的腐败案件看，权力不论大小，只要不受制约和监督，都可能被滥用。历史反复证明，拒绝监督就容易犯下错误，失去监督的权力必然导致腐败。只有强化监督，自律他律双管齐下，才能使党员干部保持清醒头脑，防止"破纪"走向"破法"。

党的十一届三中全会以来，对权力的制约和监督的实践和探索进入一个重要转型期。在此转型过程中，实现了从以领导干部为对象到以权力为对象，从主要依靠运动到更加注重制度建设，从以惩戒震慑为主到把监督挺在前面等重要转变。党的十八大以来，随着反腐败斗争不断深入，以习近平同志为核心的党中央扎实推进全面从严治党，提出"管权管事管人"的综合治理之策，更加强调纪律建设治本之策的作用，要求把纪律挺在前面，注重用党纪来衡量、约束党员干部的行为，用纪律管住全体党员，防止"要么是好同志、要么是阶下囚"。为把纪律挺在前面具体化，提出了监督执纪"四种形态"，提供了"分类诊疗方案"，贯彻惩前毖后、治病救人，体现了全面从严治党的根本要求。为与"把纪律挺在前面"相适应相配套，各级纪委将查办党员领导干部腐败案件由此前的"办案"一律改称"纪律审查"，违纪违法者先由纪委作出纪律处分，涉嫌犯罪的再移送司法机关处理，做到了纪法分开、纪在法前、纪严于法，提升了党风廉政建设和反腐败工作的综合效能。

党的十九大以后，中央纪委针对长期以来形成的监督职能边缘化、模糊化的问题，强调监督是纪检监察机关的基本职责、第一职责，要求把监督挺在前面，定位向监督聚焦，责任向监督压实，力量向监督倾斜，形成纪律监督、监察监督、派驻监督、巡视监督四个全覆盖的权力监督格局，把权力关进制度的笼子里，防止公权力异化、变质、滥用。

（三）强化制度的执行力

各级监察委员会的组建、监察法的实施，标志着监察体制改革真正进入深水区。国家监察体制改革进入新阶段，将触及更多深层次矛盾和问题，必须统筹安排、精准施策，切实把制度优势转化为治理效能。[①]

一是促使纪检监察机关严格依法履行职责。坚持"抓早抓小"的方针、动辄

---

① 肖培：《推进党的纪律检查体制和国家监察体制改革》，载于《中国纪检监察》2018 年第 6 期。

则咎，强化对各类监察对象的日常监督，用好各项监察调查措施，坚决查处职务违法和职务犯罪行为，确保监察权依法高效顺畅运行，把净化党内政治生态和净化社会政治生态有机结合起来。

二是树立大局观念，推动机构、职能和人员全面融合。始终坚持从政治和大局上考虑问题、谋划工作，在履职实践中把心拢到一起、力聚到一起，促进理念认同、思想认同、作风认同、文化认同。

三是进一步加强党规党纪和法规制度建设。研究制定完善、细致的监察机关案件管辖规定和公职人员政务处分规定，根据纪委监委合署办公要求，优化工作流程，完善监督执纪问责制度体系和监督调查处置制度体系，促进纪法贯通和法法衔接，确保执纪审查与依法调查顺畅对接，形成监察机关与审判机关、检察机关、执法部门互相配合、互相制约的体制机制。

四是强化教育培训纪检监察工作人员，切实增强其工作本领，使纪检监察干部熟练掌握党章党规党纪和宪法法律法规，既准确把握党的政策和策略，深化运用监督执纪"四种形态"，又严把事实关、程序关和法律适用关，不断提高反腐败工作规范化、法治化水平。

三、加强检举举报平台建设

加强社会监督，首先要有健全和健康的监督平台和渠道，建设覆盖纪检监察系统的检举举报平台就是必然之举。检举举报平台，是广大人民群众有序的政治参与形式和合法的民意表达渠道，透过检举举报平台，广大人民群众不再"吃瓜"，而是可以直接或间接地参与监督，获得感也不断增强。

（一）建设检举举报平台的困境

我国是人民当家作主的社会主义国家，人民群众的监督是社会主义国家的本质表现，也是国家监察制度的基础。但在我国当前纪检举报平台建设中存在的问题，成为发挥检举举报的阻尼[①]，妨碍检举举报功能的充分发挥。

首先，社会公众检举举报意识薄弱。虽然当前公民的权利意识日益强化，但公众对检举举报的认知还存在着偏差，不会也不敢使用自己所拥有的检举举报权利。一方面，大部分群众依然受到普遍道德观念影响，将"举报"与"告密"混为一谈，"不告密、不揭发，与其说是一种可贵品质，不如说是一条道德底线。

---

① 阻尼，原意是一个物理学概念，是指力的衰减，或物体在运动中的能量耗散。能起到阻止物体朝一个方向继续运动的作用，最终使物体趋于静止。目前"举报阻尼"的存在，大大削弱了举报的功能。

告密成风的社会，是人人自危的社会，告密使人与人之间失去基本信任，甚至相互侵害，冲击人们的价值判断，毁掉社会的道德基础"①，认为检举揭发实属"小人"行为，而且"事不关己高高挂起"的思想使得只要自己的切身利益不受到损害，就不会主动检举。从纪检监察机关统计的举报问题中可以看出，涉及群众自身利益的举报占大多数，而涉及集体和国家利益的举报则相对较少。另一方面，由于宣传力度不够，普通大众对如何走合理合法途径正确地进行监督和举报知之甚少，这也使得群众检举举报的积极性和效果大打折扣，难以达到揭发腐败的目的。再加上举报人频遭报复的事情不断发生，势必会影响到他们参与监督和检举举报的主动性。

其次，举报立法层级较低且细则内容不明。我国目前已经出台了一系列有关信访举报制度的规范性文件，但大都是地方性法律法规，行政规章意见等，缺乏一部核心基本法。且规范内容并未涉及太多细则，导致实际操作过程中缺乏可操作性。例如，在保护检举人制度方面，纪检监察机关设有相应规定，但这些规定一是没有上升到法律高度，二是对于检举人的身份信息保密、检举保护范围、举报所带来的风险应对等方面没有具体详尽的规定，实践中并未很好地起到保护检举人的作用。这样一来所导致的直接后果就是有一半以上的检举人不同程度地遭受过各种不公正待遇，打击报复或变相打击报复，这很大程度上影响了检举举报功能的有效发挥和群众的检举举报热情。

最后，举报信息参差不齐，受理工作滞缓。在目前的检举举报中，匿名举报率居高不下。由于是匿名检举举报，举报人在一定程度上对于所举报事项真实性的责任感会降低，检举人所反映事项的真实性和可查性也存在一定水分，更有甚者借匿名举报的形式对他人进行恶意中伤、诬告陷害以达到个人不可告人的目的。这些大大加重了纪检监察机关核查举报信息的难度和工作量，无法避免地浪费了国家公共资源。而信访举报部门工作人员的人数有限，大量参差不齐的举报信息很大程度上分散了核查部门的精力，致使其对于检举举报信息核查和反馈的效率不高。另外，效率的低下也会导致一些有价值的举报线索得不到应有的重视，无法真正发挥检举举报工作的实际效用。试想群众以极大的政治热忱，把重要的贪污腐败案件线索举报给有关部门，但总得不到有效的反馈，看不到实际行动，群众的举报热情就不会持久，监察机关的形象也会大打折扣。

（二）推进检举举报平台建设的举措

综上所述，建设覆盖纪检监察系统的检举举报平台，是党的十九大提出的重

---

① 刘成友：《不告密不揭发是道德底线》，载于《人民日报》2015年1月23日。

建构立体形式反腐败体系研究

要任务，也是我国当前深化纪检监察体制改革、取得反腐败斗争压倒性胜利的需要。针对当前存在的举报阻尼，阻碍了检举举报功能的发挥，亟待采取有效措施加以改进。

1. 建立健全各项工作机制

检举举报工作得以顺利开展与各级纪检监察系统的工作机制密不可分。首先，要积极开展举报审查工作。举报的审查是反腐败斗争中的第一道工序，是侦查工作的前提和基础。只有审查工作搞好了才能为接下来的案件侦查提供源源不断的线索。这就要求举报受理部门要坚持一个窗口对外原则，除个别特殊情况外，要统一接待，及时做好信息的登记和分流工作。加快举报线索的消化进度、减少举报线索挤压，保证移送的举报线索质量，促进立案侦查工作的顺利开展。其次，要明确领导干部职责，落实责任部署，进一步完善各级领导是检举举报工作的第一责任人制度。作为检举举报工作的第一知情人和重要协调者，各级领导要确保重要的检举举报信息亲自关注、亲自过问、亲自解决。因玩忽职守所造成的群体性失职事件，应对主要领导实施问责，真正做到责任到人，避免责任虚化。最后，加强机关内部自上而下的考评考核工作，建立科学合理的考评体系，根据纪检监察举报实际工作设立考核项目，对业绩突出的工作人员予以表彰和奖励。

2. 协调整合各部门资源力量

受理检举举报工作是一项复杂的系统工程，往往涉及多个方向，仅靠纪检监察一家的力量是有限的，需要组织、人事、政法委等单位的积极支持和基层组织的密切配合。因此，要充分整合资源形成合力，对一些重大的涉及多部门的检举举报问题，要各单位共同处理解决。一方面要加强纵向联系。在积极争取上级支持和指导的同时，加强对基层纪委的业务指导，充分发挥基层纪委的职能作用，提高基层处理问题的综合能力，形成上下互动的良好格局；另一方面要加强横向合作。由纪检监察机关牵头，进一步发挥机关各部门的专业优势。

3. 提高纪检监察队伍整体素质

纪检监察工作是一项政治性、业务性很强的工作，尤其是受理检举举报的有关部门机构，它承担着接待受理、分流审批、备案调查、保密反馈等专业性很强的业务工作，可以说纪检监察干部自身形象的好坏直接影响到纪检监察部门的威信，要正确处理好各类纷繁复杂的检举举报信息，做到高效高质量办公更绝非易事。随着群众文化素质的提高和民主意识、维权意识的增强，纪检监察机关工作人员要进一步加强作风修养，始终保持清正廉洁、秉公执纪的优良作风，正确履行职能，做到善待群众、依法行政、秉公执法，增强群众的信

357

赖。与此同时，根据工作需要必须不断学习和掌握经济、政治、法律、管理等方面的知识，切实提高纪检监察队伍的办公能力。纪检监察工作有时候难免会得罪人，这就需要纪检监察机关工作人员在与不良风气、错误思想和腐败行为做斗争的时候，不畏惧、不妥协、不退缩，敢于与恶势力"叫板"，一查到底、绝不姑息。

第四节　推进反腐败的国际合作

夺取和巩固反腐败斗争的压倒性胜利，必须进一步推进反腐败国际合作。加强反腐败国际合作，以习近平提出的"人类命运共同体"理论为指导，共商、共建、共享新型国家合作关系，构建反腐败的全球合作关系网络，齐商共治腐败这一"政治之癌"。

一、阻断腐败的"逃逸"和溢出效应

在全球化背景下，腐败与其他犯罪行为一样，也越来越具有国际性，而且因其"溢出"效应，使得反腐败不再是某一个国家的"内政"，而是需要各个国家加强合作，共同治理腐败。

所谓腐败的"溢出"效应，是指在某国产生的腐败现象，不仅会污染发生国的政治生态和社会经济环境，导致"不廉洁"，而且伴随腐败者的外逃、非法资金外流和海外腐败活动扩散等现象，导致"外部不廉洁"现象的产生，即降低腐败者流入国的清廉程度，动摇流入国经济、政治和社会生态发展根基。

首先，污染流入国的政治生态。政治生态是一个国家政治生活现状以及政治发展环境的集中反映，当一国的腐败现象伴随非法活动"溢出"到他国，必然首先对他国纪检监察等权力监督部门造成冲击，大大增加其部门人员参与职业腐败或为官不为的风险。如该国的政治体制及法律未及时有效惩罚制度规则的破坏者，那么更多的公职人员会倾向不遵守规则和法律来获取利益。长此以往，必然对流入国的制度执行力产生巨大危害，进而污染流入国的政治生态。

其次，腐蚀流入国的社会生态。腐败的"外部不廉洁"会对流入国经济环境及社会生态造成巨大破坏。对于普通民众来说，腐败"溢出"效应降低了其生活质量，阻碍了社会公平正义价值的实现，如腐败的流入提高了部分商品虚高的价格，提高了人民的生活成本；腐败的流入在一定程度上提高了因腐败拉大社会贫富差距的可能性，从而助长了民众相对剥夺感体验及其产生"腐败认同"的可能性，使普通民众在工作、学习与生活中，为别国的腐败支付不必要的腐败参与成本。

最后，扭曲流入国的文化生态。当一国产生腐败现象，必然对全球社会产生物质与精神的双重影响。若腐败"溢出"效应的发生国长期对腐败流入现象不作为或不积极作为，那么此国民众对自身"廉洁人"身份的辨识就会动摇，从而进一步危害其全社会场域内的认同廉洁理念、遵守廉洁价值的社会共识的建立，最终可能对其社会协同治理水平产生负面影响。

腐败"溢出"效应带来的负面影响和后果不可控，涉及世界多个国家、地区和组织，覆盖政治、经济和社会发展等各个领域，阻碍国际社会的健康发展。因此，对于腐败，任何一个国家"独善其身"几无可能，反腐败斗争是国际社会共同面临的重大挑战，加强反腐败的国际合作势所必然。

二、推进反腐败国际合作的中国经验

中国在推进反腐败国际合作的进程中，以反腐败实际成效证明了反腐败国际合作的必要性和可能性，稳步实现从"跟跑"到"领跑"的超越，增强了世界各国反腐败合作的信心。

（一）党的十八大以来中国反腐败成效卓著

国际透明组织（以下简称"透明国际"）（Transparency International，TI）自1995 年起每年发布"清廉指数"（Corruption Perception Index，CPI，又称"贪污观感指数"），"透明国际"不依附于任何国家的政治意志，宗旨是提高各国对于腐败问题的重视，且其统计手段和统计数据来源较之类似资料更为科学、丰富，因此 CPI 是研究全球腐败问题的主要衡量标准之一。[①] 中国的清廉指数排名在党的十八大以来的走势颇有意味：2014 年出现了大幅下降，2015 年重拾升势。中国 CPI 排名的变化过程，一方面反映了党的十八大"零容忍"重拳反腐败，腐败分子不断被揪出对国际社会认知产生的负向影响及其"反转"，作为拥有全球 1/5 人口的大国，人口数量的"量变"引起反腐败斗争的"质变"，使得中国反腐败所面临的困难和挑战更加严峻甚至其他国家的经验失去效用；另一方面 CPI 排名的变化也反映了中国近年来腐败治理成果在国际上得到了正向的承认与认可。

党的十八大以来，中国反腐败打出了一套组合拳，在国内"打虎""拍蝇"

---

① 李翔：《反腐败国际刑事合作机制研究》，北京大学出版社 2011 年版，第 4 页。

不松劲，针对腐败分子外逃、腐败资产外流等现象开展了"猎狐"行动，发出红色通缉令。通过积极参与制定反腐败"新兴领域治理规则"①，在 APEC、G20 峰会期间更是将反腐败国际合作提升至构建国家政治与外交关系的战略高度。采取了切实有效的措施追捕外逃人员和资金，由中央反腐败协调小组负责统筹协调，设立国际追赃追逃办公室，建立追逃工作协调机制，强有力地把反腐败战场延伸至海外。目前，中美执法合作联合联络小组反腐败工作组的主渠道作用已发挥；与加拿大建立司法执法合作磋商机制，签署《中华人民共和国和加拿大关于分享和返还被追缴资产的协定》；推动建立与英国、澳大利亚、新西兰等国的双边执法合作机制。②

在中国反腐败的国际合作中，通过联合调查、能力建设，及时通报监测、跟踪或者掌握腐败犯罪涉案人员流动、腐败资产跨境转移的数据情报，共享打击犯罪资源信息等机制③，将外逃的腐败分子绳之以法，为国家挽回经济损失、抓捕外逃腐败分子，成为党的十八大以来反腐败斗争的重要工作，对意欲逃亡海外的腐败分子起到了巨大的震慑作用，使犯罪分子不敢贪、不能贪，阻断反腐败压力的"漏出"通道，消解腐败的"溢出"效应，封堵腐败分子的后路。

通过这一系列组合拳，"零容忍"反腐败的高压态势向境外扩散，中国在反腐败国际合作进程中的作用也发生了根本性的转变，从当初被动加入反腐败国际公约，到主动设置政策议程，倡导建立一系列反腐败国际合作条约，从 APEC 会议到 G20，从《北京反腐败宣言》到金砖国家反腐败图册，中国主动倡导构建国际反腐败新秩序，积极推动国际追逃追赃务实合作，不断增强国际话语权和规则制定权，充分展现领导力和影响力，贡献了中国智慧、提供了中国方案④，完成了从反腐败国际合作中的"跟跑"到"领跑"的超越⑤。广泛开展反腐败国际合作，携手治理腐败，维护各国共同利益，中国不仅在实践上积极推进，而且提出构建"人类命运共同体"，为世界反腐提供了寻求共识的理论依凭。

长期以来，以西方价值观为基础的生产和价值的双重全球化导致的普遍异化

---

① 习近平：《加强合作推动全球治理体系变革 共同促进人类和平与发展崇高事业》，载于《人民日报》2016 年 9 月 29 日。

② 潘旭涛等：《国际反腐败日：中国成绩单彰显反腐决心》，载于《人民日报》海外版 2017 年 12 月 9 日。

③ 《最高检：完善机制，加强国际反腐败合作和追逃追赃》，中国经济网，2016 年 12 月 1 日。

④ 《〈厦门宣言〉蕴含成果：反腐败国际合作续写新篇章》，中共中央纪律检查委员会、中华人民共和国国家监察委员会网站，2017 年 9 月 7 日。

⑤ 袁柏顺：《全球腐败治理与中国的战略选择》，载于《河南社会科学》2016 年第 10 期，第 11 ~ 18 页。

使人类在国际体系层次上遭遇"同命相连"的潜在威胁①，伴随着腐败"溢出"效应所带来的全球性挑战，特别是腐败分子外逃、腐败资产外流等现象日益严峻，作为世界第二大经济体的中国必须担负起大国责任，与有关国家携手合作打击腐败，开展追逃行动，遏制跨国腐败滋生和蔓延，提出了"人类命运共同体"理论，为完善腐败治理的全球治理体系贡献"中国方案"、彰显"中国气派"。

在全球化背景下，只有各国人民同心协力，构建人类命运共同体，才能建设一个持久和平、普遍反腐、共同繁荣、开放包容、清洁美丽的世界。

（二）"人类命运共同体"理论指导下的反腐败国际合作理念

以"人类命运共同体"的眼光、思维和逻辑开展反腐败工作，可以从以下几个方面构建反腐败国际合作的理念。

第一，树立合作共赢的义利观。反腐败是具有双向性和互动性的世界性难题，各国都有平等参与国际和地区反腐败事务的权利，也有责任维护国际和地区反腐败合作。各方应坚定奉行合作共赢的义利观，在考虑到各国反腐败需求的基础上开展自身反腐败行动，各国应建立一个共同的、全面的、合作的、可持续的反腐败的理念，构建合作体系应对腐败挑战，努力走出双赢、多赢的反腐败之路，为世界人民努力营造稳定、可靠的发展环境。大国应发挥其应有的作用，支持和鼓励其他国家，特别是发展中国家平等参与全球反腐败治理，加大对欠发达国家和地区反腐败的支持力度，树立正确的正义观和利益观。

第二，树立改革创新的治理观。反腐败国际合作是中国为全球反腐败治理贡献的智慧和方案，在建设过程中不断深化改革治理观念，不仅应关注国内政治、反腐需求，更需要立足国际社会反腐败工作建设，平衡各国的权利和义务，将中国国内治理能力现代化建设与全球治理密切联系起来。同时，树立创新的全球治理观，在反腐败国际合作中，鼓励 NGO、民间团体和跨国公司等积极参与反腐败斗争，反映大多数国家的愿望和利益。通过治理观的改革创新，完善全球治理体系，提高腐败治理的实效性，努力推进社会治理的系统化、科学化、智能化、法治化，提高腐败治理的预见性、准确性、效率性，推动全球腐败治理体系朝着更公平、更合理、更有效的方向发展。

第三，树立法治正义的秩序观。法治是现代社会治理的基本手段，反腐败执法和预防腐败的合作要在《联合国反腐败公约》的框架下进行，并遵守国际法和

---

① 李爱敏：《"人类命运共同体"：理论本质、基本内涵与中国特色》，载于《中共福建省委党校学报》2016 年第 2 期，第 96～102 页。

各国法律的规定。同时，反腐败国际合作需要树立法治正义的秩序观，积极参与制定国际反腐败规则，倡导构建国际反腐败新秩序，以负责任大国的姿态维护公正、合理的国际政治、经济发展环境，引导世界各国在法律框架和秩序下通力合作，解决跨国腐败带来的全球性挑战，推动实现国际社会的公平和正义。

多年来，国际社会已逐步培育建立起超越主权边界的共同利益概念，各国对在维护自身利益同时为世界经济金融稳定和经济社会可持续发展等方面达成了共识，对携手解决和治理腐败问题具有共同意愿，以期通过加强国际合作，将腐败对各国政府公信力、国际社会秩序的破坏降到最低。

（三）"人类命运共同体"理论与反腐败国际合作的双向互动

广泛开展反腐败国际合作，携手打击腐败，阻断腐败"溢出"，维护各国共同利益，为世界反腐败提供中国方案、中国智慧，是构建人类命运共同体的题中应有之义。

中国倡导的"人类命运共同体"，强调建构真实的、平等的、互利的共同体，它在国家与国家之间建立的是一种平行结构的伙伴关系，倡导每一个国家在追求本国利益时兼顾他国合理关切，在谋求本国发展中促进各国共同发展，而不是中心—边缘结构的资本主义剥削链条关系。资本主义生产和价值的双重全球化导致的普遍异化使人类在国际体系层次上遇到了"同命相连"的潜在威胁[1]，伴随着腐败"溢出"现象所带来的全球性挑战，腐败分子外逃、腐败资产外流等现象日益严峻，作为世界第二大经济体，中国有其必须担负的大国责任，这就要求我们将反腐败工作的范围向海外扩展，与有关国家签订协议、开展追逃行动，携手打击腐败，遏制跨国腐败滋生和蔓延，为完善腐败治理的全球治理体系贡献"中国方案"、彰显"中国气派"，这是中国"人类命运共同体"理论实践逻辑的自然延伸。

另外，通过平等对话开展多领域全方位合作，中国同世界各国一道，共商、共建、共享新型人类命运共同体，构建以合作共赢为核心的新型国际关系，有助于赢得国际社会对中国反腐败工作的全面认可，为中国开展反腐败国际合作和追赃追逃提供有利的国际环境和行动帮助，夺取反腐败斗争压倒性胜利。开展反腐败国际合作，是我国全面从严治党、党风廉政建设和反腐败工作的重要组成部分，对国际政治环境和全球治理机制有着较高要求，以构建"人类命运共同体"为契机，将反腐败工作提升至构建国家政治与外交关系的战略高度，在此基础上

---

① 李爱敏：《"人类命运共同体"：理论本质、基本内涵与中国特色》，载于《中共福建省委党校学报》2016年第2期，第96~102页。

开展的反腐败国际合作，向世界推广中国的反腐治理思想，构建友华的反腐工作全球伙伴关系网络、社会关系网络，推动国际体系和全球治理向着公正合理的方向发展，将有助于中国进一步参与制定反腐败"治理规则"[1]，夺取反腐败斗争压倒性胜利。

三、持续推进反腐败国际合作

强化不敢腐的震慑，扎牢不能腐的笼子，增强不想腐的自觉，不管腐败分子逃到哪里，都要缉拿归案、绳之以法，以"人类命运共同体"理论为指导，将反腐败提升至构建国家政治与外交关系的战略高度，推进反腐败国际合作。

（一）推进反腐败国际合作面临的挑战

党的十八大以来中国完成了从反腐败国际合作中的"跟跑"到"领跑"的转变，但全球腐败治理涉及各国政治、经济、法律制度方面的巨大差异，在主导开展反腐败国际合作过程中，应注意尽力而为、量力而行[2]，全面认识我国目前开展反腐国际合作面临的挑战。

第一，由于经济全球化和网络全球化的深入发展，确实存在有部分欠发达国家法治观念淡薄，为吸引巨额资金流入放松对资金来源和资金持有人身份的监管，后期不配合中方工作人员的调查，为反腐合作工作的开展造成了现实障碍。同时由于网络技术日新月异，其在操作过程中具有多样性、复杂性和便捷性，腐败分子非法资金的流动方式越来越隐蔽，给调查取证造成了极大的困难，同样阻碍了反腐败合作工作的开展。

第二，各国在政治制度、法律体系、人权观念上存在差异，虽然目前国际合作反腐败已成为世界共识，但如部分办案部门和人员外语水平不高，无法做好证据资料的翻译等基础性工作、对国际合作法律制度和相关的追逃追赃规则及机制缺乏了解等现实性问题加大了反腐败合作工作难度。

第三，我国开展反腐败合作的立法工作仍待加强，这是我国开展反腐败国际合作过程中面临的现实挑战。尽管已与美国、英国、加拿大、澳大利亚、新西兰等国建立了双边执法合作机制，但目前中国还未订立详细的法律制度，因此在开展反腐败合作过程中缺乏国内法律的支撑。在现行的国际制度背景下审视我国反腐败法律体系和反腐败制度不足，以我国反腐败工作的本土经验和制度来影响和

---

[1][2] 习近平：《加强合作推动全球治理体系变革 共同促进人类和平与发展崇高事业》，载于《人民日报》2016年9月29日。

推动国际规则优化更新①，建设与国际惯例接轨的反腐败法律体系，加快完善境外追逃追赃的刑事诉讼和民事诉讼法律制度。

（二）推进反腐败国际合作的路径

面临逆全球化和民族主义抬头对反腐败国际合作带来的挑战，中国可以从以下几个方面积极推进反腐败国际合作。

1. 积极主动参与全球腐败治理相关规则的制定

"人类命运共同体"理论倡导每一个国家在追求本国利益时兼顾他国合理关切，各方应该坚定奉行双赢、多赢、共赢理念，在维护自身反腐败利益时兼顾他国反腐败利益，努力走出一条互利共赢的反腐之路。为了筑建牢固的"反腐"大堤，实现互利共赢和长远合作的利益，需要中国在腐败治理方面开拓创新工作方法、主动积极参与全球腐败治理相关规则的制定、积极开展反腐败国际宣传与交流、争取更多的国际合作伙伴，以实际行动来赢得国际社会对我国反腐败工作的支持和帮助。通过积极开展专项反腐合作行动，充分运用国际国内的多重资源来调整和补充全球腐败治理思路，推进全球腐败治理机制完善，保持中国在腐败治理领域"领跑"的角色。

2. 搭建国际信息交换平台加强金融监督

充分利用"一带一路"各成员国之间的合作平台，加强反腐败信息的交流，摸索与海外国家共同调查腐败事件和追缴外流腐败赃款的具体办法，特别是在不干涉他国内政的前提下积极参与成员国金融系统的信息互换，加强金融监督。中国及时同各国合作收集处理分析非法洗钱活动，建立金融机构信息管理系统和金融情报机构，建立海外外逃人员信息平台，制定统一的金融监督管理制度，规范金融管理秩序。监测现金和票据的跨境流转、减少跨国公司的行贿意愿、控制非法资金流动，在亚洲乃至世界范围内金融合作的基础上加强监测、跟踪可疑资金转移的相互合作。

3. 建立追赃资产分享制度

一国在开展反腐败合作过程中经常会遭遇其他国的不配合或不信任，因此应建立一套完善的资产返还和分享机制，即将追缴和没收的腐败资产在本国与提供追赃协助国之间进行分享，目前这种分享制度已被《联合国反腐败公约》认同。基于互惠互信的指导原则，与他国分享成果，激发各缔约国参与引渡合作的积极性和主动性，合作双方或各方享有平等的权利和义务，共享部分经济利益，有利

---

① 王海军：《追逃追赃的中国策略与国际合作》，载于《党政干部参考》2015年第5期，第12～22页。

于开展反腐败跨国追逃合作。

2016 年 9 月，中国与加拿大签署了《中华政府和加拿大政府关于分享和返还被追缴资产的协定》，标志着中加两国"分享和返还被追缴资产的协定"的成功实践。同月，在杭州举办的 G20 领导人峰会上，中美双方也对相互承认和执行没收事宜以及资产分享协议进行了商谈，并将尽快落实签订相关双边协议。然而，要完全通过资产分享和返还机制来实现追赃仍然会面临许多挑战，最直接的问题就是哪些资产应该分享、哪些应该返还以及各国之间应该按照什么比例进行非法资产的分享等，这需要统筹财政、外交、海关、银行、法院、检察院等各个部门的工作，全力配合境外追赃。

4. 加强与世界反腐败组织的交流与合作

由于当今世界发展主体的多元化，参与反腐败国际合作的主体仅停留在各国政府层面是远不能满足建设需求的。这要求我们必须具备创新的治理观，加强与各类世界反腐败组织如国际反贪局、国际透明组织的交流与合作，鼓励非政府组织、跨国公司、民间组织积极参与国际反腐合作，充分利用机会吸收借鉴这些组织先进的反腐败经验，摸索提高运用反腐败国际机制能力的路径，推动我国反腐败实践水平和全球治理能力不断提升。

同时应在合作中借鉴高度廉洁国家预防腐败的经验。如新加坡实行的高薪养廉方针，其公职人员每个月 40% 的工资存入其个人廉洁公积金账户，在退休后确认其无腐败行为后才可支取，数额颇大的"廉洁保证金"和一系列防范公职人员腐败的法律制度体系对于新加坡的廉政建设意义重大，保证了新加坡的清廉指数长期位居世界前列。由于亚洲特别是东亚政治文化的特殊性，许多东亚国家的廉政建设都经历了曲折的过程，中国如能在反腐败国际合作的过程中与有关国家借鉴交流预防腐败经验，将在日后的反腐工作中占据更大的主动性。

附：中国特色反腐败及标本兼治战略

面临严峻的反腐败斗争形势，要坚定不移地走中国特色反腐倡廉道路。但是，以权力制约权力、以权利制约权力、让权力在阳光下运行……在世界各国具有普遍的适用价值，有些还是我们"拿来"的，并不具备中国特色。实际上，我国反腐败在理论内核、独特优势、运行机制等方面具有鲜明的中国特色①。党的十八大以来，中国走出了一条具有自身特色的反腐败之路。

一、中国反腐败的特色

（一）中国反腐败是执政党的自我革命

与西方国家反腐败不同，我国的反腐败斗争是在执政党推动下展开的，而且可以说执政党的命运与反腐败也是同气连枝，共生共荣。我国的反腐败是执政党发起的"刀刃向内"的自我革命，反腐败与党的自身建设是一致的，为了维护执政党的执政安全，巩固党的执政合法性。

1. 党的领导是中国反腐败的坚强保证

中国共产党是以马克思主义为指导思想建立起来的政党，自成立之日起就与腐败水火不容，在长期的革命和建设的实践中逐步形成了中国特色反腐败理论，其理论内核是马克思主义党的建设和反腐败理论。马克思和恩格斯认为在阶级社会中，私有制是腐败问题产生的根本原因，当无产阶级取得政权后，还不能从根本上杜绝腐败现象的发生，"高高凌驾于社会之上的国家政权，实际上正是这个

---

① 徐玉生：《论中国特色的反腐败》，载于《广州大学学报》（社会科学版）2016 年第 10 期，第 5～11 页。

社会最丑恶的东西，正是这个社会一切腐败事物的温床。"① 必须对人民赋予的权力进行有效的监督和约束，要确保劳动人民当家作主，与公职人员的腐败现象以及一切其他违法行为做斗争，加强党的建设，健全民主选举和监督制度，防止无产阶级政权及其工作人员发生腐败②。

中国共产党充分认识到腐败轻则损害党的形象，重则导致党亡政息，"这个问题解决不好，就会对党造成致命伤害，甚至亡党亡国"③。我国反腐败是在执政党的推动下进行的，从而可以调动政府、社会和民众等一切可以调动的力量始终保持反腐败的高压态势，发现一起、查处一起。在党的统一领导下，综合治理错综复杂的腐败问题，统筹谋划覆盖广泛的反腐败工作领域，把反腐倡廉建设融入中国特色社会主义事业总体布局之中，保证了反腐败与党和国家工作大局一致，促进经济、政治、文化、生态和社会建设。⑤

2. 中国反腐败的目标与共产党的执政宗旨是一致的

中国共产党的执政宗旨是"立党为公，执政为民"，维护社会正义是中国特色反腐败的应有之义。中国共产党党章明确规定"党除了工人阶级和最广大人民群众的利益，没有自己特殊的利益。"因此，在中国共产党执政条件下，反腐败是执政党和广大人民群众共同的愿望。而不同于西方腐败问题往往是政党之间争斗的工具，反腐败的直接目的是对执政党进行攻击，是导致执政党下台的有力武器，如"水门事件"。

腐败是党肌体上的毒瘤，对执政党的执政地位具有致命的危害，轻则损害党的形象，即使执政党在其他方面成绩卓著，公众也会"端起碗来吃肉，放下筷子骂娘"；重则导致"党亡政息"，纵观古今中外"城头变幻大王旗"，执政党执政地位的丧失无不因腐败而致。如果党员干部的行为与党的性质和宗旨背道而驰，任由腐败分子为所欲为，甚至挑战党纪国法的威严，党的形象将被严重玷污，党的肌体"免疫力"就会下降，无法抵御各种病毒的侵蚀，执政党就会丧失民心，继而丧失执政合法性。

因此，通过党风廉政建设和反腐败斗争纯洁党的组织和队伍，增强党的创造力、凝聚力、战斗力，巩固党的执政基础，维护党的执政安全，是中国特色反腐败的重大使命和根本所在。反腐倡廉建设是维护执政安全的战略工程，既需要以战略思维来重视和谋划，更需要以战略眼光来部署和落实④。随着党风廉政建设

---

① 《马克思恩格斯选集》第 3 卷，人民出版社 2012 年版，第 98 页。

②⑤ 徐玉生：《论中国特色的反腐败》，载于《广州大学学报》（社会科学版）2016 年第 10 期，第 5～11 页。

③ 《十八大以来重要文献选编》（上），中央文献出版社 2014 年版，第 22 页。

④ 高波：《反腐倡廉建设是维护执政安全的战略工程》，载于《中国纪检监察报》2011 年 8 月 2 日。

和反腐败斗争领域逐渐拓展，不断以党风廉政建设和反腐败斗争的实际成效取信于民，党的执政地位必将更加稳固①。

3. 中国反腐败的效能是加强执政党的自身建设

反腐败斗争的关键是全面从严管党治党，通过"刀刃向内"的反腐败斗争促进中国共产党的自身建设。中国共产党作为执政党，百年之际有 9 500 多万名党员，而且公职人员中共产党员占绝大多数，他们的言行举止对整个公职人员起着示范和引领作用，在建设廉洁政治中起决定性作用。中国共产党的党纪党规对广大党员干部具有硬约束，政治纪律重在讲"忠诚"，组织纪律则重在讲"服从"，廉政纪律重在讲"廉洁"。而且，"党规党纪严于国家法律"，其精神实质在于党纪党规不仅约束广大党员的言行，还规范广大党员的思想信念，要求广大党员保持先进性和纯洁性，使党纪党规对权力的约束更加有效、惩处更加有力。习近平指出："在我们国家，法律是对全体公民的要求，党内法规制度是对全体党员的要求，而且很多地方比法律的要求更严格。"② 国家法律是全体公民的行为底线，而党规党纪不仅要求党员必须模范遵守国家的法律，还要求党员坚定理想信念宗旨、保持道德情操。严明党的纪律，严守党的规矩，是每个共产党员都不可逾越的边界。

（二）中国反腐败立足于中国国情

中国特色反腐败的理论内核是马克思主义及其中国化的理论成果指导下形成的马克思主义党风廉政建设和反腐败理论。③中国特色的反腐败必须从中国国情出发，探索适合中国国情的制约和监督权力运行的体制、制度和机制。

1. 要坚持具有中国特色的政治体制不动摇

"制度好可以使坏人无法任意横行，制度不好可以使好人无法充分做好事，甚至会走向反面"④。客观地比较中西方政治制度，西方的制度虽然不是一无是处，但仍存在许多瑕疵。中国特色的政治制度尽管存在不尽如人意、亟须改革和完善之处，但瑕不掩瑜，相较于西方的政治制度，具有独到的优势：执政党在民意上代表了最广泛人民群众、科学的国家治理人才选拔和培养机制、能够保证经济与政治的良性互动。⑤ 实践也证明正是这一制度为改革开放保驾护航，推动改

---

① ③　徐玉生：《论中国特色的反腐败》，载于《广州大学学报》（社会科学版）2016 年第 10 期，第 5~11 页。

②　中共中央宣传部 中央全面依法治国委员会办公室编：《习近平法治思想学习纲要》，人民出版社、学习出版社 2021 年版，第 41 页。

④　《邓小平文选》第二卷，人民出版社 1994 年版，第 333 页。

⑤　徐玉生：《依法治国背景下反腐败制度创新的基本问题探究》，载于《青海社会科学》2015 年第 1 期，第 34~40 页。

革开放不断前行，中国社会经济发展才能取得今天令世人瞩目的成就。因此，无论在理论上还是实践上对中国特色社会主义政治制度都应该有足够的自信，在全面依法治国背景下，我国反腐败必须坚持中国共产党的领导，坚持人民主体地位，坚持法律面前人人平等，坚持依法治国和以德治国相结合，坚持从中国实际出发。归根到底，就是要坚持中国特色社会主义的政治制度。

2. 与时俱进推进政治体制改革优化政治生态

自然生态要山清水秀，政治生态也要山清水秀。"加强党的建设，必须营造一个良好从政环境，也就是要有一个好的政治生态。"① 党的十八届五中全会提出了"十三五"期间为经济社会发展营造良好政治生态的重要任务。优化政治生态的关键是要管好党员干部，"各级领导干部在推进依法治国方面肩负着重要责任，全面依法治国必须抓住领导干部这个'关键少数'"②。"关键少数"成为党的重大方针的执行者和社会经济事业发展的推动者，应该具有坚定的理想信念，弘扬正气、勇于担当、脚踏实地，以群众利益为根本，发挥先锋模范作用。同时，党的十八大以来中央提出了落实八项规定、反对"四风"，群众路线和"三严三实"教育实践活动等一系列重大举措，为规范"关键少数"和普通党员干部的言行、全面从严治党重构党内生态找准了实践基点，为建设好"山清水秀"的政治生态奠定了理论基础和实践条件。③

3. 把反腐倡廉融入"五位一体"的中国特色社会主义伟大建设事业

坚持走中国特色反腐倡廉道路，加强反腐倡廉建设，必须始终把党风廉政建设和反腐败斗争置于党和国家工作大局中，贯穿于改革开放的全过程。围绕发展这个党执政兴国的第一要务，把反腐倡廉建设融入中国特色社会主义事业的总体布局，贯穿于中国特色社会主义经济、政治、文化、社会和生态"五位一体"的建设中，纳入党的建设的总体部署和经济社会发展的总体规划，寓于各项改革和重要政策措施之中。既通过"五位一体"建设推动反腐倡廉向纵深发展，又通过加强反腐倡廉建设，更好地保障和促进"五位一体"建设任务的落实。④

4. "廉价政府"是反腐败的旨归

政府是公共物品的提供者。政府为社会经济活动提供法律保障，维护社会经

---

① 习近平：《坚持从严治党落实管党治党责任，把作风建设要求融入党的制度建设》，载于《人民日报》2014年7月1日。

② 习近平：《治国必须抓领导干部这个关键少数》，载于《中国青年报》2015年2月3日。

③ 徐玉生、高福生：《中国共产党延安时期政治生态建设及其当代价值》，载于《河南社会科学》2015年第12期，第20~25页。

④ 徐玉生：《论中国特色的反腐败》，载于《广州大学学报》（社会科学版）2016年第10期，第5~11页。

济活动的安全有序进行。而要扮演这个角色并维持自身有效运转，政府必然需要公共财政的支持，耗费一定的社会资源。正如洛克所说："政府没有巨大的经费就不能维持，凡享受保护的人都应该从他的产业中支出他的一份来维持政府。"① "廉价政府"就是在确保履行相关职能的前提下，消耗社会成本比较低的政府。事实上，"廉价政府"这个概念是近代资产阶级革命的口号和建立政权的政治原则。由于封建王权对资本主义经济和资产阶级利益的严重威胁，资产阶级发动政治革命，并提出"廉价政府"的口号。② 马克思通过总结巴黎公社的实践经验，认为资产阶级提出的"廉价政府"口号，只有在巴黎公社得到了真正地实现。

廉价和廉洁是两个不同的概念，表达的意义不同。廉洁政府未必廉价，一个极少腐败的政府也有可能存在机构臃肿、人浮于事、开支巨大的问题。但"廉价政府"必定廉洁，廉洁是"廉价政府"的一个必要条件和基本特征。一个充斥着贪污腐败的政府，必然会消耗大量的社会成本，加重人民的税收负担。值得强调的是，"廉价政府"的理念并不意味着要求政府运转的成本和开支越少越好。马克思所倡导的"廉价政府"，是要在保证提供优质公共服务的前提下，尽可能减少不必要的开支。一个消耗费用很少的政府，如果不能提供合格的公共物品，不能有效保护公民的私有财产和社会经济活动的有序运行，同样不是一个好政府，不能得到人民的认可和满意。③

（三）中国反腐败制度具有双轮驱动

新时代廉政制度建设，核心就在于加强执政党的规矩、行为准则等党规党纪的建设，以及对全体社会公民都具有强制约束力的法治建设，也就是说党纪国法是我国廉政制度的主要内容，可以依靠党纪国法的双轮驱动，协同建构反腐败有效机制。

1. 党纪国法的关系

党的纪律是党的各级组织和全体党员必须遵守的行为规则，是维护党的团结统一、完成党的任务和使命的保证。究其内涵，有广义与狭义之分。习近平指出"要加强纪律建设，把守纪律讲规矩摆在更加重要的位置。"④ 这里的"纪

---

① ［英］洛克著，叶启芳、翟菊农译：《政府论下篇》，商务印书馆 2005 年版，第 89 页。

② 蒋永甫：《马克思对"廉价政府"思想的批判与重建》，载于《理论月刊》2006 年第 2 期，第 27 ~ 29 页。

③ 任俊：《马克思的廉价政府思想及其当代启示》，载于《理论导刊》2015 年第 10 期，第 56 ~ 58 页。

④ 《习近平在中国共产党第十八届中央纪委五次全会上发表重要讲话》，载于《人民日报》2015 年 1 月 14 日。

律"是从狭义上讲的，与"规矩"分立而又相互联系，"纪律是成文的规矩，一些未明文列入纪律的规矩是不成文的纪律；纪律是刚性的规矩，一些未明文列入纪律的规矩是自我约束的纪律"①。可见，"纪律"与"规矩"是相通的，纪律就是成文的、刚性的规矩；规矩包括党章这个全党必须遵循的总规矩和不成文的、自我约束的纪律，"国家法律是党员、干部必须遵守的规矩"②，因此广义的规矩还包括法律。为了方便问题的研究，本书所讲的"纪律"是广义的，包括狭义的纪律和狭义的规矩，既包含成文的各项规章制度和条例，也包括诸如党在长期实践中形成的约定俗成、行之有效的优良传统、工作惯例等一些未明文列入纪律的规矩，还包括党章这个全党必须遵循的总规矩，但不包括广义规矩中的"法律"。③

法律，一般是指国家用来实现其意志并经过一定程序制定的、依靠国家强制力保证实施的、对全体社会成员具有普遍约束力的行为规范。从不同的角度可以对法律进行不同的分类，例如，宪法、基本法律、普通法律和行政法规；实体法、程序法；成文法、不成文法；根本法、普通法；公法、私法；等等。同样为了简化问题的研究，本书所讲的"法律"是广义的，是指中国特色的社会主义法律体系，包括对社会成员具有法律效力的所有行为规范。④

至此可以得出：纪法协同就是指党的纪律和国家法律相互衔接并协同管党治党的过程或能力⑤。纪律和法律就是管党治党这一艰巨复杂的系统工程众多元素中的两个重要"元素"，它们在管党治党、深入推进党风廉政建设和反腐败斗争的系统工程中相互协作、互相增强，共同完成全面从严治党、重构政治生态的任务，最终实现营造"干部清正、政府清廉、政治清明"风清气正的政治生态和从政环境的目标。⑥

2. 党纪国法协同的耦合性

从协同学的基本原理来看，能够产生协同效应的是两个独立的"元素"，因此在管党治党的系统工程中党纪和国法能够协同的前提是纪法分开。

纪律是政党的生命，没有纪律的规管，政党组织就无法形成统一的意志和行动，也就无法实现其宗旨。法律是现代国家治理的重要依凭，法治是国家治理能力现代化的基石。党的十八届四中全会通过了《中共中央关于全面推进依法治国若干重大问题的决定》，标志着以习近平同志为核心的党中央治国理政理念的创

---

① ② 《习近平在中国共产党第十八届中央纪委五次全会上发表重要讲话》，载于《人民日报》2015 年 1 月 14 日。

③ ④ ⑥ 徐玉生、王方方：《纪法协同：全面从严治党背景下管党治党的机制创新》，载于《贵州社会科学》2016 年第 4 期，第 17～23 页。

⑤ 这里的纪律和法律都是广义上的。2015 年 10 月 8 日习近平在十八届中央政治局常委会上指出"注意党纪与国法的有效衔接，形成反腐败合力"。

新和突破，"'国无常强，无常弱。奉法者强则国强，奉法者弱则国弱。'经过长期努力，中国特色社会主义法律体系已经形成，我们国家和社会生活各方面总体上实现了有法可依，这是我们取得的重大成就，也是我们继续前进的新起点。"①总之，党的十八大以来党内法规建设的一系列创新成果，解决了长期以来存在的纪法不分、边界混淆的问题，在坚持纪严于法、纪在法前的基础上进一步实现了纪法分开，从而为纪法协同管党治党、深入推进党风廉政建设建立了前提、奠定了基础②。

二、党的十八大以来标本兼治的战略

（一）正确认识治标与治本的关系

"治标"与"治本"是反腐倡廉建设的"一体两翼"。治标是手段，治本是目的，不能把二者割裂开来。治本为治标提供前提和依据，治标是治本的体现和保证；治标是从外在具体现象着手，治本则从内在本质入手。本质与现象是一对辩证的哲学范畴，前者是事物的内在联系和根本特征、根本性质；后者是前者的外部表现，是具体、多样的。

2013 年，面对党风廉政建设和反腐败斗争的严峻形势，中央提出：坚持标本兼治，当前要以治标为主，为治本赢得时间③。此后，"治标为治本赢得时间"成为中国反腐败的基本方针。同时，纪检监察机关聚焦"监督执纪问责"的主业，转职能、转方式、转作风，从所谓全程参与监督的具体事务中解脱出来。正是党中央始终保持"零容忍"高压反腐的态势，以发现问题、形成震慑为导向运用巡视利剑荡涤贪腐，"抓铁留痕"，"秘书帮""西山会""石油系"等团伙——被铲除，"塌方式"腐败、"胸怀宇宙"④ 式的消极腐败等——被揭露。

长期以来，对于"治标"与"治本"的关系还存在一种错误认识：监督、执纪、问责只是治标的手段，改革体制、创新制度、健全机制才是"治本"。只

---

① 《习近平论依法治国》，载于《人民日报》（海外版）2014 年 10 月 17 日。

② 徐玉生、王方方：《纪法协同：全面从严治党背景下管党治党的机制创新》，载于《贵州社会科学》2016 年第 4 期，第 17～23 页。

③ 《王岐山在中纪委委员学习贯彻党的十八大精神研讨班发言》，共产党员网，2013 年 1 月 25 日。

④ 电视剧《人民的名义》中的光明区区委书记孙连城喜欢上了天文学，摆弄天文望远镜，号称"方知宇宙之浩渺，时空之无限"，但作为党员干部在上级面前唯唯诺诺、阳奉阴违，"洁身自好"、敷衍推诿、不作为。

有坚持有案必查、有腐必惩，提高制度执行力，强化制度落实，才能使制度真正成为反腐倡廉的"治本之策"①。纵观党的十八大以来的反腐倡廉建设，正是贯彻"以治标为治本赢得时间"的方针，在强力治标的同时，进一步加大了治本的力度，以"治本"保障和巩固治标的成效，"治本"与"治标"比翼双飞，从而使得治标与治本相互融合、相互促进，党风廉政建设和反腐败斗争取得了重大突破，党风政风为之一新，党心民心为之一振。②

（二）党的十八大以来标本兼治反腐败的战略部署

"标本兼治"是我党在长期反腐败斗争实践中总结出的宝贵经验，进入 21世纪成为我党反腐倡廉建设指导思想的有机组成部分。延安时期黄克功被处以极刑，解放初期张青山、刘子善功不掩过、被判死刑，改革开放初期胡长清、成克杰等严惩不贷。我党始终致力于加强党纪国法和各项规章制度的建设，2011 年基本建成中国特色的社会主义法律体系，为党的十八大以来"标""本"协同治理腐败奠定了基础。从党的十五大到党的十八大致力于加强党纪国法和各项规章制度的建设，推动建立和完善社会主义法制体系，直至 2011年基本建成中国特色的社会主义法律体系，为党的十八大以来标本协同治理奠定了基础。

党的十八大后习近平始终强调要更加科学有效地防治腐败，不断铲除腐败现象滋生蔓延的土壤，围绕"强化权力运行制约和监督体系"，突出惩治腐败的震慑作用，强化制度的落实，提高制度的执行力，从而发挥各项制度（包括党纪国法）对权力的监督和制约作用，真正成为反腐败的"治本之策"。当前，"不敢腐"的氛围已经初步形成，并推动着"不能腐"机制的逐步建构、"不想腐"机制的最终实现，可以认为党的十八大以来始终没有背离"标本兼治"。但"标本兼治"不是眉毛胡子一把抓，而是要根据反腐败斗争的形势和要求，辩证地科学安排"治标"与"治本"的工作步骤和重点，通过强力"治标"把"治本"做实。

对比党的十七大后的 5 年与党的十八大以后的 4 年，显而易见的是党的十八大以后建章立制的治本力度大大提高（见图 1）。因此可以说，党的十八大以来党中央标本兼治反腐败的战略始终没有变，只是根据不同历史时期的特点做出了科学的战略抉择，因事、因时、因势制定不同时期的工作重点③。

---

① 徐玉生：《廉政新常态下治理创新研究》，载于《河南社会科学》2015 年第 6 期，第 10～12 页。
②③ 徐玉生：《反腐倡廉在系统全面推进》，载于《人民日报》2015 年 11 月 10 日。

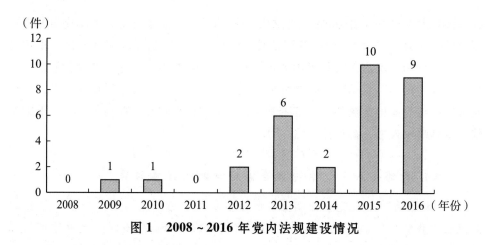

图1　2008～2016年党内法规建设情况

（三）党的十八大以来标本兼治战略的理路解析

管理学中双因素理论认为影响管理绩效的因素有两个：激励因素和保健因素。[①] 前者对绩效起正向作用，通过激励因素的改善可以提高员工的满意度，从而极大地激发员工工作的热情，提高工作效率。保健因素是美国心理学家赫兹伯格（Herzberg）提出的在企业管理中促使人们不产生不满的因素，不具备保健因素时将引起强烈的不满，从而导致管理失效[②]。

1. 标本兼治反腐败的激励因素

对推进标本兼治反腐败具有激励作用的因素主要有：正确的价值导向、适宜的容错纠错机制、合理的薪酬体系和选贤任能的用人机制。

在同样的客观条件下，不同价值观的人会产生不同的态度和行动。例如，同样面对市场经济和对外开放的考验，有些官员能够不为所动，有些则被糖衣炮弹击倒，成为贪官污吏。建立正确的世界观和坚定的理想信念，才能使广大党员干部心存敬畏而"不敢腐""不能腐"、志存高远而"不想腐"。

党的十八大以来，从细微处着手形成零容忍惩治腐败的高压态势，使腐败分子无时无刻不感受到压抑和恐惧。有些领导干部面对如此大好形势，却迷失了正确方向，陷入"为官不为"消极腐败的泥潭。如何让这些干部走出思想上的误区，"撸起袖子"敢闯敢试，"要把严格管理干部和热情关心干部结合起来，推动广大干部心情舒畅、充满信心，积极作为、敢于担当。"[③] 建立容错纠错机制，把为推动发展的无意过失，同谋取私利的违纪违法行为区分开来，最大限度调动

---

①② ［美］赫茨伯格著，张湛译：《赫茨伯格的双因素理论》，中国人民大学出版社2009年版。
③ 参见：习近平2016年1月18日在省部级主要领导干部学习贯彻五中全会精神研讨班上的讲话。

广大干部干事创业的积极性、主动性、创造性。[①] 正如邓小平曾告诫全党的："改革开放的胆子要大一些，看准了的，就大胆地试，大胆地闯"，"对的就坚持，不对的赶快改，新问题出来抓紧解决"。[②] 但是，建立容错纠错机制，并不是放松对党员干部的管理，恰恰相反，而是坚持把纪律挺在法律前面，更加严格地管理党员干部，真正保护"走得端、行得正"的干部，而不是成为"谋取私利"的庇护伞。

利益对芸芸众生是最有效甚至是终极指令。"仓廪实而知礼节，衣食足而知荣辱"，建立合理的党政干部薪酬体系也是激励广大干部拒腐奉廉长效机制的重要内容。允许党员干部获得合理的利益，既是对其体力和智力付出的尊重、认可和评价，也是提高腐败成本从而减少腐败发生的有效手段[③]，新加坡高薪养廉的经验也许并不具备普遍性，但也证明了掌握公共权力者的薪酬对其增强抵御腐败侵蚀"免疫力"的意义。

最大的腐败莫过于用人腐败，奸佞当道，轻则揭竿而起，重则颠覆政权。"所任者得其人，则国家治、上下和、群臣亲、百姓附；所任者非其人，则国家危、上下乖、群臣怨、百姓乱。"（《淮南子·主术训》）。营造风清气正政治生态的成败在于"关键少数"的选拔任用，"实际上存在的任人唯亲、任人唯钱、任人唯吹，代替了任人唯贤，甚至出现了'逆淘汰'现象"[④]，面对如此触目惊心的用人腐败，党中央一方面严惩不贷抓"治标"，狠刹用人歪风邪气，清除"潜规则"、根治"逆淘汰"；另一方面健全制度抓"治本"，"强调坚持正确选人用人导向是严肃党内政治生活的组织保证。必须严格标准、健全制度、完善政策、规范程序，使选出来的干部组织放心、群众满意、干部服气，形成能者上、庸者下、劣者汰的选人用人导向。"[⑤] 选贤任能、留住清官、拒绝平庸，是推进标本兼治反腐败的"核动力"。

2. 标本兼治反腐败的保健因素

契合当下政治生态重构的大好时机，以标本兼治推进党风廉政建设和反腐败斗争，要把握三个保健因素：警惕认知变异、谨防"制度陷阱"、坚持纪法协同。

所谓认知变异，是指人民群众对党中央强力反腐的认知和认同从拥护到围观甚至逆转的异化。有研究表明，"随着腐败的不断增长，人们对消除腐败越

---

① 徐玉生：《为敢担当干部营造干事创业的良好氛围》，载于《人民日报》，2016 年 4 月 25 日。

② 《邓小平文选》第三卷，人民出版社 1993 年版。

③ 薪酬成本是腐败的机会成本的主要构成部分，是指腐败行为败露后被开除公职而丧失的现有职位所取得的工资、奖金、年金等薪酬收入。参见：徐玉生、马阿娜、陆奕君：《腐败与反腐败及其经济学发生机制分析》，载于《河南社会科学》2016 年第 10 期，第 19～25 页。

④ 邵景均：《坚持正确选人用人导向》，载于《中国建构改革与管理》2016 年第 11 期，第 1 页。

⑤ 陈希：《坚持正确选人用人导向》，载于《人民日报》2016 年 11 月 24 日。

来越信心不足，甚至失去信心"①，也可能超出人民群众的心理承受能力，在认同上发生异化："洪洞县里无好官"。认知变异会由于反腐负效应和"借题发挥"而发酵、蔓延。所谓反腐负效应，是指持续高压的反腐败斗争会因为权力行为主体的错误认识或消极对抗产生不良后果，例如，有些掌权者多一事不如少一事的"为官不为"，有些人叫嚣反腐败有碍经济发展，也有人认为反腐败终究只是一阵风，等等。所谓借题发挥是指"奶酪"被动者或某些势力借各种腐败案件集中"涌现"之机，夸大反腐负效应，大肆煽动、攻击中国共产党的领导和政府的各项决策，如把反腐败污蔑为"权力斗争"，是否被抓不在于是否腐败，而在于是否站错队、有无"保护伞"，诱导社会公众由痛恨少数腐败分子异变为"抓谁都不错"，进而否定中国共产党的执政合法性。

谨防"制度陷阱"，一是防止以制度创新为名行颠覆制度之实，二是防止只见制度不见人。从第一个方面来说，面对当前依然严峻的反腐败形势，有人认为其缘由是制度本身出了毛病，贪腐现象的普遍存在是一个系统性错误，而不是健全制度下的个别现象。② 也有人针锋相对地指出那些大肆贩卖"制度腐败"者，提出"反腐要彻底，必须改制度"，实际上是利用人们对于腐败的不满，引导民众动摇对中国根本制度的自信，唱赞反腐是假，颠覆制度是真③。事实上，"面对反腐败斗争出现的多元化思潮和种种悖论，要做到统一思想、凝聚共识，广大党员特别是领导干部必须讲政治、讲纪律。"④

从第二个方面来看，创新反腐败制度必须破除把所有腐败问题都归因于制度的偏执型思维，"法律法规再健全、体系再完备，最终还要靠人来执行"⑤。反腐败实际上是一项系统性工程，"主张以制度创新根治腐败，并不排斥和反对运用道德制约力量，恰恰需要强化和充分运用这一力量。"⑥ 腐败行径的发生归根到底是"人"的行为，腐败的发生固然与制度的不健全有关，但"人"才是根源。

坚持纪法协同反腐，把纪律挺在前面。首先要建章立制，建立适应新时期要求的纪律体系，包括政治纪律、组织纪律、廉洁纪律、群众纪律、工作纪律、生

---

① 杜治洲：《民众与反腐》，新华出版社2015年版。
② 《救救官员》，载于英国《金融时报》中文网（FT中文网），2014年7月8日。
③ 《"'制度性腐败'论意在颠覆中国"》，中国青年网，2014年7月21日；《"西方莫给中国反腐败泼冷水"》，人民网，2014年7月26日。
④ 邱学强：《坚定不移将反腐败斗争推向前进》，载于《学习时报》2014年9月15日。
⑤ 《王岐山在中国共产党第十八届中央纪律检查委员会第四次全体会议上的讲话》，载于《京华时报》2014年10月26日。
⑥ 胡鞍钢、康晓光：《以制度创新根治腐败》，载于《改革与理论》1994年第3期，第3～8页。

活纪律等；同时要强化执行力，确保党规党纪刚性约束，防止"破窗效应"和"稻草人"现象。坚持把纪律挺在前面，就要从严肃党内政治生活做起。习近平强调：严肃党内政治生活是每个党员、干部的事，大家都要增强角色意识和政治担当，对批评和自我批评这个武器要大胆使用、经常使用、用够用好；要加强督促指导，敢于唱黑脸、当包公，紧紧围绕关键环节、重要部位、重点工作严督实导。① 深刻理解习近平总书记的讲话精神，采取正确的党内思想斗争确保广大党员和党的干部敬畏党规党纪，实现"分清是非、辨别真假，坚持真理、修正错误，统一意志、增进团结"的要求。

---

① 习近平著：《在党的群众路线教育实践活动总结大会上的讲话》，人民出版社 2014 年版，第 25 页。

参 考 文 献

[1] [英] 阿克顿著，侯建，范亚峰译：《自由与权力：阿克顿勋爵论说文集》，商务印书馆 2001 年版。

[2] [英] 安东尼·吉登斯著，李惠斌译：《超越左与右——激进政治的未来》，社会科学文献出版社 2000 年版。

[3] [意] 贝卡利亚著，黄风译：《论犯罪与刑罚》，中国法制出版社 2005 年版。

[4] [美] C. 恩伯、M. 恩伯著，杜杉杉译：《文化的变异》，辽宁人民出版社 1998 年版。

[5] 蔡林慧：《我国行政权力监督体系的完善和发展研究》，上海三联书店 2014 年版。

[6] 曹锦清：《如何研究中国》，上海人民出版社 2010 年版。

[7] 陈希：《坚持正确选人用人导向》，载于《人民日报》2016 年 11 月 24 日。

[8] 陈国权、周盛：《决策腐败及其基于决策过程控制的治理》，载于《浙江大学学报》（人文社会科学版）2012 年第 2 期。

[9] 陈向阳：《腐败成本分析及其治理》，载于《理论月刊》2007 年第 5 期。

[10] 陈则孚：《美国防治腐败的一些做法》，载于《学习时报》2009 年 12 月 1 日。

[11] 陈志宏：《廉政文化对政治生态的修复功能探究》，载于《河南社会科学》2016 年第 3 期。

[12] 陈忠林、梅锦：《论人格在定罪中的运用》，载于《现代法学》2012 年第 6 期。

[13] 程继隆：《古诗文里的廉政大智慧》，中国方正出版社 2014 年版。

[14] 戴月波、徐玉生：《论权力监督的"内部人陷阱"及其对策》，载于《河南社会科学》2013 年第 1 期。

[15] [美] 道格拉斯·C. 诺斯：《制度、制度变迁与经济绩效》，上海三联

书店 1994 年版。

[16]《邓小平文选》，人民出版社 1994 年版。

[17] 杜林致：《腐败文化和心理》，中国社会科学出版社 2015 年版。

[18] 段龙飞、任建明：《香港反腐败制度体系研究》，中国方正出版社 2010 年版。

[19] ［美］凡勃伦著，蔡受百译：《有闲阶级论》，商务印书馆 1964 年版。

[20] 樊浩：《伦理道德现代转型的文化轨迹及其精神图像》，载于《哲学研究》2015 年第 1 期。

[21] 费孝通：《乡土中国　生育制度　乡土重建》，商务印书馆 2011 年版。

[22] 付春、任勇：《论新加坡的反腐败：基于制度与文化的视角》，载于《甘肃行政学院学报》2007 年第 4 期。

[23] 付子堂主编：《法理学初阶（第五版）》，法律出版社 2015 年版。

[24] 高波：《反腐倡廉建设是维护执政安全的战略工程》，载于《中国纪检监察报》2011 年 8 月 2 日。

[25] 高波：《走出腐败高发期——大国兴亡的三个样本》，新华出版社 2012 年版。

[26] 高荣伟：《新西兰反腐：零容忍》，载于《学习时报》2014 年 2 月 17 日。

[27] ［法］古斯塔夫·勒庞著，冯克利译：《乌合之众》，中央编译出版社 2005 年版。

[28] 龚群：《社会伦理十讲》，中国人民大学出版社 2010 年版。

[29] 关培兰编：《组织行为学》，中国人民大学出版社 2015 年版。

[30]《关于领导干部报告个人有关事项的规定》，载于《人民日报》2010 年 7 月 12 日。

[31] 郭强华：《国家公职人员腐败预警指标体系的构建》，载于《统计与决策》2007 年第 7 期。

[32] ［英］哈耶克著，王明毅等译：《通往奴役之路》，中国社会科学出版社 1997 年版。

[33] ［德］汉斯·J. 沃尔夫著，高家伟译：《行政法》第三卷，商务印书馆 2007 年版。

[34] 何勤华：《西方法学史》，中国政法大学出版社 2003 年版。

[35] 何勇等：《干部选任　全程都严》，载于《人民日报》2015 年 7 月 6 日。

[36] 何增科：《政治之癌：发展中国家腐化问题研究》，中央编译出版社 2008 年版。

[37] 侯小丰：《我国反腐败的文化困境》，载于《浙江学刊》2011 年第 6 期。

[38] 侯勇：《廉政新常态的阐释与展望》，载于《河南社会科学》2015 年第 6 期。

[39] 侯志山：《外国行政监督制度与著名反腐机构》，北京大学出版社 2004 年版。

[40] 胡鞍钢等主编：《第二次转型——国家制度建设》，清华大学出版社 2003 年版。

[41] 胡杨主编：《反腐败导论》，中共中央党校出版社 2012 年版。

[42] 黄光国、胡先缙等：《人情与面子：中国人的权力游戏》，中国人民大学出版社 2010 年版。

[43] 黄修荣、刘宁斌：《中国共产党廉政反腐史记》，中国方正出版社 1997 年版。

[44] 黄炎培：《八十年来——黄炎培自述》，文汇出版社 2000 年版。

[45] 江苏省纪委、监察厅：《如何提高反腐倡廉制度执行力》，载于《中国纪检监察报》2012 年 2 月 27 日。

[46] 江泽民：《论党的建设》，中央文献出版社 2001 年版。

[47] 蒋硕亮：《中国公民教育与廉洁文化建设》，北京大学出版社 2014 年版。

[48] 蒋永甫：《马克思对"廉价政府"思想的批判与重建》，载于《理论月刊》2006 年第 2 期。

[49] 金波：《新加坡的制度反腐经验》，载于《国际关系学院学报》2009 年第 4 期。

[50] 金太军等：《行政腐败解读与治理》，广东人民出版社 2002 年版。

[51] [美] 加里·S. 贝克尔著，王业宇、陈琪译：《人类行为的经济分析》，上海人民出版社 1995 年版。

[52] [英] 卡尔·波普尔，傅季重、纪树立、周昌忠、蒋弋为译：《猜想与反驳》，上海译文出版社 1986 年版。

[53] 孔祥仁：《国际反腐败随笔》，中国方正出版社 2003 年版。

[54] 李斌雄：《扎紧制度的笼子：中国共产党党内法规制度的重大发展研究》，武汉出版社 2017 年版。

[55] 李殿仁：《依靠人民反对腐败 跳出腐败周期律的根本途径》，载于《人民论坛》2013 年第 31 期。

[56] 李和中：《中国地方政府党风廉政建设责任制考核评价体系研究》，科学出版社 2015 年版。

[57] 李和中、邓明辉：《政府廉政生态的建构与策略选择》，载于《中国行政管理》2014 年第 4 期。

［58］李红勃：《北欧监察专员：通过行政问责促进善政与法治——兼论对中国行政监察制度改革的启示》，载于《青海社会科学》2013 年第 5 期。

［59］李靖堃：《英国的反腐败机制》，载于《学习时报》2005 年 11 月 7 日。

［60］李克强：《反腐败与领导班子思想作风建设》，载于《共产党人》1994 年第 1 期。

［61］李拓：《制度执行力是治理现代化的关键》，载于《国家行政学院学报》2014 年第 6 期。

［62］李文：《东亚国家廉政文化建设比较研究》，载于《浙江社会科学》2005 年第 5 期。

［63］李翔：《反腐败国际刑事合作机制研究》，北京大学出版社 2011 年版。

［64］李小红、张如安：《中国古代廉政思想简史》，中国方正出版社 2014 年版。

［65］李晓明：《关于腐败内涵的界定》，载于《河北法学》2008 年第 9 期。

［66］李秀峰：《廉政体系的国际比较》，社会科学文献出版社 2007 年版。

［67］李章军：《严督实导确保开出高质量民主生活会》，载于《人民日报》2014 年 11 月 25 日。

［68］《列宁选集》，人民出版社 1995 年版。

［69］林伯海、田雪梅：《制度反腐与廉政文化建设的互动研究》，西南交通大学出版社 2009 年版。

［70］林尚立：《政治建设与国家成长》，中国大百科全书出版社 2008 年版。

［71］林喆、马长生：《腐败犯罪学研究》，北京大学出版社 2002 年版。

［72］刘邦惠：《犯罪心理学》，科学出版社 2009 年版。

［73］刘成友：《不告密不揭发是道德底线》，载于《人民日报》2015 年 1 月 23 日。

［74］刘俊杰等：《全面从严治党背景下构建政商关系新生态探讨》，载于《河南社会科学》2016 年第 5 期。

［75］刘俊杰、徐玉生：《习近平反腐败思想初探》，载于《理论探索》2014 年第 4 期。

［76］［法］卢梭著，何兆武译：《社会契约论》，商务印书馆 1997 年版。

［77］［美］罗宾斯、贾琦著，孙健敏、王震、李原译：《组织行为学》（第 16 版），中国人民大学出版社 2016 年版。

［78］［美］罗尔斯著，万俊人译：《政治自由主义》，译林出版社 2011 年版。

［79］［南非］罗伯特·克利特加德著，杨光斌、何庄等译：《控制腐败》，中央编译出版社 1998 年版。

[80]《马克思恩格斯全集》，人民出版社 1995 年版。

[81]《马克思恩格斯文集》，人民出版社 2009 年版。

[82]《马克思恩格斯选集》，人民出版社 1995 年版。

[83][德]马克思·韦伯著，林荣远译：《经济与社会》上卷，商务印书馆 1981 年版。

[84]《毛泽东选集》，人民出版社 1991 年版。

[85]梅锦、徐玉生：《薪金收入在职务犯罪成本中的构成比例与高薪养廉措施的应然定位分析》，载于《领导科学》2015 年第 11 期。

[86][法]孟德斯鸠著，张雁深译：《论法的精神》，商务印书馆 1986 年版。

[87]倪邦文、石国亮、刘晶：《国外廉政建设制度与操作》，中国言实出版社 2013 年版。

[88]倪铁等：《中国侦查体制演进研究：基于现代诉讼法治的视角》，复旦大学出版社 2014 年版。

[89]倪星：《惩治与预防腐败体系的评价机制研究》，中山大学出版社 2012 年版。

[90]聂资鲁：《防止权力主体利益冲突立法的理论与实践》，载于《中国法学》2013 年第 6 期。

[91][美]诺齐克著，何怀宏等译：《无政府、国家与乌托邦》，中国社会科学出版社 1991 年版。

[92][美]诺思著，陈郁、罗华平等译：《经济史中的结构与变迁》，上海三联书店 1991 年版。

[93]彭冰冰：《论"人类命运共同体"的实质、内涵与意义》，载于《贵州社会科学》2017 年第 4 期。

[94]彭定友：《廉政文化的反腐败机理探析》，载于《中国纪检监察报》2010 年 9 月 14 日。

[95]钱再见：《公共权力运行公开化的公共组织路径研究》，载于《江海学刊》2014 年第 5 期。

[96]乔德福：《廉政文化》，中国社会科学出版社 2015 年版。

[97]秦馨：《西方发达国家廉政文化的特点及运行条件分析》，载于《学术论坛》2011 年第 2 期。

[98]任建明：《时代呼唤廉政文化：廉政史化建设高层论坛综述》，载于《民主与科学》2006 年第 1 期。

[99]任建明、杜治洲：《腐败与反腐败：理论、模型和方法》，清华大学出版社 2009 年版。

［100］任俊：《马克思的廉价政府思想及其当代启示》，载于《理论导刊》2015 年第 10 期。

［101］萨奇曼：《基于战略视角与制度视角的合法性获取》，载于《管理学会评论》1995 年第 20 期。

［102］［美］塞缪尔·亨廷顿，王冠华等译：《变化社会中的政治秩序》，生活·读书·新知三联书店 1998 年版。

［103］桑学成、周义程、陈蔚：《健全权力运行制约和监督体系研究》，载于《江海学刊》2014 年第 5 期。

［104］邵景均：《坚持正确选人用人导向》，载于《中国机构改革与管理》2016 年第 11 期。

［105］申琳：《涵养巡视人才"蓄水池"》，载于《人民日报》2016 年 1 月 5 日。

［106］《十八大以来重要文献选编（上）》，中央文献出版社 2014 年版。

［107］《十八大以来重要文献选编（下）》，中央文献出版社 2018 年版。

［108］《十八大以来重要文献选编（中）》，中央文献出版社 2016 年版。

［109］宋作勇：《美国廉政建设的经验及启示》，载于《江淮论坛》2011 年第 1 期。

［110］苏东水：《管理心理学》，复旦大学出版社 2005 年版。

［111］孙晓莉：《国外廉政文化概略》，中国方正出版社 2011 年版。

［112］谭世贵：《论廉政制度的功能与结构》，载于《海南大学学报》1995 年第 2 期。

［113］谭湛明、陈丽君：《香港廉政制度的效能及发展趋势》，载于《经济学家》1999 年第 2 期。

［114］唐晓清、杨绍华：《防止利益冲突制度：国际社会廉政建设的经验及启示》，载于《当代世界与社会主义》2011 年第 2 期。

［115］田湘波等：《我国廉政制度适应性效率研究》，湖南大学出版社 2015 年版。

［116］万克夫：《贿赂外国公职人员或国际公共组织官员罪的国内立法思考》，载于《甘肃社会科学》2005 年第 3 期。

［117］汪家驷：《跟习近平总书记学习改文风》，载于《求是》2015 年第 1 期。

［118］王凡：《新加坡伦理和道德教育及其启示》，载于《广西社会科学》2003 年第 4 期。

［119］王沪宁：《中国抑制腐败的体制选择》，载于《政治学研究》1995 年第 1 期。

[120] 王晓东:《论〈北京反腐败宣言〉背景下的境外追逃追赃》,载于《法学论坛》2015 年第 6 期。

[121] 魏燕、崔利民:《推进廉政精神文化与廉政制度文化"神形合一"》,载于《中国纪检监察报》2010 年 10 月 26 日。

[122] 邬思源:《论马克思恩格斯权力监督与制约思想》,载于《求实》2008 年第 6 期。

[123] 吴高庆:《建立中国反腐败专职机构的构想》,载于《甘肃社会科学》2005 年第 3 期。

[124] 吴根平:《领导干部的家风建设不可小视》,载于《中国党政干部论坛》2014 年第 1 期。

[125] 吴建雄:《论党纪反腐与司法反腐》,载于《中共中央党校学报》2015 年第 2 期。

[126] 吴思:《潜规则:中国历史中的真实游戏》,复旦大学出版社 2011 年版。

[127]《习近平关于党风廉政建设和反腐败斗争论述摘编》,中央文献出版社、中国方正出版社 2015 年版。

[128]《习近平关于严明党的纪律和规矩论述摘编》,中央文献出版社 2016 年版。

[129]《习近平谈治国理政(第二卷)》,外文出版社 2017 年版。

[130]《习近平谈治国理政(第一卷)》,外文出版社 2014 年版。

[131]《习近平总书记系列重要讲话读本》,学习出版社 2014 年版。

[132] 肖金明:《通过完善官员财产申报制度治理腐败——兼论利益冲突、财产申报、官员伦理的关联及其意义》,载于《甘肃社会科学》2014 年第 5 期。

[133] 新加坡预防腐败法编写组,王君祥译:《新加坡预防腐败法》,中国方正出版社 2013 年版。

[134] 熊小伟:《新形势下行政腐败的心理诱因及防治对策》,载于《人民论坛》2013 年第 2 期。

[135] 徐伯黎:《古巴:反腐败斗争不留情面》,载于《检察日报》2015 年 12 月 22 日。

[136] 徐小庆:《论"特别权力关系理论"视角下执政党组织与党员关系》,载于《政治学研究》2015 年第 6 期。

[137] 徐玉生:《为敢担当干部营造干事创业良好氛围》,载于《人民日报》2016 年 4 月 25 日。

[138] 许春华:《美国官场如何反腐败?》,载于《南风窗》2014 年 2 月 19 日。

[139] 许恒兵：《论历史唯物主义的方法论本质》，载于《社会科学辑刊》2016 年第 1 期。

[140]《学习贯彻习近平总书记在十八届中央纪委七次全会上的重要讲话精神 部署持续深入推进政府系统党风廉政建设和反腐败工作》，载于《人民日报》2017 年 1 月 12 日。

[141] 扬鹏：《做好新形势下的巡视工作要抓好四个着力点》，载于《中国党政干部论坛》2014 年第 3 期。

[142] 杨海龙：《决不让腐败分子躲进"避罪天堂"》，载于《中国纪检监察报》2017 年 9 月 14 日。

[143] 杨解朴：《德国的反腐败机制》，载于《党建》2006 年第 1 期。

[144] 杨旭盟：《移植与异化——民国初年中国政党政治研究》（原版序），人民出版社 2009 年版。

[145] 尤光付：《中外监督制度比较》，商务印书馆 2003 年版。

[146] 于风政：《论"腐败"的定义》，载于《新视野》2003 年第 5 期。

[147] 虞崇胜：《国法与党纪："双笼关虎"的制度逻辑》，载于《探索》2015 年第 2 期。

[148] 袁柏顺：《腐败的人性根源》，载于《文化纵横》2013 年第 3 期。

[149] 袁柏顺：《全球腐败治理与中国的战略选择》，载于《河南社会科学》2016 年第 10 期。

[150] 袁柏顺：《寻求权威与自由的平衡：霍布斯、洛克与自由主义的兴起》，湖南人民出版社 2006 年版。

[151] ［美］约翰斯顿著，袁建华译：《腐败征候群：财富、权力和民主》，上海人民出版社 2009 年版。

[152] ［美］詹姆斯·L. 吉布森、约翰·M. 伊凡塞维奇、小詹姆斯·H. 唐纳利著，王常生译：《组织学：行为、结构和过程》，电子工业出版社 2002 年版。

[153] 张娟：《腐败、反腐败与传统政治文化》，载于《前沿》2006 年第 10 期。

[154] 张磊：《零容忍惩治腐败不只是态度，更是行动》，载于《中国纪检监察报》2015 年 2 月 10 日。

[155] 张穹、张智辉：《权力制约与反腐倡廉》，中国方正出版社 2009 年版。

[156] 张维为：《中国震撼》，上海人民出版社 2011 年版。

[157] 张旭东：《对美国廉政文化"三步运用法"的现实思考》，载于《中共中央党校学报》2010 年第 10 期。

[158] 张一兵：《回到福柯》，载于《学术月刊》2015 年第 6 期。

[159] 张占彪、杨毅君：《对结构主义方法的考察》，载于《晋阳学刊》
2001 年第 2 期。

[160] 张祖辽：《中国特色社会主义反腐败理论建构何以可能？——基于建
构主义理论方法的反思与选择》，载于《学习论坛》2016 年第 12 期。

[161] 章兴鸣等：《从善管到善治：全面从严治党与治理能力现代化转型》，
载于《学海》2017 年第 3 期。

[162] 赵孟营：《组织合法性：在组织理性与事实的社会组织之间》，载于
《北京师范大学学报》（社会科学版）2014 年第 6 期。

[163] 中共中央党校马克思主义理论教研部：《马克思主义关于人的学说》，
人民出版社 2011 年版。

[164]《中共中央关于全面推进依法治国若干重大问题的决定》，载于《人
民日报》2014 年 10 月 29 日。

[165]《中国共产党第十八届中央纪律检查委员第八次全体会议公报》，载
于《人民日报》2017 年 10 月 10 日。

[166]《中国共产党第十八届中央纪律检查委员第二次全体会议公报》，载
于《人民日报》2013 年 1 月 24 日。

[167]《中国共产党第十八届中央纪律检查委员第六次全体会议公报》，载
于《人民日报》2016 年 1 月 15 日。

[168]《中国共产党第十八届中央纪律检查委员第七次全体会议公报》，载
于《人民日报》2017 年 1 月 9 日。

[169]《中国共产党第十八届中央纪律检查委员第三次全体会议公报》，载
于《人民日报》2014 年 1 月 16 日。

[170]《中国共产党第十八届中央纪律检查委员第五次全体会议公报》，载
于《人民日报》2015 年 1 月 15 日。

[171]《中国共产党第十九届中央纪律检查委员第二次全体会议公报》，载
于《人民日报》2018 年 1 月 14 日。

[172]《中国共产党第十九届中央纪律检查委员第三次全体会议公报》，载
于《人民日报》2019 年 1 月 14 日。

[173]《中国共产党第十九届中央纪律检查委员第一次全体会议公报》，载
于《人民日报》2017 年 10 月 26 日。

[174]《中国共产党纪律处分条例》，中国方正出版社 2018 年版。

[175]《中国共产党中央纪律检查委员第一次全体会议公报》，载于《人民
日报》2012 年 11 月 16 日。

[176]《中国共产党组织史资料》，中共党史出版社 2000 年版。

［177］中国新闻网：http://www. chinanews. com/hb/news/2009/05 - 25/1706822. shtml。

［178］周光辉：《当代中国决策体制的形成与变革》，载于《中国社会科学》2011 年第 3 期。

［179］周赟、蔡林慧：《廉政组织的功能及其影响要素——从廉政组织内部的合力与张力分析》，载于《领导科学》2016 年第 32 期。

［180］朱联平：《治理腐败的文化路径》，载于《学习时报》2015 年 9 月4 日。

［181］卓越：《比较政府与政治》，中国人民大学出版社 2004 年版。

［182］卓越：《权力控制论》，载于《政治学研究》1997 年第 4 期。

［183］Buchanan，J. M. Rent Seeking and Profit Seeking，in James M. Buchanan，Robert D. Tollison，and Gordon Tulock（eds.）Toward a Theory of the Rent – Seeking Society. College Station：Texas A&M University Press，1980.

［184］Friedrich，C. J. Political Pathology. The Political Quarterly，1966：37.

［185］J. Rawls. A Theory of Justice. Cambrige MA：Harvard University Press，1971.

［186］J. S. Nye. Political Corruption：A Cost-benefit Analysis. American Political Science Review，1967：61.

［187］M. Halayya. Corruption in India. New Delhi：Affiliated East – West Press，1985.

［188］Michael Johnston. The Search for Definitions：The Vitality of Politics and the Issue of Corruption. International Social Science Journal，1996，48（3）.

［189］Patrick Meagher. Anti – Corruption Agencies：A Review of Experience. IRIS Center：University of Maryland，2002.

［190］Robert D. Tllision and Roger D. Congleton. The Economic Analysis of Rent Seeking. Edward Elgar Publishing Company，1995.

教育部哲学社會科学研究重大課題攻関項目
成果出版列表

序号	书名	首席专家
1	《马克思主义基础理论若干重大问题研究》	陈先达
2	《马克思主义理论学科体系建构与建设研究》	张雷声
3	《马克思主义整体性研究》	逄锦聚
4	《改革开放以来马克思主义在中国的发展》	顾钰民
5	《新时期 新探索 新征程——当代资本主义国家共产党的理论与实践研究》	聂运麟
6	《坚持马克思主义在意识形态领域指导地位研究》	陈先达
7	《当代资本主义新变化的批判性解读》	唐正东
8	《当代中国人精神生活研究》	童世骏
9	《弘扬与培育民族精神研究》	杨叔子
10	《当代科学哲学的发展趋势》	郭贵春
11	《服务型政府建设规律研究》	朱光磊
12	《地方政府改革与深化行政管理体制改革研究》	沈荣华
13	《面向知识表示与推理的自然语言逻辑》	鞠实儿
14	《当代宗教冲突与对话研究》	张志刚
15	《马克思主义文艺理论中国化研究》	朱立元
16	《历史题材文学创作重大问题研究》	童庆炳
17	《现代中西高校公共艺术教育比较研究》	曾繁仁
18	《西方文论中国化与中国文论建设》	王一川
19	《中华民族音乐文化的国际传播与推广》	王耀华
20	《楚地出土戰國簡册［十四種］》	陈 伟
21	《近代中国的知识与制度转型》	桑 兵
22	《中国抗战在世界反法西斯战争中的历史地位》	胡德坤
23	《近代以来日本对华认识及其行动选择研究》	杨栋梁
24	《京津冀都市圈的崛起与中国经济发展》	周立群
25	《金融市场全球化下的中国监管体系研究》	曹凤岐
26	《中国市场经济发展研究》	刘 伟
27	《全球经济调整中的中国经济增长与宏观调控体系研究》	黄 达
28	《中国特大都市圈与世界制造业中心研究》	李廉水

序号	书　名	首席专家
29	《中国产业竞争力研究》	赵彦云
30	《东北老工业基地资源型城市发展可持续产业问题研究》	宋冬林
31	《转型时期消费需求升级与产业发展研究》	臧旭恒
32	《中国金融国际化中的风险防范与金融安全研究》	刘锡良
33	《全球新型金融危机与中国的外汇储备战略》	陈雨露
34	《全球金融危机与新常态下的中国产业发展》	段文斌
35	《中国民营经济制度创新与发展》	李维安
36	《中国现代服务经济理论与发展战略研究》	陈　宪
37	《中国转型期的社会风险及公共危机管理研究》	丁烈云
38	《人文社会科学研究成果评价体系研究》	刘大椿
39	《中国工业化、城镇化进程中的农村土地问题研究》	曲福田
40	《中国农村社区建设研究》	项继权
41	《东北老工业基地改造与振兴研究》	程　伟
42	《全面建设小康社会进程中的我国就业发展战略研究》	曾湘泉
43	《自主创新战略与国际竞争力研究》	吴贵生
44	《转轨经济中的反行政性垄断与促进竞争政策研究》	于良春
45	《面向公共服务的电子政务管理体系研究》	孙宝文
46	《产权理论比较与中国产权制度变革》	黄少安
47	《中国企业集团成长与重组研究》	蓝海林
48	《我国资源、环境、人口与经济承载能力研究》	邱　东
49	《"病有所医"——目标、路径与战略选择》	高建民
50	《税收对国民收入分配调控作用研究》	郭庆旺
51	《多党合作与中国共产党执政能力建设研究》	周淑真
52	《规范收入分配秩序研究》	杨灿明
53	《中国社会转型中的政府治理模式研究》	娄成武
54	《中国加入区域经济一体化研究》	黄卫平
55	《金融体制改革和货币问题研究》	王广谦
56	《人民币均衡汇率问题研究》	姜波克
57	《我国土地制度与社会经济协调发展研究》	黄祖辉
58	《南水北调工程与中部地区经济社会可持续发展研究》	杨云彦
59	《产业集聚与区域经济协调发展研究》	王　珺

序号	书　名	首席专家
60	《我国货币政策体系与传导机制研究》	刘　伟
61	《我国民法典体系问题研究》	王利明
62	《中国司法制度的基础理论问题研究》	陈光中
63	《多元化纠纷解决机制与和谐社会的构建》	范　愉
64	《中国和平发展的重大前沿国际法律问题研究》	曾令良
65	《中国法制现代化的理论与实践》	徐显明
66	《农村土地问题立法研究》	陈小君
67	《知识产权制度变革与发展研究》	吴汉东
68	《中国能源安全若干法律与政策问题研究》	黄　进
69	《城乡统筹视角下我国城乡双向商贸流通体系研究》	任保平
70	《产权强度、土地流转与农民权益保护》	罗必良
71	《我国建设用地总量控制与差别化管理政策研究》	欧名豪
72	《矿产资源有偿使用制度与生态补偿机制》	李国平
73	《巨灾风险管理制度创新研究》	卓　志
74	《国有资产法律保护机制研究》	李曙光
75	《中国与全球油气资源重点区域合作研究》	王　震
76	《可持续发展的中国新型农村社会养老保险制度研究》	邓大松
77	《农民工权益保护理论与实践研究》	刘林平
78	《大学生就业创业教育研究》	杨晓慧
79	《新能源与可再生能源法律与政策研究》	李艳芳
80	《中国海外投资的风险防范与管控体系研究》	陈菲琼
81	《生活质量的指标构建与现状评价》	周长城
82	《中国公民人文素质研究》	石亚军
83	《城市化进程中的重大社会问题及其对策研究》	李　强
84	《中国农村与农民问题前沿研究》	徐　勇
85	《西部开发中的人口流动与族际交往研究》	马　戎
86	《现代农业发展战略研究》	周应恒
87	《综合交通运输体系研究——认知与建构》	荣朝和
88	《中国独生子女问题研究》	风笑天
89	《我国粮食安全保障体系研究》	胡小平
90	《我国食品安全风险防控研究》	王　硕

序号	书　名	首席专家
121	《农民工子女问题研究》	袁振国
122	《当代大学生诚信制度建设及加强大学生思想政治工作研究》	黄蓉生
123	《从失衡走向平衡：素质教育课程评价体系研究》	钟启泉 崔允漷
124	《构建城乡一体化的教育体制机制研究》	李　玲
125	《高校思想政治理论课教育教学质量监测体系研究》	张耀灿
126	《处境不利儿童的心理发展现状与教育对策研究》	申继亮
127	《学习过程与机制研究》	莫　雷
128	《青少年心理健康素质调查研究》	沈德立
129	《灾后中小学生心理疏导研究》	林崇德
130	《民族地区教育优先发展研究》	张诗亚
131	《WTO 主要成员贸易政策体系与对策研究》	张汉林
132	《中国和平发展的国际环境分析》	叶自成
133	《冷战时期美国重大外交政策案例研究》	沈志华
134	《新时期中非合作关系研究》	刘鸿武
135	《我国的地缘政治及其战略研究》	倪世雄
136	《中国海洋发展战略研究》	徐祥民
137	《深化医药卫生体制改革研究》	孟庆跃
138	《华侨华人在中国软实力建设中的作用研究》	黄　平
139	《我国地方法制建设理论与实践研究》	葛洪义
140	《城市化理论重构与城市化战略研究》	张鸿雁
141	《境外宗教渗透论》	段德智
142	《中部崛起过程中的新型工业化研究》	陈晓红
143	《农村社会保障制度研究》	赵　曼
144	《中国艺术学学科体系建设研究》	黄会林
145	《人工耳蜗术后儿童康复教育的原理与方法》	黄昭鸣
146	《我国少数民族音乐资源的保护与开发研究》	樊祖荫
147	《中国道德文化的传统理念与现代践行研究》	李建华
148	《低碳经济转型下的中国排放权交易体系》	齐绍洲
149	《中国东北亚战略与政策研究》	刘清才
150	《促进经济发展方式转变的地方财税体制改革研究》	钟晓敏
151	《中国—东盟区域经济一体化》	范祚军

序号	书名	首席专家
152	《非传统安全合作与中俄关系》	冯绍雷
153	《外资并购与我国产业安全研究》	李善民
154	《近代汉字术语的生成演变与中西日文化互动研究》	冯天瑜
155	《新时期加强社会组织建设研究》	李友梅
156	《民办学校分类管理政策研究》	周海涛
157	《我国城市住房制度改革研究》	高 波
158	《新媒体环境下的危机传播及舆论引导研究》	喻国明
159	《法治国家建设中的司法判例制度研究》	何家弘
160	《中国女性高层次人才发展规律及发展对策研究》	佟 新
161	《国际金融中心法制环境研究》	周仲飞
162	《居民收入占国民收入比重统计指标体系研究》	刘 扬
163	《中国历代边疆治理研究》	程妮娜
164	《性别视角下的中国文学与文化》	乔以钢
165	《我国公共财政风险评估及其防范对策研究》	吴俊培
166	《中国历代民歌史论》	陈书录
167	《大学生村官成长成才机制研究》	马抗美
168	《完善学校突发事件应急管理机制研究》	马怀德
169	《秦简牍整理与研究》	陈 伟
170	《出土简帛与古史再建》	李学勤
171	《民间借贷与非法集资风险防范的法律机制研究》	岳彩申
172	《新时期社会治安防控体系建设研究》	宫志刚
173	《加快发展我国生产服务业研究》	李江帆
174	《基本公共服务均等化研究》	张贤明
175	《职业教育质量评价体系研究》	周志刚
176	《中国大学校长管理专业化研究》	宣 勇
177	《"两型社会"建设标准及指标体系研究》	陈晓红
178	《中国与中亚地区国家关系研究》	潘志平
179	《保障我国海上通道安全研究》	吕 靖
180	《世界主要国家安全体制机制研究》	刘胜湘
181	《中国流动人口的城市逐梦》	杨菊华
182	《建设人口均衡型社会研究》	刘渝琳
183	《农产品流通体系建设的机制创新与政策体系研究》	夏春玉

序号	书　名	首席专家
184	《区域经济一体化中府际合作的法律问题研究》	石佑启
185	《城乡劳动力平等就业研究》	姚先国
186	《20世纪朱子学研究精华集成——从学术思想史的视角》	乐爱国
187	《拔尖创新人才成长规律与培养模式研究》	林崇德
188	《生态文明制度建设研究》	陈晓红
189	《我国城镇住房保障体系及运行机制研究》	虞晓芬
190	《中国战略性新兴产业国际化战略研究》	汪　涛
191	《证据科学论纲》	张保生
192	《要素成本上升背景下我国外贸中长期发展趋势研究》	黄建忠
193	《中国历代长城研究》	段清波
194	《当代技术哲学的发展趋势研究》	吴国林
195	《20世纪中国社会思潮研究》	高瑞泉
196	《中国社会保障制度整合与体系完善重大问题研究》	丁建定
197	《民族地区特殊类型贫困与反贫困研究》	李俊杰
198	《扩大消费需求的长效机制研究》	臧旭恒
199	《我国土地出让制度改革及收益共享机制研究》	石晓平
200	《高等学校分类体系及其设置标准研究》	史秋衡
201	《全面加强学校德育体系建设研究》	杜时忠
202	《生态环境公益诉讼机制研究》	颜运秋
203	《科学研究与高等教育深度融合的知识创新体系建设研究》	杜德斌
204	《女性高层次人才成长规律与发展对策研究》	罗瑾琏
205	《岳麓秦简与秦代法律制度研究》	陈松长
206	《民办教育分类管理政策实施跟踪与评估研究》	周海涛
207	《建立城乡统一的建设用地市场研究》	张安录
208	《迈向高质量发展的经济结构转变研究》	郭熙保
209	《中国社会福利理论与制度构建——以适度普惠社会福利制度为例》	彭华民
210	《提高教育系统廉政文化建设实效性和针对性研究》	罗国振
211	《毒品成瘾及其复吸行为——心理学的研究视角》	沈模卫
212	《英语世界的中国文学译介与研究》	曹顺庆
213	《建立公开规范的住房公积金制度研究》	王先柱

序号	书　名	首席专家
214	《现代归纳逻辑理论及其应用研究》	何向东
215	《时代变迁、技术扩散与教育变革：信息化教育的理论与实践探索》	杨　浩
216	《城镇化进程中新生代农民工职业教育与社会融合问题研究》	褚宏启 薛二勇
217	《我国先进制造业发展战略研究》	唐晓华
218	《融合与修正：跨文化交流的逻辑与认知研究》	鞠实儿
219	《中国新生代农民工收入状况与消费行为研究》	金晓彤
220	《高校少数民族应用型人才培养模式综合改革研究》	张学敏
221	《中国的立法体制研究》	陈　俊
222	《教师社会经济地位问题：现实与选择》	劳凯声
223	《中国现代职业教育质量保障体系研究》	赵志群
224	《欧洲农村城镇化进程及其借鉴意义》	刘景华
225	《国际金融危机后全球需求结构变化及其对中国的影响》	陈万灵
226	《创新法治人才培养机制》	杜承铭
227	《法治中国建设背景下警察权研究》	余凌云
228	《高校财务管理创新与财务风险防范机制研究》	徐明稚
229	《义务教育学校布局问题研究》	雷万鹏
230	《高校党员领导干部清正、党政领导班子清廉的长效机制研究》	汪　曦
231	《二十国集团与全球经济治理研究》	黄茂兴
232	《高校内部权力运行制约与监督体系研究》	张德祥
233	《职业教育办学模式改革研究》	石伟平
234	《职业教育现代学徒制理论研究与实践探索》	徐国庆
235	《全球化背景下国际秩序重构与中国国家安全战略研究》	张汉林
236	《进一步扩大服务业开放的模式和路径研究》	申明浩
237	《自然资源管理体制研究》	宋马林
238	《高考改革试点方案跟踪与评估研究》	钟秉林
239	《全面提高党的建设科学化水平》	齐卫平
240	《"绿色化"的重大意义及实现途径研究》	张俊飚
241	《利率市场化背景下的金融风险研究》	田利辉
242	《经济全球化背景下中国反垄断战略研究》	王先林